国学系列公开课

# 孟子公开课

牟钟鉴 王志民 主编

商务印书馆
The Commercial Press
2015年·北京

### 图书在版编目(CIP)数据

孟子公开课/牟钟鉴,王志民主编.—北京:商务印书馆,2015
(国学系列公开课)
ISBN 978-7-100-10940-6

Ⅰ.①孟… Ⅱ.①牟… ②王… Ⅲ.①儒家 ②《孟子》-通俗读物 Ⅳ.①B222.5-49

中国版本图书馆 CIP 数据核字(2014)第 287136 号

所有权利保留。

未经许可,不得以任何方式使用。

**孟子公开课**

牟钟鉴 王志民 主编

商 务 印 书 馆 出 版
(北京王府井大街36号 邮政编码100710)
商 务 印 书 馆 发 行
北京中科印刷有限公司印刷
ISBN 978-7-100-10940-6

| 2015年6月第1版 | 开本 880×1230 1/32 |
| 2015年6月北京第1次印刷 | 印张 15 插页 5 |

定价:49.00元

亚圣殿

孟庙古树

亚圣孟子像

孟庙·棂星门

孟庙·承圣门

亚圣孟子墓

孟林神道

大美峄山

邹鲁秀灵

孟子思想当代价值高端对话

摄影者：陈亚光　刘宝坤　吕卫峰　王洪章等

## 国学系列公开课

**策划**

光明日报·国学版
邹城市人民政府
孟子研究院
山东师范大学齐鲁文化研究中心

**编委会**

牟钟鉴　王志民　张胜明　谢成海　梁　枢
赵　勇　孔德立　邵泽水　殷言禄

**主编**

牟钟鉴　王志民

**作者**（按音序排列）

郭齐勇　李景林　梁　涛　林安梧　牟钟鉴　王　杰
王钧林　王志民　王中江　徐洪兴　颜炳罡　颜世安

# 前言

《孟子公开课》是由《光明日报》国学版倡议发起，山东师范大学齐鲁文化研究中心、邹城市人民政府及《光明日报》国学版三家单位联合主办的国学系列公开课之一。本书是在孟子公开课课堂录音稿基础上整理而成的演讲体书稿。

孟子是中国古代伟大的思想家、教育家，被后世尊为"亚圣"。孔子开创的儒家学说，经过孟子的传承与创新，对中国社会的发展与中华民族精神的塑造产生了深远影响。孟子的性善论、仁政学说、正气论等思想对于中国特色社会主义道德建设、民生建设与文化建设具有重要借鉴意义。

党的十八大之后，继承与弘扬中华优秀传统文化，把社会主义核心价值观植根于中华优秀传统文化的深厚沃土，已经成为广大干部群众的共识。邹城作为孟子故里、全国历史文化名城、全国综合实力百强（县）市，拥有独特的名人故里与历史文化名城的双重文化资源优势。如今，邹城人民正在市委市政府带领下，努力发挥孟子故里的文化资源优势，弘扬孟子思想，普及孟子文化，打造邹城文化建设新品牌，努力提升邹城文化软实力。把孟子公开课开到孟子故里去，让孟子故里的干部群众更多地了解这位故里名人，全面深入地学习他的思想，让孟子的精神在其故里发扬光大。这是最好的名人故里特色文化建设，也是对故里名人最好的纪念。

当前的国学教育多以民间书院与讲座为主，单兵作战，内容上随机，没有连贯性，缺少整体性。国学公开课的推广有利于改善当前国学民间教育的散乱局面，整合优势资源，提高国学教育质量。通过公开课，让高校的国学课走出校门，把国学教学从校内扩展到社会。这种新型公开课将把只为校内学生开设的优质国学教学资源，转化成可为社会大众所共享的公共资源。孟子公开课的各讲教师，皆为著名大学的知名教授，孟子研究领域的专家，他们为人师表，学术严谨，不只是高校的名师，亦是社会大课堂的名师。他们的课受到学员们的热烈欢迎与期待。有的干部学员说："离开了大学多年，现在在故里听大学教授讲孟子，感觉又找回了大学读书的感觉。听课不是一个任务，而是一种文化享受。"

顾炎武《日知录·廉耻》有云："廉耻者，士人之美节；风俗者，天下之大事。朝廷有教化，则士人有廉耻；士人有廉耻，则天下有风俗。"孟子公开课的成功开讲与实践表明，国学系列公开课既是高校服务社会的有效形式，又是各地干部群众学习中华优秀传统文化的重要课题。我们希望，越来越多的干部群众知国学、行国学，共同推进实现中华民族伟大复兴中国梦的早日实现。

编　者

2014 年 11 月 5 日

# 目录

第一讲　孟子其人其书 …………………… 1
第二讲　从孔子到孟子 …………………… 41
第三讲　孟子与齐鲁文化 ………………… 64
第四讲　居仁由义:从孟子的性善论说开去 …… 87
第五讲　孟子的仁政思想 ………………… 122
第六讲　孟子的民本思想 ………………… 148
第七讲　孟子的为官之道 ………………… 176
第八讲　孟子的正气论与民族精神 ……… 206
第九讲　孟子的"王道" …………………… 231
第十讲　孟子是如何成为亚圣的 ………… 262
第十一讲　孟子思想的当代价值 ………… 297
第十二讲　孟子思想在海外的发展 ……… 320

附:《孟子》(原文) ………………………… 358
孟子公开课主讲人简介 …………………… 467
后记:站在新起点 ……………… 张胜明　471

## 第一讲　孟子其人其书

颜世安

**内容提要**：可靠典籍中所见孟子生平活动；战国初、中期的社会变动与孟子政治理想；孟子著作的编纂以及在历史上的影响。

最近十多年大家都知道，我们有一个传统文化热或者叫国学热的现象。为什么会有国学热？学术界的看法不一样，我有一个简单的想法。我们这么大一个国家，自己的传统文化不能长期地这样沉寂下去。我们国家经济发展很快，今天早上吃饭的时候还聊到，我从南京到曲阜坐高铁两个小时就到了，跟一二十年前完全不一样。中国作为一个经济大国的雏形正在形成，但是我们深感文化的建设还跟不上。

我前一阵看到一个资料说，前几年欧洲金融危机的时候，当时中国的经济状况比较好，欧洲希望得到中国的帮助，有一种议论说中国现在是一个大国，也有人担心中国的威胁。最近刚刚去世的撒切尔夫人当时说了一句话，她说这个国家用不着害怕、用不着担心。为什么？它没有自己的思想和价值观。她是这么看的。我们很多人看了当然不服气,中国没有自己的思想和价值观那是笑话。我们有五千年的古老传统,我们有孔孟的儒学传统,我们怎么没有自己的思想和价值观？但是从另一方面看,我们的这个传统从某种意义上说,我个人的看法是,其实已经中断了。什么叫中断？中断的意思就是,在历史上曾经起过作用的那些基本价值观、基本原则、基本理念,这些书都还在,这些观念大家都还知道。但是,在遇到问题和事情的时候,它其实不起作用。

我举个例子说明这个问题,我有一个学生毕业以后到美国留学,他有一次给我写信讲他的体会。他是历史系毕业的,对中国古代的东西算比较熟,也喜欢,到美国芝加哥大学上学,选了一门课,是一个小班的课,二三十人在一个教授的带领下读一本欧洲中世纪基督教思想家托马斯·阿奎那的书。这个课不是专业课。选这门课的有各种专业的学生,这个课的任务就是阅读和讨论托马斯·阿奎那的书。当然欧洲中世纪思想的有关背景等问题都要了解,但是主要是读这本书。关键是他们的读法,一章一章地读,讨论作者讲的东西,有时要和美国的现实问题联系起来讨论。他举了一个例子,当时美国伊拉克战争打完不久,那个教授就提出来说,小布什打这个战争的时候,曾经援引阿奎那的话替他打这个仗辩护,说明打这个仗的正当性和理由何在。

这个地方我说一下,我刚才说我们的文化传统中断,我是有很多感想的。比如我们的媒体介绍美国打伊拉克战争，各种各样的介绍都有。我碰见一些人，他们理解这个战争，直截了当就说，归根结底美国是要弄那个地方的石油，要争夺那个战略要地。美国的目的是不是这样且不说，问题是很多人理解这种事情时的心态。他就觉得这种事本质上就是利益争夺，只有利益争夺是真的，其他都是借口。他一眼就看穿了。也就是说，什么文化上的正当性都是废话。这种心态本身就表明我们的文化传统中断了，表现出一种文化的沦丧，大家看问题只看到利益，以为只有利益才是真问题。

可是布什要打这个仗，他要向美国人民说明这样做的理由，主要不是利益的解释，而是正当性的解释。然后他做这个解释的时候会援引他们的古典。上课的教授就问，布什这个援引对还是不对，古典的理念可不可以这样理解，能不能够支持做这样的事情，大家讨论。赞同还是不赞同，那都不重要，重要的是这些学生由此理解欧洲的文化传统和美国现代生活的关系。那个学生最后说了，他现在明白欧洲的文化传统是怎么活在现在的美国社会里面的。学生通过在大学的学习，不仅学习专业，而且了解他们所生活的这个社会的文化根据是什么。美国文化讲自由、民主，自由民主是简单的观念，人人都知道，可是另一方面，自由民主的问题，自由民主背后的正义问题在欧洲文化史上经历过长期的讨论，这种讨论甚至于从古希腊就开始，许多重要的思想家、重量级的大师在这里面贡献过智慧。所以，美国立国的基础、文明的根据，和源远流长的传统是相互关联的。美国顶尖大学的教育，就是要使它的学生不仅理解自由、民主的现代价值，而且理解这些价值与古典传统之间的联系。

从这个例子我们能看到中国文化传统的中断。我们的学生也学历史，学文化传统，尤其文科学生，孔孟儒家佛学都读了一些，但是遇到重要的事你怎么看？我们这个社会立足的理由和根据是什么？面对这些问题的时候，传统的东西是不起作用的。古代的读书人，受过基础的传统教育，他遇到大事情的时候，他在私塾里面读的书，那些书里面的价值观念就会自然而然地冒出来。我不是说那个时候受过教育的人都是有道德的人，现在的人都没有道德，不是这个意思。而是说，你的观念里面有没有传统文化的价值观在起作用。"五四"以后，我们几代人下来，这个传统渐渐断掉了，当然这个问题很复杂。你说现代的变化在文化上是坏事，那也不完全是，"五四"以后的激进革命浪潮有它正面的理由，这个很复杂，我们今天不讨论。但在这个里面，它确实有把传统完全抛弃、完全否定这样一个过激行为。造成的结果就是，现在受过教育的人，他的文化通识里面，传统的东西、古典的东西分量弱，起不到应有的作用。我们是一个古老的文化大国，可是我们的文化传统中断了。对于现在的国学热，有些人有比较实用的需求，想在国学里学习一点智慧，例如管理的方法和技巧。国学里有没有这些东西？也有，但这不是最重要的。它最重要的是一套价值观，一套是非对错的观念。

## 第一讲　孟子其人其书

最近十来年的传统文化热、国学热,我觉得意义非同小可,持之以恒,将来古典的文化在某种意义上可以渐渐有一个复兴。邹城是孟子的故乡,集合本地的干部、知识分子当然还有普通群众中有兴趣的人,来读《孟子》,当然也读其他典籍,我觉得是非常有意义的。国学热不能仅仅只是搞一些仿古建筑、古迹旅游,当然这个也要搞,但根本要落实到文化上,落实到人心里面。受过教育的人,能不能渐渐地从传统里汲取一些东西,这个就要读书、要讨论。大家在内心里有所认可,不是开会的时候读读说说,表面热闹,过后该干什么还干什么。总这样的话,文化就是浮的。我觉得它不应该总是浮的。

中国古代伟大的经典很多,但是我们筛选极少数的经典作为代表,《孟子》是最重要的代表之一。一个伟大的文化传统,是由一批伟大的著作和经典来代表的,这个文化传统如果能传承,那就一定是这一批重要的著作、经典还有人读,至少是这个社会受过良好教育的人要读,要对中国古老的文化传统,古老的价值观,是非对错的道理有所了解。这些东西在现代社会还有什么价值？在什么意义和程度上,它的生命力还能延续？

我在学校里做研究,长期的读书思考有自己的心得,我在这里把我的心得贡献给大家,我讲的不一定对,是从一个角度提出看法和问题供大家思考。我的题目是《孟子其人其书》,重点就讲孟子这个人的特点,当然是要通过他的思想来讲他的特点。

## 一、可靠典籍中所见孟子生平活动

我们先对孟子这个人的生平有一个简单的说明。这个我不用讲很多,孟子故里的官员、干部、知识分子对这个应该很熟悉。但是这个地方我想说一点的是,我讲的是可靠典籍,这是史学上特别重视的东西,这里面有一个分寸感的问题我介绍一下。

关于孟子的生平,我们有很多资料,我还没有去孟庙、孟府,我下午去看,在里面可能有很多相关的资料。可靠典籍是什么?我们训练学生的时候,第一个要讲的。也就是说我们做一件事情,研究一个问题,研究孔子或者孟子,我们凭什么去了解他?关于这件事情会有很多文献,你就要甄别哪些文献是相对可靠的,哪些文献是很可靠的,还有哪些文献只能有比较小的参考价值。关于孟子的生平活动,最重要的可靠典籍当然是《孟子》这本书,这本书是孟子自己参与编的,这个问题我后面还要讲到,这个有争议,古代就有争议,这本书孟子自己没参与编,我认为是他参与编了。我们下面讲孟子的生平,主要就是依据《孟子》这本书里面讲到的他的活动。

除了《孟子》,最可靠的典籍就是《史记·孟子荀卿列传》。司马迁讲了几个基本内容,第一个讲了他的名字叫孟轲,邹人,然后讲他是"受业子思之门人"。后面"道既通",一直到下面讲的是孟子活动的基本情况,孟子学成以后,他主要

第一讲　孟子其人其书

的活动是去游说那个时代最重要的几个大国的君主,把他认为最好的政治理念告诉他们,希望他们去实行。他真的是要救人民于水火之中,他不是要做官的。孟子一生都没有在齐国做官,他在齐国的时间最长。齐国当时办了一个稷下学宫,类似于现在社会科学院一样的,养了许多著名的学者,里面分三六九等,孟子也曾在里面被尊养,但他不是官。《韩诗外传》记有一次孟子对淳于髡讲到齐国的国君,说"公之君",意思就是你的君,不是我的。他不是做官,但是有人可能会把他理解成做官,这个我们不用细辨。

齐国、魏国是当时的两个大国,魏国的都城在大梁,《孟子》里有时就称魏国为梁。一些小国他也去。他劝这些国君推行他的政治理念,但是当时的社会是专务征讨、攻伐,打仗打得不亦乐乎。那些国君都很尊重孟子,但是心里觉得他的道理不切实用,所以司马迁说孟子最后是"所如者不合",于是和他的弟子序《诗》《书》,整理古典文献,述仲尼之意,就是继承和进一步阐释孔子的基本思想,然后作了《孟子》这本书。所以,《孟子》是孟子参与写作的,这个是《史记》里面就讲到的。

这是比较可靠的文献,还有一些文献也相对可靠,比如说汉代有《韩诗外传》《列女传》讲到孟子有关的一些故事,主要都是讲孟子的母亲。《韩诗外传》里面有断织的故事,他的母亲在那里织布的时候,因为孟子学习不专心,母亲用断织来给孟子一个警告或者说一个激励。《韩诗外传》还有"东家豚肉"的故事。孟子很小的时候,邻居家杀猪,孟子问杀猪做什么,母亲因为哄孩子,就说杀猪是给你吃的呀。本来母亲没准备买,但后来觉得既然讲了是给孩子吃的,就不能骗他,于是就去买肉给孟子吃。这不是溺爱,这是要言而有信。《列女传》也讲到了断织,但是讲的原因不太一样。《列女传》还讲到一个著名的故事就是"孟母三迁",这个我就不赘述,估计大家都很熟悉。这两部书里面记的材料,我的理解是相对可靠。这些故事应有某种来历,至少我们可以确信在孟子的成长过程中,他的母亲起到了极重要的作用。《孟子》书里面也提到他父亲去世早,孟子母亲去世的时候,丧礼比较隆重,还有人有疑问,说父亲去世的时候丧礼简单,为什么母亲丧礼就这么隆重,叫"后丧逾前丧"。孟子说,这个不一样,不能拘泥,礼仪要根据具体的情况来,现在有条件,为什么不用好一点的礼仪来纪念自己的母亲,大概是这样说的。孟子的父亲去世肯定是比较早,在孟子的教育中,他的母亲起很大的作用。

还有一些古籍记载孟子的有关情况,只有比较小的参考价值。比如说孟子的字是什么,司马迁没有说到,汉代的所有文献都没说到,而且东汉注《孟子》的赵岐明确说,孟子的字是什么不知道。到了魏晋以后的书上就有人说孟子字子舆。再晚的书还说到其他的情况,比如说孟子的母亲姓什么,他的父亲叫什么名字,等等。为什么汉代人不知道的事情,后来的人反而知道?这就很可疑,所以相对来说就不能算可靠史料。我现在说的是史学研究的一般态度。我们在邹城孟子的故乡

## 第一讲　孟子其人其书

来讨论孟子的生平,有一个情况我要说一下。比如说孟子的字,他的父亲母亲的名字,是较晚的书里面提到的,不见得可靠。那么是不是介绍孟子的时候就不要去说了呢？那也不是。严格的史学研究是一回事,在他的故乡,在纪念地介绍他的生平,把一些后世的传闻都用上,那是另一回事。比如有一个说法,我们中国人是"炎黄子孙",其实史学上根本没有炎黄的可靠资料,都是后来的传闻。是不是没有资料就不能说？在史学研究中是这样的。我们知道世界史上有四个公认的古代文明:第一个是中亚两河流域的文明,第二个是古埃及的文明,第三个是古印度的文明,第四个是中国的文明,这是以时间先后来说的。这里的中国文明是说商代的殷墟文明,不是尧舜,更不是炎黄,因为殷墟文明有考古学的证据,尧舜炎黄都没有,所以史学上的四大古代文明就不谈。但是,是不是没有史学证据,作为象征意义的"炎黄子孙"就不能说呢？那也不是。没有一个史学家会说,我们的历史研究没有炎黄的史料证据,就不能说我们是炎黄子孙。"炎黄子孙"是象征的说法,"炎黄"作为我们的始祖,是我们中华民族的一个图腾,是我们的精神象征。这个象征最初是怎么出来的,史学可以慢慢去研究,但是作为中华民族的精神象征,当然是可以讲的。在孟子故乡我们纪念孟子,孟子是确有其人,有史料的根据。但是假如孟府孟庙的纪念活动,把没有可靠史料记载,只是出自后世传闻的情况也拿来说,比如他的字是什么,父亲叫什么、母亲叫什么,等等,这个也没问题。纪念是纪念,史学是史学,这是两回事。但是我们现在了解孟子其人,对于可靠史料的记载和后世传闻的区别,要有一个了解。不能以为凡是有古书上说到的都是真的。其实汉代的史料也不都完全可靠。《韩诗外传》里讲的故事,《列女传》讲的故事,都有从战国到汉代逐渐累积起来的传奇成分。所以我们今天来讲孟子其人,最可靠的依据,一个是根据《史记》的传,一个是根据《孟子》书中讲到的孟子生平的活动。我们主要是根据这两部书的记载,谈谈孟子生平活动。

## 二、战国初、中期的社会变动与孟子政治思想

我下面重点在战国的初、中期背景下,来讲孟子的活动。讲他去游说这些君主时候的理念,看他的想法,也看他的性格和品质。从许多古书中,我们都可以看到作者的性格,但是我觉得孟子最特别,我年轻时候就喜欢孟子。为什么?就是他特别有个性、有气势。你读他的书,真的觉得这个人活灵活现地在你面前。相比之下,《论语》当然是极重要的著作,但是要说起来,《论语》在理解上比《孟子》就要困难一些,不是文字和字面意思困难,是理解孔子的精神气质比较难。年轻人不大容易读懂《论语》,孔子的浑厚不是我们一下子能把握的。孟子也浑厚,有穿透力,但是他个性鲜明。我们通过他的生平活动,他讲的话,一方面理解他的思想,一方面也能够理解他这个人。孟子的性格是鲜明的,他是个什么人,就看他去游说

君主时说的那些话,还有跟弟子讨论为什么跟这些君主这样说,就能看出这个人的品格特征。

(一)孟子的时代——战乱时代

孟子生活在战国初期到中期,主要应该算是中期,他的生卒年现在没有一致的说法,史学界大致的意见是在公元前390年到公元前300年,我个人的感觉还要稍晚一点,至少他的活动时间应该主要是在公元前350年以后。我们先来看这是一个什么时代,这是从战国初期到中期,这是战乱不已的时代。

我们可能有一个印象,以为春秋战国都是战乱不已的时代,其实不一样。春秋也战乱,但是春秋时代贵族还没有被消灭,因为有贵族制度,各国之间的战争比较克制。我读《左传》有一个印象,它也经常打仗。有人统计战争的频度,春秋好像比战国的战争频度还要高。可是这里有一个不一样,春秋时代战争规模小,有克制,打一下就停了,双方的将领也不是你死我活的。打仗的时候讲究礼仪风度,这样的故事很多了。晋国和楚国打仗,晋国军队打败了在前面跑,楚军在后面追。晋军的战车陷在坑里出不来,楚人追上去教他们抽去车前横木,这样出了陷坑再跑。又跑一会儿,晋军的马跑不动了,楚国人又教他们把车上多余的重物扔掉,这样晋军又能跑,楚军再追,最后终于让这支晋军逃走了。听起来就像是游戏,那时打仗有时就会这样,这是贵族的礼仪风尚。我为什么要讲这个?因为下面要讲到一个重要的情况。孟子的政治思想,重心是关注百姓疾苦,救民于水深火热。从《论语》看,孔子的政治思想就不是这样。那是不是说,孔子不关心民生疾苦?孔子的政治思想重心确实不在这个地方,一个重要的背景原因就是,春秋时代的战争,规模、惨烈程度远不能跟战国相比。所以我们讲孟子的时代,不是一般地理解那是个战乱时代。要知道,战国时代战争的惨烈是前所未有的。那是中国历史上从来没有过的大规模的全民战争,把所有老百姓都卷进去了。春秋时代还有个情况,贵族时代打仗是贵族的事情,老百姓平时负责种田、生产,给贵族家里服役,比如修房什么都是老百姓的事情,这是剥削压迫,这没有问题。但是打起仗来,城邦出了大危险,就是几家贵族出头的事情,是国人以上阶层的事情,老百姓给你生产、服劳役就完了,他不去打仗,这个到春秋后期孔子的时候开始有变化,但是传统余风还在。

大家想一想,都是贵族打仗,人数不多,又讲究礼节,当然也要杀人,但总有所克制,这仗就打不大。晋国有一次和齐国打仗,齐国的国君放狂言说"余姑翦灭此而朝食",意思是说我们把他干掉以后吃早饭。这是他说大话,后来他吃了败仗。但是我们从"灭此朝食"这个话就能看出当时的战争规模,打完仗回来吃早饭,这还是两个大国在打仗。到战国时就完全不一样了,是全民卷进去,这个里面有一个重要的社会组织转化,就是贵族组织解体了。

我们现在讲战国的分界是公元前 450 年,这是一个大概的年代,还有争议,有人说公元前 480 年左右,有人说公元前

## 第一讲　孟子其人其书

420年左右,这个我们不管它。春秋到战国的基本分界象征,一是中原的三家分晋,原来是晋国,现在变成韩、赵、魏三个新国家;还有一个是田氏代齐。这全都发生在公元前5世纪的上半叶,这个转变意味着战国的开始。韩、赵、魏和新齐都是原来的贵族,但是他们之所以能在贵族的内斗中胜出,一个重要原因是他们内部有了变革,这几个国家起来,就已经不是老的贵族国家,是新的君主集权的官僚制国家了。贵族没有了,做什么事情都是全民发动,而且战争的规模巨大。从公元前5世纪下半叶开始,各国之间的战争逐渐转向全民性的。从公元前420年以后,战争杀人数量开始达到2万人以上,史书记录动不动斩首多少万,而且这个规模越来越大,各个国家都卷了进去。孟子就活动在这个社会条件之下。

孔子的政治思想重心是教化,是从道德上教育人民,人民的生存、温饱他也谈到,但不是他的重心。怎么教化?要有德治和礼治。他基本上侧重于统治阶层的道德教育,由统治阶层来带领人民。孔子去世是公元前479年,接着就是战国。孔子去世以后,社会迅速分化,进入新的时代。孔子那么多弟子,有很多弟子在传学。在战国早期,儒学是最大的一个学术流派。我特别要讲的一点是,就我现在看到的材料,大概能确定战国早期的儒家文献里,没有一种文献谈到要解决民生疾苦。战国时的儒家文献还是在谈礼仪,比如《仪礼》这本书,就是在那个时候搞起来的,完全是在建构礼仪,谈君子的修身。这个重要不重要?是重要,这是儒学的主要东西。问题是,社会变化、战争加剧这样一个紧迫的现实,没有人回应。所以那时候墨家就严厉地批评儒家,批评得很厉害。其中一个最重要的批评,就是儒家讲的这套东西华而不实,跟水深火热中的老百姓没有关系。这个批评不完全对,但是结合战国初期的实际,它对孔子的后学不能应对现实的批评,是有道理的。从这个背景,就看出孟子的独特。孟子是儒家中第一个直接应对民生苦难这个现实问题的。

我现在总结孟子最主要的几个特点:第一个,他是孔子思想真正的传人,这个毫无疑问。但是这个真正的传人,不是墨守成规,而是随着时代变化有创新,能应对现实,把孔子思想最重要的精髓抽取出来。这是他最重要的一个特点,继承孔子思想,然后有所创新。第二个,他是个伟大的人道主义者,关心民生疾苦,提倡人与人之间的关心,关怀底层民众。这是后来儒学一个重要的传统,就是从孟子开始的。第三个,他有特立独行的个性。为什么年轻人容易喜欢孟子呢?孟子个性鲜明,豪迈洒脱。儒学人物往往给我们一个印象是,中规中矩、端庄方正,但是孟子不一样。

(二) 仁政无敌

孟子对儒学的创新,体现在以新的眼光来面对当时的形势,他把孔子思想里"仁"的概念扩展为"仁政",孔子是没有"仁政"概念的,"仁政"有特定的含义。孔子有"仁者"执政的意思,但这不是仁政。"仁政"的特别含义就是关心人民的疾

## 第一讲 孟子其人其书

苦,解决民生的问题,这是政治的第一要义。孔子的那个仁者政治主要还是落实在教化上。《论语》里"仁"的含义非常丰富,人与人之间的同情关怀是其中一个意思,但不见得是主要意思。"仁"其实就是德行的一个总称,君子有内在之德称为仁,包含各个方面。孟子继承孔子的仁德思想,提出"仁政",把重心变成首先解决民生疾苦。孔子的教化孟子讲不讲? 当然也讲。但他认为要在解决民生疾苦的基础上才能讲教化。这是他继承孔子思想,又有创新的地方。

孟子当时游说大国的国君,他心里真的以为发现了伟大的、简单的政治学原理。我看孟子的书,觉得他的激情来自于他的自负。这个自负是什么? 他觉得发现了政治的简明的道理。政治就是收拾人心,就是赢得人心。他觉得这个太重要而且太简单,他相信当时的统治者只要能够静下心来认真领会这个东西,一定愿意照他说的去做。隔了这么多年我们来读《孟子》,有的时候你可能会想,孟子是不是有点过于理想化,甚至说过于书生气。事实上司马迁讲孟子生平,就已经有这样的意思,当时打成那样,谁听你讲仁政? 所以他说孟子"所如者不合"。但是我读《孟子》一书,我不觉得他是书生气的人,他是心里真的觉得政治的简明道理就在这里了,你们怎么睁着眼睛不看呢? 政治的最简单的道理,就是在这个战乱的时代怎么才能赢得人心。

我相信大家对《孟子》都读过一点,所以具体的引文我不用详细讲,否则就变成讲古汉语了。你们看,孟子去劝齐宣王行仁政的时候,有一个切入点很有意思。齐宣王在话里面带出来一个词叫"大欲",他无意之中说到自己有一个大欲望,孟子马上抓住,说:"王之所大欲可得闻与?"你的那个大欲望能说给我听听吗?齐宣王不好意思讲,或者是不想讲,笑而不言。孟子就替他讲出来,你的大欲望难道是你吃的好东西还不够吗,你住的房子还不够大吗,你身前的美女、侍从还不够多吗?你的每一个大臣都足以供你满足,这不是你的大欲望。齐宣王也同意说,是的,我不为这个。孟子就替他说了:"然则王之大欲可知已。欲辟土地,朝秦楚,莅中国而抚四夷也。"就是通过战争来开辟土地,占领别国的土地。"朝秦楚",让秦楚来朝见,秦楚是大国。"朝秦楚"是一个象征,意味着齐国成了天下的老大。"莅中国",中国就是当时中原的中国文化区,"莅中国"加上"抚四夷"就是统一天下。

在这个地方我们要注意,孟子没有否定齐王的大欲。战国是个战乱的时代,各国间的战争都是你死我活,多占地盘,尽量杀伤对方的青壮年,非常惨烈。战争的最终目的是夺取天下,也就是"莅中国而抚四夷"。我们要注意孟子并不反对这个目的,他是支持的。他这样一讲明白齐宣王的"大欲"是什么,齐宣王就很高兴。可是孟子马上就说,你打仗杀人的方法是不对的。"以若所为求若所欲,犹缘木而求鱼也。"你的大欲望是了不起的,但是以你的所为去求你的大欲,就如同去缘木求鱼,根本不可能。齐宣王不相信问:"若是其甚与?"有这么过分吗?他大概觉得再怎么也不至于像缘木求鱼吧。谁知

## 第一讲　孟子其人其书

孟子进一步说:"殆有甚焉。"我不知道有没有朋友读《孟子》,读到这个地方能感觉出孟子那种气势,一步一步、一层一层下来。先跟你谈为什么要行仁政,你总不会喜欢去杀人吧。齐宣王说,我怎么喜欢杀人将以求我的大欲呢?好,你的大欲是什么?你不讲我给你讲。吃好的,穿好的,有很多美女,你的大欲望不是这个吧?这很容易就得到,你不会是为这个。你的欲望肯定是政治上的雄心。讲到这个地方,说动了齐宣王的心思。可是孟子马上说,你有这个大欲望,但是你的做法完全是缘木求鱼。而且不但缘木求鱼,比这还要坏,"缘木求鱼,虽不得鱼,无后灾"。爬到树上捉鱼,捉不到鱼最多白忙。"以若所为求若所欲,尽心力而为之,后必有灾。"你不但捉不到鱼,还要倒霉。他后面的说明很简单,你要去争天下就是与天下为敌,齐国虽然大,绝长续短合起来也就是天下的九分之一,你要去夺天下,就是以一服八,武力上你是用一个打八个,你不是找死吗?所以在这个时代,怎么才能统一天下? 就是要赢得人心。

孟子反复讲到,这是一个什么时代呢? 这是人民最痛苦的时代。"王者之不作,未有疏于此时者也;民之憔悴于虐政,未有甚于此时者也。"孟子说的这个话一点儿都不夸张,伟大的思想家有时候会对历史的变动有一个非常敏感的洞悉。历史上从来就没有这样过,打仗把所有人都卷进去,打到老百姓憔悴于虐政。所以现在的情况是,"饥者易为食,渴者易为饮。"现在的人民,你做一点点好事他就能记住你。有时候当政者做很多好事,老百姓都不念你,为什么?政治好的时候,他觉得应该。政治坏的时候,有一个人做一点好事,大家都记住你。"当今之时,万乘之国行仁政,民之悦之,犹解倒悬也。""解民倒悬""水深火热"这些现代汉语还在用的成语都是孟子最先讲,还有前面讲的"缘木求鱼"也是。从这些地方也可以看出孟子影响之大。

孟子劝梁襄王行仁政,跟他打比方说,"王知夫苗乎?七八月之间旱,则苗槁矣。天油然作云,沛然下雨,则苗浡然兴之矣。其如是,孰能御之?"天下大乱,人民苦难如大旱之望云霓一样,这个时候一场雨下来,如同久旱的庄稼遇到甘霖,生长起来你挡都挡不住。

关于仁政,另有专家讲它的内涵,仁政有怎样的制度设定,要给人们治理产业、减少徭役、开关梁之禁,等等。我这里不讲。我们现在通过仁政思想看孟子这个人。孟子所说仁政的话,都是很简明的道理,但是在当时说出这个话来非常不简单,是有历史穿透力的。而且他感情充沛,讲出来很有感染力。孟子的书是特别有感染力的。所以我建议年轻人读古代儒家典籍,应该先读《孟子》,《孟子》气势磅礴,读起来带劲,容易进得去。

读《孟子》的书,有一点要特别讲一下。现代人看孟子的书可能会有一个想法,觉得孟子比较天真。政治这么利害交关的事情,那时的战争这样激烈,国与国之间的相争,不是你灭了我就是我灭了你,在这种背景之下孟子不去帮人富国强

## 第一讲　孟子其人其书

兵,不去告诉人家战争的战略、谋略、取胜之道,而是去跟人家去讲仁政、讲道德,所以会觉得他不贴近现实,连司马迁述孟子生平都有这个意思。梁惠王晚年的时候,孟子去见他,有一段非常有名的对话。梁惠王说:"叟! 不远千里而来,亦将有以利吾国乎?"老人家不远千里而来,对我的国家有什么帮助吗? 梁惠王这样问,他有非常切实的内心焦急。梁国就是魏国,战国第一个雄心勃勃的大国就是魏国,后来因为种种原因败下来了,败在各国联军的攻伐之下,特别是两次大战败在齐国之下。梁惠王的晚年是烈士暮年,壮心不已,咽不下这口气。大败之后,国土被割,太子被人捉去。现在一个远近闻名的大思想家来了,他就问,你能怎样帮助我?谁知孟子劈头回答:"何必曰利? 亦有仁义而已矣。"读到这个地方,我们可能会觉得他不切实际。有没有不切实际的这一面? 很多事情从事后来看,客观地讲是有这一面,但是我更想讲另一面。另一面是什么? 孟子认为当时他发现了政治的一个极其简明但是重要的原则,政治要能够赢得人心。赢得人心不能靠宣传、作秀、表演,要靠扎扎实实地做事情,要给人民解决问题。我们有时觉得这种想法过于简单。历史就是这样,后人好像比前人看得更清楚。其实这不是因为后人聪明,而是因为后人了解更多的人类经验,知道了更多道德理想失败的惨痛故事。

在我们这一代人心目中,弥漫着一种失败的沧桑感,尤其我这个岁数。我今年 50 多岁,到现在还记得"文革"刚结束的时候我们考进大学,一则喜,一则内心有一个郁闷。喜的是什么？改革开放，文化重新受到重视，我们又上了大学。郁闷的是，年轻的时候我们曾受社会主义理想的影响，认为消灭私有制，人与人之间没有剥削压迫，大家共同劳动，是一个理想的社会。现在突然明白这个理想其实是乌托邦，人类生活不可能这样单纯。那时在大学天天看书，有时看到一些民国史上国共之争的资料，就感觉有一种黑暗的东西弥漫在心里，觉得过去的理想完全不实际，简直太幼稚。我觉得我们这一代人创伤感很深，内心苍凉疲惫，好像什么东西都不容易再相信。我们看《孟子》，就能感觉到人类在文明初期那种简单和朝气，那种元气淋漓，简单的自信，他抓住一个东西，简明的真理，他真的相信就是它了。你现在想象你到一个大国去劝人家，这个大国连吃败仗，儿子都被别人捉去，你去帮助他，能不能劈头就说，我们不要谈实际利益，不要看战争胜败，我们只谈仁义。你能有这个大气魄？这个气魄来自于孟子的个性，我觉得也来自于文明早期的简单明朗，心里没有许多失败累积起来的创伤和阴影。

孟子说，一个人早上那口气是最好的，他叫"平旦之气"。这是一口清气，到了白天这气就浑浊了。人要时时想到自己清晨的平旦之气。这是我读《孟子》一书的感想。哪怕我们经历了再多的创伤和失败，看到了人类历史再多的黑暗，还是应该相信人类生活可以有某种简明的理想，应该记住人类源自幼稚时代的某种单纯。孟子早期发现的那个简明的道理，他就是相信这是政治的真理，人类生活的真理。这是我们理解

## 第一讲　孟子其人其书

孟子的一个切入点。我们说孟子是大丈夫气象,那不只是一个个性的问题,是在他的内心里真的有一个顶天立地的东西,他真的确信自己发现了简明的真理。

孟子讲仁政,有时也有策略,完全说他不顾一切、勇往直前,也不是的,他也有一种策略,或者也不一定是一种策略,而是他内心里真的这样想。孟子到梁国见梁惠王,梁惠王正在欣赏他的私人园林里的动物,在看鸿雁麋鹿。他问孟子一句话说:"贤者亦乐此乎?"这句话带有某种讥讽的意味,你们这些人是有贤德的人,讲仁义,看见这种美景——园林下面的鸿雁麋鹿,你们是不是也高兴? 孟子回答说:"贤者而后乐此,不贤者虽有此,不乐也。"孟子说,可以享乐,但是有贤德的才可以真正享受这些东西——"贤者而后乐此"。为什么? 他关键的理由是,你为什么站在这里享受这个东西会有内心喜悦? 你要有一个前提,特别是政治家要有一个前提——你把国家治好了,人民都高兴,人民支持你享受的时候,这个时候才是真享受,他叫"与民同乐"。"古之人与民偕乐,故能乐也。"不能与民同乐就是"独乐",古代也有"独乐",那是什么情况?"《汤誓》曰:'时日害丧? 予及女偕亡。'"《汤誓》是一个古代文献,人民痛恨统治者到什么程度? 恨不得末日来临,太阳熄灭,大家一起死。人民是这种心情,你怎么乐?"民欲与之偕亡,虽有台池鸟兽,岂能独乐哉?"

孟子有一次讲仁政讲的齐宣王真的动心了,但是齐宣王说,这个事情恐怕有点难,"寡人有疾,寡人好色。"他在此前还讲到"寡人好勇""寡人好货"。我觉得战国的时候人也可爱，内心里有话就讲，要是后来的君王恐怕不会这么讲。你讲的这个道理对，我做不了。为什么？我还有些小九九，这些小九九我说不出口。战国的君主直接就说出来了。"好货"是什么？喜欢积聚物资，喜欢把好东西收起来。孟子说古代的人也好货，可是他屯聚东西是为大家一起用，不是只为自己。孟子就抓住一条，你有这个好，人家也有，你不能独占。然后就讲到好色。我们知道好色是最难以启齿的一个说法，齐王坦承自己好色，可是孟子居然说好色也没关系。他原话没有这样说，但是他就是这个意思。孟子说，古代的圣王也好色，他说"昔者太王好色"，太王是周文王的祖父。《诗经》里面曾经讲到他娶妻的故事，他不好色娶这么美丽的妻子干什么？但是人家是怎么好色的？"当是时也，内无怨女，外无旷夫。王如好色，与百姓同之，于王何有？"他好色，但是他没有独占。女子嫁不出去叫"怨女"，男人娶不到妻子叫"旷夫"，在他的政治之下没有"怨女"和"旷夫"。你可以好色，但是不能你好色让人民有怨女旷夫。这个在儒家文献里是很特别的说法，这是孟子的一个重要特点，他是一个伟大的人道主义者。

现代汉语里"人道主义"这个词，是从西方翻译进来的。中国古代用"人道"这个词的时候，不是现在讲的人道主义的意思。我们现在讲的"人道主义"这个词，就是讲的对别人的境遇、苦难有一种同情和关心。我说一个个人的看法，孔子是伟大的人文主义者，人文的意思是偏于教养，重视人的品格的

## 第一讲 孟子其人其书

提升。现代人道主义有一个意思，就是关心别人，不管品格问题，哪怕这个人是一个坏人，该给他人道的关心还是给。我以前看一个故事，菲律宾有一个华侨，他愿意资助中国西北地区贫穷的孩子读书。可是这个华侨跟别人的资助不一样，他不要中介，自己来操作。他要来名单，给每一个孩子寄一套书。贫困地区的孩子急需钱，收到书大多数很失望，他们知道有人要来资助，以为是资助钱，所以拿到书以后多数人很失望。失望就不给这个捐助人回音。只有一个小孩拿了书以后回了信说，非常感谢这位爷爷。后来老华侨做了决定说，我的钱全部资助这个孩子。他的意思是不能什么人都资助，应该资助知道感恩的孩子，眼光远大的孩子。我不知道诸位听了，会不会觉得这个老头做得很对。他做得对不对？是对。但是这里面就有我讲的人文和人道的区别，这个老头的思路其实是人文的，注重品质。人道主义的关怀不管这些，不管品质，只管帮助有困难的人。我们设想一下，如果做慈善的人全是老华侨这样的想法，就会有相当多的贫困子弟根本没有人帮助。我这是举一个例子来说明人道和人文的区别。我觉得孔子主要是人文主义的，孟子则有一种强烈的人道精神。

　　孟子在中国思想史上和孔子齐名，是孔子之后伟大的思想家，他继承了孔子思想的精华，但是他独创了儒学后来重要的传统——仁政的传统，关怀民生疾苦的传统，这是中国古代伟大的政治思想。孟子是个伟大的人道主义者。孟子在中国思想史上久远的地位，从儒学发展的角度来讲，大家会重视心性学,性善论。一个人要做君子,做有德的人,理由是什么?孟子说理由在我的心里,我心里边就有善的东西,是天性就有的,这是性善论。但是善的东西要培养,要把它发扬光大,这就有心性之学,后来开辟出儒家中特别富有哲理、思辨深刻的思想传统。把儒学中深奥的心性学的学理放一边,就孟子思想对中国古代政治观念的影响而言,仁政思想的影响最大。

  我举一个例子。明朝末年亡国的时候,顾炎武写过一句话,他说国家兴亡和天下兴亡不一样,这个说法可能很多朋友看过。他讲的国家是当时的王朝,这个王朝国家灭亡,普通人可以不管,做官的应该管。但是天下兴亡不一样。他说的天下是什么?就是中国文化的共同体,就是当时人所知道的文明世界。这个文明世界要亡了,所有普通人都要担责任,就叫"天下兴亡,匹夫有责"。这个话在现代汉语有时就说成"国家兴亡,匹夫有责"。现代汉语这么讲有一个概念的转换,因为现代汉语里面的国家已经不是指王朝国家,而是指一个民族国家。这里面的一些复杂问题现在不讲。总之,顾炎武原来的意思是"天下兴亡,匹夫有责"。然后他引了一句古代经典里面的话来说明什么是"天下兴亡",他说,"仁义充塞,而至于率兽食人,人将相食,谓之亡天下",这就是引孟子的话,而且是孟子谈论仁政的话。"天下"是中国文化共同体,是当时人理解的文明世界。什么是这个文明世界存废的标准?由顾炎武来总结,那就看政治上的仁义原则是否还在,如果这个原则废弃,中国就灭亡了,不是改朝换代的问题,是历经两千

## 第一讲　孟子其人其书

年的古老传统就中断了。当时顾炎武面对异族的入侵,他预感到这种危险,他觉得新来的蛮族可能不仅改朝换代,而且可能毁灭整个中国文化。我们知道后来不是这样,清朝来了以后,照样尊重古典传统,当然它会有很多改变,这个问题现在有不同看法。但是基本上,中国古典传统,由儒家经典、孔孟著作代表的原则,在西方文化进入之前,没有哪一个力量敢无视它。顾炎武这个例子让我们看到,孟子的仁政思想,后来成了中国文明存废的标志,影响真的很大。

仁政思想影响如此久远,绝不是空洞的一句话。现代中国在建立现代政治的过程中,我觉得走向民主和法治是最重要的方向,用法律来管理社会,动员人民全都来参与政治。这是一个大的方向。在这个努力的过程中,很长时期里精英政治仍然要起作用。仁政本质上是一种精英政治。后面还有人来讲孟子民本思想,民本也是精英政治,它根本上是由小部分精英来掌控政治,不是动员人民的。孟子有一两次谈到国人议政,能不能算是他那个里面有民主的意思?我想至少不是孟子思想里重要的方面。仁政主要是精英政治的。那么仁政思想现在的借鉴意义是什么?我读书有一个感觉,我觉得现在的事情确实比过去复杂,我们知道的失败和黑暗比过去多,内心的创伤感很严重,这个创伤感是无形中积累下来的。我们好像什么东西都不信,就信实惠,这是现代人一个很大的病。我们看孟子,觉得他是一个伟大的天才,但他同时就像一个年轻人一样认真和天真,他就觉得这个是好东西,你只要坚持,一定有用。

(三)性善与尽心

孟子讲仁政还有一个重要的根据,就是每个人内心里都有善的萌芽。这里有一个著名的故事,他说齐宣王能行仁政,齐宣王说你怎么知道?孟子说他听说过一件事。有一次一个人牵一头牛在齐宣王面前走过,齐宣王说你牵到哪儿去,这个人说拿去"衅钟"。"衅钟"是古代的一个仪式,任何在宗庙里面用的东西,第一次都要杀一个活物,用血来做一个仪式,然后才能用。上古是杀人的,后来开始杀牲了,拿这头牛去干这个。齐宣王说,把牛放了,换一只羊,后来就换了一只羊。孟子说我听说了这件事,我觉得你能行仁政。你知道别人怎么议论你吗?别人议论你说,齐国国君很小气,舍不得用一头牛,要换一个小的,我知道你不是舍不得,你是内心里有不忍。齐宣王很同意,说齐国虽然穷我也不至于舍不得一头牛?但是我做了这个事到底为什么,我自己心里面也说不清楚。孟子说,我知道,因为你看见牛,"不忍其觳觫",不忍心看见它发抖的样子。换只羊,关键的区别是"见牛未见羊",见到和没见到是不一样的。这里请注意,孟子认为人的同情心,最基本的来源是经验,不是一个抽象的道理。你看见一头牛要被杀,你受不了,你有这个心,你是一个大人物的基础就有了。所有人都有这个基础。孟子举例说,你看到一个小孩子马上掉到井里面去,你一把把他拉住,为什么要拉住？你当时有没有想，把这个小孩救起来到他父母那儿去表功。你根本来不及想，就是因为不忍。这是每个人心里都有的。

人性非常复杂，孟子也说到人性里面有其他的东西，比如说感觉欲望，他叫"小体"。问题是人内心里有同情，看见什么事情会不忍，这是自然的，不用教的，孟子叫"良知"。但是它的生长，你让你的良知变成一个支配你生命的原则，这个不是自然的。这是需要努力的，什么人才会努力呢？这个问题上孟子的看法跟孔子是一样的。就是少部分人愿意努力，大部分人不愿意。孟子说："人之所以异于禽兽者几希，庶民去之，君子存之。"人和禽兽其实差不多。他指的不是智力，而是作为一个动物要吃、要穿、要温饱，要相互争夺，要不争，就没有吃的，这个人跟动物是一样的。人跟动物就一点点区别，就是有时候他会不忍。但是这一点点，老百姓往往"庶民去之"。庶民不是有意要去，而是不会有意地去保存，只有君子能有意地保存。这种保存其实就是修身的努力。这里面就有一个问题了，是不是统治阶层的人自然而然一定会保存？不是。孟子在这个地方说的是一种责任。各位请注意这个地方。其实儒家的性善论，照我来看很大程度上说的是一种少数人的责任。每个人都有天性的善，但是把善保存培养起来，成为有德的人，这是一种责任。只有少数人愿意承担这样的责任。那么是不是说普通老百姓不可能做有道德的人？不是，普通老百姓也会做有道德的人。但是孔子和孟子有一个基本的区分。就是普通人和少数优秀人的区分。普通的人是这样的：他是跟着潮流和环境走的，环境好他愿意做好人。如果环境不好，社会混乱，道德风纪败坏，普通人也会跟着走。洪水横流，大家都跟着漂浮。可是优秀的人，也就是君子不能这样。洪水横流的时候，应该有少数君子像柱子一样定在那儿不动。儒家不要求洪水横流的时候老百姓也像柱子那样定在那儿不动，这是不合理的。孟子有一句话说："无恒产而有恒心者，惟士为能。"没有恒产就没有恒心，恒产就是象征稳定的生活、基本的物质保障。有了这个，就有恒心，愿意做好人。恒产都没有了，饭都吃不到了，社会混乱，朝不保夕，这个时候仍然有"恒心"，只有少数人。多数人"则无恒产，因无恒心"。这在儒家看来是人性的普遍状态。多数人没有战胜环境、自我挺立的决心。一个人战胜环境，战胜跟随洪水漂浮的惰性，自我挺立起来，这事挺难的。孔子讲君子、小人之别就是这个意思。孟子讲，老百姓没有恒产就没有恒心。下面接着说："苟无恒心，放辟邪侈，无不为已。"没有恒心，他什么坏事都会做。孟子是不是批评老百姓？没有。孟子说："及陷于罪，然后从而刑之，是罔民也。焉有仁人在位罔民而可为也？"人民随波逐流，没有恒产只好做坏事，你那边刑法等着他，这是统治者不负责任！洪水横流，老百姓跟着漂浮，统治者的责任不是说人民做坏事了你就去杀他的头，你要从根源上想为什么会洪水横流，根源在哪儿？根源是政治坏了。政治坏了，责任在你，你要从头收拾。性善是每个人都有的。但是把性善培养起来,这需要努力。这是"君子"的责任,不是人民的责任。孟子讲:"尽其心者,知其性也。"你是性善,但是你要真正知道你是一个善的人,还得尽心,就是努力。"存其心,养其性。""君子所以异于人者,以其存心也。"存心和养性都是努力,都是一种责任。君子为什么跟别人不一样?因为他需要负这个责任。

我们现在有一种蛮流行的观念,一讲到道德风气不好,就要求大家"从我做起"。这话对不对?也不能说不对。但是要老百姓从我做起,至少这个不是儒家的路数。儒家不是从我做起,而是从官做起。我今天早上听说邹城要推行官德教育,关键不是民德而是官德,有了官德才有民德。在中国,普通人的责任感远没有形成,在没有建成民主社会的情况下,这个逻辑就是有效的。民德很大程度上要受官德影响。前一阵《南方周末》报道一个事情,浙江有一个县别出心裁,给全县所有的成年公民建立道德档案,从官员到老百姓,这是想用道德档案来约束大家。报纸特别记载一个细节,县委常委的一班人不建立档案,他们去监督别人。这个事情在当地有很多议论。我没有去调查,也没有发言权,我不能马上说这个肯定不行。但是就我受的古典教育,我觉得这个路子不对。你要么是现代的路子,走现代民主法治的路子,人民群众的自由你不能干涉,你用法规来治理,动员人们的自主性,这是现代的路子。你要么是古典的路子,督促官员自己先做起来。"从我做起"应该先是官员的事。人人都有七情六欲,你有七情六欲人家也有,老百姓也有,每个人都想过好日子,你把这个记在心里面去做,道德的风尚就有可能扭转。

孔子思想、儒家思想教化,有一个伟大的高的标准,孟子坚持这个伟大的高的标准,同时又把它落到基础的地方。胡适曾经有一个比方,他讲从政治思想看,孔子有一点像父亲,孟子有一点像母亲。我觉得这比方不是很好,因为孟子实在不像是一个女性,孟子有豪杰气象,你怎么说他像母亲呢?但是在政治学上,这个比方有点道理。为什么孔子是父亲?孔子更关心的是人民的品质,要做一个堂堂正正、立定起来的人;孟子是更关心处于水深火热之中的人民的疾苦。一般说来,母亲更关心孩子的温饱冷暖,父亲更关心他的品质品性,是有这么一个区别。这是一个比喻,不一定恰当,我说出来,帮我们更具体地理解孟子这个人。

(四)大丈夫气概

这个大家耳熟能详,我相信我们邹城当地的朋友都熟悉这点。这在《孟子》中有一段话。景春很羡慕地说:"公孙衍、张仪岂不诚大丈夫哉?"公孙衍、张仪是什么人?当时的纵横家。为什么说他们是大丈夫?这个话里面说得有点酸溜溜的,可能觉得孟子虽然地位高、名声大,到了哪儿大家都尊重,但是毕竟不像公孙衍、张仪这样能够搅动政治大局,"一怒而诸侯惧,安居而天下熄"。我们看孟子怎么讲,孟子说:"是焉得为大丈夫乎?"他下面讲到女子出嫁时母亲跟她讲:"必敬必戒,无违夫子。"过去女儿出嫁的时候,母亲一定要告诫她,你嫁过去以后一定要小心伺候丈夫,不能违背他。这个原则叫什么?"以顺为正者,妾妇之道也。"这话里面虽然有点轻视妇女,但这是古代文化,我们用不着替孟子辩护,这没什么好辩护的,古代就是这样。那么为什么说公孙衍、张仪是妾妇之道?因为他们没有自己的政治原则,他们是替国君服务的,国君的愿望是扩张土地,把别人打败。好,我就来帮你,为了国君的愿望,杀多少人,把老百姓弄到深渊里面去。孟子根本瞧不起这种人。大丈夫是"居天下之广居,立天下之正位,行天下之大道……富贵不能淫,贫贱不能移,威武不能屈"。读过这个话的人,特别能记得"富贵不能淫,贫贱不能移,威武不能屈",但是我认为最重要的是"居天下之广居,立天下之正位,行天下之大道"。如果诸位记笔记,就记三个词,"广居、正位、大道"。这是什么?大丈夫精神的由来是什么?孟子认为自居于人类生活的正当原则。这个原则根本不在政治里边,在哪里?在文化里边。他的大丈夫原则来自于文化的立足点。他是个儒学传人。孟子去跟统治者讲话的时候,他劝别人的时候,完全没有那种说你是大官,我来劝你,那种去求别人的样子。孟子跟别人提及他和齐宣王的关系时说:"无或乎王之不智也,虽有天下易生之物也,一日暴(同'曝')之,十日寒之。未有能生者也。吾见亦罕矣,吾退而寒之者至矣,吾如有萌焉何哉?""一曝十寒"现在成了成语,但是意思有点变了。孟子的意思是,你们不要疑惑齐宣王不聪明,这个地方的"不智"是说,我已经告诉他政治最重要的原则,他不肯用,这是他不智。他为什么会这样?就像天下容易生长的植物,太阳晒一天,然后冻十天,它也长不起来。孟子自居于太阳,他在齐宣王面前,就是用阳光去照射他。去见齐宣王,根本就是拿阳光去照他,我求他什么?孟子是这种气概。这是什么人?我现在还记得年轻时候看《孟子》,觉得真是过瘾、通气,孟子真是英气勃勃。

孟子还有另一面,他也不是一味自大。孟子有一次从齐国离开,在齐国的边境上等了几天,为什么等几天?他认为他走了以后,齐王要后悔,后悔就会来追,但是等了几天齐王没来追。有一个人就讽刺他说,你知道齐王不怎么样,你还来找他,用这些大道理跟他讲。这个是你不明智。人家不理你,你走了,还不赶紧走,这是你不爽快。我们看孟子怎么说,孟子说:"王如用予,则岂徒齐民安,天下之民举安。"我为什么等他?这件事情关系太大,如果齐王要听我的话,不仅齐国的老百姓得到安顿,而且天下的老百姓也得到安顿。"王庶几改之!予日望之!"我觉得他或许能改,我天天等他。"予岂若是小丈夫然哉?"我能那么小心眼儿吗?我到这儿,他不听我的,我赶快就走,好像很生气的样子。"谏于其君而不受,则怒,悻悻然见其面。去则穷日之力而后宿哉?"这叫小丈夫,心地狭窄的人。所以孟子说的大丈夫又有另外一层意思,胸襟宽阔。

大丈夫的第一个意思是内心有一个广居、正位、大道,看见君王的时候不是求他,而是觉得自己像阳光一样,要让君王内心的善像作物一样生长。但是另一面,又有耐心,因为这不是我跟国君的关系,而关系到天下能不能得到安顿,老百姓能不能脱离水深火热,只要有一线希望,我就等他。并不是一味自大,动不动生气。这是孟子这个人。

(五) 舍我其谁

孟子有一种豪杰气象,我几次想写一篇文章讲孟子的舍我其谁。孟子的眼光高,他的舍我其谁里有很多话。有一个人对孟子说:"王使人瞯夫子,果有以异于人乎?"齐宣王派人来偷偷看你,为什么?孟子的名声大,他要看孟子是什么样的人,与一般人有什么不一样。孟子说:"何以异于人哉?尧舜与人同耳。"他就是这样,直接自居于尧舜,毫不退让。

孟子说:"君子之泽五世而斩,小人之泽五世而斩。予未得为孔子徒也,予私淑诸人也。"现在还有"私淑弟子"这个说法,"私淑弟子"就是你特别佩服一个什么人,可惜无缘得见,私下里把他作为自己的老师,自居于他的弟子。孟子私淑诸人,是他私下以孔子为老师,还是私下以另外一个什么人为老师,过去注释的说法不同,我们不管它。我们要注意的是他前面为什么讲"君子之泽五世而斩",孟子的意思其实就是认为孔子的学说、孔子的伟大理念已经中断了。我们知道孟子的同时代,儒学正在发展,我们现在看到好多文献,包括《仪礼》的编修,《礼记》里面一些文章的撰写,都是那个时候。大概

"春秋学"和"易学"也在那时候发展起来。但是孟子真是登泰山而小天下,他就说"君子之泽"已经斩了。我觉得他是认为只有在他这里,才有孔子学说的真精神。你说他是目中无人都行。孟子有一次跟人家说"一乡之善士",一个乡里最棒的人,交的朋友就是一乡之善士;"一国之善士",交的朋友就是一国之善士;天下之善士,交天下最出色的人为友。还有一种人,认为天下最出色的人也有不足,于是读古人的书,与古人交友。我读到孟子说这样的话,心里就觉得,他其实就是说他自己。这真是一种苍茫辽阔的感觉。你说他是寂寞孤独,还是骄傲自负,还是一种使命?都有。这就是舍我其谁,这是孟子大丈夫气概的一个方面。

一般来说,儒者给人的印象多是中规中矩,循循儒雅。很多儒者是这种,儒者里也有一些像孟子这样个性超迈的,但好像不是主流。东汉有一个人叫马援,我们看过《三国演义》会对这个人有印象,马超上阵的时候,就说他是"汉伏波将军马援之后"。马援是什么人?他曾经带兵平定越南二征姐妹造反,在东汉有很大名望。马援有个故事,他在外面带兵的时候,有一次写信给他的侄子说,我有两个朋友,这两个朋友都是当世卓越人物,你们肯定会受他们的影响。但是这两个人不一样。一个是端方厚重的稳健之人,另外一个人是倜傥豪迈的人。这两个人都优秀,但是他说希望他的侄子学第一个人,不要学第二个人。第一个学得不像,人还有规矩,就像画一个天鹅不像,还像个野鸭子;学第二个弄不好就是"画虎不成反类犬"。为什么？这种倜傥豪迈是一种天分,不能学。你要学,学不好就像二流子一样;学第一个学不好,人还是规规矩矩的。这个说法很能代表儒学主流的意见。从这个意义上说,孟子的个性在儒学中是很特异的。当然也不能说只有他一个人如此,儒学后来有一些这样的人。我现在讲孟子其人,他性格的这个特点是一定要注意的。

## 三、孟子著作的编纂以及在历史上的影响

我简单说一下孟子其书。《孟子》的编纂一定是孟子参与的,这个过去有争论,到底是不是孟子做的,理由是什么,有一些争论。朱熹认为是孟子自己写的,他讲一个理由非常简单,甚至于你都觉得有点不讲理,但是细想有道理。朱熹的学生问他,《孟子》这个书到底是不是孟子自己写的,因为里面老是有"孟子曰",自己写的东西怎么"孟子曰"？朱熹说肯定是孟子写的。你们知道他的理由是什么吗？他说,要不然怎么会那么好！这个是不是有点不讲理？好像有一点。但是诸位要平心读《孟子》一书,就会认可朱熹这个说法。为什么？《孟子》这本书一气贯通,绝对是一个天才的手笔,而且它整齐,一气呵成。庄子也是一等一的天才,我到现在都觉得在先秦诸子里面,要就才华而言,首推庄子和孟子,但是庄子的书就不整齐。有的篇章像龙一样的,沸腾跳跃,抓不

住;有的篇章比较平板,像地上的马一样的,也在跑,那是马在跑,不是龙在跑。那肯定不是一个人写的。《孟子》书没有这种感觉,从头到尾一气呵成。我经常劝年轻人读《孟子》,因为《孟子》好读。我现在到了孟子的故乡,用不着劝,我觉得大家肯定都知道这是好书,而且它容易把你引进去。中国古代有很多伟大的经典,但是《孟子》特别引人入胜。所以朱熹的理由看上去简单,没有什么分析考证,但他是有道理的。

孟子在中国思想史上的地位,这个问题也有专家来讲。我只简单说一说。《孟子》的地位特别高,基本原因是思想的独特和语言的感染力。比如他讲的仁政思想、性善论,他的豪迈、他的语言感染力,都是非常独特的。孟子思想在战国到汉代已经影响很大。到汉代的时候,我认为孟子、荀子基本上齐名,这是我的感觉。甚至于某种意义上在西汉的时候,荀子的影响还要大过孟子。这里面有个什么原因?孟子对其他的经典也谈,但不甚在意。荀子整理过儒家经典。汉代的儒学是传经的,汉代儒经的地位高。经学各派的人有许多都是荀子的传人,这样他的地位就上来了。当然孟子的地位也很高,与荀子不相上下。到了东汉的时候,注《孟子》的书就多起来,有几部注《孟子》的书。我们现在留下来的赵岐注就是那个时候的。但那个时候还没有注《荀子》书的。不过在长时间里面,汉、魏晋到隋唐,要是比较的话,孟子、荀子的影响大体是旗鼓相当。孟子突然重要是唐以后,最有代表的是宋明理学兴起

## 第一讲　孟子其人其书

以后,非常重视孟子。宋明理学兴起与佛学的刺激有关。佛学在东汉进入中国,魏晋南北朝开始流行,尤其在南北朝时候大流行,对中国文化的刺激很大。中国古典文化有一个特点,是基本孤立的,没有跟别的大文化交往的机会。如果和古希腊文化比较的话,相对来说这是它比较不好的地方。希腊的文化那么高,可是波斯、埃及也有很高的文化,古希腊人就有一种世界性的文化交往的眼光。我们中国古代因为地理性的环境隔绝,中国古典文化兴起的时候,这个文化特别高,内涵特别深厚,但是周围都是较低的文化,古人叫夷狄。中国古代文化有"华夷之辨"的说法。看中国古代典籍的人会有一个感觉,古人讲华夷之辨,好像他是住在文明的中心区域,四周就是一片文化的荒野,一片黑暗,没有什么好学习比较的。这个观念持续了很长时间。先秦到两汉因为文化上没有外部刺激,没有刺激带来的一个后果,是看问题比较粗率,论证问题不细致,好像用不着细致,简单一句话里面就包含高明的东西,不用打开来细说。古希腊文化的论证细致,是与不同文化的比较眼光有关系。

后来中国文化遇到一个高深文化的冲击,就是佛学。佛学的精神力量很大。佛学在魏晋南北朝传播开来以后,在几百年里,可以说在精神上占据了上风。从南北朝到隋唐,我可以这样说,儒学是政治的正宗,是治国和治家的道理,这个大家不怀疑。但是大家觉得佛学更与心灵生活有关,是治心的。那时的读书人内心里面其实特别喜欢佛学,佛学高明、精妙、直指人心,解决人的生死苦难这些心灵上的大问题。那时候好像儒学是解决政治的,君臣父子、社会秩序要讲儒学,回家以后与朋友相交,写文章,回到内心世界,佛学的意识就上来了。唐代第一流的知识分子差不多都喜欢佛学,只有一个人例外,就是韩愈。韩愈坚决抗拒佛学,但是他没能扭转当时喜好佛学的风尚。这个情况什么时候开始改变?北宋理学的出现。宋代理学是一种新兴的儒学,新儒学的一个重要问题,是要从经典注疏的学问回到内心自觉。北宋二程是理学真正的精神始祖。他们最喜欢谈的一个问题是,儒家学者要探讨礼仪、文献、古代的知识,学习这些知识究竟为了什么?一个士大夫了解很多经典的学问,可是一旦遇到事情,遇到生死存亡的大问题,他的心态就像普通人一样,还是自私的打算,还是害怕,那儒学还有什么意义?圣人之学不是这样的,圣人之学是直指内心的。宋明理学很复杂,我现在把它归结为一个特点,就是重新由礼仪注疏之学回到内心。孟子地位一下变得非常重要,远远超过荀子,与这个变化有很大关系。因为孟子主性善,讲心性之学,对于回归内心,对于建设儒家式的心灵关切,有重要的意义。《孟子》在回到内心上是一个极重要的经典。

    我最后引《朱子语类》记朱熹说的一段话作为结束。朱熹有一次带着学生到佛教寺庙里面去,他看到一个前代大和尚的画像说,这个人如果不是佛学收拾了去,一定是一个强盗头子。因为这人不是一般人,天生豪杰。他遇到佛学这样高明的学问,就归向佛学,成了高僧,否则他的生命力旺盛,自己生长,就会成为强人。这就有一个问题,为什么那时儒学不能把他收拾了去?我们来看朱熹的解释,他说:"只是当时吾道黑淬淬地,只有些章句辞章之学。"当时儒家的学问没有光彩,只有些章句辞章之学。"他如龙如虎,这些艺解都束缚不住他,必决去无疑。也煞被他引去了好人,可畏可畏!"个性如龙如虎的人,看见这些儒家的章句艺解,根本就不愿理睬。那些学究的东西不能进入他的心灵,束缚不住他,必决去无疑。但是,佛学不一样,佛教有大力量。对这种如龙如虎的人,这种个性豪迈的人,在人群里天生不同凡响的人,这种人就要有大的文化力量把他笼住,儒学已经笼不住了,靠佛学来笼,佛学就有那么大的力量。

这个故事可以看到宋代以前佛学和儒学的情况,但是宋代理学兴起以后就不一样了。可以这样说,从理学兴起直到清代,第一流的头脑重新回归儒学传统,许多天性"如龙如虎"的人重新回归儒学,那不仅是为了纲常名教、政治秩序,而且是内心的一个安顿,灵魂生活的一个驻足,这是非常复杂的学问。这当然也是受了佛学的刺激,所以有时候文化要碰撞,要挑战,才有大的发展。理学是儒学发展的新形态,很高明深刻,又有一种简明的回归内心的力量。《孟子》的学说对于理学兴起有极大的推助作用。

中国文化在 19 世纪中叶以后遇到第二次挑战,再次遇到大的外来文化冲击。这次挑战比佛学厉害得多。已经一百多年了,现在什么情况呢?魏晋南北朝到隋唐,儒学受到佛学挑战,不能进入人心,可是它还是制度之学。到了我们现在,儒学早已不是制度之学,更不能进入人心,只是一些学校里边讲点文章,偶尔有些人读一读。与社会的制度维系、心灵生活都没有什么关系了。现在大家学的都是西学,西学当然有很多好东西,西学的合理成分当然要接受。但是,我们作为中国文化的传人,我们有一个使命,也许我们一代人完不成,但是我们要往这个方向努力。通过文化的碰撞,把古典文化的精华再次立起来,就像当年通过佛学的碰撞,儒学再次立起来一样。跟现代西学的碰撞,碰过以后,我们再一次理直气壮地说,咱们这个东西还是好,好在哪里?能说得清楚。不光是说说,是真的在心灵生活上起作用。以后的大学生、研究生这个文化层次的,在大学里面学一些古典文化,内心里要能领会咱们的古典真是有精彩之处。很多人有这种领会,渐渐就有古典文化的复兴。这不是要用中国自己的文化打败人家的文化,这样老想着胜败就狭隘了。领会中国文化的好,是意识到在世界文化所有的好东西里面,我们的文化有它的独特性,我们得理解这个。

**思考题**

谈谈战国早中期的政治变动之于孟子生平及思想的影响。

# 第二讲　从孔子到孟子

牟钟鉴

**内容提要**：孟子是孔子思想的继承者；孟子对孔子思想在以下方面有创造性的贡献：仁学与民生密切结合；民本主义的高扬；士人独立性格的确立；首倡心性之学。

最近习总书记说要弘扬中国精神,凝聚中国力量,实现中华民族伟大复兴的中国梦。而且他在另外一个地方还说了一句话,就是中华文化是中华民族的根和魂。这个认识是非常高的。孟子思想就是铸造我们民族精神的重要资源和组成部分,所以它的意义是非常大的。但是,根据我这大半生的经历,长期以来中国人有着文化自卑心理,一些人不遗余力地讨伐中华传统文化,这可以叫作文化自杀。孔子、孟子长期受到批判——简单化的、武断的批判。尤其在"文革"中"反孔批儒",批孔肯定要批孟,我都经历过。我手头有一份材料,是当时"批林批孔"留下来的,题目是"林彪与孔孟之道"。批孟子主要是两条,一条是"万物皆备于我矣。反身而诚,乐莫大焉"。说它是主观唯心主义,把这个帽子扣上了。批判者没有理解,"万物皆备于我"并不是说天地万物都在我身上,不是这个意思,而是说天道和人道是相通的,人的身上体现着天地万物共同的本性,那个"我"是指的每个人。从我们人的身上能够探究天道。另外还有一句话,"劳心者治人,劳力者治于人;治于人者食人,治人者食于人。天下之通义也"。说这就是剥削阶级的思想。至少这个理解是很片面的。孟子有没有等级观念? 有。但是他这句话说的时候,在讨论要不要社会分工,要不要每个人都直接去生产他需要的东西。每个人的生活用品不可能都是自己去劳动,因此需要社会分工。其中有一种分工是脑力劳动(劳心)和体力劳动(劳力)的分工,它有这种合理的成分在里头,当时都不管,对它简单化地否定。

改革开放以后,我们中国人慢慢地开始有了费孝通先生讲的"文化自觉"。费老说:"各美其美,美人之美。"我们要尊重和学习其他民族的文化,但是我们首先对自己的文化要尊重,弘扬我们的优秀文化传统。学习孔子已经成为一种风气,孔子已经被公认为是中华文化的代表者,并且正在走向世界。相比而言,国人对孟子的了解远远低于孔子,跟孟子"亚圣"的地位是不相称的。所以,我们今天应该拿出更多的力量,特别是孟子故乡,再加上各种社会力量共同把孟子的文化弘扬起来。这是非常必要的。

我有四句话:一是敬孟子。我们对他要有敬意,他给我们

## 第二讲　从孔子到孟子

中华民族做出了那么大的贡献，我们难道不应该尊重他吗？有的朋友也说了，我们来做这件事情并不是把孟子作为搞活经济的工具，我们要有一种敬仰。二是读《孟子》。根据我的经验，读《孟子》比读《论语》难一点，《论语》文句和篇幅较短，而注释很多，可是《孟子》是大段大段的议论，怎么去理解、怎么去把握有一定的难度，读《孟子》要多下功夫。三是讲《孟子》。到处去讲，给干部讲，给师生讲，给乡亲讲，给各行各业的人讲。四是行《孟子》。我们要用他的精神做事情，把孟子的好思想体现在我们身上。外来的人一到邹城感觉到跟别的地方不一样，社会风气不一样、人际关系不一样。这样的话，就把孟子的精神践行起来。这是我的愿望，孟子精神不仅要回归故里，还要走向全省、走向全国、走向全世界，让更多的人来了解孟子，让我们的孩子从小开始就懂得孟子，懂得许多的语录，向孟子学习。我们中华民族的伟大复兴必须有文化的复兴，如果仅仅发展经济，不繁荣文化，不体现中华民族文化的伟大力量，我们国家再富强也是其他国家的文化殖民地，不可能实现中华民族复兴的伟大梦想。我自己感觉到这件事情很重要。

我今天讲的题目是"从孔子到孟子"。大家知道，孔子是儒家思想的创立者，在孔子以前有周公，但是他没有建立一套思想体系。从孔子开始建立了思想体系。孔子是春秋末年人，孟子是战国中期的人，孟子和庄子大约同时代，从孔子去世到孟子出生大概有一百年左右。在先秦时期，孟子就已经是著名的学者和思想家、教育家。司马迁在《史记》中将孟子和荀子并列为先秦著名学者。不过有这样一个情况,孟子周游列国的时候,各国的诸侯不用孟子的思想。所以,司马迁有一句话,"则见以为(孟子)迂远而阔于事情"。孟子的时代是一个什么时代?就有点像今天一样,列国之间打仗、争霸、富国强兵。法家的思想很吃香,因为它立竿见影。孔子、孟子的思想按照牟宗三先生的说法是"立教之学",不是工具理性,不是实用的,但是它给社会人生确立一个精神方向,给你提供一种思想和理念。从眼前来看,好像没有多大用处,不能马上给你多大的帮助。所以,当时的人并不理解孟子。秦始皇独用法家治国,二世而亡。汉以后主流社会人士慢慢地体会到儒家的思想才是立国的原则,治理国家主要的指导思想是靠儒家,民间的道德风尚也得靠儒家。所以从汉以后,儒学成为中华文化的主干,确立了孔子思想的主导地位。孟子的思想讲"心性之学",不是那么很容易为社会接受,它需要有一个被认识、被理解的过程,但是它的后续力量非常强大。一直到唐代的时候,有名的文学家韩愈说孟子了不起,荀子和扬雄"大醇而小疵",孟子是醇而又醇的人,"醇乎醇者也"。他发现,孟子是孔子之后第一人,没有人能跟他比。宋代以后,大家认识到孟子的重要性,所以《孟子》由子书上升为经书,成为四书之一。唐以前人们习称"周孔之道",宋以后,儒家思想简称为"孔孟之道",人们把孔子和孟子作为儒家文化的代表,一直影响了中国一千多年。

## 第二讲　从孔子到孟子

大家想一想,历史上出现许多学者,著书立说的人很多,有的人领风骚几十年,有的领上百年,能够领上千年而不衰的只有很少的几个人,孟子就是其中之一。孟子的思想不仅成为治国方略,也扩展到一般士人和民众之中,从而成为一种社会文化精神,一直发挥着积极的作用。中国经历过近代的那种文化激进主义汹涌潮流,思想界主流用西方的理论模式看中国、看中国的文化,否定得太过头了。中国文化确实有兴有衰、有精华有糟粕,后来儒家的生命力也有所衰竭,需要创新。但我们不能把中国近代的落后都归罪于孔子、孟子,使之成为千古罪人,这是很不公道的。因为孔孟之道盛行的历朝历代,中国是世界上文明先进的国家,近代的落后要由近代中国人对自身做检讨,不能把责任推给古代圣贤。经历过"欧风美雨苏霜"的冲击,经受了"文革"的猛烈破坏,人们总结经验教训,在吸收外来文化有益营养的同时,不断向中华优秀文化回归,增强了文化自信。现在读《孟子》的人越来越多,孟子的言行风貌仍然颇具魅力,激励着当代的人们向上向前。历史证明,孟子仍然活在中国人的心目之中,他是"打而不倒,批而不臭",他的精神生命是不死的。

先讲孟子对孔子的继承。没有孔子就不会有孟子。孟子一生最佩服的就是孔子。他说,"自生民以来未有盛于孔子也","孔子,乃圣之时者也。孔子之谓集大成",他的愿望就是"学孔子"。在孟子心目中,孔子是历史上第一伟人,非常推崇。他说孔子是"圣之时者也",就是能与时俱进的圣人。鲁迅先生有过激的言论,他称"圣之时者"为"摩登圣人",即赶时髦的人,这是一种挖苦讽刺的口气,是不必要的。孔子是尧舜文明的继承者,是夏、商、周文化的集大成者,他不是凭空出来的,孟子要把孔子的文化事业加以继承和发扬。我们从几点可以看出来他是怎么学孔子的。一是"祖述尧舜,宪章文武"。大家知道尧舜是儒家理想中的圣人,孔子讲"巍巍乎,唯天为大,唯尧则之",对尧是很推崇的。孟子在这一点完全继承了孔子,以尧舜之道作为一个理想的目标。他认为尧舜以仁心爱民,以德服天下,故言必称尧舜,只要努力,"人皆可以为尧舜"。

二是孔子思想的核心是仁学,仁义礼智的"仁"。所谓"礼",周公已经有了"礼",孔子的伟大就是用一种仁学的思想解释这个"礼",使礼文化有了人本的灵魂,有了鲜活的生命。"仁"是什么?"仁者爱人",它应该是人类普遍性的情感。孔子又把"仁"分疏为"忠恕之道",就是"己欲立而立人,己欲达而达人""己所不欲,勿施于人"。忠道是要关心人、帮助人,恕道是尊重人、理解人、体谅人。仁在家族为孝悌,在政事为恭宽信敏惠,在友朋为诚信崇德,"无求生以害仁,有杀身而成仁"。孟子之学是历史上少有的从理论上直接继承孔子的仁学的理论,并将仁义并举,进一步发扬了仁学的精神。他认为仁是君子的"广居",义是君子的"正路",道德君子应当"居仁由义"。当生命与正义不可兼得时,应当"舍生取义"。他又发展出仁政和王道的思想。后来的学者不能说没有继承

## 第二讲　从孔子到孟子

孔子的仁学，但是他们往往另外提出一个理念，这个理念不是直接建立在仁学基础上的。比如说程朱提出"理"，没有直接从"仁"出发。后来有谭嗣同，他著《仁学》，用"通"的理念解释"仁"，主张上下通、男女通、内外通、人我通，把仁学带到近代的范围。

在道德修养上，孔子强调"躬自厚而薄责于人"，曾子讲"吾日三省吾身"。孟子更是反复强调自我批评的重要性。他说，如果你做事情出现了不合乎原来理想状态的时候，你不要怪罪别人，先反省一下自己做得够不够，故讲"爱人不亲，反其仁"，我要给人一个帮助，别人并不买我的账，原因在哪里？你的那个爱是否真正到位了。"治人不治，反其智"，你要治理一个群体，你没治好，你要回过头来想一想你的智慧够不够。"礼人不答，反其敬"，我很礼貌地对待别人，别人根本不理睬我，什么原因？你自己是不是有恭敬之心？"行有不得者皆反求诸己"，凡是没有达到目标的，都回过头来检查你自己，这就是儒家严以律己的修身态度。

孟子继承了孔子的教育思想和实践。大家知道孔子是伟大的教育家，最早私人办学，学而不厌，诲人不倦，有教无类，因材施教，循循善诱，有弟子三千、贤人七十二，形成一套优良的教育思想和教育方法，我们今天未必达得到那种启发式的教育高度。我们今天很多都是应试教育，还没有把孔子的教育思想学到手。孟子也是一位成功的教育家，他周游列国后回过来致力于民间教育事业，以"得天下英才而育之"作为人生一大乐,并且总结出五种教育方式,对"有如时雨化之者,有成德者,有达财(才)者,有答问者,有私淑艾者",他有各种不同的教育方式。我们经常讲我是谁的私淑弟子,就是从孟子来的。

我这是简单地罗列了一下,还有很多。在这些方面孟子都忠诚地继承了孔子的思想,所以孟子是孔子忠实的学生,虽然两个人没有见过面。一个人有一点学问或者有一点专长,总要想办法找一个接班人,能继承自己的事业,一般人都有这种思想。我没有这个思想,你找好了接班人,他要是有变化怎么办?所以确定接班人不重要,重要的是你如果确实有成绩,后人自然会学习,会学习你留下来的作品。孔子有很多弟子,表现优秀的也不少,但都算不上他的学说的有代表性的后继者,而他身后最成功的继承者恰恰就是未曾谋面的孟子。我下面接着要讲另一部分,就是从孔子到孟子发生的变化。光有继承,是不是最好的学生?并不是,必须在发展中继承,必须有创新。光大孔子事业卓有成就的是孟子,不是别人。继承和发展是统一的,是一个过程。

我认为孟子是创造性地发展了孔子的思想,提高了儒学的水准,对后来儒学的发展带来巨大的影响,而且影响到整个社会。后来的学者们没人比得上孟子,所以孟子有他特殊的贡献,他是中国思想史、文化史上一面鲜明的旗帜。

我认为孟子的特殊贡献主要有这样几点:

## 第二讲　从孔子到孟子

### 一、仁学与民生密切结合

应该说,孔子对民生也是重视的,他曾经回答过子贡问政,说:"足食足兵,民信之矣。"又说能行五者于天下可为仁,即"恭、宽、信、敏、惠",而"博施于民而能济众"者,不只是仁者,而且是圣人。但关于民生问题孔子讲得比较简单,不是很详细。可是孟子不同,他不停留在一般对仁学理论的论述上,他把仁学落实到政治措施上,要社会管理者在切实解决民生基本问题上体现出仁民爱物的思想感情。

他提出几条要求:一是仁人在位,就是掌权者要有仁爱之心。他有一句话叫"先王有不忍人之心,斯有不忍人之政",如果一个心狠的人掌权,他不可能爱人,而是"播恶于众也"。这一条非常重要。假如是一个很冷酷的人掌权,他的权力越大,祸国殃民就越厉害。

二是制民之产。什么叫仁政?就是要使老百姓丰衣足食。他提出一个目标,要使老百姓拥有的产业(当时是土地),"仰足以事父母,俯足以畜妻子,乐岁终身饱,凶年免于死亡"。意思是,丰收的季节吃得饱饱的,灾荒的季节可以不饿死。一个农家要有一百亩地左右,生产粮食够用了,要有五亩的大院可以种桑养蚕、种菜,这样的话,人们靠养蚕织布、做衣服,就不挨冻了。一定要使老百姓的物质生活得到保证。我们看孟子在两千多年以前就提出了"耕者有其田",虽然没有说得这么明确,但内涵已经有了。他说,"养生送死无憾,王道之始也",你不是要行王道吗?你从这里开始,别讲空话。第一条使农民拥有一定的土地。第二条不要过分盘剥农民,税收不要太重,劳役不要太多。

三是省刑罚薄税收。这是上一条的延续和补充。他认为,对农民征收的税主要有三个方面:一是布缕;二是粮食;三是出劳役。如果用一条缓两条,百姓可以安生;如果两条一块儿用的话就有饿死人的;如果三条一块儿用,就会妻离子散,所以一定要减轻农民的负担。这些思想我们今天都用得上,今天取消粮食税,尽可能减轻农民的负担,这都是相通的。

四是救济社会上孤苦无援者,也就是社会上的弱势群体,孟子叫"鳏寡孤独"四种人,"文王发政施仁,必先斯四者"。当然,今天还有其他的弱势群体比如说残疾人、有大病的人,这些人你不能按照一般的人来对待,他没有或者有少量的劳动能力,需要国家拿出一部分资金救助他们,也需要社会团体、富而好仁者的资助和民众之间的互助。

五是在上位者、管理者、统治者要与民同乐。你自己可以有各种欲望得到满足,这个可以理解,但是要和老百姓一起来享受。齐宣王跟孟子谈论的时候说,你这个仁政我实行不了,我有毛病。我有什么毛病?我好勇,喜欢打猎;我好货,喜欢财宝;我好乐,对音乐有嗜好;我好色,喜欢美女。孟子说没关系,你这四条都可以保留,但是你能不能把这四种爱好推广,让别人和百姓也同时能得到正常的快乐。比如说你好色,你

## 第二讲 从孔子到孟子

要使得这个社会"内无怨女,外无旷夫",要使每个人都有家庭之乐,这就行了。你不要把你君王个人的快乐建立在老百姓的痛苦之上,否则百姓不会拥护你,还会怨恨、反抗。

六是加强教育、德化民俗。孟子认为,"人之有道也,饱食暖衣,逸居而无教,则近于禽兽",吃得好,穿得好,没有教育,这个人跟禽兽也差不多,因为你不是一个文明的人,没有文化素养,没有道德,这不行。所以在富民的同时,一定要加强道德教化,这样才能使中国成为礼义之邦。有一次我看到《光明日报》一篇文章,叫《礼义之邦,绝不是一字之差》,我们把"礼义"搞成"礼仪",仪式的"仪",错了,应该是仁义的"义","礼义之邦"才是正确的。没有孔子、没有孟子,哪有礼义之邦?这是后天的教育造成的。于是孟子提出五伦之教:"父子有亲,君臣有义,夫妇有别,长幼有叙,朋友有信。"

孟子不讲空话,讲得非常实际。他总结出一条原理是:"民之为道也,有恒产者有恒心,无恒产者无恒心。"无恒产者有恒心,知识分子是可以的,因为知识就是他的职业,但是老百姓不行。我们看犯罪问题,流动人口和没有正当职业的人犯罪率高,就是因为没有恒产所以没有恒心。这个太重要了,所以我们今天讲产权要明晰,我们应从孟子那儿吸取一点儿智慧。对于农民,最重要的当然是土地问题。

这是第一点,将孔子的仁学和民生密切结合起来,这是孟子一个重大的创举和重大的贡献。我们甚至可以说,近代的民生思想、民生主义源头是孟子。

## 二、民本主义的高扬

中国文化有一个很好的传统就是民本思想,有人贬低它,说它不是近代民主,但它是一个方向,应该给予充分的肯定。我认为,在早期的儒家代表人物中,没有人比孟子更重视民众的社会作用和历史地位。孔子当然也重视,他讲过"民无信不立",但是孟子强调"得民心者得天下,失民心者失天下",再后来就发展为"民可载舟,亦可覆舟",荀子就讲这个道理。

孟子相信有天命,而自古以来就有天命的思想,孔子也讲"畏天命"。孟子的发展在哪里?天命看不到,老天爷看不到,怎么体察天命?民意代表天命,老百姓高不高兴、老百姓认不认同、老百姓接不接受,就是天命的表达,如果接受了,就说明你已经为天命所认同。所以他说,一个君王"使之主祭,而百神享之,是天受之;使之主事,而事治,百姓安之,是民受之也"。老百姓接受了,就说明你符合天命了。所以他引了《太誓》的话,"天视自我民视,天听自我民听",你看老百姓的意愿,你就懂得天命。"民之所欲,天必从之",这是中国人重要的思想。以前是君权天授,现在成了君权民授。老百姓认可,这才是真正的天授。

孟子在这个基础上提出一个口号,这个口号是震撼人心、超越时代的,就是"民为贵,社稷次之,君为轻"。我们看这个口号有别人提吗?没有。这个口号提出来以后成为批判君主

## 第二讲　从孔子到孟子

专制的有力武器。并不是说老百姓的地位在君王之上,不是这个意思。而是说一个国家的成败主要是看得不得民心,因为老百姓最重要。社稷就是祭祀土地和粮食神,代表政权。人民、政权、君王,君王是个人。当这个政权维持不下去的时候,是可以替换的。孟子认为不好的君王是可以征讨的,不承认这是以臣弑君。政权可以轮替,一个朝代当它还没有改朝换代的时候也可以换君王。但老百姓是永恒的、永存的,有天下就有老百姓。

民贵君轻的思想可惜没有被接受,如果被接受,中国至少这两千多年是开明君主制,不会是高度的君权专制、中央集权。在施政的程序上,孟子也提出了"察顺民意",特别是用人和处罚的问题,要广泛地征求"国人"民众的意见,"左右皆曰贤,未可也;诸大夫皆曰贤,未可也;国人皆曰贤,然后察之;见贤焉,然后用之"。一般的君王犯的毛病是听信左右的,而孟子提出来广泛地征求民众的意见。两千多年以前,提出这样的观点已经很不容易。民贵君轻的思想是非常重要的。

老百姓直接做主,没有一个国家能做得到,因为人特别多,而且意见也不一致,一定得有个代表,一定要设立一个政府,这是一个普遍现象。问题是,有各种不同类型的社会。任何社会永远有管理者和被管理者,管理要合理,而且这一套制度能够代表民意,如果不能代表民意,可以更换。这些问题我觉得都很值得研究。

## 三、士人独立性格的确立

　　士人是指知识阶层,要树立独立的人格,我认为这是孟子的一个重要贡献。中国的知识分子不仅是知识分子,还是社会的良知。孔子的时代还比较强调社会本位,孟子也强调社会本位,但是更突出作为个人的尊严,把个人的人格凸显出来。人的性格怎么铸造?孟子做出了巨大的贡献。孔子跟孟子比的话,孔子的性格比较平和,孟子的性格比较高昂,读他的书能感觉出来两者之间的差别。对知识分子而言,在操守、气节方面,似乎孟子的影响更大一点。比如说在君臣关系上,孔子讲"君使臣以礼,臣事君以忠",就是说不是一个简单的服从关系,而是你必须对我要以礼相待,我便会忠诚于你。但是孟子又进了一步,孟子说:"君之视臣如手足,则臣视君如腹心;君之视臣如犬马,则臣视君如国人;君之视臣如土芥,则臣视君如寇仇。"我可以为你服务,看你怎么对待我。你不拿我当人,我就把你当敌人,孔子没敢讲这个话。如果你是一个昏君,我不必为你而死,我不提倡愚忠,我甚至可以讨伐他,"闻诛一夫纣,未闻弑君也"。朱元璋是个专制主义者,朱元璋上台读到《孟子》勃然大怒,他说这不是臣子所应该讲的话,怎么能这么讲?就马上把孟子的牌位从孔庙里搬走了。又过了一段时间,有大臣说服他,才又把孟子的牌位请回来。

　　孟子认为,一个知识分子侍奉一个君王是有条件的,有原

## 第二讲　从孔子到孟子

则的,都要有一个道。"穷不失义""达不离道"。他认为一个明君要"贵德而尊士""故将大有为之君,必有所不召之臣",不是招之即来,你给我出点主意。而是我要去请你,这样的君王才有作为。因为知识分子很重视人格和尊严,你不一定给他多少待遇,但是你从人格上尊重他,他就可以全力以赴地做事情。他说,知识分子一定要保持一个独立的人格。

他认为社会上有三种人:一是在朝的有爵位、有地位的人,当然应该得到尊重。我们对一个有地位的人、有权的人,只要他使用得当,我们应该给他以敬意。二是在乡里最得到尊重的是年老的人。三是知识分子,他应该有德。这三者之间没有谁服从谁的问题,各有各的优势。所以他讲,君子有三乐:父母俱存,兄弟无故;仰不愧于天,俯不怍于人;得天下英才而教育之。他认为君子这三乐,"而王天下不与存焉",能够取得天下的权力,这个不算君子之乐。在这个基础上,他提出来,一个有责任心的知识分子,他的气象应该是"富贵不能淫,贫贱不能移,威武不能屈,此之谓大丈夫",大丈夫的气度是何等雄伟宏大,在富贵、贫贱、威武这三样东西面前不能改变一个人的气节。享乐、权力腐蚀不了他;贫贱,当很穷困的时候不改其志;威武,暴力强迫的力量不能改变他。一个知识分子要成为大丈夫,应该有所磨炼,所以他提出来"天将降大任于是人也,必先苦其心志,劳其筋骨,饿其体肤,空乏其身",经过各种磨炼才能成大才。

有了孟子的思想,我们顺利的时候可以有助于事业的成功,困难、挫折甚至灾难的时候,可以磨炼我的心性,使我成长。我自己讲,我经历"文革",受过一些苦,这都是想象不到的。但是,现在都已经成了我的财富。张载说过:"富贵福泽,将厚吾之生也;贫贱忧戚,庸玉汝于成也。"这样去想就非常好,遇到什么条件都可以为我所用。而且我现在看来,没有一个人一辈子顺利的,我周围一个这样的人都找不到。有一点挫折、有一点困难是好事,只要你善于总结,就能把坏事变成好事。

为了造就一个高尚的人格和坚韧的品质,孟子提出养气之说,"养浩然之气"。我个人认为这个气不是物质性的气,我认为是一种心理素质,是一种道德力量,是一种精神境界。"其为气也,至大至刚,以直养而无害,则塞于天地之间。其为气也,配义与道;无是,馁也。是集义所生者,非义袭而取之也。"我们平常讲胸怀世界,气贯长虹,浩气长存,就是讲的"浩然之气"。后来中国人给它改了一个字叫"浩然正气"。宋代文天祥写了一首《正气歌》。

孟子讲知识分子要接受生死的考验,"志士不忘在沟壑,勇士不忘丧其元"。要有不怕牺牲的准备。孔子讲"杀身成仁",孟子则讲"舍生取义"。人有时会面临这样一个选择,就是活着不能站着做人,那还不如死了。比如说当亡国奴甚至当汉奸,怎么活?对知识分子来讲是不可忍受的。所以,为了社会进步事业舍生取义的志士仁人是很多的,这些人的思想多少都受了孟子的熏陶。

## 四、首倡心性之学

孟子第一次倡导心性之学。对于人性的问题,孔子讲的很简单,讲"性相近,习相远",相近之性是什么?孔子没有明确地讲。习相远,后天差别越来越大,究竟怎么回事,孔子也没有讲开,而孟子讲了。孟子提出"性善说"。《三字经》第一句话就是孟子讲的"人之初,性本善",我们看他的思想普及性有多大。孟子的性善说后来成为中国历史上主流的人性论。一个学说要建立起来,没有他的人性论作为基础是不牢固的。人性是什么?你要回答这个问题。孟子认为,人性里普遍都有善端,并不是说一个人生来就是善的,不是这个意思。"端"就是有萌芽,"恻隐之心,仁也"。恻隐之心是什么?看到同类受到伤害或者受难的时候,我有同情心,这就是恻隐之心。"羞恶之心,义也",你有一种知耻之心,不对的事你感到羞辱,你才有义。"恭敬之心,礼也",就是你有尊重别人的心,这就是礼义之端。"是非之心,智也"。这"四端"每个人都有,你把它扩而充之,你就是好人、善人,你做得更好,你就是圣贤了,起码你是君子。但是坏人也挺多或者有毛病的人也很多。孟子不是一个纯粹的理想主义者,普天之下都是好人,他不是这个意思。你成了坏人,并不是你本性就坏,你不要怪罪这个,是你自己没做好,把善端给丢了,"若夫为不善,非才之罪也""人之异于禽兽者几希,君子存之,庶民去之"。

大家知道中国历史上的人性论主要有几种。一种是孟子的性善论,另一种是荀子的性恶论。表面上他俩相反,实际上他们的角度不一样,人性的定义也不一样,荀子更侧重人的生理本性,最后殊途同归,都强调后天道德教化。后来有告子的性无善恶,扬雄的人性善恶混,到了汉以后又有性三品的观点,到了宋明的时候提出天命之心、气质之性,等等。但是你看它的骨子里的底色都是以孟子的性善说作为基础。

孟子并不满足于人性之说,他还探讨一个问题就是说人性从哪里来,从天道来。人性怎么回归天道?他提出来一个著名的命题,就是"尽其心者,知其性也。知其性,则知天矣。存其心,养其性,所以事天也"。尽心→知性→知天,这是人性回归天道的过程。通过扩充你自己善良的本性,彻悟自己的本性,最后能够达到天人合一,和根源性的天道合为一体。

有人说,儒家是现实主义,没有超越性,这个是不对的。儒家要超越现实,回归天道。孔子讲"畏天命"。人类及其文化是宇宙的产物,我们的根源在宇宙、在自然界,儒家认为人应对天道抱敬畏之心。但是儒家学说不是外超越型的学说,这点和西方的三大一神宗教(犹太教、基督教、伊斯兰教)不一样。三大教信仰一个外在的全知全能的绝对唯一神,人们只有皈依它才能得救,这叫外超越。孟子不是,孟子是内超越型的,靠自己的修养,就能与天命相一致,他走的是这样一条路。所以不能说儒家没有宇宙意识。

孟子认为,人不仅仅靠感悟、体验来获得生存的智慧,人

## 第二讲 从孔子到孟子

的心还有理性思维的功能,所以他说:"心之官则思。"古代不用大脑而是用心来形容思维,心是干什么用的?你要会思考问题,思考什么问题?"求其放心"。你的心丢了没有?很多人的心都丢了,你那个善心丢了,就是你自我异化了,异化是德国哲学家的词汇。有的人当了金钱的奴隶,有的人当了权力的奴隶,你自己变成一种工具,没有自我了,甚至可以为它而死。人性的问题很复杂,基督教是性恶论,认为人都有原罪,只有皈依上帝,才能得救。

儒家的人性论是什么?人有动物性,但人之所以为人,一个文明人,得有道德心,你没有道德心怎么成为一个人?你得有恻隐之心。在这个理论的视野观照下,现在的社会还是一个野蛮的社会,没有进入到文明。或者说得科学一点,前脚刚踏进文明,后脚还在野蛮中。为什么?还有战争,还有杀人现象,没有恻隐之心。这在儒家是绝对不能容忍的,因为孔子认为"四海之内皆兄弟",孟子表示"行一不义,杀一不辜,而得天下,皆不为也",儒家以天下为一家,仁爱没有民族和国家的界限。你的善心丢了,得找回来,这是心的功能。人的身上器官很多,各方面都需要养,吃点儿喝点儿都可以,但是这个心怎么养?这是大体,故孟子主张"养其大体""先立乎其大者"。你要把你的人格立起来,道德人格要养成。现在学校教育就忽略了最主要的,教育的本质是什么?是成就文明人的教育,是人性的健康成长,这是教育最本质的东西,我们丢了这个。我们的现行教育变成了什么?中小学变成了应试教育,大学则是职业教育,功利性的,就是学知识技能,将来找一份好工作。现在是市场经济,人们不能不重视智力的发育和生存竞争,但是不应忽略道德和人文素质,因此教育必须大力加以改革。怎么改革,怎么加强?通过学习孟子可以很好地启发我们的智慧。

人的人格养成有两个路数,一个是《中庸》讲的"尊德性而道问学",就是说你自己先树你的道德人格,然后再把你的理性扩充起来,这就是"尽心知性"的功夫,《中庸》称之为"自诚明,谓之性"。还有一个途径是先学事理,扩充知识,然后明达于德行之诚,把人性中善端加以扩展,把道德主体挺立起来,这就是《中庸》说的"自明诚,谓之教"。《中庸》开篇说:"天命之谓性,率性之谓道,修道之为教。"孔孟儒学认为天生上智的圣贤是很少的,大多数人要修道。从社会讲,要对民众和青少年加强道德教化;从个人讲,要加强学习和道德修养,不断提升文明的程度,才能成为君子。

我们可以看到,儒家的道统最核心的东西是道德教化。儒家是一个道德理性、道德文化最发达、最深厚的一个学派,全世界没有比它更丰富的道德文化。西方的文化把道德给了基督教,在哲学领域它主要是一个智性文化,所以发展出高度发达的科学技术。我们的智性文化常附属于德行文化,不够独立,在这方面我们应该向西方学习。但是西方智性文化发展出现代高科技的同时,德行文化被严重忽略,智性越发展越快,而德行越来越萎缩,人的德行不足以控制他的智性发展,

## 第二讲 从孔子到孟子

所以造出原子弹、核武器,现在却很难控制住,这就很危险了。儒家的文化是德行文化,是最丰富多彩的,它能够与西方智性文化形成互补,使人性得到均衡发展。韩愈提出儒家道统说,从尧舜禹汤周文武到孔子到孟子,他认为到孟子之后道统中绝了,只能由他来继承了,我们不认为是这样。但是不可否认,对于儒家以仁义推行道德教化的道统的继承而言,特别是从儒家的内圣之学来讲,孟子的功劳最大,所以"亚圣"的称号对他来讲是受之无愧的。

我的体会是这样的,孟子的思想非常值得我们认真地学习。但我们一定要结合孔子的思想来学习,从孔子到孟子是一个大的发展,一个大的跨越。现代社会要学习传统文化必须有一个转化,有一个选择。从现代社会的需要来看,孟子的思想在儒家的很多学说里边更容易和现代化相衔接,更容易成为现代化事业所急需。现在社会的特点之一就是现代市场经济很发达,这是必须要做的,不然不能解放生产力。丰富的产品和商品怎么来的?市场经济解放了生产力,计划经济不行。但是,它带来一个问题,把市场经济的原则推到教育、学术、政治其他各个领域,那就很麻烦了,都要等价交换,都是一种交易,那多可怕。连一个家庭内部也实行交易原则,那就完蛋了。所以必须要有道德。

孟子是最早关注市场经济的。《孟子》里有他跟农家学派许行弟子陈相的对话,陈相认为儒者不事做工耕田,就是白吃饭的一帮人,我们种地、生产粮食,我们才是真正的自食其力的劳动者。孟子就问他，你们自己做衣裳、帽子么？你什么东西都自己生产吗？陈相说不是，要到市场上去买，用粮食去换。孟子发挥说："一人之身，而百工之所为备"，人们"纷纷然与百工交易"，才能满足生活需要，因此社会必须有分工。"治天下"与做工耕地也是一种分工，士人劳心是社会的需要，不是白吃饭。陈相又说，我们的市场真公平，东西都一个价，布帛长短一样的一个价，麻丝轻重一样的一个价，五谷数量一样的一个价。孟子说，"物之不齐，物之情也"。产品各式各样，质量功用不同，不可能是一个价，否则是不公平的，只能导致市场混乱，应该有差别，应该有一个商品交换。孟子很早就这样讲，而且孟子反对垄断。"垄断"两个字是孟子提出来的，不要垄断市场，同时要有道德，要货真价实。把孟子的思想发挥一下，就能与现代市场经济相衔接，我觉得很好。

还有一点，个人的尊严问题，我们中央领导人多次讲要使人民过上幸福的生活，还加上一个"有尊严的生活"。过去的传统社会是宗法等级社会，现在是公民社会，每一个人的生命、健康和尊严都应该得到充分的保证。孟子特别强调人格的尊严，现代青年似乎比较容易接受。现代社会强调个性发展、平等自由，不赞成等级服从，既要自尊又要互尊，而孟子在儒家之中恰恰强调人格尊严，认为知识人与高地位的人交往要"乐其道而忘其势"，要"善养吾浩然之气"，要成为先知先觉者，去觉后知后觉者，这是符合当代知识界价值追求的。这方面的思想资源都需要我们去研究和发掘。《光明日报》国学

## 第二讲 从孔子到孟子

版在2012年11月4日给我发了一篇《新仁学构想》。我觉得儒家的仁学是最精华的东西，它是由孔子和孟子共同创建的，这是今天我们中国和人类最需要的东西。我们不仅应该把它发掘出来，而且要结合今天的现实，面对国际的种种族群、信仰的矛盾，面对市场经济，面对教育改革，面对生态危机，面对道德危机，我们应该把仁学的精华加以转化，加以发扬，加以创新，而且要使这种声音不仅在国内放大，还要放大到世界上去。我始终觉得，这个世界没有孔子、没有孟子很危险，人类文明再往前走没有正确方向不行，文明要有一个新的转型，这很难，但必须予以推动。我了解西方的有识之士越来越重视儒家和孔子的思想，中国也看到了这一点。所以现在孔子学院到处办，从推广汉语汉字，到讲论孔孟之道，很受欢迎。我心想为什么不办些孟子学院？现在可能条件还不成熟，我们显扬孟子的力度还不够。而孟子应当成为世界文化名人。我们要用各种机会、各种方式让孔子、孟子的思想走出去，使他们的声音在中国、在西方社会更大一点，现在还太小。这样的话，我觉得对于中国道德文明，对于世界和平，对于和谐世界的建设，都是大为有益的。

**思考题**

孟子在孔子基础上，对儒学创造性发展贡献是什么？

# 第三讲　孟子与齐鲁文化

王志民

**内容提要**：邹、鲁融合为一支文化,是邹、鲁文化对孟子的培育和孟子传承创新儒学的结晶;孟子对于稷下学术走向高峰有重要贡献;孟子提升了齐鲁文化的重心地位,促进了齐鲁文化的融合和二元一体进程。

讲到孟子,自然会想到一个问题,孟子出生在齐鲁,齐鲁文化对孟子有什么影响?孟子的出现对齐鲁文化又有什么贡献?今天,我就孟子与齐鲁文化的关系问题谈一点粗浅见解。

孟子出生的战国时期,不仅是中国文化史上诸子蜂起、百家争鸣的"轴心时代",也是诸侯割据、区域文化大放光彩的时期。这个时期所奠定的区域文化的基本格局,譬如齐鲁、吴越、荆楚、巴蜀、三晋、秦文化等,影响中国历史两千多年。在这样一个时代,诸子思想的形成和发展也跟区域文化有着不可分割的密切关系。孟子生于邹鲁,一生活动主要在齐鲁之地,从齐鲁文化的角度探讨孟子的成长和思想来源,厘清二者

## 第三讲 孟子与齐鲁文化

的关系,是以往孟子研究中少有涉及而应予关注和深入挖掘的重要课题。

今天主要从以下三个方面解答一下上面我们所提出的问题:一是孟子与邹鲁文化的关系;二是孟子与齐文化的关系;三是孟子对齐鲁文化的提升。

### 一、孟子与邹鲁之风

孟子为战国时期邹国人,邹与鲁毗邻,但文化渊源并不相同。根据杨伯峻先生《春秋左传注》引王国维《邾公钟跋》及《礼记》《国语》等历史文献考定:邹,也做邾,邾娄,是一个东夷土著小国。王献唐《炎黄氏族文化考》对其文化源流多所考定,认为邹为炎帝神农氏的苗裔,与黄帝后裔的鲁是两支不同的文化。据《左传·僖公二十一年》记载:鲁僖公之母称,"邾灭须句"为"蛮夷猾(乱)夏",是"周祸"。次年,鲁国"伐邾,取须句,反其君",则是"礼也"。可见在鲁人看来,邹实为文化上的"异类"。细检《孟子》及以前的文献《左传》《国语》《论语》《墨子》等,都没有"邹鲁"并称的记载。这反映出在孟子之前,邹、鲁实际表现为两支不同质的文化。

邹、鲁融合为一支文化,是邹、鲁文化对孟子的培育和孟子传承创新儒学的结晶。"邹鲁"并称,最早见于《庄子·天下》篇:"其在诗书礼乐者,邹鲁之士,搢绅先生,多能明之。"庄子与孟子同时而稍晚,这说明:(1)在孟子晚年,所谓"邹鲁之风"已经形成。这应与孟子一生努力传承创新儒学密不可分。(2)"邹鲁之风"以崇尚儒学、传习六经的士风为主,这充分展示出儒学故乡的特征。(3)"邹鲁"并称,邹在鲁前,这反映出邹文化在邹鲁文化中的重要地位及巨大影响。

(一) 孟子居邹

现有的历史文献,关于孟子和邹鲁文化关系的资料很少,孟子的研究受到一定影响。《史记》记载孔子有《孔子世家》,但是记载孟子是《孟子荀卿列传》,这是以孟子、荀子两个人为主的诸多学者的合传,而且有关孟子的内容非常简短。

我们谈孟子与邹鲁的关系,首先来看孟子和邹国的关系。由于历史文献记载很少,我们从文献中找不到孟子和他的故乡邹之间关系的系统记录。但是,我们注意到这样几点:

第一点,虽然在现有历史文献里,我们看不到他四十岁以前跟邹有密切关系的记载,不过我们也看不到他在四十岁以前离开邹地的记载。我们知道他生在邹地,孟母曾三迁教子,因此我们有理由认为孟子在四十岁以前主要就是在邹地度过的。根据有限的历史记载和一部分学者对这一问题的初步探讨,我们认为他在邹的前四十年主要有这么四件事情:一是接受启蒙教育,这个可以由孟母三迁教子为证。他从小就进学堂,受到很好的启蒙教育。二是他从师学习。《史记》上记载,他曾经是子思或子思门人的学生。他在邹完成了整个学习生涯,在这里系统地接受过儒学教育。三是设教授徒。根据文

## 第三讲　孟子与齐鲁文化

献记载,他也曾经在三十岁以后,在这里授徒讲学。四是初仕于邹。四十岁以前,他的父亲就去世了,孟子曾经按士礼葬父。这说明他很可能是一个级别不高的官吏,有过从政的经历。因此,孟子四十岁以前跟邹的关系就是:启蒙教育、从师学习、设教授徒、初仕于邹。

第二点,孟子在四十岁到六十岁的时候,曾经周游列国。他曾三次到齐国,这个我们后面还要讲到;两次到鲁国,当然邹跟鲁是很近的,他可能多次去过,只是根据文献记载来看,他两次到鲁国;两次到滕国;一次到梁,也就是魏国,即现在的河南开封一带;然后到宋国,宋国古城在今天河南的商丘一带,宋国的国土包括今天的菏泽甚至金乡以西这一片区域;过薛,就是今天枣庄一带。孟子周游列国,主要就是到这六个地方。在这个过程中,他多次往返于邹国,根据文献记载至少有两次。也就是说,他在周游列国的时候,邹国不仅是他的故乡,也是他的根据地。

第三点,终而归老。他周游数国,也得到了很好的礼遇。他在齐国待的时间比较长,跟齐国的关系实际上是非常密切的。但他始终没有得到重用,所以他终而归老,回到了邹国。《史记》上记载:他"退而与万章之徒,序《诗》《书》,述仲尼之意,作《孟子》七篇"。他年老之后跟他的徒弟万章序诗书,"诗"指《诗经》,"书"指的是《尚书》。这里也是代指五经,就是《诗》《书》《易》《礼》《春秋》。晚年他研讨孔子编纂的五经;同时"述仲尼之意",阐发孔子对五经的见解;"作《孟子》

七篇",写成了《孟子》这本书。

就现存文献来看,孟子四十岁以前在邹,六十岁以后也在邹,中间周游列国的二十年中也经常回来。可以这样说,虽然《孟子》一书中记载他在邹国活动并不太多,但孟子的一生主要还是在邹,也就是在今天的邹城度过的。邹文化对他事业的影响是巨大的。

(二)孟子与鲁

孟子跟鲁国的关系非常密切,以致后代好多人都以为孟子是鲁人,根据文献梳理一下,至少有三点是特别值得重视的。

第一点,历史上有人讲他是鲁国公族孟孙氏的后裔。这种记载最早见于汉代赵岐的《孟子题辞》:"孟子,鲁公族孟孙之后。故孟子仕于齐,丧母而归葬于鲁也。"赵岐指出孟子是鲁国公族孟孙氏的后人,因而孟子虽在齐做官,但丧母却归葬于鲁地。虽然后代的很多学者对这一问题提出了质疑,认为《孟子》中从来没提到过这件事,也就是孟子本人对此并没有什么说法。但是先秦诸子生平大都简而缺失,像《荀子》《韩非子》《庄子》等谈到个人出身生平的也都很少,这与当时文人著述习惯等因素都有关系。我们认为,他是孟孙氏后裔的可能性还是比较大的。唐代《元和姓纂》说:"孟敬子生滕伯,滕伯生寍,寍生孟轲。"清代焦循《孟子正义》上也说,孟子既然以孟为氏,应该是孟孙氏的后裔,只是世系不详。在后代学

## 第三讲 孟子与齐鲁文化

者眼里,他跟鲁国的关系是至为密切的。

第二点,如赵岐所言,孟子葬母于鲁。而且《孟子》本书有记载:"孟子自齐葬于鲁,反于齐,止于嬴。"关于孟子为什么把他母亲埋葬在鲁国,这里面也有好几种说法。例如赵岐认为他是孟孙之后,将母亲葬于祖籍地自然是情理之中的事。还有一种说法认为,孟子的外祖母家是鲁国。当然这个问题历史上也有争议,不过我们今天不再深谈。可推知的是,他在鲁国至少守孝三年,或者曾住过更长的时间。另外,《孟子》上还有记载,乐正子在鲁国当政以后,孟子非常高兴,到了"喜而不寐"的程度,也就是高兴得失眠了。此外,《孟子》中还记载鲁平公要去看孟子的事。可见,孟子在鲁,可能时间较长,关系也较深。

第三点,孟子跟孔子的孙子子思关系非同一般。司马迁《史记》记载,孟子"受业子思之门人"。元代刘泰提到:"邹乃孟子之乡国也,斯地乃子思倡道传心处也。"在元代人的看法中,子思在邹地授徒讲学,而他的弟子又来教授孟子。一直到明清时期,邹地还有相传是子思教书育人处的子思书院。

还有一点,就是孟子非常推崇孔子,他说:"自生民以来,未有盛于孔子也。"就是说,自从人类产生以来,没有一个人能超过孔子。"乃所愿,则学孔子也",即孟子说他最主要的愿望就是学习孔子。他对孔子是如此的崇拜,我们认为他受鲁文化的影响确实很深。

从多个方面看,我们可以看出孟子跟鲁文化的关系是非常密切的。鲁文化对孟子影响也是很大的。

（三）邹鲁文化对孟子的培育

孟子之所以成为一个战国时期伟大的思想家,后来成为仅次于孔子的儒家学派的代表人物,这与邹鲁文化对他的培育有直接的关系。前人探求孟子思想的渊源,大多关注到鲁文化的巨大影响,这一点绝非偶然。刚才我们已经讲到,孟子是鲁国公族孟孙氏的后裔,与鲁国有一种血缘亲情。孟子葬母于鲁,住鲁守丧三年,他跟鲁国有非常密切的关系。他是子思门人的弟子,而子思是孔子的孙子,孟子系统地接受过儒家教育,自然跟鲁文化有着密切联系。孟子一生极其崇拜孔子,以孔子的继承人自居,以传播孔子之学为己任,这都反映出鲁文化对孟子的培育,以及对其思想的巨大影响。这一点,历代的学者包括当代学者,在这方面都有比较多的论述。牟钟鉴先生讲孔子与孟子,就重点谈了孔子对孟子的影响以及孟子对孔子思想的继承和发扬。实际上,这也就是讲鲁文化对孟子的培育。

现在我着重谈一下邹文化对孟子思想的影响。这方面前人少有单独讲到的。所谓"邹鲁文化",实际是邹文化与鲁文化,两者不能混为一谈,也不能只谈鲁不谈邹。

讲到邹文化对孟子的影响,我们先从孟子思想的形成来分析。孟子的核心思想之一是仁政思想。孟子的仁政思想,首先来源于孔子是毫无疑义的,孟子继承和发展了孔子"仁"

## 第三讲 孟子与齐鲁文化

的思想,提出了明确的"仁政"主张,并将"仁"从道德层面引向了政治、引向了治国。也就是说,从如何做一个好人,发展到如何做一个好官、好国君。"仁政"思想里有孟子对孔子思想的创新、发展。同时,我认为这与孟子的乡邦文化即邹文化对他的影响是分不开的。从现有历史文献考察,孟子仁政思想的形成与邹国文化的传统具有直接关系。这是我从有限的文献中总结出来的一点个人见解和看法。邹和鲁是毗邻的,不过邹和鲁在当时是两个不同的诸侯国,邹是邹,鲁是鲁,鲁国比邹国要强大些,邹国也是鲁国的一个附属国。当然,那时的鲁国也已衰弱,邹、鲁都生活在大国的夹缝中。公元前256年,鲁和邹一起被楚国所灭。但鲁文化和邹文化在渊源上有本质的不同。邹本来是东夷的一个土著小国,是颛顼的后代;而鲁则是周初分封之国,且鲁国人主要是移民,是从周王朝那里,也就是从今天的陕西移民到这里的。

邹人是东夷的土著,保留着东夷文化传统。东夷的文化有一种"仁"的习俗,叫作"夷俗仁",这是汉代学者许慎在《说文解字》中提到的。而邹人这种"仁"的习俗,用今天的话来讲,就是有仁义之风。《后汉书·东夷传》注引《风俗通》:"夷者,柢也,言仁而好生。"这里"夷"指东夷文化;"柢"指的是根;那根又是什么?是仁。"而好生"是指爱护生命。从这里可以看出来,邹文化中有一种仁的传统,是有依据的。

《孟子·梁惠王下》记载了这样一段话:"邹与鲁哄。穆公问曰:'吾有司死者三十三人,而民莫之死也。诛之,则不可胜诛;不诛,则疾视其长上之死而不救,如之何则可也?'"邹国和鲁国发生了冲突之后,邹穆公来问孟子说,打仗的时候老百姓向后退,只有官员奋勇向前,我手下的官吏死了三十三人,而老百姓没有死的。我想要惩罚这些老百姓吧,人太多了;不杀他们吧,他们看着官员在前面战死也不去营救,也不能不惩罚。我该怎么办呢?从这里可以看出来,邹穆公对待百姓确实有不忍之心,但是他又拿不出主意,就只好向孟子求教。总之,邹穆公没有滥杀百姓,这表现出他对老百姓是很仁慈的,有仁政之风。

汉初贾谊的《新书·春秋》中记载了这样一段话:"(邹穆公)王舆不衣皮帛,御马不食禾菽,无淫僻之事,无骄燕之行,食不众味,衣不杂采,自刻以广民,亲贤以定国,亲民如子。邹国之治,路不拾遗,臣下顺从,若手之投心。是故以邹子之细,鲁、卫不敢轻,齐、楚不能胁。邹穆公死,邹之百姓,若失慈父,行哭三月。四境之邻于邹者,士民乡(向)方而道哭,抱手而忧行。酤家不售其酒,屠者罢烈而归,傲童不讴歌,舂筑者不相杵,妇女抉珠瑱,大夫释玦靬,琴瑟无音,期年而后始复。"《新书》记载中的邹穆公是这样一个人:他不穿皮子和绸子衣服,没有奢侈的爱好,吃饭不求多种味道,穿衣不求华丽服饰,对自己严苛,对百姓宽厚,亲近贤人,定国安邦,爱民如子;邹国社会安定,路不拾遗,臣民服从,上下和谐,像手跟心一样协调。以邹这样一个小国,处于大国中间,鲁国和卫国不敢轻视它,齐国和楚国不能威胁它。邹穆公死了,老百姓像死了父亲

## 第三讲　孟子与齐鲁文化

一样,奔走哭丧三个月,周边邻国的百姓也面向邹国而哭,作揖施礼,表示尊敬。酒家不卖酒了,屠宰的停工致哀,小孩子不唱歌,舂筑的罢活,女人不戴首饰,男人不穿修饰之衣;琴瑟无音,乐器不奏。过了一周年,这些活动才恢复。在这里我们看到的是一个感人至深的仁者形象。战国时期的国君中,邹穆公就是一个行"仁政"、得民心的典范。

无独有偶,汉代刘向《新序·刺奢》中也记载了邹穆公告诫官吏喂养禽鸟要用秕子(草种子)而不用粮食的话。"穆公曰:'去,非汝所知也!夫百姓饱牛而耕,暴背而耘,勤而不惰者,岂为鸟兽哉?粟米,人之上食,奈何其以养鸟?……夫君者,民之父母,取仓之粟,移之于民,此非吾之粟乎?鸟苟食邹之秕,不害邹之粟也。粟之在仓与在民于我何择?'邹民闻之,皆知私积与公家为一体也。"邹穆公说:去!你们不了解老百姓的辛苦。老百姓喂饱了耕牛,在烈日下耕耘,他们辛辛苦苦种出的粮食,难道是为了喂养禽鸟的吗?粟米是百姓的上等食品,君主是百姓的父母,粮食虽然在仓库里,但那不是我国君的,而本来就是老百姓的。粮食在国君仓库和在老百姓手里是一样的,我不能拿着老百姓的粮食随便去喂鸟兽。可以看得出来,邹穆公跟老百姓心心相印、息息相通,确实是一个实行仁政的国君。虽然我们现在找不到其他材料证明邹穆公之前的邹国国君也有这样的言行,但是从邹穆公以仁政治国看,至少在汉代人所看到的有关邹国的历史记载里,邹国有一种"仁"的习俗,有一种"仁政"的治国传统。正因为有这样一种传统,所以邹这样一个小国,才可以安然无恙地在大国的夹缝中生存多年。

邹穆公与孟子同时而稍早,邹文化中"仁"的传统,邹国国君以仁政得民心的政治实践,说明了邹文化对孟子仁政思想的巨大影响。也可以这样说,为什么大力主张仁政的孟子不是出生在其他国家,甚至也没有出生在鲁国,而出生在邹这样一个小国?从邹国的这个文化传统中,我们找到了答案。

### (四) 孟子与邹鲁之风的形成

《庄子·天下》篇:"其在诗书礼乐者,邹鲁之士,搢绅先生,多能明之。"庄子谈到,邹鲁地区的知识分子,大都能非常熟练地掌握《诗》《书》《礼》《乐》这些儒家经典。庄子这句话,也描述了一个非常重要的文化景象:在邹鲁地区,传习孔子的学说已经成为社会风气;也可以说,邹和鲁这两个地方共同形成了良好的儒学学风。庄子和孟子是同时代的,比孟子年轻。庄子这样说,就说明了"邹鲁"能够合称,而且形成一个良好的风气,与孟子这位儒学大师在邹鲁地区的文化活动有直接关系。应该是孟子促成了邹鲁文化的融合。

所以,我们得出了这样三点:一是在孟子晚年,所谓"邹鲁之风"已经形成。这应与孟子一生努力传承创新儒学密不可分。二是"邹鲁之风"的内容是以崇尚儒学、传习六经的士风为主的,充分展示出儒学故乡的特征。三是"邹鲁"并称,邹在鲁前,这反映出邹文化在邹鲁文化中的重要地位及巨大影响力。

鲁国比邹国强大,为什么没有称"鲁邹"而称"邹鲁"呢?这反映了邹文化在这里面有非常重要的地位。我们这里再回应前面提到的邹文化对孟子的影响,可以看出邹文化在当时的影响力。是邹、鲁文化的结合培育了孟子,而孟子的出现和文化上的突出成就,又使战国时期的邹、鲁文化进一步整合、提升,形成了一个统一体。这个统一体在学术上被称为"思孟学派",而在文化上则被称为"邹鲁文化"和"邹鲁之风"。融合邹、鲁,提升邹、鲁文化,这是孟子做出的巨大贡献。

邹、鲁文化的结合,使儒学的故乡由孔子之鲁,扩充到孔、孟的"邹鲁",并形成了一种特殊的区域文化风气,有力地提升了齐鲁文化在中华文明发展中的力量。

## 二、孟子与稷下气象

战国时期,齐国的稷下学宫是诸子百家争鸣的中心。孟子一生与齐国关系极为密切,《孟子》书中,齐国对孟子的巨大影响随处可见。而稷下学宫百家争鸣的学术繁荣景象,与孟子的加盟和推动也密不可分。

(一)孟子游齐经历

孟子曾经三次到齐国,这在孟子所有周游的列国当中是去的次数最多的。第一次在齐国居住了八年左右。现代著名学者钱穆在《先秦诸子系年·孟子在齐威王时已先游齐考》中考定:"孟子游齐当在齐威王二十四年前……去齐当在齐威王三十三年后。"我们算一下,这一次孟子在齐国应是居留了八年左右,所以他对齐有非常深入的考察和研究。第二次是齐宣王初年,杨伯峻的《孟子译注》认为是齐宣王二年。齐威王在位三十六年,孟子在齐宣王二年又到了齐国,这说明孟子离齐仅五年后又到了齐国,这一次他把母亲也接到了齐国。第三次是他把母亲归葬于鲁后返齐,直到齐宣王八年,孟子才离齐返邹,不再出游,这时孟子已六十多岁。我们可以这样说,孟子周游列国,是从游齐开始,又以游齐结束的。

孟子游齐正当齐威王、齐宣王在位时。这时,齐国在政治上实行改革、唯才是举、励精图治,是战国之齐最兴盛发达的时期。据《战国策·齐策》记载:在经济上,通货积财,工商并举,甚富而实。在军事上"带甲数十万",有"战如雷电,解如风雨"之强势。孟子见齐宣王纵论天下大事,问"王之大欲",齐宣王期待自己能"辟土地,朝秦楚,莅中国而抚四夷"。也就是说,齐宣王要扩展他的国土,要让秦和楚两大强国向他朝拜。这里的"中国"相当于今天的中原、黄河流域这一带。也就是说,齐宣王希望率领中原各国来镇抚周边的少数民族,实际上就是要统一天下。在文化上,威、宣之世大兴礼贤下士之风,建造稷下学宫,招贤纳士。据《史记》记载是"高门大屋尊崇之",用今天的话说就是建造了豪华的校舍,把各国知识分子都吸引到这里。齐国文化也呈现出一派繁荣景象。

第三讲 孟子与齐鲁文化

(二) 齐文化对孟子的影响

孟子在齐国至少待了十几年,他对源远流长、博大精深的齐文化进行了深入的学习和考察,从多个方面吸收了齐文化的思想成果。在这里,我们从以下几个方面来说:

一是孟子在齐国与齐国君臣交流。《孟子》一书共十四卷,除《滕文公上》外,几乎每卷都提到齐国或齐人齐事,这是当时的其他各国都无法比拟的。书中提到齐宣王二十三次,是所有国君中提到次数最多的。提到齐国大臣十二人,也是所有国家的大臣里提到最多的。从书中我们能够看到,孟子跟齐国的君臣进行了深入广泛的思想交流。可见,孟子一生跟齐国的关系之密切,他的思想受齐影响之大。

二是他对齐国历史文化耳熟能详。他对齐国历史上齐桓公、管仲等明君贤臣都如数家珍。《孟子》里记载了齐宣王在雪宫见孟子时的一段对话。齐宣王问孟子:"贤者亦有此乐乎?"贤德的人难道也有这么快乐吗? 孟子马上根据齐国历史做答:"昔者齐景公问于晏子……"这一段中,孟子把一百多年以前的齐景公与晏子对话的一些具体内容做了详细的复述和评说。从这里我们可以看出孟子对齐国的历史文化、对齐国历史上明君先贤的政治主张、对他们的一些思想成就了然于胸,吸收很多。这里面就曾经提到晏子所说的"诸侯朝于天子曰述职",我们今天还讲官员的述职,"述职"这个词在《孟子》中很早就记载了,"述职者,述所职也",就是你叙述一下你所做的工作。从这里我们能够感觉到孟子熟知齐国的历史文化。

三是孟子的许多思想能在齐国的著作和历史上著名政治家的主张中找到渊源。这说明孟子吸收了齐文化特别是管仲、晏婴等著名政治家的思想。例如孟子的仁政思想就吸收了齐文化的多个方面。据《管子》记载，管仲很早就提到要"省刑罚,薄赋税""宽政役,敬百姓"，管仲也专门提到"仓廪实而知礼节,衣食足而知荣辱"，这都对孟子抨击虐政、反对残民，主张"有恒产者有恒心"等仁政民本思想有重要影响。孟子主张要给老百姓稳定的财产,有稳定的财产才能有稳定的人心，这个核心思想叫"制民之产"。所以孟子"省刑罚,薄税敛"的思想与管仲"省刑罚,薄赋税"是一致的,从这儿能看出孟子对管仲思想的吸收。从管仲到孟子有二三百年的历史,从晏婴到孟子也有一百多年的历史。晏婴说,"定民之居,成民之事""君民者,岂以陵民,社稷是主"，作为老百姓的国君,怎么能去欺负老百姓呢？国家是主要的。孟子"民为贵,社稷次之,君为轻"的思想与之也是一脉相承的。孟子的思想实际上是大量吸收了包括齐国在内的历史上著名政治家的思想主张,又有了新的发展。我们从这里可以看出他对齐文化的吸收以及齐文化对他的影响。

孟子在与稷下先生的广泛学术交流中,也大量吸收各派的观点,丰富发展了自己的学说。孟子到齐国是在齐威王和齐宣王时期,而这个时期也正是稷下学宫兴盛的时期。孟子

## 第三讲 孟子与齐鲁文化

也是著名的稷下先生。他在稷下学宫广泛的学术交流中,吸收了各家学派的观点。当代著名学者、北京大学张岱年先生有一篇文章《〈管子〉学说的历史价值》,其中提到"《管子》一书是齐国稷下学宫中崇拜管仲的学者的著作汇集,可以说是齐国管仲学派的代表作"。郭沫若先生则说:"《管子》书乃战国秦汉时代文字之总汇……道家者言,儒家者言,法家者言,名家者言,阴阳家者言,农家者言,轻重家者言,杂盛于一篮。"其中相当一部分是稷下学宫这些学者的论文集。

孟子一个很重要的学说叫"浩然之气"说,这个学说可以从《管子》这本书中找到它的理论渊源。郭沫若先生在《稷下黄老学派的批判》中说:"'浩然正气'说,显然是将《管子·内业》等篇中的'浩然和平,以为气渊'之语及'灵气'说,袭取了来,稍为改造了一下。"可见,孟子的"浩然之气"说,实际上吸收了稷下学者中的"浩然和平,以为气渊"以及"灵气"说,有稷下之学的重大影响。

郭沫若先生还提到孟子的"民贵君轻"说,显然是吸收了慎到"立国君以为国,非立国以为君"的思想。慎到也是稷下学宫中的一位著名学者,他认为,拥护一位国君是为了一个国家,而不是说建一个国家是为了一位国君。孟子的"民为贵,社稷次之,君为轻"思想与之是一致的。另外,据郭沫若先生研究,"有恒产者有恒心,无恒产者无恒心"之说,也是吸取稷下先生"凡治国之道,必先富民"和管仲学派的"仓廪实而知礼节,衣食足而知荣辱"思想的结果,等等。

齐文化中所包括的稷下学宫这些学者的思想,是孟子思想形成的一个源泉。也可以说,孟子杰出思想的产生与齐文化密不可分。

(三) 孟子助推稷下百家争鸣的新气象

孟子在齐助推稷下学术发展,进一步巩固了稷下百家争鸣中心的地位。汉代著作《盐铁论·论儒》中记载:"齐宣王褒儒尊学,孟轲、淳于髡之徒,受上大夫之禄,不任职而论国事,盖齐稷下先生千有余人。"可见齐宣王时期,稷下学宫学者到了一千多人,盛况空前,其中包括孟子和淳于髡。另据司马迁《史记》记载:"宣王喜文学游说之士,自如邹衍、淳于髡、田骈、接予、慎到、环渊之徒七十六人,皆赐列第,为上大夫。"一共有七十六人为上大夫,"是以齐稷下学士复盛,且数百千人"。这也说明孟子在齐国的时候,稷下学宫是特别兴旺发达的。

孟子在稷下的地位是特殊的:第一,官居卿位。《孟子》中有三段文字记载:其一,"孟子为卿于齐……公孙丑曰:'齐卿之位,不为小矣!'"其二,"夫子加齐之卿相,得行道焉!"其三,"夫子在三卿之中"。齐王把稷下学宫中的其他著名学者都封了上大夫,而对孟子则封了更高一级的卿位。他的弟子也说,你既然升到这么高的地位,德行到了,你可以推行你的主张了。可见,孟子在齐国曾受到特殊礼遇。

第二,备受尊崇。一是《孟子·梁惠王下》记载,与齐宣王

### 第三讲　孟子与齐鲁文化

直接辩论最多的人是孟子,而且齐宣王对待孟子执弟子礼。孟子多次指责齐宣王,但齐宣王都是洗耳恭听。甚至孟子直接批判齐宣王的时候,齐宣王也没有与孟子针锋相对地顶撞,而是"王顾左右而言他",可见,孟子在齐是备受尊重的。二是待遇最优厚。孟子声言要离开齐国,为了挽留,齐宣王说,"我欲中国而授孟子室,养弟子以万钟"。这里,"国"是指都城,即在都城中间最好的地方,"钟"是当时的一种量器。我们今天说就是,齐宣王为了挽留孟子,不惜给孟子的弟子以万担粮食,并把京城中的一片土地给孟子作为宅院。可见,孟子在齐国享受着特殊的优厚待遇。《孟子·滕文公下》还提到:"前日于齐,王馈兼金一百,而不受。"从这些记载,都反映出齐王对他特殊的尊重。

第三,孟子能言善辩。他说:"余岂好辩哉,余不得已也!"孟子在稷下和各派学者展开争论,有力地推动了稷下各派学者相互之间学术上的争论。战国时期重要的思想成果就是诸子百家争鸣,而稷下学宫就是诸子百家争鸣的一个中心。孟子的到来,恰恰推动了这个百家争鸣中心各派间的争鸣。

第四,其道难行。尽管孟子在齐国做了很多努力,但是他的主张并没有得到充分接受,最终孟子还是离开了齐国。他离开齐国的原因之一,据文献记载,是他的主张"迂远而阔于事情",用今天的话说,他的主张不合乎齐国的国情。这个也是不难理解的,在战国时期,最重要的是大国之间的兼并战争,而齐国在当时是能统一中国的大国之一。孟子主张仁政,这和齐国国君的意图是不合的,所以他最后离开了齐国。他离开齐国的时候是"欲去还留""三宿而后出昼",走了三天,住了三个晚上才离开了昼这个地方,而昼离临淄城只有二十里。可见,孟子最后是以恋恋不舍之情离开齐国的,这也反映出孟子与当时齐国关系的特殊之处。

概言之,孟子居齐的威、宣时期,正是稷下发展的高峰期,名家荟萃,人数众多。而孟子又受到齐王特别的尊崇,以高于"上大夫"的卿位常居于稷下学宫。我们认为,孟子极有可能就是助推百家争鸣达到最高峰的稷下领袖人物。孟子以其积极有为的人生态度、敏锐的政治洞察和雄辩才能,领导着稷下的学术走向了争鸣的高峰,创造了中国文化史上彪炳史册的稷下学术气象。

## 三、孟子对齐鲁文化的提升

齐鲁文化是培育孟子思想的沃土,孟子对齐鲁文化的提升也做出了巨大贡献:一方面是孟子对齐鲁文化"重心"地位的提升;另一方面是孟子促进了齐鲁文化的融合和二元一体的进程。

### (一) 对齐鲁文化"重心"地位的提升

德国人雅斯贝尔斯在1950年发表的一篇文章《历史的起源与目标》中提出了一个观点:在公元前800年到公元前200

## 第三讲  孟子与齐鲁文化

年之间,世界的文化发生了突变,这是至今我们仍然赖以生存的人类精神的基础,同时独立地在中国、印度、波斯、巴勒斯坦、希腊出现。即是说,世界上几大文明古国的思想突然产生了飞跃,出现了一种爆炸式、跨越式的发展。"世界历史的轴心似乎是在公元前800年至公元前200年之间发生的精神历程之中。"非凡的事都集中在这一时代发生了。孔子、老子、释迦牟尼、创立犹太教的先祖、亚里士多德、柏拉图等世界文化名人,大多数也是在公元前800年到公元前200年之间产生的,这个时期被雅斯贝尔斯称为世界文化的"轴心时代"。

公元前800年到公元前200年,正是我国的春秋战国时代。在这个时代,文化有一个重心区,这个"重心"就是齐鲁。傅斯年在著名的《夷夏东西说》一文中说:"从春秋到王莽时,中国上层的文化只有一个重心,这一个重心,便是齐鲁。"在这里我们可以这样定位齐鲁文化在中国文化史上的重要地位:中国文化轴心时代的文化重心。为什么在齐鲁这个地方产生的孔子、孟子包括子思、荀子的儒家思想成为后来中国文化的核心思想?这与齐鲁文化的这样一种重心地位是有直接关系的。齐鲁文化的这一地位,在战国时期是以"邹鲁之风"与"稷下气象"为主要支撑的,是因为在邹鲁地区形成了一种儒家的风气,在稷下学宫形成了百家争鸣中心的气象,这两者支撑了战国时期齐鲁文化在中华文明轴心时代的重心地位,而这两点也都突显了孟子的贡献。

## (二) 促进齐鲁文化二元一体的融合进程

齐鲁文化在结构上是二元的,齐和鲁是两支从渊源形成到文化形态都有很大差别、各具特色的文化。大致说来,齐文化较多地传承了东夷的土著文化,鲁文化则是周文化的集中代表。鲁跟邹是两支不同的文化,齐和鲁也是如此,我们同样能从齐文化中找到关于"仁"的那种风俗的概念。

但是在春秋战国时期,特殊的文化交流和融合的时代背景,使两支不同性质的文化能够形成一个文化圈,邹和鲁是这样形成了邹鲁文化,而齐和邹鲁也是在这样的大文化背景下交汇融合,形成了一个形象趋于一致、结构存在二元的齐鲁文化圈。

邹鲁文化成为一支文化,齐和邹鲁文化又融合成一个齐鲁文化圈。这两个方面的融合有什么不一样?我们可以这样认识这个问题:邹鲁文化形成的一个统一体,以及齐鲁文化形成的一个文化圈,在形象上是趋于一致的,但实质上仍然存在着二元,既是一个文化圈,又各具不同的特色。实际经历了一个由二元一体向一体之二元的变迁过程。在这样一个发展融合的过程中,有两个阶段非常重要。

第一个阶段,春秋末期孔子在文化上融合齐鲁,创立儒学。即是说儒学的创立实际上也是鲁文化和齐文化融合的一个结晶。孔子在周游列国之前的十五年,即在三十五岁的时候到了齐国,他在齐国待了三年,对齐文化有深入的研究和吸

## 第三讲 孟子与齐鲁文化

收。这一点我在《孔子与齐鲁文化》的论文中有较深入的分析探讨。孔子创立儒学,实际上是齐鲁文化的一次融合。

第二个阶段,齐鲁文化的第二次融合就是战国时期。战国时期的文化融合有两个方面:一是齐强鲁弱局势的深入发展,齐对鲁的土地兼并促进了齐鲁文化的融合。在战国时期,鲁国国力已经非常衰弱,它的国土面积就是现在的曲阜周边很小的范围,而包括原来鲁国的大片领土都是齐国的土地。这一种兼并,使齐和鲁的文化融合加快了。再一点是,鲁国的学者和各国的学者都在齐国的稷下展开了学术的争鸣,也就使儒学在齐地迅速地传播,使齐鲁思想文化的面貌由二元向儒学一体化迅速发展。这是一个很有戏剧意味的历史文化现象:在国土的占领上,齐国大片地占领了鲁国的国土;但在文化上,鲁国却凭借他的儒家文化软实力,同时借助稷下的百家争鸣,在齐国大力推行儒家文化,促进了齐鲁两国政治经济硬实力和文化软实力的逆向交流,促进了文化融合。在这一过程中,孟子起到了特殊的作用。细加分析,孟子从三个方面予以促进:第一,大力推行仁政主张,使儒学从诸子之学术走进了国君的殿堂,成为政治家的治术议题。第二,在与齐人及稷下先生的交流融合和辨析中,推动了儒学进一步的丰富和发展,使之更加适应时代和历史发展的要求。也就是说,孟子借助稷下推动了儒学的丰富和发展。第三,孟子在齐国大量地招收齐人为学生,这样就壮大了齐人中儒家学派的组织力量。在齐文化中融入了儒学,在齐地形成一种儒家的风气,奠定了人才的基础。

正是在这样一个基础之上,孟子之后,在《荀子·性恶》中,首次出现了"齐鲁"并称。"天非私齐鲁之民而外秦人也,然而于父子之义,夫妇之别,不如齐鲁之孝具敬父者,何也?"这里用"齐鲁"指儒家故乡的一种仁孝风气。荀子时期比孟子晚了数十年,也就是说,在荀子时期,已经认为齐鲁两地都同样具有一种儒家的文化风气了。推动齐鲁文化融合的儒学大师,前有孟子,后有荀子。但是孟子以其邹鲁之人的身份而居齐好辩,推动了百家争鸣,贡献更加突出。

总之,邹文化是养育孟子的文化渊薮;邹、鲁文化的结合,培育了孟子,是孟子思想的重要源头;齐文化对孟子主体思想的形成,产生了重大影响,齐鲁文化是培育孟子的文化沃土。孟子对齐鲁文化在中华文明史上的重心地位和齐鲁文化圈的形成,做出了巨大贡献。

**思考题**

齐鲁文化在孟子思想形成中的作用是什么?

# 第四讲　居仁由义:从孟子的性善论说开去

郭齐勇

**内容提要**:孟子时代关于人性的讨论;"四端"之心;人性本善;居仁由义;性善论的意义。

中央十四大以来,特别是十六大以来到十八大,中央的报告、文件、决议中,对于中国传统文化、对孔孟之道的认识,是一步一步提升的。近年来习总书记关于国学的指示,比如说他视察贵州大学的中国文化研究院时谈到如何调动国学资源经世致用;最近他指示中华文化促进会编了干部读本的《四书五经语录200句》,从《四书》每一部书里面选一点点,《五经》里面选一点点,都是很好的做人做事的格言与警句。我认为邹城市是走在全国前面的,我们的干部教育很有特色。我们有天时地利人和,早上我再次瞻拜了孟府、孟庙,的确很受教育。孟子的性善论到底是说的什么意思?关于性善论有很多很多的争论,这里谈谈我的看法,就教于各位。

孟子到底为什么要讲性善?孟子的理论到底有什么?他的理论有什么贡献,意义何在?今天我跟各位切磋一下。我们今天讲五个小问题,一是在战国中期孟子的时代,从孟子和他的弟子的对话中,我们了解当时关于人性的讨论有哪些观点。然后就从四端之心、人性本善、居仁由义这三个内容深入地了解孟子性善论、仁义观的真实内涵,最后一个问题谈谈性善论在中国文化史上的意义和价值。

## 一、 当时关于人性的讨论

战国时期人性问题成为争鸣的一个焦点,当时有代表性的几种观点。我们知道代表常识理解的就是告子的"性无善无不善"论。他说,人性没有所谓善恶,都是根据环境的变化而来的。人性有什么善恶呢?就像河水,引向东方则东流,引向西方则西流,你往哪里引,它就往哪里流。他说,人性没有善,没有不善。还有一位叫世硕的,也是孔门的再传弟子,世硕就认为人性可以为善,可以为不善。还有一个无名氏的观点是,有性善,有性不善。他说,像尧舜禹、汤文武,那都是大善人;还有很多坏人、夏桀商纣,那都是大恶人。有的人是性善的,有的人是性不善的。孟子在这个辩论中提出的是性善的观点,特别是跟告子的辩论中,慢慢形成了他的这种看法。

告子的主张是当时流行的代表常识性的看法。他讲生命

## 第四讲　居仁由义：从孟子的性善论说开去

的"生"、与生俱来的"生"。"生"和"性"是互训的,从训诂上来说,"生"就是"性","性"就是"生"。文字训诂上说,"生"和"性"是两个可以互相解释的字。告子认为食、色等自然性、生物性即是人性。又说,你把水引向东边它就东流,你把水引向西边就西流,人性也是这样。用现在的话来说,他是自然人性论,又是外在环境决定论。告子大概是这样一种看法。

孟子在和告子辩论的时候,提出了跟当时流行的看法完全不同的关于人性的新看法。这在中国,而且在世界都可以说是第一流的思想家。当时没有这样的看法,他提出了一个新的看法。他说,告先生啊,你说水可以向东、向西,但是水有一个属性,水往下流。当然当时他不知道是地心的吸引力,只知道水是往下流的。他说,人们可以把水引上山,把手掌中的一点水一拍,水珠可以跳过我们的脑门,这都是外力作用的结果。我们把水引上山,往上流,那不是水的自然属性,那是外力使之然也。而从属性上来看,从它的本性上来说,水总是往下流的。我们知道孟子是辩才无碍的,在当时来说他是很会辩论的学者。《孟子·告子上》第八章叫"牛山濯濯"章,"濯濯"就是光秃秃的意思。牛山上面的花草树木非常繁盛,"牛山之木尝美矣",他说树长得非常漂亮,可惜它"郊于大国",在大都市的旁边。"斧斤伐之,可以为美乎?"很多人去砍伐它,它怎么还美呢？但凡这样的山,适合于草木生长的山,为什么树被砍光了,成了光秃秃的呢？"是其日夜之所息,雨露之所润,非无萌蘖之生焉,牛羊又从而牧之,是以若彼濯濯也。"日夜有阳光雨露,它有萌蘖生长,生了一点以后,放牧的人到这里放牧,牛羊啃食,所以这个山就变得光秃秃的了。他的例子是说,牛山本来草木繁盛,但是被人为破坏了,使它变成了秃山,不是说牛山的本性不适合于树木生长。同样,人在事实经验上的不善,并不能证明其本性不善。

我们知道孟子所处的时代,杀人盈野、杀人盈城。他何尝不知道人之为恶更甚于禽兽呢?但他为什么还要讲人的本性是善的呢?他是这样一个意思,他说人呀,在社会生活中的人,在世俗经验层面上他不善、为非作歹,但不能因此证明他本性不善。穷凶极恶的罪犯,临到最后关头的时候,也许他还良心未泯。明代的王阳明,他是继承孟子思想的,有一次他去断案,有一个偷了别人很多扇子的人,在审判的时候,嫌疑人开始不承认。后来王阳明把惊堂木一拍,说,你把上衣脱了。嫌疑人就把上衣脱了。又把惊堂木一拍,说,你把裤子脱下来。嫌疑人马上用双手把腰部护住了。王阳明就说,你还是知道羞耻的,你还是有良知的,就开始启发他,解决了这场官司。

孟子是高人,高智慧的人。我们知道古人的知识可能不如我们,但是古人的智慧比我们高得多。他说,事实上这个人的不善,是他后天的教育没有使他巩固、没有使他明白上天赋给他的本性是善的,事实经验上的不善也驳不倒他的本性是善的。这个我们再来慢慢地说。

他跟告子辩论的时候用类比法与归谬法,最后归谬成功。

## 第四讲 居仁由义：从孟子的性善论说开去

跟告子辩论四个回合，从"生之谓性"开始，最后讲到犬之性、牛之性和人之性的关系。孟子跟告子辩论最后得出的结论是什么？他逼着告子承认犬、牛之性和人之性是一样的，孟子归谬成功！孟子的立场是，人的属性和动物的属性是不一样的。牛之性和犬之性不同，犬牛之性和人之性不同。后一个不同是更大的本质的不同。也就是说，按照告子的思想逻辑，犬牛之性和人之性没有根本的差别，就是所谓的"食色，性也"。人和动物都一样，没有根本属性的差别。孟子所提出的最根本的和前人的伦理思想、道德哲学思想不一样的是，人有自然的食色之性，但是，从自然的食色之性不能界定人的类特性、类本质，或者说人与禽兽的本质差别是什么，亚里士多德讲，人是政治的动物，人是社会的动物，这是亚里士多德关于人的本质的界定。孟子关于人的本质的界定是说，人有内在的道德的知、情、意，这是人所固有的道德属性。毋宁说，他讲的是：人是有道德性的动物。人和动物、他物有差别，要严辨人禽之别，君子小人之别。这是当时孔孟儒家特别强调的，到孟子特别强调人禽之别。今天的动物学家们可能说，动物也有群居性，也有社会性。非洲羚羊的大规模迁徙活动，很多动物的迁徙活动，它们有一种获得性的遗传。有的场合，老的羚羊会一字排开去引诱它的天敌，年轻的羚羊在部分老羚羊的带领下按照固定的路线继续走，这是不是它的道德性？这当然是动物学家们研究的课题。但是孟子界定和提倡的是，人和禽兽的不同，人和动物的不同，就在于人有道德的属性。所以，他跟梁惠王、齐宣王讲道理的时候,他都是用此来打动他们的。比方说,他跟齐宣王讲王道政治的时候就说,你看到有人要去杀一头牛,以牛血衅钟,听说你不忍牛被杀,你看到牛似乎在颤抖,可怜,你说"不忍牛之觳觫",你有不忍之心。衅是祭名,指血祭,当国家的重要器物或宗庙开始使用时,要宰杀一件活物来祭它。孟子应机说法,把他诱导到"行不忍人之政"上,他在诱导齐宣王的道德情感。看他的不忍之心,诱导他关爱小民、百姓,指出应该以一个什么样的心态对待人民。所以,孟子在中国哲学史、文化史上,第一次明确地揭示了关于人性的新的观点。这就是,人具有不同于动物、不同于他物的特殊性,这就是道德性。

孟子是不是否定食色之性呢?他不否定。人也是动物中的一个种类,他也有自然的食色欲望。但是,孟子的意思是说,如果我们把自然欲望作为人的本性的话,那没有讲清楚人和其他物的差别。只有道德本性才是人最根本、最重要的特性,这是人之所以为人的标准。"人之所以异于禽兽者几希,庶民去之,君子存之。"(《离娄下》)孟子不否定人都有食色的欲望,也不否定在现实生活中,人之为恶,更甚于禽兽。我们老百姓说这个人禽兽不如,比禽兽还坏。因此,人在事实经验层面上,的确是有这样的。但是他特别重视的是,天赋予人的,人之所以为人的根本,人的类本质、类特性是人有道德性。大家读《孟子》的时候经常看到里面骂人的时候有"非人也",他是恨铁不成钢,他是说,如果把这个界限泯灭了,那你是自

第四讲 居仁由义：从孟子的性善论说开去

甘堕落、自暴自弃，那你就是禽兽不如。在这一点上，在当时关于人性的讨论中，他提出了他的看法。

## 二、四端之心

四端之心，四种萌芽状态的道德心性。《孟子·告子上》有这样一段话："恻隐之心，人皆有之；羞恶之心，人皆有之；恭敬之心，人皆有之；是非之心，人皆有之。恻隐之心，仁也；羞恶之心，义也；恭敬之心，礼也；是非之心，智也。仁义礼智，非由外铄我也，我固有之也，弗思耳矣。故曰：'求则得之，舍则失之。'"人是高级动物，是道德性的动物，他讲"恻隐之心，人皆有之；羞恶之心，人皆有之"。懂得羞耻，有耻感。"恭敬之心，人皆有之；是非之心，人皆有之。"有的段落里面把"恭敬之心"讲成"辞让之心"，都是礼敬、礼让。总的是讲恻隐、羞恶、是非、辞让，这就是仁义礼智的四个端点或萌芽，或者就是"仁义礼智"本身。"非由外铄我也"，他说，仁义礼智这些东西不是由外在的东西强加到我的心上去的，不是人家授予我的，而是"我固有之也"，我本来就有的，我与生俱来就有的。"弗思耳矣"，只是我们经常地没有想到它，没有反思它，没有想到我是人。"故曰：'求则得之，舍则失之。'"我反求它，我想到了并探索，我就得到了它；没有想到它，放弃了它，我就失去了这个道德的心性。

我们看恻隐的"恻"，是悲痛的意思，恻怛是忧伤，恻恻是悲痛的样子。"隐"是藏匿,不显露。恻隐之心即是怜悯之心,不安、怜悯。所以,人有一种不安、怜悯之心。他跟齐宣王讲道的时候,看到齐宣王也有怜悯之心。他说,你要他们杀一头羊,不要用这头牛,不是以小易大,不是舍不得这头牛。齐国这么大,齐王还在乎一头牛吗?不是以小易大,而是你亲眼看见牛要被拉去杀掉,心有所不忍,这就是恻隐之心,有忐忑不安之心,这是人皆有之的。

羞恶之心也是人皆有之的,羞恶是一种耻感。我们今天也知道,孩子要懂得羞耻,有耻感,你要知道什么当做,什么不当做,这一点要用你的身教慢慢地教育给孩子,这一点很重要。

仁义礼智是上天赋给人的、人与生俱来的、娘肚子里面就有的这样一种道德的知、情、意。首先是恻隐、羞恶、恭敬、是非等道德感。这种心灵的养育、培育非常重要。孩子的培养当然首先是靠家长自己,我们都是为人父母者,也有的是为人祖父母者,我们一代一代孩子的道德心性的培养,在现在的确是迫在眉睫的重要事情。"小悦悦"事件,为什么?老人倒地无人敢扶,为什么?固然有一千种理由,固然有现在的很多的法律条文或者法律取证等,但是不管怎么说,我们要用孟子学的观点来看,如果一个人丧失了恻隐、羞恶、是非、辞让之心,这个人真是非常可惜、可悲、可怕、可恶的。

人从小都有一种对人的敬畏和恭敬或者礼貌或者辞让,对长者有一种敬,这种心叫敬让之心,就是礼德的初步。是非

## 第四讲 居仁由义：从孟子的性善论说开去

之心，赤子没有沾染社会不好的东西，但凡如此，他的是非判断非常好（这个对，那个不对），恰好是如此的判断最准，这就是道德的是非之心。所以，恻隐、羞恶、恭敬、是非这几种道德感是非常重要的。孟子学、孔孟之道、儒家思想、中国文化很重视"情"，特别是道德的情感，还有情理。这个叫"四端"，还有另一类情感叫"七情"，"七情"（喜怒哀乐爱恶惧）是一般的情感，非道德的情感，"四端"是道德的情感。韩国的儒学讨论四端七情，中国的明代，韩国那个时候是李朝，有很多哲学家，如李退溪、李栗谷等讨论四端、七情之辨。

　　大概我们可以这样来理解孟子的立论，他很强调四端之心，特别是恻隐之心，同情心，内心不安，齐宣王不忍牛无辜地被杀，这是善的端点、萌芽。我们人内在具有恻隐、羞恶、恭敬、是非这样的道德的同情心、正义感、羞耻感、崇敬感以及道德是非的鉴别和判断，这些东西就是仁义礼智的萌芽。道德的理性仁义礼智，它和道德的情感、恻隐等四端之心连在一起，这是固有的，不是外力强加的。把这些萌芽状态的东西扩充起来，就可以为善，就是善。

　　孟子是以心善说性善的。他开始讲的是四端之心，讲人性本善是从心善讲起的，而且性善是由心善显示出来的。人一生下来，我们都有善心，如果把善心扩充出来就是善行。前面牟钟鉴先生、王志民先生都讲到了孔孟之道。孔子思想的核心是仁爱、仁德。为什么雅斯贝尔斯讲孔子、耶稣、释迦牟尼佛、真主穆罕默德是四大文化范型的代表，老子等是十大哲学家的代表呢？孔子是把仁德提扬到中国文化最核心的价值观的地步。孟子特别强调仁义的并举，尤其强调仁义是人本有的、内在的。他和告子辩论，告子讲"仁内义外"，仁是内，义是外。孟子讲不是这样的，"仁义内在"，都是人的道德心性内在具有的。告子说，我看见这个人是长者我才敬他，这是外在客观的长者，使我来敬。孟子说不是的，我不是先看到他是长者才敬他，不是先看到他是父母才孝他，我本来就有这种孝、敬之心，遇到父母自然孝，遇到长者自然敬。

仁义并举、仁义内在是孟子的大发明。我们都有仁义之心。今天的老百姓还说这个人仁义，那个人不仁义，以此做评价。有时候我们人丧失了良心，那是因为我们不善于保养。孟子讲"存夜气"，经过一晚上的休息，把沾染的污浊的东西排掉，要把夜气保留、存下来，要善于保养。不然，道德的是非感、道德的恻隐、道德的同情心就会慢慢地丧失掉。我们家里丢了鸡、丢了犬，我们知道晚上要把它找回来，但是我们丢掉了良心，却不知道自己去找回来。因此，孟子提出了一个思想叫"求放心"，去探求、去反求，寻找丧失的良心，已经丢失的那个良心，把丢失的善良之心找回来，叫"求放心"。所以他讲，仁是我们的心，义是我们的路。人都有仁义之心。人和非人的差别非常小，君子保留了这个差别，有时候庶民抹杀了这个差别、丢掉了这个差别。所以他讲，"人之所以异于禽兽者几希"，人和禽兽的差别很小很小；"庶民去之，君子存之"，有时候一些老百姓容易把这个差别抹杀掉，做君子的要把这个差

## 第四讲　居仁由义：从孟子的性善论说开去

别保存起来；"舜明于庶物,察于人伦",我们的楷模是舜,他明白众物,明察了常识的一些东西,每一物有每一物的特性,人有人的特性,人的类本质、人的类特性明了了,懂得君臣、父子的伦理职分；"由仁义行,非行仁义也",我们是由仁义而行,仁义是内在的道德,命令我们去怎么做。行仁义则是按照外在的道德规范勉强地去做,被动地按社会规范去做,而不是内在道德的命令。舜是由内心保存的仁义去行事,而不是在外力之下勉强地去行仁义。

我们知道西方的道德哲学有类似于孟子的思想。西方有一位哲学家叫康德。他的墓志铭是："位我上者,灿烂星空；道德律令,在我心中。"康德在科尼斯堡生活了很长时间,他一个人独居。那个时候大家说他是科尼斯堡的中国人。中国思想传到海外、传到欧洲,特别是孔孟之道、文官制度传到欧洲,对欧洲有很大的触动。通过莱布尼茨和沃尔夫,后来传到康德,康德受到中国儒家思想的影响。

西方的传教士进入中国以后,传教士们把中国思想传到了西方,对西方的启蒙起到了很大的作用。我们知道在法国大革命以后,通过了第一个人权宣言,罗伯斯庇尔的人权宣言,就吸收了孔夫子、孟夫子的思想——仁义思想、和平主义的思想。我们的科举制度促成了西方文官制度的产生。我们的和平主义,我们的道德精神,从伏尔泰,孟德斯鸠,一直到狄德罗等百科全书派,他们都接受了这些思想,这就是中国人的价值观对世界的贡献。

第二次世界大战结束以后,罗斯福夫人受命领导一个三人小组,为国际联盟也就是现在联合国的前身,起草世界的《人权宣言》,也就是1945年通过的《人权宣言》。这三个人,一个是加拿大人,代表基督教,一个是黎巴嫩人,让他代表伊斯兰教,一个是中国人张彭春,代表儒家,他是国民政府的代表,曾经是清华大学国学院的研究生,也是南开大学创校者张伯苓的弟弟。那个黎巴嫩人和加拿大人吵得不可开交,罗斯福夫人都准备放弃《人权宣言》的起草了,后来是张彭春先生做了很大的努力,以孔孟之道的智慧和待人接物的方式,促成了三个人彼此的互尊互敬,让"己所不欲,勿施于人"这个黄金规则直接进入了《人权宣言》。联合国档案解禁以后,有的西方汉学家做了研究,写出了上述过程。罗斯福夫人非常赞赏张彭春先生对于联合国的《人权宣言》的贡献。这都显示了中国文化的价值观对世界的贡献。

孔孟之道主要讲的其实还是人之所以为人的低度的伦理以及圣人、君子之道的较高的目标。人如何从一个普通的人做一个好人。"做一个好人",在今天是做一个好公民的前提。一个好人就是在这个社会上有存在的理由,他"由仁义行,非行仁义也",这样有一个君子的更高的目标。1993年在芝加哥召开的全世界宗教领袖大会讨论全球伦理,汉斯昆先生起草了《宣言》,谈到四条底线伦理,就是不杀戮、不奸淫、不偷盗、不说谎,这是所有文化与宗教的四条底线伦理,人之所以为人的四条,其中前三条是法律强制我们必须做到的。此外,

## 第四讲 居仁由义：从孟子的性善论说开去

有两条基本原则,第一条是人必须把人当人看,第二条就是"己所不欲,勿施于人"。

孟子很重视的是人之所以异于禽兽的那么一点点底线,不要破这个底线,不要把人和禽兽的差别抹杀掉。而且我们要由仁义而行,不要只行仁义。只行仁义也很好,但那是被动地按社会规范去做。由仁义行,是自己给自己下命令。道德的自由,康德讲那是最高的自由,凡是道德的行为,那是自己给自己下命令,别的人或客观环境不能强迫你的。这就是道德的自由。

我们对自由的理解,自由可以有社会政治的自由、美学上艺术上的自由,也有道德的自由,这就是由仁义行。"人之所以异于禽兽者几希,庶民去之,君子存之。舜明于庶物,察于人伦,由仁义行,非行仁义也。"(《离娄下》)我们要理解"由仁义行,非行仁义也",这是孟子非常强调的。

"怵惕恻隐之心","怵"是恐惧,"惕"是戒惧,小心谨慎。"怵惕"是恐惧警惕的意思。"所以谓人皆有不忍人之心者,今人乍见孺子将入于井,皆有怵惕恻隐之心。"一个孩子快要掉到井里去了,当人见到他时就有怵惕恻隐之心。这个时候,"非所以内交于孺子之父母也,非所以要誉于乡党朋友也,非恶其声而然也"。这个时候我们没有任何的杂念,这就是哲学家冯定先生所讲的"正义的冲动"。刹那之间,并不是要结交孩子的父母或在乡党朋友面前显示自己,谋取虚荣,也不是讨厌这个哭声使我这样做的。一个孩子要掉到井里去了,我马上冲过去把孩子抱过来,这个时候,我自有怵惕恻隐之心,我绝对没有功利的目的。由这个来看,没有恻隐之心,非人也;没有羞恶之心,非人也;没有辞让、是非之心,也是非人也。恻隐之心,仁之端也。前面讲就是仁,这里讲仁之端也。羞恶之心是义之端也,如此等等。他说,我们人有这四端之心,就像有手足四肢四体一样。我们假如能够扩充它的话,就可以保有天下,假如不能扩充它的话,不足以赡养我们的父母。这段话是:"由是观之,无恻隐之心,非人也;无羞恶之心,非人也;无辞让之心,非人也;无是非之心,非人也。恻隐之心,仁之端也;羞恶之心,义之端也;辞让之心,礼之端也;是非之心,智之端也。人之有是四端也,犹其有四体也……苟能充之,足以保四海;苟不充之,不足以事父母。"(《公孙丑上》)

孟子所说的不忍人之心、恻隐之心,即是一种道德的自觉,当下直接的一个正义的冲动。没有其他功利的目的,这是道德的自觉。你内心有一个无条件的道德要求与绝对命令,使你不假思索地去做。人作为道德的主体,自己给自己下命令,自己支配自己。这个主体既是意志的主体,又是价值的主体,更是实践的主体。所以,仁义礼智信也不完全是社会的规范,它也是本心所制定的法则。这就是我们讲到的孟子特别提扬的道德生活的内在性。恻隐、羞恶、辞让、是非等心,它既是理,又是情。这种四端之心本身含有道德的价值感,它又是道德判断的能力、道德实践的驱动力,它能成为实现道德主体的一种力量,道德主体自我实现的一种力量。这是我们从道德哲学

## 第四讲 居仁由义：从孟子的性善论说开去

的层面来看四端之心。

孟子讲没有四端之心，人就成为非人，如果我们把四端之心扩充出来就像刚刚燃烧的火、刚刚流出的泉水。扩充了它，可以保有天下、安定天下；如果泯灭了它，连爹娘都不能够赡养。孟子提出来良知、良能，孟子把良心称为本心，本来之心，本心是性善的基础或根据，良心本心是上天赋予的，"此天之所与我者"。(《告子上》)

他说："人之所不学而能者，其良能也；所不虑而知者，其良知也。孩提之童无不知爱其亲者，及其长也，无不知敬其兄也。亲亲，仁也；敬长，义也。无他，达之天下也。"(《尽心上》)孩提之童都知道爱其亲，长大也都懂得敬其兄，亲情之爱、敬长之心，就包含有仁义。我们从小就有仁爱之心。通过爱亲人，老吾老以及人之老、幼吾幼以及人之幼，把爱亲人之心推广出去，爱路人、爱陌生人、爱周边的人。敬长，这自然有一个义德在萌芽生长，通过敬长我们有了义德，又把它推广出去，叫达之天下。有了这种亲亲仁德之心和敬长之心的萌芽，推广出来以后就可以通达天下。有不学而能、不虑而知的良知、良能，就慢慢地把它通达起来。爱亲、敬长之心就包含有仁义的萌芽，这都是不学而能、不虑而知的，我们生下来就有的。仁义是禀赋的、是内在的。

刚刚讲到孟子跟告子的辩论，孟子讲仁义是内在的，而告子认为仁德是内在的，义德是外在的。孟子要驳掉告子的仁内义外说，他坚持仁义是天赋的，是每个人内在俱有的思想。

## 三、人性本善

第二个问题我们讲的是孟子性善论有一个前提,他是从心善谈性善的。心善重要的是讲四端之心,道德心灵是善的,有善良之心,我们可以促成一个美好的世界。每个人积善成德,每个人在社会上行善,会形成一种风尚。孟子讲的是人性本善论,善性良知是天赋给人的,是先于经验的,是人区别于其他动物、他物的一个类本质,他在人的类的范围内是普遍的。

孟子讲:"乃若其情,则可以为善矣,乃所谓善也。若夫为不善,非才之罪也。"(《告子上》)注意这个"情"字,先秦时代"情"字一般作"实"解,指的是实际情况的意思。"才"与"情"一样,讲的是质性。这句话的意思是说,照着人天生的特殊资质、情状去做,自可以为善,这就是我所谓人性善,而有人在事实上为不善,做了不好的事情,不能归罪于所禀赋的质性。孟子讲,"非天之降才尔殊也","才"是质性,不是天降给你的和降给他的不同;"凡同类者,举相似也",我们都是同类,都是人,都是一样的。"何独至于人而疑之?"同类的事情有同样的性质,为什么对人反而独独怀疑呢?"圣人,与我同类者……口之于味也,有同耆焉;耳之于声也,有同听焉;目之于色也,有同美焉。至于心,独无所同然乎?心之所同然者何也?谓理也,义也。圣人先得我心之所同然耳。故理义之悦我心,犹刍豢之悦我口。"(《告子上》)我们知道每个人的胃口

## 第四讲　居仁由义：从孟子的性善论说开去

都不一样，但是大家都追求美味；每个人欣赏不同的音乐、不同的美色，但是我们大家都追求美声、美色。心呢？它也是一样的。"心之所同然者"是什么？心所同的是追求理，追求义。圣人不过是先得我心，而且又理解人心的普遍性。所以，理义引起我的道德良心的愉悦，就像牛羊肉、猪狗肉引起我的口的愉悦是一样的。"刍豢"，刍是吃草的动物，豢是吃粮食的动物，"刍豢"在这里指动物肉。不同的人有很多差异，但是不同人的口舌对于味道、耳朵对于声音、眼睛对于颜色，又有一个共同性，就是欣赏美味、美声、美色；同样地，人的心也有同一性，就是爱好仁义礼智。我的心对于理和义的愉悦，就像我的口对于牛羊肉、猪狗肉的喜好是一样的。圣人所以为圣人，就是比普通的人先觉悟到人的道德的要求。所谓先知先觉，以先知先觉启后知后觉，他懂得了这种普遍性，懂得了这种心之所同然。

仁义礼智这些道德是源自于本心的，只是我们常常不能自己体认良心本心。因此，常常需要反躬自问，自省自己的良心本心。"万物皆备于我矣。反身而诚，乐莫大焉。强恕而行，求仁莫近焉。"（《尽心上》）有些人总是对这句话加以批判，而且总是跟英国的巴克莱主教的主观唯心主义画等号，其实不是这个意思，他们批错了。"万物皆备于我"，我指道德的我，不是指我具备了外在客观的事物。这里所说的我所具备了一切，不是指外在的事物、功名，而是说道德的根据在自己，一切具备。道德的本心、道德的根据在自己的心中，一点都不少，他的和我的都一样，圣人和我们也一样。在道德精神的层面上，探求的对象在我本身之内，这样讲"反身而成，乐莫大焉""强恕而行，求仁莫近焉"。"强"是努力的意思，按照恕道就可以接近于仁德，没有比这更是捷径了。按恕道而行，恕道就是刚才我们所讲到的"己所不欲，勿施于人"，宽容之心，将心比心。所以"万物皆备于我矣"是说，道德的根据在我心中，我跟圣人相比一点都不少，我们反躬自省，这个里面有很多的快乐。我们努力地按照恕道而做，宽容别人、理解别人，我们求仁莫近焉，求仁得仁。求仁这是最有效、最切近的办法。道德探索的对象有时候是在我的心内，所以道德的自由是最高的自由。前面我们已经说到，它不是受外力左右的，是自己给自己下命令的。反躬自问，切己自反，自己感觉到自己的行为无愧于天人，这是最大的快乐。

孟子讲君子三乐，第一乐是大家都知道的天伦之乐，"父母俱存、兄弟无故，一乐也"。父母都健在，兄弟姊妹都活着，大家要知道珍惜，这很难得。第二乐是道德之乐，"仰不愧于天，俯不怍于人"，自己觉知到自己的行为无愧于天人，这是最大的、道德的快感，道德的愉悦。不懈地以推己及人的恕道去做，达到仁德的道路，没有比这个更直接的了。第三乐是教育之乐，"得天下英才而教育之"。我们当老师的有一种快感，自己教育的子弟后来成才了，不只是成才，也成人了。今天的教育很怪，只提倡成才的教育，不强调成人的教育。古代的人文教育、孔孟的教育特别强调成人的教育。今天所谓的成功学、所谓的厚黑学，那都是胡说八道，重要的是要培养孩子做一个

## 第四讲 居仁由义:从孟子的性善论说开去

好人,性情上一定要把他调节好,不要让他最后走上邪路,一念之差毁了别人也毁了自己,那实际上是他的心性有问题。孟子特别强调心性的教育,对于我们的心,良心、良知、良能,对于我们人性加以护持,慢慢地去保护它,慢慢地知道怎么样去调节它,所以成人的教育和成才的教育是不一样的,不能只是知性的教育。

今天的学校教育很糟糕,知性教育偏盛,德行教育不足,而有些道德的教育又变成了政治教条的灌输,这对孩子们非常不好。对孩子们,要按照他们的年龄段,按照他可以接受的方式,寓教于乐,甚至是对全体公民的教育都要强调心性的教育。"君子坦荡荡,小人长戚戚。"一个机关有机关的文化,一个企业有企业的文化。这个文化怎样来塑造人?我们还是要从内心性情上加以调制,使得他有一个健康的心性,我们家长能调节孩子,跟孩子读一点古书、诗书,读一点蒙学读物,也是调整自己的心态,使自己更加健康。

我当过农民、工人,又在高校教书近三十年,不能说阅人无数,也算阅人不少了。有的孩子非常自我,完全不能和大家合群,这样的孩子将来一定要出问题。孟子讲性善论本身,他就要调整,要把我们善良的本性扩充出来,有益于自己身心的健康,有益于社会的良风美俗。过去我们讲儒释道三教,有人讲儒家是治世的,道家是治身的,佛教是治心的,其实儒释道三教既治世又治身还治心。我刚才讲对孩子的教育,其实不只是对孩子的教育,身教胜于言教,孩子主要看父母的行为,不是听父母的说教。我们自己就要这样做,反求本心,扩充善心。孟子讲良心本善、人性本善。除了反求本心,还要推扩本心,即把人的这种道德心性实现出来。

有的学者讲向善论,为什么不是向善而是性善?向善只是包含在性善之中的。孟子讲,"君子所性,虽大行不加焉,虽穷居不损焉,分定故也。"(《尽心上》)本性,不因人的理想大行于天下而增加一分,也不因他穷困潦倒而减损一分。孔子周游列国十四年,到了陈蔡陷于缺粮的境地。在困厄之中,他还与弟子于大树下演习周礼。孟子也跟孔子一样周游列国,到处推行他的文化与社会理想。他的理想,王道仁政的学说,不为当时的各国诸侯所接受,他仍然去推行,知其不可而为之。所以,不因穷途潦倒减损一分,"分定故也",他的本性、本分是固定的。"君子所性,仁义礼智根于心",君子的本性是仁义礼智,它根于天赋予我的良心、良知、良能。"其生色也睟然",它影响我们君子的容色。我们讲德高望重的老师,"目及而道存焉",我看到了他,道就在他的身上,他的脸是温润的。"其生色也睟然,见(现)于面,盎于背,施于四体,四体不言而喻"。君子表现在容色上是温和、温润的,从他身体的四肢动作上都可以看出本心的推广,通过他的四肢展示了出来。这一段有两种标点方式,一种断句是"其生色也,睟然见于面,盎于背,施于四体",另外一种断句就是我们这种断句方式,"其生色也睟然,见于面,盎于背,施于四体,四体不言而喻"。这是孟子说的人性本善,道德的气在身上充盈,不断地支撑着我

## 第四讲 居仁由义：从孟子的性善论说开去

们。孟子的重要论断在"仁义礼智根于心"，扎根在我们的本心中。除了反求本心，还要推扩本心，即把人的这种道德心性实现出来。

台湾学者刘述先先生讲："这是不能通过外在的归纳法来证明的，只能通过内在的相应来体证。人之所以能向善，正是因为他在性分禀赋中有超越的根源，只有在这里才可以说性善。现实上的人欲横流、善恶混杂并不足以驳倒性善论的理据。由这一条线索看，儒家伦理的确与康德的实践理性有相通处。"[1]人性本善，是说我们在禀赋上有超越的根源，天道贯通到人心之中，有超越的背景。我们儒学过去没有发展出基督教这样的宗教、排他性的宗教，但是我们儒学有宗教性。我们有祭祀上天的传统，天是超越的根据，把这个东西下贯到人心中，这才能说有性善。

人性本善是这个意思，天赋给我们的，超越的天禀赋给我们人的，人作为人的本性是善的。事实经验上，人的不善不能驳倒他在本性上是善的。我们说本性上是善的，是说他和禽兽、动物以及其他物的差别，作为人的类本质来说是善的。也就是说，我们是说人是道德性的动物，是这样来界定人的。这跟亚里士多德从社会政治来界定人，说"人是政治的动物"是类似的。但是，他只是从社会活动上界定人，而孟子是从道德

---

[1] 刘述先：《当代中国哲学论：问题篇》，美国新泽西，八方文化企业公司1996年版，第147页。

本性上界定人。当然,人可以有多种多样的界定方式,我们人当然有与生俱来的食色这样的动物性,但是这不是本质的属性,这不能讲出人与动物等的区别。

## 四、居仁由义

孟子说:"言非礼义,谓之自暴也;吾身不能居仁由义,谓之自弃也。仁,人之安宅也;义,人之正路也。旷安宅而弗居,舍正路而不由,哀哉!"(《离娄上》)"自暴自弃"这个成语就来自这里。言论不符合礼,不符合义,这就是我们所谓自暴;孔子讲"里仁",生活在仁德的境界中。孟子讲"居仁由义",由义而行,走在义的路上。"义"是路,"仁"是里。如果我们不居住在仁里面,不追求仁德的境界,不由义的路而走,那就是自弃。仁德是我们的安宅,义德是我们的正路,礼是我们的门径。出言破坏礼仪,这叫作自己残害自己;自己认为不能以仁居心,不能由义而行,这叫自己抛弃自己。仁是人类最安适的住宅。他说我们活在仁德的境界中,叫"居仁"。义德是人类最正确的道路,人人都走的路是大道。把安适的住宅空着不去住,把正确的道路、人人都走的路舍弃不去走,那可悲得很呀。所以,他讲以仁居心,由义而行。

仁德,孔子的界定是"爱人"。全世界所有的大宗教、大文化体系无不讲"爱",以"爱"为本。孔子讲的仁是爱人。"樊迟问仁,子曰:'爱人。'"(《论语·颜渊》)这是在《论语》里面

## 第四讲　居仁由义：从孟子的性善论说开去

我们找到最接近于界定"仁"的话。我们知道子贡是孔门最会做生意的弟子，孔子晚年的生活是靠子贡接济的。据《论语·雍也》，有一天子贡问老师，假如我们广博地把恩惠施加给百姓，"博施于民而能济众，何如？可谓仁乎？"他知道老师很少称许别人和自诩为仁德之人。孔子这一次就说了："何事于仁，必也圣乎。"广博地把利益施加给大众，何止是仁德呀，已经达到圣德的境界了。圣是比仁更高的境界。"尧舜其犹病诸"，尧舜恐怕都达不到呢。"夫仁者，己欲立而立人，己欲达而达人。""仁"是什么？就是自己想在社会上站起来，自己想通达于世，同时想到别人也要在社会上站起来，也要通达于世。这是要有所"为"，是为了周遭的人，为别人，让他们也能够立起来、达起来。"能近取譬，可谓仁之方也已。"从自己做起，从身边做起，这就是实现仁德的最好的方法。

仁德，简单地说是奉献爱心。以仁居心是说一个有仁德的人，他是善于推己及人的。己欲立而立人，己欲达而达人，自己在社会上站得住，同时启发帮助别人，让人家自己也在社会上站立起来；自己通达了，同时启发帮助别人，让别人也通达起来。从切近的、自己身边做起，从周遭做起。这就是孔子讲的仁爱。仁德从积极层面讲是"己欲立而立人，己欲达而达人"，这叫有所为。从消极层面讲就是"己所不欲，勿施于人"，这叫有所不为。不把自己不想要的东西（例如不尊重人、羞辱人），强加给别人。

君子以此安身立命，不管我们的生活是穷困抑或是安乐，都以仁德为人生的最高追求。所以儒家把仁德作为人生的目的,没有仁德的人经不起困顿、贫贱的考验,也经不起安逸、富贵的考验。不仅逆境是考验,顺境也是考验。

孟子说:"杀一无罪非仁也,非其有而取之非义也。"(《尽心上》)"人皆有所不为,达之于其所为,义也。……人能充无穿逾之心,而义不可胜用也;人能充无受尔汝之实,无所往而不为义也。"(《尽心下》)不该由自己得的东西,却去取了过来,这是不义的。每个人都有不应该做的事情,不做一切不应当做的事情,这个就是义德。人能够把不偷窃的心扩而充之,义就用不尽了。人能够把不受别人轻贱的实际言行扩而充之,有羞惭之心,自己所有的言行都不会招致别人的轻贱或贬斥了,那么无论到哪里就都合于义了。我们要自我尊重,如果我们自己不尊重自己的话,就会自取其辱。人家用尔、用汝来称人,轻贱你,你把不受尔汝之实,即把不受别人轻贱的事实扩充起来,具有羞耻之心。有羞惭之心,所有的言行就不会招致别人的轻贱,这样我们怎么做就会符合于义德了。所以义德的"义"是尊重别人的所有权,不侵犯别人的利益,尊重别人的社会地位,遵守社会规范,同时这也是自我尊重,守住自己的本分。"义"是对事情"应当"与否的判断及由此而引发的行为。

凡是有道德价值的行为,都必以无条件的利他为目的。从道德哲学上来说,孟子强调"由仁义行,非行仁义也"就是说,仁义已根于心,所行都由心之所出;不是以仁义为美,而后勉强行之,不把仁义作为工具、手段来使用,不是为了取得这

## 第四讲 居仁由义：从孟子的性善论说开去

个美名来使用的。"义"含有社会公正性与正义性、行为正当性的要求。特别在权益与义务、奉献与索取的矛盾中，作为做人标准、道德原则的"义"，要求我们尊重别人的权利和利益，约束自己、正己，不获取不应当获取的东西，把道义、公正放在首位，行其所当行，处其所当处，以公正之心，行公正之事。"义"是人们的行为准则，"义行"指合宜、得当的行为。在"应然""应当"的要求中，包含有恪尽职守、发挥才能，对社会、家庭尽法律上和道德上的责任与义务等的内容，包括尽职尽责、尊老敬贤、爱幼护弱、扶危济困、除暴安良、见义勇为、舍己为人、相互帮助、打抱不平等。

"义"所含有的"当然""应该"，不是功利方面的，而是道德方面的，因而是无条件的。冯友兰先生说："无条件底应该，就是所谓义。义是道德行为之所以为道德行为之要素。一个人的行为，若是道德行为，他必须是无条件地做他所应该做的事。这就是说，他不能以做此事为一种手段，以求达到其个人的某种目的。"[1]

孟子提倡弘大刚毅、坚定不移的气节和情操，崇尚死而后已、无所畏惧的任道精神。在生死与道德发生冲突时，"生亦我所欲也，义亦我所欲也；二者不可得兼，舍生而取义者也。"（《告子上》）这种冲突，实质上是人的自然生命与人的德行尊严

---

[1] 冯友兰：《新原道》，《贞元六书》下册，上海，华东师范大学出版社1996年版，第158页。

之间的冲突。孟子所倡导的道德选择表现了超乎自然生命之上的善的价值之极致,表现了人为人格尊严而牺牲的殉道精神。

大家都熟悉战国末期的"风萧萧兮易水寒,壮士一去兮不复还"的荆轲刺秦王的故事。椎击秦始皇的汉相张良,唐代安史之乱中散尽家财抗反贼的颜真卿,北宋著名政治家范仲淹,南宋抗金爱国将领岳飞,还有文天祥、史可法、谭嗣同,等等。戊戌变法失败,日本领事馆的人跟谭嗣同说,你赶快跟我们走,我们有安全通道。但是谭嗣同还是留了下来。他本来可以逃亡日本活下来,但是他说我要唤醒中国人,用他的死唤醒中国人。所以他留下的是"我自横刀向天笑,去留肝胆两昆仑"这样千古传诵的诗句。这代表着一种中国历史上志士仁人、忠烈义士为求真理不绝如缕的精神,他们视死如归,慷慨悲壮,自赴一死,仰笑苍天,大义凛然,浩气长存。这种慷慨悲歌,史不绝书。

人的一生会遇到无数的坎坷,也会遇到安乐,这都是锻炼自己心智人格的机会,所以孟子讲"生于忧患,死于安乐"。我们知道梁漱溟先生,在共和国成立初期是毛主席的座上宾,有一次他要为进城卖菜的北京郊区农民说话,在政务院的全体委员会议上,他与毛主席争执起来。他说北京市的干部工人生活在九天之上,农民生活在九地之下,农民进城卖菜,连卖菜的地方都没有(那是1953年)。这就是所谓"廷争面折"。梁先生这个人是很有骨气的,在国民党最黑暗的年代,他代表民盟到昆明去调查闻一多、李公朴的案件。一天晚上,他在大庭广众下做报告,他说我知道这里就有国民党特务,你们手里

## 第四讲 居仁由义：从孟子的性善论说开去

拿着枪,你们朝我开枪吧,我就是来调查李公朴、闻一多先生命案的。1973年到1974年间,全国人民"批林批孔",他说,你们可以批林,你们不能批孔,孔子是中国文化的代表,怎么可以批孔呢？那个时候,他写《今天我们应该如何评价孔子》。1953年以后,周恩来保护他,他没有公开说话的机会,同时也躲过了1956年那一劫。1974年全国"批林批孔"的时候,很少有知识分子像他那样是硬骨头,敢起来说话。他个子瘦瘦小小的,他生命的最后几年,我去拜访过他五六次,他住在木樨地的22号楼,丁玲是他的芳邻。他这个人很有骨气,他代表着居仁由义的性格。不管是谁当政,你有不对的地方,我觉得是不对的,我就要说、就要批评。士人知识分子嘛,知识分子担当道义嘛,他就要批评。这正是孟子开启的传统。"文革"的时候,红卫兵抄家,跑到他住的铜井大院,让他的夫人和他跪搓板,在太阳下暴晒,对他们拳打脚踢,他提出抗议。他说,你们不能这样对待我的内人,她这么大年纪了,怎么能让她跪在地上呢？你们对妇女怎么这样呢？人要把人当人看。他一生经过多少劫难,仍然坚持真理,坚持仁义之道。这是居仁由义的一个榜样。

## 五、性善论的意义

清末民国的时候,有一位叫王凤仪(1864—1937)的老善人,他是东北的长工。他不认识多少字,但很有慧心。他口授了很多书,讲仁义礼智、孝悌忠信。他在华北一带办义学,办了二百多所女子学堂,那时很少有女孩子能读书,他帮助女孩子读书。大家在网上可以点击"王凤仪的书",现在民间很流行。香港凤凰卫视介绍王凤仪老善人的时候,说他是"儒家的惠能"。我们知道禅宗的六祖惠能大师,也是一个不识字的从南方来到湖北黄梅五祖寺的劳动僧,他很有慧心,后来继承了五祖的衣钵。

大家知道白芳礼老人的故事,他在天津蹬三轮车,把几个孩子都培养出来了,培养了三个大学生,他觉得自己可以休息了,74岁他回到河北老家,准备休息养老。结果他发现,乡下的孩子还是不能读书。他又回到天津,又干起了老本行,蹬起了三轮车。从74岁蹬到快90岁,他慢慢地攒钱,后来他跟女儿说实在是蹬不动了。他一共捐助了三百多个贫困的孩子,共三十五万块钱。中央电视台"感动中国人物"的解说词说得很好:我们现在有很多人可以捐百千万元,都很不错,那叫作慈善。但白芳礼老人他不是做慈善,他本人就是一个圣人!我觉得这个解说词写得很好。章学诚说"圣人学于众人"。草根老百姓中有圣人。

最美女教师张丽莉,在狂奔而来的汽车逼近的时候,她把学生推开,自己受了重伤。那个时候,一刹那间,当下呈现良知,毫无杂念!仁德之心展示出了生命的关怀,这是人性的光辉。

武汉大学医学院传染病学专家桂希恩教授,1999年他得

### 第四讲 居仁由义：从孟子的性善论说开去

知河南上蔡县有一个村子的村民得了一种奇怪的病，他到上蔡县调查了几次，他和那些病人都成了朋友。但是那时的上蔡县政府认为他败坏上蔡县的名声，到处围堵他。那个时候他就像做地下工作一样，偷偷地跑到上蔡县去调查，后来紧急地向卫生部写报告，说这个地区出现了艾滋病。中央很重视桂希恩教授的报告。桂教授把上蔡县的五位老乡接到武汉市，他找了一处废弃的房子，想让他们住，但是周围的人不让，说艾滋病人住在我们附近，传染给我们怎么办？后来他把这五个病人接到他家里去住，睡他的床，跟他们一起吃饭。他们老两口睡在地上，就这样住了几天。给他们采血，给他们化验，本来这是不可以在家里做的，很危险。但是当时没有办法，他在自己家里给这几个病人采血样。桂希恩教授视艾滋病病人如亲人，他能够承担这么大的责任。当时有人要追杀他，他向中央报告这个地方出现了疫情，如果不加以处理，可能会蔓延。那都是可怜的老乡啊，他们因为卖血的时候使用了不干净的器具，引起了艾滋病的泛滥。后来在中央的重视之下，这个地方的艾滋病问题得到了妥善处理。

还有武汉市的吴天祥，他是区领导，后来做信访工作，他退休以后专门为下岗职工做了很多很艰难的事情，一些市民下岗了，没有找到工作，他想尽一切办法帮助社会弱者。

从王凤仪、白芳礼、张丽莉、桂希恩、吴天祥这些人身上，我们都可以看到，就在我们身边有很多有爱心的人，居仁由义的人，有仁德、有操守，这就是古今仁者的风范。真正做到了孟子讲的"老吾老以及人之老,幼吾幼以及人之幼"。

我们现在讲一对信义兄弟,他们是湖北黄陂人孙水林和孙东林两兄弟。孙水林是哥哥,小时候家里很穷,穷困潦倒的时候没有饭吃。有一个人让他吃了一碗面条,他感激终生,服侍这位老人。他后来在北方做工程做得比较成功。2010年春节之前,因为知道有冰雪封路,他从天津赶回武汉,想赶在春节前把工钱发到农民工手上。他和夫人以及三个孩子在赶回的路上,在河南段遇到车祸,不幸都遇难了。他的弟弟孙东林和老母亲忍着巨大的悲痛,暂时没有料理孙水林一家的丧事,继续筹钱。孙水林那时候带了二十几万块钱现金,孙东林继续筹钱,终于在大年三十之前把农民工的钱全部发到大家手中,然后才去料理兄嫂、侄女们的后事。这件事情在我们湖北和全国流传很广。兄弟俩的信德和义德给大家很大的感召力,也就是说,在现代生活中,其实也是有这样的普通人很有信义。以上所讲,是说仁义道德在现代仍有生命力!

大家知道,孟子之后有荀子,荀子有性恶论。同志们总爱问性善论和性恶论是怎么一回事?我们今天主要讲的一个理论问题就是性善论。性恶论是什么意思?荀子和孟子的两论不是平起平坐的。我们讲性善论是在超越层面上讲的,我们讲性恶论是在经验层面上讲的。

张岱年先生说:"孟子言性善,乃谓人之所以为人的特质是仁义礼智四端。荀子言性恶,是说人生而完具的本能行为中并无礼义;道德的行为皆必待训练方能成功。孟子所谓性,

## 第四讲　居仁由义：从孟子的性善论说开去

与荀子所谓性，实非一事。孟子所注重的，是性须扩充；荀子所注重的，是性须改造。虽然一主性善，一主性恶，其实亦并非完全相反。究竟言之，两说未始不可以相容；不过两说实有其很大的不同。"①

我刚才讲到，孟子的意思是人的类特性、类本质是仁义礼智四端。荀子则是从事实经验层面上讲人与生俱来是好逸恶劳的，他讲的是动物性，人生而完具的本能行为中没有礼、没有义，一定要通过后天的培养、训练。他讲礼学、讲教育，强调后天的教育训练的重要。所以，孟子和荀子对"性"的定义是不一样的。孟子主张的是天赋予人的善性，人之所以为人的仁义礼智四端要把它扩充、实现出来。荀子所讲的是，人的自然属性，食色，性也。这个性，一定要加以改造。一个是主张性善，一个是主张性恶，其实他们并不是绝对相反，也就是说他们不是在一个层面上来界定性、讨论性的。究竟言之，他们还是可以相容的，当然他们有很大的不同。他们都主张加强后天的教育训练，荀子尤其是这样的主张。他强调人的动物性的一面，必须通过教育训练使人成为真正的人。但是孟子讲的先天的层面，天赋予人的、人禀赋上的善，要把这推广、发挥出来。这是性善论和性恶论的比较。

西方人老是说中国人没有宗教信仰。其实，中国是没有排斥性的、容易走向极端的宗教。大家看耶路撒冷同源的三

---

① 张岱年：《中国哲学大纲》，北京，中国社会科学出版社 1982 年版，第 192 页。

大宗教,一个发展出基督教系统,后来有天主教、新教、东正教等,一个发展出伊斯兰教系统,一个发展出犹太教系统,同源的三大宗教争得不可开交。中国过去为什么没有这样典型的排斥性很强的宗教?大家知道,中国人讲中庸之道,讲和平,没有发生过十字军东征那样惨烈的宗教战争。中国人从来没有在世界上殖民,没有做过灭绝种族的事情,不像西方人在美洲做过的那种事情。中国人比较讲理性,讲和谐,讲和平。中国没有走上那种极端,但不是说中国没有宗教。如果按照现代学者对宗教的定义,如蒂利希讲宗教是人的终极关怀,宗教是人面对死亡的、最后的那种信念、信仰。从这个意义上来说,中国也是有宗教的,孔孟之道就是中国人的宗教,当然是人文宗教、道德宗教,与西方宗教不同。儒家的文化精神,带有敬畏,有宗教性,起着宗教安立人心的作用。中国的老百姓哪怕不识字,他都知道仁义。

钱穆先生重视性善论在中国文化中的贡献。他说:"中国传统人文精神所以能代替宗教功用者,以其特别重视道德观念故。中国人之道德观念,内本于心性,而外归极之于天。"[①]他认为,孟子"尽其心者,知其性也;知其性,则知天矣"(《尽心上》)之教,实得孔学真传。"孟子主张人性善,此乃中国传统文化人文精神中,惟一至要之信仰。只有信仰人性有善,人性可向善,人性必向善,始有人道可言。中国人所讲人相处之

---

① 钱穆:《民族与文化》,香港,新亚书院1962年版,第25页。

## 第四讲 居仁由义：从孟子的性善论说开去

道,其惟一基础,即建筑在人性善之信仰上。"①

钱穆指出,整个人生社会唯一理想之境界,只是一个"善"字。如果远离了善,接近了恶,一切人生社会中将没有理想可言。因此,自尽己性以止于至善,是中国人的最高道德信仰;与人为善,为善最乐,众善奉行,是中国人的普遍宗教。由于人生至善,而达至于宇宙至善,而天人合一,亦只合一在这个"善"字上。中国人把一切人道中心建立在一"善"字上,又把天道建立在人道上。"修身齐家治国平天下,全只是在人圈子里尽人道。人道则只是一善字,最高道德也便是至善。因此说,中国的文化精神,要言之,则只是一种人文主义的道德精神。"②道德在每个人身上,在每个人心中。儒家文化希望由道德精神来创造环境,而不是由环境来摆布生命,决定人格。道德是每个人的生命,每个人的人格,是真生命、真性情的流露。在钱先生看来,道德精神是中国人内心所追求的一种做人的理想标准,是中国人向前积极争取到达的一种理想人格。

我们这样一个道德是内在的,是天所赋予的。我们都要有一个善心,我们的世界就会美好。

孟子说:"夫义,路也;礼,门也。惟君子能由是路,出入是门也。"(《万章下》)孔子讲"里仁"。儒家讲仁者安仁、居仁由义,居住在仁里,把仁作为最佳处(里、宅),即以仁为境界。同

---

① 钱穆:《民族与文化》,香港,新亚书院1962年版,第25页。
② 同上书,第29页。

时，行走在义的道路上。人人都走的路是大路。义是路，礼是门。礼把仁与义的秩序、节度规定了下来。仁义礼智信是中国人的宗教、是中国人的核心价值。我个人当知青和工人有十多年的历史，在社会基层生活了十多年，我觉得我们的老百姓通过《三字经》《百家姓》《千字文》《千家诗》、家训、民谣以及说书的、唱戏的和农村、城市三老五更及文化人的传承，把仁慈、善良、善性、美德、廉洁、谨慎，与人为善，忠于职守，德福一致等，潜移默化于心中。老百姓接受的并影响他人的生活哲学，是带有儒家文化密码的蒙学读物、家训、民谚、民谣及《四书》，如"勿以善小而不为，勿以恶小而为之""积善之家，必有余庆，积不善之家，必有余殃""老吾老以及人之老，幼吾幼以及人之幼"等一些内容。

《弟子规》现在成为企业文化风行的教材，为什么他们如此重视《弟子规》？我们看日本最好的公司，他们轮训高管和员工就是读中国的这些经典，读《孝经》《论语》，锻炼高层管理人员的心性、性情。这是我们东方文化、中国文化真实的道理，它要整饬世道，凝聚老百姓的人心。

我们要把中华民族文化的精髓，养育、凝聚老百姓的真诚的理念，作为中华民族这样一个多民族国家的族群认同、文化认同与伦理共识的仁爱思想，浩然正气，正道直行，人格修养，大大地弘扬出来。我们要把这些百姓日用而不知的、民间留存的仁爱忠信、礼义廉耻、仁义礼智信等的道德资源加以保护、拓展。我们现在要有一种文化自觉，把有生命力的、有内

## 第四讲 居仁由义：从孟子的性善论说开去

蕴的价值启导出来。

孔孟之道是中华民族作为多民族国家的族群认同、文化认同的核心。国学是国本，如果把国本的这些东西，把百姓日用不知的孝悌忠信、礼义廉耻、仁义礼智信全部放弃，这就非常危险，世道人心不可收拾。改革开放有巨大的成就，使我们身受其赐。但另一方面，生态的破坏也严重。我们把列祖列宗给我们的、要留传我们子孙后代的资源提早地透支了，那是将来多少 GDP 都拯救、治理不过来的。还有一个是人心的涣散、败坏。这两点是非常重要的。我们知道现在中央非常重视传统文化，我相信这是有意义的。

**思考题**

孟子人性善论的内涵是什么？有何当代意义？

# 第五讲 孟子的仁政思想
## ——道义至上的精神

李景林

**内容提要**:孟子仁政与王道思想的主要内容;仁政、王道的人性论基础;道义至上与事功成就;论国际关系原则的超越性意义。

在任何一个社会里,经典的传习都是社会教化的一种非常重要的方式。中国传统是这样,西方也是这样。我在读博士的时候,教我们英语的老师是一位德国裔的美国人,一个基督徒。她每天读《圣经》,要读多少都是有规定的,如果今天没有时间错过去了,明天一定要补上。经典不仅要研究,更是要反复诵习的。邹城做这个活动是非常重要的,它的意义是鼓励我们回到经典,尤其是回到"四书"这样的经典,以逐渐建立起我们自己内在的价值和生活信念。我们做领导也好,做企业也好,首先我们都是一个"人"。《孟子》所讲的做人的道理,所建立的思想系统,尤其是其"性善论"和人生修养的理

## 第五讲 孟子的仁政思想

论,对中华民族人格和素质的培养起到了非常重要的作用。比如《孟子》讲"养浩然之气"。文天祥的《正气歌》:"天地有正气,杂然赋流形。下则为河岳,上则为日星。于人曰浩然,沛乎塞苍冥……"其精神就源于《孟子》。从这里面我们可以看到,孟子的这一套修养理论对中国文化的人格培养起到了多么重要的作用。

长期以来,我们这个经典传习的传统断掉了。不过,从20世纪末到21世纪初开始,中国人的文化意识发生了很大的变化:从一种反传统和文化激进主义的潮流占主导地位的文化意识,转到对传统的肯定与认同。这是中国文化发展的一个必然趋势。我们在这儿讲一讲《孟子》的思想非常重要,但更重要的是大家自己去读书。

我认识台湾的一些专门搞这方面教育的学者。他们的中小学国学教育,所用教材叫作《中华文化基础教材》,以"四书"为基本内容。这个教材在台湾用了四十多年,效果非常好。政治上我们不说,台湾人彬彬有礼、温文尔雅,这就是长期注重经典教育、经典传习的结果。实际上我们也很强调道德教育,但由于我们比较重视意识形态而忽视了传统的教化作用,道德教育的效果并不好。几十年来,我们把中国经典传习的传统断掉了,现在要把它恢复起来。"四书"对中国文化来说,相当于西方的《圣经》,应当经常反复地诵读。这需要从娃娃抓起,小孩子诵习经典,一些人生的道理会在他的生命里扎下根来,这对个体生命的教养,有很重要的意义。

下面我们就来讲"孟子的仁政思想",我加了一个副标题,叫作"道义至上的精神"。孟子的仁政思想,体现着一种道义至上的精神。下面,我先概括地介绍一下孟子仁政思想的内容,然后再围绕"道义至上精神"这一主旨,对它做进一步的讨论。

## 一、孟子仁政与王道思想的主要内容

王政和王道的本质是以仁或者仁义作为为政的最高原则,所以王政或者王道又可以称作仁政。在《孟子》一书里,"仁政""王道""王政"这几个概念是相通的,我们这个课后面还要讲王道,其实都是有交叉的。下面我们分五个方面概括地讲一讲王政、仁政的主要内容。

### (一)仁政的基础是以民为本

《孟子·尽心下》说:"民为贵,社稷次之,君为轻。是故得乎丘民而为天子,得乎天子为诸侯,得乎诸侯为大夫。诸侯危社稷,则变置。牺牲既成,粢盛既洁,祭祀以时,然而旱干水溢,则变置社稷。"诸侯如果做得不好,危害了社稷,就要重新选一个。社稷也可以变,但是民不能变。一个政治的基础是什么?它的基础是民。这个"民"首先是民之所向,要得民,得民的要点在得民心。

《离娄上》说:"桀纣之失天下也,失其民也;失其民者,失

## 第五讲 孟子的仁政思想

其心也。得天下有道:得其民,斯得天下矣;得其民有道:得其心,斯得民矣。"怎么得民心? 很简单,就是"得其心有道,所欲与之聚之,所恶勿施尔也"。什么意思? 老百姓想要的,当领导的你就给他;老百姓不想要的,你就不要硬加给他。这样就能得民心。现在的领导做事情往往是对上负责,不对下负责,这是很危险的。到一定的时候,可能就会遭到"变置",这就有问题了。当领导一定要注意得民心,了解民心之所向。

古代政治学说的一个重要问题,就是要讲明王权、君权的合法性根据。这个合法性来源于哪里? 来源于"天"。我们过去经常批评的一个观念叫"君权神授",其实君权神授的学说有它的合理性。政治的合法性,不能由统治者自己说了算,一定要有一个超越现实的形而上学本原和根据,并对他有所要求和限制。美国总统宣誓就职的时候要对着《圣经》发誓,这可以看作是一种现代版的"君权神授"。孟子认为,政权的合法性来源于天,天和民意又是相通的。

《万章上》孟子讨论王权的来源,认为"天子不能以天下与人",而只能由"天与之,人与之"。并引《尚书·泰誓》的话来做佐证:"《泰誓》曰:'天视自我民视,天听自我民听',此之谓也。"王权合不合法,在于天是不是把王权授予你,天是不是要把这个王权收走。但是,这个"天"的内容是民、民心,所以"天视自我民视,天听自我民听",天和人是相通的。

## (二) 仁政的经济基础是井田制

《滕文公上》说:"民之为道也,有恒产者有恒心,无恒产者无恒心。"让老百姓有恒心,心有常而不乱,基础是什么?要使他有自己的产业,有生活的来源,有生活的基础。所以,国君一定要"制民之产",如果老百姓没有生活的来源,他什么事都会干。这个时候,再用刑法来惩罚他,这就是罔民。"苟无恒心,放辟邪侈,无不为己,及陷乎罪,然后从而刑之,是罔民也。焉有仁人在位罔民而可为也?""罔"是欺罔。首先让每个老百姓都有自己的产业,都有自己的生活来源。"故明君制民之产,必使仰足以事父母,俯足以畜妻子,乐岁终身饱,凶年免于死亡。然后驱而之善,故民之从之也轻。""轻"的意思是容易。"制民之产",使百姓衣食无忧,引导他为善就是很容易的事情了。当然,这个"制民之产",按照孟子的说法是要恢复井田制。现在的情况与孟子的时代不同,但道理是相通的。我们要知道,使民有恒产,这是为政的基础。你为官一方,就一定要想办法让这个地方富足。

## (三) 德教

中国古人讲到爱人,君要爱人、爱民。这个爱人、爱民不仅仅表现在物质上,更重要的是要"爱人以德""爱民以德",让老百姓各有自身的德行成就。

我们看《滕文公上》的说法:"人之有道也。饱食、暖衣、

## 第五讲 孟子的仁政思想

逸居而无教,则近于禽兽。圣人有忧之,使契为司徒,教以人伦——父子有亲,君臣有义,夫妇有别,长幼有叙,朋友有信。放勋(尧)曰:'劳之来之,匡之直之,辅之翼之,使自得之,又从而振德之。'""司徒"是教化之官。现在有一个观念,认为教化的内容都是从外面来的,好的思想、先进的思想必须要从外面灌输进来,这种观点,在哲学上被称作"内化说"。这是一个错误的观念。中国传统的思想,强调根据人性来进行教化。《中庸》所谓"率性之谓道,修道之谓教",讲的就是这个意思。所以,最好的政治应是"以人治人"。用朱子的解释,"以人治人"就是"以其人之道还治其人之身"。这个话应该读作"以其/人之道,还治其/人之身",重点是要根据"人道"来"治人"。"文革"的时候我们把这个话给弄反了,把它理解成以牙还牙、以眼还眼的报复和复仇。实际上,"以其人之道还治其人之身",是说治理天下,应以人道、人性为根据,以"德教"为先。当政者应反身内求,"先之以德",以引导民众成德向善。为政不能靠长官意志,靠强力去推行其政令,这个不行。孟子说"学问之道无他,求其放心而已矣"。学问之道没有别的,就是要"求放心"。"放心"是什么?人先天本有良知本心,后天被放失了、丢掉了,需要反躬内省,再把它找回来。所以,这个教化关键是要使民"自得之",自得其"本心"。

长期以来,我们的教育总是秉持一种"内化"的观念,要从外边对人进行灌输,这是有问题的。有人跟我讨论,说现在中国人这么缺乏诚信,是不是儒家文化有先天的不足。这是一种误解。儒家的思想，最讲诚信。它的教化，不是外在于人性的灌输。它只要人反归内心，找寻到自己的良知本心，以此作为自己的行为和对事物作判断的根据。在传统社会，一般百姓所受的教育，包括文学艺术的尤其是戏剧的熏陶，都是这样的。举个例子。我1978年上大学那一年，我爷爷去世，那一年他刚好90岁。老先生虽然不识字，但经常给我们讲故事，那是他从戏文里得到的一些东西。记得他经常给我们讲到这样的话："天理良心，那个事我可不能干。"他的为人行事，有非常强的原则性。这是一种发自内心的诚信，它源于传统社会儒家思想的教化和熏陶。我们今天哪有这个？只要对我有利的，怎么做都行。这是不行的。仁义礼智，不是从外面灌输进来的，是我们每个人心中本有的。中国传统社会的教化，强调做事情要回到每个人自己的天理良知上来做判断，这是道德教育最根本的东西。

（四）仁政的人性论基础

人性论基础是什么？就是人性善。人性善的表现是什么？就是人都有"不忍人之心"，或者说有同情心。《公孙丑上》："孟子曰：'人皆有不忍人之心。先王有不忍人之心，斯有不忍人之政矣。以不忍人之心，行不忍人之政，治天下可运之掌上。'"从人先天本有的"不忍人之心"推广开来，以行"不忍人之政"，这样就很容易实行"仁政"。我们在这儿先把这个问题提出来，后面还有具体的讨论。

## 第五讲 孟子的仁政思想

(五) 仁政、王道的最高原则——"仁"或者"仁义"

过去讲霸道和王道,儒家是讲王道的,但并不完全拒斥霸道。春秋五霸那个霸道也有它的价值。霸道"挟天子以令诸侯",它的口号还是"仁义",但其目的和行为原则却不在此。孟子用"以力假仁者霸"来概括霸道的特点。"假"是假借,实质上是靠强力,"仁"只是个幌子,用的还是强力手段,这是霸道。"霸必有大国"。为什么"霸必有大国"?因为你靠的是强力,国家就必须强大。比如说美国现在实行的是霸道,我不是说美国的霸道不好,但它的原则是"以力假仁",所以要依靠强大的国力特别是军事力量。"以德行仁者王,王不待大"。王道是"以德行仁",他的目的和原则是德,是仁,是仁义,这是王道。所以王道与霸道的根本区别就在于:你是以"力"还是以"仁"作为最高的原则。为什么"王不待大"?因为是以德服人,国家不必要大。我们中国是个大国,我们要行王道,行王道的话,大国当然更好。孟子举例子说:"汤以七十里,文王以百里。以力服人者,非心服也,力不赡也。以德服人者,中心悦而诚服也,如七十子之服孔子也。"商汤、周文王行王道,国土都很小,汤只有七十里,文王只有百里,最后他们能王天下,靠的就是以德服人。

上面五个方面,概括了孟子仁政学说的主要内容。今天我们不能面面俱到地来讲,但是我们要了解它的精神。仁政或者王道的精神核心是什么?是道义原则,是对道义原则的强调。我们可以把它概括为一种道义至上主义的精神。同时,我们看儒家这套思想,它并不是为一个国家设定的。它的观念和着眼点是"天下"。"天下",也就是"世界"。这个天下的观念,跟今天世界的观念、国际社会的观念是相当的、相通的。因此,孟子的仁政和王道的思想,涉及国家内部的施政原则,同时也涉及国际关系的原则,在今天仍有非常重要的意义。

## 二、仁政、王道的人性论基础

我们为什么要讲这个问题?这里面涉及一个人(包括王、百姓和民族在内)的道德责任的根源性和形而上基础的问题。

关于实行仁政、王政的人性基础,孟子提出"推恩"说。孟子有关推恩,有两种说法:就是把不忍人之心和亲亲之情推广开来。

第一,推恩的前提是人所皆有的"不忍人之心"。

这里面涉及"四端"的问题。《公孙丑上》:"孟子曰:'人皆有不忍人之心。先王有不忍人之心,斯有不忍人之政矣。以不忍人之心,行不忍人之政,治天下可运之掌上。所以谓人皆有不忍人之心者,今人乍见孺子将入于井,皆有怵惕恻隐之心——非所以内交于孺子之父母也,非所以要誉于乡党朋友也,非恶其声而然也。由是观之,无恻隐之心,非人也;无羞恶之心,非人也;无辞让之心,非人也;无是非之心,非人也。恻

## 第五讲 孟子的仁政思想

隐之心,仁之端也;羞恶之心,义之端也;辞让之心,礼之端也;是非之心,智之端也。人之有是四端也,犹其有四体也。有是四端而自谓不能者,自贼者也;谓其君不能者,贼其君者也。'""孺子"就是小孩子。人见小孩子将掉到井里去,都会生出"恻隐之心"。这个"恻隐之心""不忍人之心"是人心当下的一种自然表现,而不是出于其他的目的和想法。"非所以内交于孺子之父母也,非所以要誉于乡党朋友也,非恶其声而然也。""内"读为"纳","要"读为"邀"。这是什么意思?见人家小孩子要掉到井里去,人自然会生出怵惕恻隐之心,不是因为要结交小孩子的爸爸,也不是想在乡里乡亲面前得到一个好名声,甚至不是讨厌这小孩的哭声。它是人心当下的自然反应和表现。在现实生活里,人和人之间、人和物之间有分别隔阂,不能相通。但在儒家看来,从本原上讲,人和人、人和物是一体相通的,这个"通"性并没有丧失掉。它在我们的精神和情感生活里,会时时地表现出来。我们把这个"通"性推广开来,推广到为政上,那就是仁政。所以孟子认为,"恻隐之心、羞恶之心、辞让之心、是非之心"作为"四端",就像我们天生有四肢一样,是我们先天所本有的,因为它会在我们的情感生活里不时地显现出来。

孟子下面又讲到:"凡有四端于我者,知皆扩而充之矣,若火之始然,泉之始达。苟能充之,足以保四海;苟不充之,不足以事父母。"不忍恻隐之心,这是"推恩"的一个前提。

第二,推恩的另一个前提是"亲亲之情"。

《梁惠王上》:"老吾老,以及人之老;幼吾幼,以及人之幼,天下可运于掌。《诗》云:'刑于寡妻,至于兄弟,以御于家邦。'言举斯心加诸彼而已。故推恩足以保四海,不推恩无以保妻子。"这里讲的,其实也就是忠恕之道,忠恕之道落实到政治上,叫作"絜矩之道",这是《大学》里面讲的。

"老吾老,以及人之老;幼吾幼,以及人之幼",我爱自己的父母、爱自己的孩子要推广到爱别人的父母和孩子,"天下可运于掌"。"刑于寡妻,至于兄弟,以御于家邦。""刑"为"型",垂范义。寡妻就是嫡妻。要垂范于妻子,推广到兄弟,推广到家和邦。"家"是宗族,"邦"是国家。"言举斯心加诸彼而已",这个"心"是指"亲亲之情"。"故推恩足以保四海,不推恩无以保妻子"。这个"推恩"的说法,与上引《公孙丑上》的说法完全相同,但在这里,推恩前提则是"亲亲"之情。

我们前面引《公孙丑上》的话是讲人性善,这个人性善不是一个抽象的讲法,而是要落实到"情"上来讲。"四端"的表现就是人心一念发动处当下的一种直感,正如冯友兰先生概括宋明儒的说法,人"初念是圣贤,转念是禽兽"。"初念",比如说我看到那个老人因病倒在地上,当下会生出救人之心,这个"初念",与"圣贤"并无不同。但是我们现在的社会环境不好,容易被人讹上。一"转念",那个与圣贤相同的"初念"就会被遮蔽,躲得远远的,怕沾上了。所以人性的实现要有一个好的社会环境来保证。当然,好的社会环境同我们每个人从自身做起是有关的,这两个方面是统一的。现实中人和人之

## 第五讲 孟子的仁政思想

间是有分别间隔的,但人和人之间、人和天地自然之间在本原上是相通的。对这个"四端"的意义,后来宋明儒做了发挥。按王阳明的说法,人见孺子将入于井,而有怵惕恻隐之心,表明其心之仁与孺子为一体;人见鸟兽哀鸣觳觫,而生不忍之心,表明其心之仁与鸟兽为一体;人见草木摧折,而生悯恤之心,见瓦石之毁坏,而生顾惜之心,表明其心之仁与草木瓦石为一体。古人认为天地万物都有"心"。人与天地万物的一体性,会时时在人的当下情感上,尤其在生命交关的临界状态里自然地呈现出来。这表明什么?表明仁义礼智为人先天所有。孟子提出"四端"说,其理论意义就在于此。"仁义礼智,非由外铄我也,我固有之也"(《告子上》),仁义礼智不是从外面融化进来的,而是我先天所固有的本性。不忍人之情是普遍的"爱"的感情,这个爱的情感最直接、最真挚的表现,就是亲亲之情。人的孝心,是这个人类普遍之爱的表现,《孟子》认为恻隐之心跟这个亲亲之情是相通的。

我们看一下《尽心上》的这段话:"人之所不学而能者,其良能也;所不虑而知者,其良知也。孩提之童无不知爱其亲者,及其长也,无不知敬其兄也。亲亲,仁也;敬长,义也。无他,达之天下也。"这里,举人皆有亲亲敬长之情为例,来说明人有仁义之心,有先天的良知良能。"亲亲,仁也;敬长,义也",这不是说"亲亲"现成地就是仁,"敬长"现成地就是义,这是一个善"端",要把它推广开来,"达之天下",才能把人心先天具有的这个仁、义实现出来。但是,这个善"端"非常重要,它表现为一种真情实感,因而是成就仁义或道德的真实基础。一个人如果连自己的父母都不爱,你能期望他爱别人,期望他有德行?这是不可能的。我们过去总是讲,儒家的人性论是一种抽象的人性论,这个说法是错误的。我们把人仅仅理解为是"社会关系的总和",这才真是抽象的人性论。儒家的人性论,讲的是有血有肉的具体的人。儒家讲"立爱自亲始",这个教化的方法,最切近人情。

总而言之,人虽然生活在一个文化和习俗化的世界里,但是在人的道德和情感生活的体验里,我们却可以发现人心那种完全超越于私利计度和功利干扰的纯粹自然的表现,它本然地指向善。所以孟子认为,人性是本善的。

这里,涉及一个很重要的问题,那就是人的道德责任的根源性问题。我们前面引《公孙丑上》那段话里讲:"人之有是四端也,犹其有四体也。有是四端而自谓不能者,自贼者也;谓其君不能者,贼其君者也。"就是说,人心本有"四端"之心,人性本善;故人对实现这个善性,有先天必然的道德责任。推脱说我不能行仁义,这是"自贼",自己贼害自己。这个"自贼",孟子还有一个说法,就是"自暴自弃"。就是说,是放弃了你自己所本有的道德责任。不仅如此,人的完善,必须有一个合理的伦理制度,这就是一个"王道"的社会。王道也就是行"仁政",实行王道、仁政,也就是把"不忍人之心"的善端推广落实到组织、社会、国家的工作上。这个王道或仁政,不仅是可能的,亦是为政者之必然的道德责任和天职所在。

## 第五讲　孟子的仁政思想

从西方文化的角度来看，基督教讲原罪，认为人性恶；同时，从上帝创世的观念出发，人必然有一种服从上帝律法的义务和责任。中国文化没有上帝创世的观念，如果把性善这个根本去掉，人的道德责任就无从谈起。所以，性善是中国人道德责任所由以产生的价值本原。

《礼记·中庸》开篇即言"天命之谓性"。人性之"善"，既本原于天，同时又内在于人，为人所本有。孔子讲"知天命""畏天命"，又讲"不知命，无以为君子也"。可见，"知命"与"知人"，是统一不可分的两个方面。这个"天命之谓性"，表明躬行仁义，乃是人的天职。人敬畏天命，亦即敬其在己者，对自己的道德责任有敬畏之心。儒家强调"知止"，这个"知止"，就是《大学》所讲的知"止于至善"。这个知"止于至善"，具体讲来，就是"为人君，止于仁；为人臣，止于敬；为人子，止于孝；为人父，止于慈；与国人交，止于信"。人各止于其分位，就是"止于至善"。每个人在社会生活里都有他自己的角色，这个角色规定了人的应当或其所当行。人在社会生活中的角色不是单一的，我相对于父亲是儿子，相对于儿子是父亲，在工作中又有上下级的关系。人所处的伦理关系，不是单面的、直线的关系。人在社会生活中有各种不同的角色。在各个角色里面，作为个体的人是处在多层面动态关系中的一个中心点。凡事都有一个理、必然或"天命"。"知止"，就要了解这个理、必然或天命，并能够坦然面对，把它在人的生命中挺立起来。你在一个角色里，这个角色就规定了你所当行的界限，为君一定要仁,为臣一定要敬,为父一定要慈……这是一个必然。放弃了这个东西,就是放弃了自己的道德责任。所以对于一个君来讲,行仁政也是他必然的道德责任。现在中国社会道德滑坡,这是因为人心缺失了这个敬畏和必然。中国文化的重建,首先需要把这一点重新在我们的内心生活里建立起来。

孔子讲君子有"三畏",第一条就是畏天命。又讲"小人不知天命而不畏也""小人而无忌惮也"。小人不知天命而无敬畏之心,故猖狂妄行,肆无忌惮,什么事都干得出来。宗教在西方人的社会生活中占有很重要的位置,在教堂里,尤其会感受到他们对上帝的虔敬之心。前一段我到欧洲去,在瑞士的一家教堂遇到一件感到特别丢脸又特别痛心的事。这家教堂出口处设有让人许愿的记事簿,在记事簿上看到一个中国人竟然许愿说要"娶一百个老婆"(用汉字书写)。在这么神圣的地方,竟然敢于如此明目张胆放纵自己!真可谓是"不知天命而不畏""小人而无忌惮也"!

前段时间看到赵启正先生的一个讲法,说中国人不是没有信仰,中国人的信仰不是宗教的,而是文化的,这个讲法并不算错。不过,这个信仰一定是形而上超越性的、对天命的一种敬畏。天命和人性,对于中国文化来讲是统一的,对天命的内在敬畏与对道德法则的敬畏,是一体两面,不能分开的。中国传统社会的教育,使得中国人内在地具有对天命道义的敬畏之心。我刚才讲到我爷爷那一辈人,即使不识字,也不缺乏这样的敬畏心。天理良心,一件事,不能做的一定不会去做。儒家的教化,在这一点上是很成功的。近几十年来,我们的道德教育在这方面是有缺失的。这应是当代中国文化价值重建的一项重要内容,也是行仁政与建立一种好的伦理政治秩序的一个超越性的基础。

## 三、道义至上与事功成就

"道义至上",是儒家仁政、王道论的一个内在的最高的原则。我们看孟子在讨论政治原则的时候怎么讲。《梁惠王上》:"孟子见梁惠王。王曰:'叟!不远千里而来,亦将有以利吾国乎?'孟子对曰:'王!何必曰利?亦有仁义而已矣。王曰:"何以利吾国?"大夫曰:"何以利吾家?"……上下交征利而国危矣!'"《告子下》记载,宋牼以利害劝说秦楚罢兵,孟子对宋牼提出了批评:"先生之志则大矣,先生之号则不可。先生以利说秦楚之王,秦楚之王悦于利,以罢三军之师,是三军之士乐罢而悦于利也。为人臣者怀利以事其君,为人子者怀利以事其父,为人弟者怀利以事其兄,是君臣、父子、兄弟终去仁义,怀利以相接,然而不亡者,未之有也。先生以仁义说秦楚之王,秦楚之王悦于仁义,而罢三军之师,是三军之士乐罢而悦于仁义也。为人臣者怀仁义以事其君,为人子者怀仁义以事其父,为人弟者怀仁义以事其兄,是君臣、父子、兄弟去利,怀仁义以相接也,然而不王者,未之有也。何必曰利?"孟子对宋牼的批评,与前面见梁惠王所讲的话意思是一样的。

孟子所谓"有仁义而已""何必曰利",其实并非不讲"利",亦并非把义、利对立起来。这里有一句话值得注意:"先生之志则大矣,先生之号则不可。"这个"号",就是做事情所打的旗号,也就是你所公开申明的原则。这一点非常重要。孟子所强调的,是指明一个伦理共同体内部的最高原则,必须是"仁义"而不能是"利"。《告子下》篇孟子对宋牼的评论,更从正负两面申述此义,凸显了以"仁义""道义"为最高施政原则的根本性意义。为什么只讲"义"而不讲"利"?因为"上下交征利,而国危矣"!"征"是"取"的意思。大家都以利为最高原则,互相以取利相尚,国家必然会陷于危亡的境地。国家与民争利,民与国家争利,这个国家就有问题了。我们过去对这一点认识不是太清楚,过去只讲 GDP,"发展是硬道理",它的核心点就在一个"利"字上。这是很有问题的。《荀子》也讲,"人一之于礼义,则两得之矣;一之于情性,则两丧之矣。故儒者将使人两得之者也。"什么意思?人有两个方面的要求,一个是道德的要求,一个是功利的要求。如能以"礼义"为最高的原则,这两个方面都能得到实现。如以功利为最高的目标和原则,这两个方面都会丧失掉。荀子的说法跟孟子的说法是一致的。

我记得 20 世纪 80 年代曾有一个讨论,当时有一个叫张华的大学生,他去救一个掉到粪坑里的老农,结果自己被淹死了。当时就有一个讨论说究竟该不该救这个农民。那时候,

## 第五讲 孟子的仁政思想

大学生是"天之骄子",考上大学了不得。那时候招生也少,大学生被看作是国家的栋梁之才。很多人认为,国家培养一个大学生花一二十年的时间,他还没有为国家做贡献就死了,太可惜了;农民的价值比较低,不该去救他。这个观念就很有问题。美国的大片《拯救大兵瑞恩》,一个小分队七八个人救那一个人,值不值得?在一个伦理共同体里面,最高的原则应是道义或至善的原则。人是目的,应该救人,就不能计较功利,不能讨价还价。这个"应该"或"应当",是社会的道义原则。一个伦理共同体,这个道义原则必须挺立起来。应当做的事情就必须去做,不能时时考虑那个功利的后果。在孟子看来,王道、仁政的原则应该是仁义而不应该是功利。当今社会也是这样,现在社会出现很多的问题,存在很多不安定的因素。政府搞土地财政,这不是与民争利吗?我们奉行的原则究竟是什么样的原则?以"利"为目标,那就有问题。

孟子的仁政思想,首先强调的一点是,一个伦理共同体的最高原则必须是仁义。当然,强调以仁义为最高原则,并不是否定功利。儒家讲王霸之辨,主张王道,但在事功的层面上,对霸道又有充分的肯定。比如在《论语》里,我们可以看到孔子对管仲似乎有相反的两种评价。一种评价非常高,说"桓公九合诸侯,不以兵车,管仲之力也"。"管仲相桓公,霸诸侯,一匡天下,民到于今受其赐。微管仲,吾其被发左衽矣。"如果没有管仲,我们就会为夷狄所征服,沦为野蛮人。这个功劳非常大。在另一个方面,又批评管仲"不知礼"。孔子讲"克己复礼为仁","不知礼",当然也不能达到"仁"。在孔子有关管仲的评论中,我们可以看到,"王"与"霸"在内在价值原则层面上有根本的区别;同时也可以看到,"王"与"霸"在惠及社会和人类的事功成就层面上,又有着一种意义的相关性和重叠性。所以,儒家在价值原则上对霸道持批评的态度,同时又在事功上给予充分的肯定。在这一点上,孟子继承了孔子的思想。我们看到,《孟子》在判分王、霸,凸显王道原则的时候,陈义很高;但在讲到王道于事功层面的落实时,又特别关注百姓的衣食住行,身段又放得非常的低。这一点,很值得玩味。

《梁惠王下》记孟子回答齐宣王问王政的话说,"王曰:'王政可得闻与?'对曰:'昔者文王之治岐也,耕者九一……老而无妻曰鳏,老而无夫曰寡,老而无子曰独,幼而无父曰孤。此四者,天下之穷民而无告者。文王发政施仁,必先斯四者。《诗》云:"哿矣富人,哀此茕独。"'"孟子引《诗经》的话说,你们富人都生活得很好了,应该考虑考虑这些鳏寡独孤的人了。鳏寡独孤者,生活的条件最差。孟子的话,好像就是针对我们今天的富人而发。文王发政施仁,一定先照顾好鳏寡独孤这四种人。孟子讲王政,强调要从满足百姓最基本的生存需要做起。

《梁惠王上》说:"不违农时,谷不可胜食也;数罟不入洿池,鱼鳖不可胜食也;斧斤以时入山林,材木不可胜用也。谷与鱼鳖不可胜食,材木不可胜用,是使民养生丧死无憾也。养生丧死无憾,王道之始也。""使民养生丧死无憾",这是很基

## 第五讲 孟子的仁政思想

本的条件。"王道之始",这个"始",既有开始,又有"本始"的意思。在《梁惠王上》孟子劝说齐宣王,如要行王政,"盍反其本矣",这个"本",就是指前面所说的"制民之产","使民养生丧死无憾"。所以,使民有自己的产业,生活富足,养生丧死无憾,这既是王道的开端,也是王道的根本和基础所在。当然,仁政不限于此。在此基础上,还要"教以人伦",使民成德,建立良好的社会伦理秩序。这一点,就是前面所讲到的"德教"问题。

同时,孟子也不否定执政者的情欲要求。齐宣王讲"寡人有疾",有很多个坏毛病,既"好世俗之乐",又"好货""好色",因此不能施行王政。孟子则回答说:"今王与民同乐,则王矣。"好哇,王如能与民同乐,王政就能得到实现。"王如好货,与百姓同之,于王何有?""好货"就是喜好钱财,这是每个人都有的。王如喜好钱财,也能让百姓富足,对于施行王政来讲,有什么困难呢?"王如好色,与百姓同之,于王何有?"王如能使治下"内无怨女,外无旷夫",让大龄姑娘都能嫁出去,让小伙子都能娶上媳妇儿。对于施行王政来讲,有什么困难呢?孟子不否定统治者本身有情欲要求。只要你能与百姓同欲、同忧、同乐,满足人民的生存要求,人君虽多欲,亦无碍于仁政之行。

但是,孟子的仁政王道论对事功和人的欲望要求的肯定,仍以道义为其内在的原则和价值指向,与"霸道"是有根本的区别的。《梁惠王下》记载了孟子与齐宣王一段很有趣味的对话:"齐宣王见孟子于雪宫。王曰:'贤者亦有此乐乎?'孟子对曰:'有……乐民之乐者,民亦乐其乐;忧民之忧者,民亦忧其忧。乐以天下,忧以天下,然而不王者,未之有也。'"仁义、道义并不是一个抽象的原则。当人君能够"乐民之乐""忧民之忧"的时候,他的乐和忧,其实已经超越了功利的意义。孟子讲人君应"与民同乐",这个与民同乐的意思,是"乐民之乐""忧民之忧""乐以天下""忧以天下"。对于一个人来讲,你真诚地关心他的需求和忧乐,能够快乐着他的快乐,幸福着他的幸福,忧伤着他的忧伤,这一份忧乐之情所表现出的意义,其实并不简单。为人子者,以父母之乐为乐,以父母之忧为忧,昏定晨省,冬温夏清,真切地关心父母的饮食起居和喜恶忧乐,其所思所行其实已超越了"忧""乐"之情感和情绪及物质欲望的满足本身,而本然地具有"孝"的道德价值。为人君对于臣、为人臣对于君、为人父对于子等,都是如此。人君如能够以民之乐为乐,以民之忧为忧,他的忧和乐的指向便已超越了功利性的意义,其动机和目的,也超越了"乐""忧"的情欲、情绪和功利本身,而内在地指向于道义原则。范仲淹说:士当"先天下之忧而忧,后天下之乐而乐"。"士"就是知识分子,应有替天下担当道义的精神。张栻《癸巳孟子说》解释"与民同乐"这句话,说是:"乐民之乐者,以民之乐为己之乐也;忧民之忧者,以民之忧为己之忧也……忧乐不以己而以天下,是天理之公也。"你与民同乐,能够以民之忧为己之忧,以民之乐为己之乐,你的忧乐所表现的,正是"天理之公",而非情欲和功利。

我现在对这一部分做一个小结:孟子所阐述的仁政、王道原则,与"霸道"在事功、功利层面具有一种意义重叠的关系。但儒家"王道论"的特点,是突出了在"道义至上"原则基础上道义与功利的内在统一性。只有以道义为终极目的和最高原则,才能点化和升华这种功利、事功,使它成为王道之本真内涵。同时,唯有保有这被升华和转化了的事功成就在自身中,这个王道才能具有丰富的活的生命内容,而不失之于抽象偏枯。我们可以把孟子的仁政论或者王道论概括为:一种在道义原则基础上的道义—功利一体论。

以上是我们讲的第三个问题。

## 四、论天下——国际关系原则的超越性意义

先秦人所理解的"天下"和我们今天所说的世界、国际社会差不多,东周时各个诸侯国之间的关系,和今天的国际关系有很多相似之处。我们从《左传》就能看出这一点。你把《左传》里所记述的国际关系弄明白了,绝对能做个好的外交部长。春秋五霸"挟天子以令诸侯",拿来比拟今天美国、北约对联合国的关系,可能也差不多。先秦儒家的王道和仁政理论对国际关系的讨论,在今天仍有意义。在讨论国际关系原则的时候,孟子主要从两个方面来谈:一是"以大事小";一是"以小事大"。前一阵,我看马英九也在谈以大事小和以小事大的问题。

《梁惠王下》:"齐宣王问曰:'交邻国有道乎?'孟子对曰:'有。惟仁者为能以大事小,是故汤事葛,文王事昆夷。惟智者为能以小事大,故太王事獯鬻,勾践事吴。以大事小者,乐天者也;以小事大者,畏天者也。乐天者保天下,畏天者保其国。《诗》云:"畏天之威,于时保之。"'"朱子《孟子集注》:"大之事小,小之事大,皆理之当然也。自然合理,故曰乐天;不敢违理,故曰畏天。""畏天"和"乐天",角度不同,但道理是一样的,强调的都是对仁义、道义的最高原则的敬畏。这里,涉及天命的问题,就不多讲了。

《滕文公下》举"汤事葛"的事例来阐发"仁者以大事小"和王政征伐的道理。大意说:汤居亳的时候,与葛为邻。葛伯"放而不祀"。古人对祭祀很重视,《左传》讲"国之大事,在祀与戎",就表现了这一点。汤使人责问葛伯"何为不祀"?葛伯回答"无以供牺牲"。汤使人送给他牛羊。葛伯并没有拿这些牛羊做祭祀,而是把它吃掉了。汤又使人责问葛伯:"何为不祀?"回答是没有祭祀用的"粢盛"(粮食)。汤干脆派人替葛伯来耕种土地,并派老弱去送饭。"葛伯率其民,要其有酒食黍稻者夺之,不授者杀之。有童子以黍肉饷,杀而夺之。"商汤对葛伯,可谓是仁至义尽;葛伯则是翻云覆雨,怙恶不悛,于是就有了汤对葛的征伐:"《书》曰:'葛伯仇饷。'此之谓也。为其杀是童子而征之,四海之内皆曰:'非富天下也,为匹夫匹妇复仇也。''汤始征,自葛载',十一征而无敌于天下。东面而征,西夷怨;南面而征,北狄怨。曰:'奚为后我?'民之望之,

## 第五讲　孟子的仁政思想

若大旱之望雨也……不行王政云尔；苟行王政，四海之内皆举首而望之，欲以为君。"这儿讲的"以大事小"，汤事葛是以大事小。但其行事，体现的是仁至义尽，行事情之所当然和天理之所必然，而不是靠强力的恣意妄为。这就是孟子所说的"唯仁者为能以大事小"，其所体现者，乃是对天理之必然的敬畏。应乎天理，则能合乎人情。应乎天而顺乎人，天和人是统一的。所以，他的征伐师出有名，南征而北怨，东征而西怨，得到天下百姓的欢迎。"民之望之，若大旱之望雨也。归市者弗止，芸者不变，诛其君，吊其民，如时雨降。民大悦。"行王政、行仁政就非常容易了。

行仁政、王道也要有征伐。但是，这个征伐，其行事必仁至义尽然后为之，正体现了上述道义至上的原则精神。孟子很熟悉《春秋》，《孟子·尽心下》说："《春秋》无义战"，"有人曰：'我善为陈，我善为战。'大罪也。国君好仁，天下无敌焉。南面而征，北狄怨；东面而征，西夷怨……征之为言正也，各欲正己也，焉用战？"《离娄上》说："君不行仁政而富之，皆弃于孔子者也，况于为之强战？争地以战，杀人盈野；争城以战，杀人盈城。此所谓率土地而食人肉，罪不容于死。故善战者服上刑。"这里对"征"与"战"作了区别。孟子所谓王政，有征伐而无战争。"征"与"战"的根本区别在"正"与"争"。"战"的本质是"争"，其目的在于私利。"征之为言正也"，其原则在道义。王政之征伐，南征而北怨，东征而西怨，是顺乎天而应乎人，此征伐之"正"或其行为之正义，上本之于天道，下顺应于民心。

"以小事大"也是这样。孟子讲"以小事大",举的例子是"太王事獯鬻"的例子。《梁惠王下》记载孟子答滕文公问以小国事大国的问题说:"昔者大王居邠,狄人侵之。事之以皮币,不得免焉;事之以犬马,不得免焉;事之以珠玉,不得免焉。乃属其耆老而告之曰:'狄人之所欲者,吾土地也。吾闻之也:君子不以其所以养人者害人。二三子何患乎无君?我将去之。'去邠,逾梁山,邑于岐山之下居焉。邠人曰:'仁人也,不可失也。'从之者如归市。"太王就是周先公古公亶父,其时,周族还很弱小。太王被狄人所逼,首先考虑的是百姓的利益,而非自己的君位,体现了一种以道义为上而不计功利,居易以俟命的精神。孟子对此评论说:"苟为善,后世子孙必有王者矣。君子创业垂统,为可继也。若夫成功,则天也。""智者"的"以小失大",所遵循的仍然是道义至上的原则。

　　总之,孟子论国际关系原则,亦贯彻了一种道义至上的精神,并特别强调这道义原则作为"天道""天命"的超越性与必然性的意义。这是因为,国际关系的原则,与"天下"的观念相关。对于人类而言,"天下"至大无外。所以,国际关系的原则,关系到人类存在的整体的意义,直接关联于超越和形而上的境域。同时,在国际关系中,大国尤其是强国实质上已经不再有外部的制约性。所以,国际关系的原则特别容易为霸权者所任性操纵。今天的国际关系,往往缺乏一种一致性和自洽性的原则。比如美国,可以说就是当代国际社会里的桓文(齐桓和晋文),一方面,在国际事务里,它经常以正义的面目

## 第五讲 孟子的仁政思想

出现;另一方面,又常常不加掩饰地以本国的利益作为出师的名义,以武力干预国际事务。这一点已经成为国际社会所容忍的惯例。这样,处理国际事务原则,就缺乏其自身的一致性和自洽性。孟子的仁政、王道论,对当今国际社会合理秩序的建立,也是具有现实意义的。

**思考题**

从道义的角度谈谈孟子仁政思想的内涵及价值?

# 第六讲 孟子的民本思想

王钧林

**内容提要**:民本思想的起源与发展;孟子对民本思想的新发展、新贡献;孟子民本思想的现代价值。

孟子的民本思想是我国古代民本思想发展的高峰,也是儒家民本思想发展的高峰。在历史上,孟子的民本思想产生了积极的影响。现在,他的民本思想仍然具有不可忽视的巨大现实价值。孟子的民本思想是从哪儿来的,当然这是孟子本人的思想创造,问题在于孟子是凭空创造的吗? 孟子在提出民本思想的同时,他是否有所借鉴? 我们首先要了解在孟子以前,民本思想是如何提出的或者是如何起源的。

## 一、民本思想的起源与发展

### (一) 民本的概念

在讲民本思想的时候,首先我们要了解民本的概念。简

## 第六讲 孟子的民本思想

单地说,"民本"就是"民为邦本"这四个字的简写或者缩写。"民为邦本"见《尚书·五子之歌》,它讲到"民为邦本,本固邦宁"。"民为邦本"是指民众是一个国家的根本或者是一个国家的基础。"本固邦宁"是指民众作为国家的根本,民心安定、民众稳定,这个国家就会安宁。由此可以看出,民本这个概念是从国家和民众的关系当中概括提炼出来的。

同时,我们要知道,除了民本还有一个人本的概念。人本的概念就是以人为本。在《管子·霸言》中这样讲:"夫霸王之所始也,以人为本,本理则国固,本乱则国危。""以人为本"这个提法就从《管子》这本书来的,我们今天讲的"以人为本"最初就是从这儿来的。

民本和人本是什么关系?有的学者做过专门研究,中国社科院李存山先生专门写过一篇文章叫《"人本"与"民本"》,对这两个概念做出了具体的分析。根据他的研究得出一个结论:人本是从最初的概念的意义上讲的,而民本是作为政治哲学或者政治理念而言的,这两者的区别是非常清楚的。对于李存山的这个结论,我是非常认可的。

我们了解了民本概念的基本内涵,也了解了它跟人本的具体区别,我们接着再来看民本是如何起源的。

(二)民本思想的产生

民本是从国家和民众的关系中概括出来的,我们就要看国家产生以后首先出现的问题是什么。恩格斯曾经讲过,"国家是文明社会的概括"。当人类文明产生之后,最重要的东西是什么,或者说文明的要素是什么? 有的人讲文明的要素是金属工具的发明,是文字的发明以及城市的建设,其实这些都不重要,最重要的是国家的建立。国家一旦建立和产生,接下来就产生了一系列的问题。对一个国家来说最主要的是什么? 国家就好比一座大厦,支撑这座大厦的是什么? 首先就有了这样的一个问题。

我们先看古人对这个问题是怎么认识的。最初,人们认为对一个国家来说最重要的是天命。一个王朝就是秉承天命而建立的。我们举一个最简单的例子,在《诗经》中有这样的话,"天命玄鸟,降而生商"。就是说商人的第一个老祖宗是如何诞生的,他母亲吞吃了玄鸟的蛋从而怀孕生下了他。玄鸟就是燕子,燕子是奉上天的旨意而来的。是天命保佑他,天命给予了他建立商朝的一个使命。天命在这儿的作用是非常大的。

我们再看一个比较重要的例子。商朝末年纣王暴虐无道,周武王起来讨伐商纣王,已经兵临城下,而商纣王满不在乎,他讲过这样一句话:有天命保佑我,周武王岂奈我何? 显然,天命在他那儿是支持商朝一个非常重要的因素,他对此有一个坚定的信念。但是,后来经过"汤武革命"(商汤和周武王的两次革命,商汤起来革了夏朝的命,周武王起来革了商朝的命),人们逐渐认识到天命是不可靠的,天命是能够转移的,天命并不能保佑一个国家的长治久安。

### 第六讲 孟子的民本思想

当人们意识到这个以后,其实就相当于他认识到:当一个国家出现了暴君,这个暴君残害人民的时候,他处于失德的状态,而丧失道德一定会丧失民心,丧失民心也就失去了天命的支持,失去了天命的支持就造成了他的灭亡。就这样一个逻辑关系,古人是非常清楚的。由这样一个简单的逻辑关系,人们逐步地意识到,对一个王朝和统治者来说,一定要有德,有德才会得到天命,才会得到天命的支持和保佑。而这个所谓的有德,它要求你以德服人,而不是以力服人,不是以暴力和武力服人。正因为你以德服人,你才能赢得民心,赢得民众的拥戴。当人们意识到这一点以后,周代初年,有远见的大思想家、大政治家周公提出了"敬德保民"的思想。到这个时候,天命依然是支撑一个国家的主要因素,但它退到了二线,"敬德保民"就被提到前面来了。

我们再进一步分析一下,天命、道德和民众在决定国家兴亡的三大因素中的各自作用。天命仍然存在,仍然是决定国家存亡的重要因素,但是天命高高在上,是看不见摸不着的,它又无处不在。周代的思想家认识到天命是可以转移的,天命转移的依据是什么?天命转移的依据就在于德和民,就是道德和民众。在《尚书·蔡仲之命》中提到"皇天无亲,惟德是辅"。这一句话的意思是说,上天,包括上天的旨意也就是天命,是大公无私的,他只对有德的人进行保佑和辅助。也就是说,天命的转移是以道德为支点、以道德为中心转移的。另一句话叫作"民之所欲,天必从之"。也就是说,民众渴望得到的东西,上天一定给予满足。民众不满暴君的统治,民众希望出现一个明君,出现一个圣王来统治国家,上天一定会满足民众的这样一个愿望和要求。所以,民众又是天命转移的另一个支点和重心。"皇天无亲,惟德是辅"和"民之所欲,天必从之"这两条就说明有德才能赢得民心,无德就会丧失民心,在这一点上是相通的。

民众的作用在决定国家兴亡这一点上,就由此透射出来。国民是否服从统治,就是一个国家是否安定的决定性因素;民众的人心向背就是决定国家兴亡的一个非常重要的因素。所谓的民本思想,"民为邦本,本固邦宁",就是在这样的背景下产生的,这就是民本思想产生的一个大的时代和社会背景。

(三)民本思想的初步发展

民本思想一旦发生、确立,接下来的问题就是人们如何充实和发展民本思想。西周和春秋时期的思想家们为此做了大量的工作。我们分这么几点来看:

第一,春秋时期的思想家进一步确立了国民的地位和作用。春秋时期一位随国的大夫季梁明确提出了民众是鬼神的主人,他的说法是"夫民,神之主也",这就把民众的地位和作用提到了空前的高度。在那个时代,人们非常重视鬼神的作用,而季梁明确提出民众是鬼神的主人,鬼神是听从人的安排,这样就把民众和鬼神的关系颠倒了过来。另一位思想家叫史嚚,他对于国家、民众、鬼神三者的关系提出了全新的认

## 第六讲 孟子的民本思想

识,他讲到"国将兴,听于民;将亡,听于神"。"国将兴,听于民",是说由民众决定着国家的兴起和兴旺,民众是决定国家兴起和兴旺的决定性力量;"将亡,听于神",是说鬼神是导致国家覆亡的因素。将民众突出出来,民众是一种正面的力量,而鬼神成为一种反面的力量,鬼神是导致国家覆亡的因素。这在当时是一个全新的思想认识,民众这种正面的力量决定着国家的兴起和兴旺,而鬼神是一种消极的力量,决定了国家的消亡,这是对民众的地位和作用给出了新的解说。

第二,民众的凝聚与否是国家兴亡成败的一个重要因素。齐国在齐景公的时候,横征暴敛,根据历史的记载,"民参其力,二入于公,而衣食其一"。这句话什么意思呢?当时民众全部的收入如果划为三份的话,其中的两份被横征暴敛拿走,而民众只能拿到他全部收入的三分之一维持生活,生活相当贫困。在这种情况下,齐国有个大贵族叫陈氏,他从陈国跑到齐国做官,经过几代的发展,到了春秋晚期,力量非常壮大,能够对齐景公、对国君分庭抗礼。到了齐景公的时候,陈氏想着夺权。他采取什么办法呢?当民众遇到灾荒的时候,他就开仓借粮,用大斗借出去,小斗还回来。按照现在的计量单位来说,借出一百二十五斤,民众还回来的时候只还六十四斤,这样民众能够得到六十一斤的实惠。陈氏用这样的一种办法收买人心。根据《左传》的记载,陈氏的这个做法深得人心,民众"归之如流水""陈氏之施,民歌舞之矣"。通过这个办法,民众得到了实惠,民众非常高兴。后来,陈氏果然夺取了齐国的政权,公元前391年,陈氏自立为齐国的国君,把原来的国君放逐到海边。不到十年的时间,当时的周天子正式册封他为诸侯,当然,这已经到了战国时期。战国时期陈氏改为田氏,从此以后,齐国的姜齐政权变成了田齐政权。这样的一个例子很生动地说明了民众的支持与否、民众能否聚集或凝聚起来,就决定了一个政权的兴亡。姜齐政权失去了民众的支持,轻而易举地被田氏所取代,而田氏之所以能够夺取姜氏的政权,就在于他得到了民众的支持。这样一个例子很生动地说明了民众的支持对一个政权及一个国家的重要性。

我们再看鲁国的一个例子。鲁国有三家大贵族,因为他们是鲁桓公的后代,称作"三桓"。"三桓"长期把持鲁国的政权,不但把鲁昭公架空,而且把鲁昭公逼走,迫使鲁昭公流亡在外,最后死在外面。当鲁昭公死在国外的时候,人们并不同情他。为什么?根据历史记载,鲁君失民意,"民不知君",鲁昭公失去了民众的支持。因为他失去民众的支持,他身为国君才被他的手下"三桓"赶跑。齐国和鲁国的例子,都说明了得民、失民对一个国君来说具有生死存亡的重大意义。

第三,正因为民众对一个国家来说具有如此重要的意义,是决定一个国家、一个政权生死存亡的决定性力量,所以那个时代的思想家和政治家就反复地思考如何能够保住民众,如何赢得民众的支持。他们思考的结果就是提出了一系列的利民、爱民、惠民、富民、抚民、安民、养民、教民的思想观念。下面我们做一个简单的考察和分析:

## 第六讲 孟子的民本思想

（1）利民。春秋时期邹城这个地方有个邾国，邾文公是邾国的一个国君，他想迁都到峄山脚下。迁都是件大事，他让史官占卜，占卜的结果是迁都利于民而不利于君，就是说，迁都这件事对民众是有利的，对国君是不利的。邾文公明确表示："苟利于民，孤之利也。"这句话是很清楚的，迁都既然利于民，对我来说也同样是有利的。这里的"孤"是指国君，国君自称"孤"。他说："天生民而树之君，以利之也。民既利矣，孤必与焉。"一国之君是天立的，天立的这个国君就是让你对民众有利，就是让你为民众服务。邾文公有这样一个认识，利民这个概念在邾文公那儿是非常明确而清楚的，利民的概念在这里明确地提了出来。

（2）爱民。卫国的国君暴虐无道，被国人赶了出来。晋国的师旷对此评论说："天之爱民甚矣，岂其使一人肆于民上？"他的意思是，上天是非常爱民的，所以上天就不能允许一个人哪怕他是个国君骑在人民头上作威作福，你那样做一定会遭到人民的反抗，人民就要把你驱逐出外。这句话显然是师旷借上天之口喊出了"爱民"的口号。除此之外，墨子也反复强调上天是爱民的，墨子讲了很多很多。

（3）惠民。惠民就是给人民更多的实惠。齐景公访问晋国，跟师旷有一个对话。齐景公反复问师旷为政要做什么？师旷三次给予同样的回答："君必惠民而已矣。"为政的要点就是惠民。怎么样做才算惠民？孔子有自己的思考，他讲"因民之所利而利之"，让人民得到实惠才是惠民。

（4）富民。根据《论语》的记载，孔子对治国之道发表了"庶、富、教"这样的三部曲方案。"庶"是人口众多，人口众多以后怎么办？要让民众富裕起来。民众富裕起来以后，要对民众进行教育和教化。这是孔子关于治国三部曲的设想，其中第二步就是富民，让民众富裕起来。比孔子早一点的齐国思想家管仲明确提出了"凡治国之道，必先富民"，把富民摆在了为政的前面。

（5）抚民。这个"抚"是安抚的意思。周王朝有一位叫作富辰的大夫说过这样的话："太上以德抚民，其次亲亲以相及也。"所谓的"以德抚民"，就是公正无私地安抚、爱护民众。

（6）安民。吴国有一个思想家叫季札，他是吴国的一个公子，曾经到鲁国来访问，他一再强调一国之君应该"务德而安民"。"务德而安民"跟孔子强调的"修己以安人""修己以安百姓"是相通的。那时候的思想家就提出了这样的概念和要求。

（7）养民。前面提到了邾文公坚持迁都，他的左右大臣根据占卜的结果，说如果迁都对国君不利，怎么个不利法？减少国君的寿命。邾文公对此的回答是："命在养民。死之短长，时也。民苟利矣，迁也。"邾文公很清楚，他担任国君的使命就在于"养民"，正因为担任国君的使命在于"养民"，他不顾自己寿命的长和短，只要对民众有利，就坚持迁都。他提出了"养民"这样的概念。

（8）教民。教民在儒家经典《周礼》是有记载的，《周礼》记载司徒一职，他的一个重要的职责在于"教民"。"教民"包

### 第六讲 孟子的民本思想

括两个内容,一是文德,一是武事。文德是一种礼乐教育,武事主要是军事训练。当时的"教民"是按照不同的季节进行,主要在冬季和春季农闲的时候进行。孔子也有过这样的话,叫"不教民战,是谓弃之"。这些都说明了当时有"教民"这样的一个要求。

除了我们以上讲的这八个之外,在《管子》中也提出了"牧民"的概念。所谓的"牧民"也就是管理民众的意思。他明确地提出,判断政治的优劣兴替有一个标准,这个标准在于"顺民心"和"逆民心"。一个政权能够顺民心一定会兴旺起来的,而相反,如果逆民心,一定会走向衰败。民心就决定了一个政权的兴亡更替,这是非常清楚的。《管子·牧民》篇中有这样的说明。

根据以上的考察,我们可以看到,"牧民""利民""爱民""惠民""富民""抚民""安民""养民""教民"这些观念都指向一个目的,就是以民为本,把一国之民的事情办好,厚植国家的根本,夯实国家的基础。这些在孟子以前就已经提了出来。

## 二、 孟子对民本思想的新发展、新贡献

孟子对民本思想的新发展和新贡献,我们可以从四个方面做一考察:

(一) 孟子明确提出了"民贵"说

孟子的"民贵"说,是在国君、民众和社稷三者比较中而提出的,他讲"民为贵,社稷次之,君为轻"。这句话很显然有三个要点:第一点,孟子把一个国家的重要组成要素分成了民、社稷和君三个层次。这个贵与轻是从价值理念上讲的。第二点,得到民众的拥戴就可以立为天子,得到天子的眷顾可以立为诸侯,得到诸侯的青睐可以立为大夫。第三点,民、社稷和君三大要素中,诸侯是一国之君,如果诸侯危害了社稷,这个君是可以更换的。社稷是当时人们供奉的土地神和谷神,"社"指土地神,"稷"指谷神。"社稷"后来变成了国家的代称。人们为什么要供奉社稷?希望社稷神给一国之民以保佑,保证旱涝保收。如果人民虔诚地祭祀社稷神,而仍然没有得到社稷神的保佑,社稷神也可以更换。

我们从孟子上面的话中可以分析出这样三个要点,从这三个要点入手,应该对孟子的"民贵说"做出一个比较全面准确的理解。

第一点,民贵的"贵"是什么意思?"贵"和"轻"是相对而言的,它表达的是价值多少、高低、轻重的意思。孔子的弟子有若说"礼之用,和为贵",提到了"贵"字。荀子是孟子之后的儒家另一个代表人物,他讲到"人有气有生有知亦且有义,故最为天下贵也"。也提到了"贵"。《孝经》讲过这样的话,"天地之性,人为贵"。就如同我们今天说的天地万物,人是最

## 第六讲 孟子的民本思想

可宝贵的。这几个"贵"字在这里都表示了"最为贵"的意思。我们对"贵"这个概念了解之后,回过头来看孟子说的"民为贵"。孟子说的三个要素中,民是最为贵的。民最为贵,然后才是社稷,而君和民、社稷相比,他是轻的。这是"民为贵"从第一个层面做的理解。

第二点,刚才讲了孟子在"民贵"说中,把民、社稷和君作为组成国家的三大要素。孟子在另一个场合还提到了"诸侯之宝三:土地、人民、政事"。孟子的这两个说法,内涵基本上是一致的,它是相对应的。"民"和"人民"相对应,"土地"和"社稷"相对应,"君"和"政事"相对应。这里的"政事"讲的是一国的政治,一国的政治是由君支持和负责的,他们显然是相对应的。孟子看到一个国家最重要的有这么三个要素,通过对这三个要素的比较,它有一个排序问题。诸侯三宝是按照先后顺序来排的,对一个国家来说首先要有国土,有了国土才有人民,有了国土有了人民,然后才有一国的政事。而"民贵"说中提到了民、社稷和君,是按照价值的大小来排序的。同样是组成国家的三大要素,这两种排序是不一样的。特别是"民贵"说的这个排序,是按照价值排序的。由此可以看到,孟子对组成国家的三大要素,"民贵"说一上来就抓住了要害,把民众放在了第一位。孟子的这个认识是非常高明的。

第三点,孟子的"民贵"说,彻底颠覆了或者颠倒了以往的君民关系。这是"民贵"说的创新点,也是它的闪光点。为什么这样讲?在孟子以前,只要讲到君民关系,也就是统治者和被统治者的关系,在人们的观念中君是尊贵的,民是卑贱的。孟子以前,这样的观念已经根深蒂固,因为在孟子以前人们普遍地认可这样一种说法,就是"天降下民,作之君,作之师",这句话是《尚书》里面讲的,孟子在他的书中也引用过。这句话告诉人们,人民是上天降生的,所谓的天生万物,天也生人,但是民众自己不会管理自己,所以上天在降生民众的同时,也为民众立了君、立了师,让君和师来管理民众。这样,一国之君和师就肩负着上天赋予他的使命来管理民众,这种观念是根深蒂固的。后来人们把这种观念称为"君权神授",也就是君管理民众的权力来自于上天的授予。

君主在人民头上,即负有管理之责、统治之责。这个"君"本来也是人民中的一员,只不过上天从人民当中把他选择出来管理民众,也就是说,君和民一样,都是上天降生的,都是上天的儿子。但是,这个"君"和一般的民众不一样,不一样的地方就在于他是上天的"元子",也就是今天所说的"长子",一般的民众是上天一般的儿子。长子和其他儿子相比,当然有他优越的地位。特别是在中国,宗法制度盛行,宗法制度特别强调长子,长子的地位是非常重要的。我们看到周代的统治者称"天子",这就意味着他是上天的儿子,是上天的元子,而其他的人包括一般的大臣都不可以称作"天子"。正因为天子被称为元子,他的地位高于普通的民众。无论从上天这个角度还是从宗法的角度,都强化了国君的地位。从法理上或者从血缘上讲,他都是高于普通民众的。

### 第六讲 孟子的民本思想

在孟子以前已经形成了君权神授的观念,称他为上天的元子也好,或者说由上天选择他来统治人民也好,这些观念都一再表明一国之君具有独步天下的唯一性和至高无上的尊贵性。这就使得君主对一国之民拥有优越性,君主可以高高在上,作威作福,而人民只能匍匐在地,甘愿受君主的统治。然而,到了孟子这里却被颠倒了过来。我刚才讲孟子的"民贵"说具有颠覆的意义,彻底颠覆了以往君主是尊贵的、民众是卑贱的这种观念,所以他说"民为贵,君为轻",这是那个时代的最强音,也是那个时代关于君民关系认识的一大突破。对此,我们无论给予多么高的评价都是不过分的。

(二)肯定了人民革命的正当性

孟子在"民贵"说中讲过"诸侯危社稷,则变置"这一层意思,就是说诸侯是一国之君,如果诸侯为政无道,危及社稷,人民可以起来革命,可以罢免他,可以把他赶跑,可以把他消灭,再另立新君。对于这个思想,孟子周游列国的时候到了齐国跟齐宣王有一个对话,他阐明了这个观点。《孟子·梁惠王下》有这样的记载:齐宣王问孟子,商汤讨伐夏桀,周武王讨伐商纣王,有没有?孟子回答说:根据历史的记载是有的。齐宣王接着问:商汤对夏桀来说是臣,周武王对商纣王来说也是臣,夏桀和商纣王都是君,商汤和周武王起来革命,这不是臣弑君吗?这样是可以的吗?孟子的回答是:这不是臣弑君,因为夏桀和商纣王是暴君,暴虐无道,残害人民,他们失去了做君主的资格,人们完全有资格起来讨伐他。这就是孟子的回答。孟子说:"闻诛一夫纣矣,未闻弑君也。"按照孟子这个观点,人们起来革命,不存在什么臣弑君的问题。在这里,孟子充分肯定了人民革命的正当性。问题在于,孟子和齐宣王的这样一个讨论,在孟子以后的中国历史上经常出现。中国历史上经过了好多次的改朝换代,几乎每次改朝换代都是人民起来革命的结果。

孟子以后过了一二百年,到了西汉的汉景帝时期,又有过类似的讨论。《汉书·儒林传》有这样的记载,有两个学者一个叫黄生,一个叫辕固生,在汉景帝年间发生了一个争论,黄生讲"汤、武非受命,乃杀也",意思是汤、武起来革命不是秉承天命,只是作为一个臣下起来造反,而杀了夏桀、杀了商纣王。辕固生不同意黄生的这个观点,他阐发了跟孟子相同的观点:夏桀、商纣王暴虐,天下民心都归向了汤、武,汤、武是顺应天下民心而起来革命,起来诛杀了桀和纣。从民心所向来看,桀、纣的民众不听桀、纣的使唤,汤、武根据民心所向而起来革命建立新的王朝,这就是汤、武看起来没受命,但他们是受民众之命,也就是受上天之命,因为"民之所欲,天必从之"。辕固生做了这样的回答,而黄生对辕固生的反驳是:我们戴的帽子再破也是个帽子,它也戴在头上;我们脚上穿的鞋子,它再新再好,我们也只能把它踩在脚上,帽子和鞋子不能倒过来。他的言外之意是:帽子和鞋子的上下之分是天经地义不可更改的。所以桀和纣虽然是暴君、昏君,他毕竟是君;商汤、周武

## 第六讲 孟子的民本思想

王即使是个圣人级的人物,但他毕竟是臣。作为臣下,对君应该是忠心耿耿的。君有了过失,可以通过进谏的方式更正国君的错误,但是不可以起来革命,不可以用暴力的方式来推翻他。黄生的这番理论也是有道理的,辕固生觉得无法从理论上来反驳他,于是引用当朝的例子,说汉朝的开国天子刘邦起来革命,推翻了秦始皇的统治,这也是不应该的吗?当他们争论到这个地方,汉景帝在旁边听不下去了,因为扯到了当时的现实政治问题,汉景帝马上起来打了个圆场。汉景帝讲,"吃肉不吃马肝,不算不知肉的美味;谈学问的人不谈商汤、周武王是否受天命继位,不算愚笨"。

孟子和齐宣王、黄生和辕固生的争论,单纯从理论上看,他们是各执一词,谁也说服不了谁,因为都能做到言之成理、持之有据。当发生这样争论的时候,确实很难做到一方说服另一方,因为任何一方都能够自圆其说。实际上这里有一个立场问题。孟子和辕固生明确地站在民众的立场上。站在民众的立场上看,一个国君如果荒淫无道、残害人民,人民就可以起来革命。而齐宣王和黄生是站在统治者的立场上。站在统治者的立场上,一定反对民众起来革命的。这里不是一个单纯的理论问题,而是一个立场问题,就看你站在什么样的立场上来看问题。很明显,孟子就是站在人民的立场上,肯定了人民革命的正当性。

### （三）选贤举能，必须听从国人的意见

以民为本体现在国家政治上，一定要求一国之事特别是一国的大事，不能由国君一个人专断独行，一定要听从民众的意见。在孟子以前，已经有了这样的记载。就是当一个国家遇到三件大事的时候，一定要听从民众的意见。哪三件大事？一是国危（国家遇到了危险），二是迁都，三是立君。这三件大事必须要听从民众的意见，不能由国君一人独断，这已经有了国家大事要尊重民意的意思。

我们看孟子在此基础上有没有发展？孟子的新发展在于，他认为一国政治一定要选贤举能，让优秀的人才加入到管理国家的行列中。因为只有那些贤能之士、优秀的人才参与国家管理，才能做到政治清明廉洁，才能保证有着较高的行政效率，才能达到社会公正。孟子认为，选贤举能和其他国家大事一样，不能由国君一个人说了算，也不能由少数人来操纵，一定要听从国人的意见。关于选贤举能，孟子发表过这样的言论："左右皆曰贤，未可也。""左右"指国君的左右大臣。"士大夫皆曰贤，未可也；国人皆曰贤，然后察之；见贤焉，然后用之"。在这里，起决定作用的是国君，但是，国君之下，孟子分了三个层次：第一个层次是左右大臣的意见；第二个层次是士大夫的意见；第三个层次是国人的意见。孟子对国人的意见是充分认可的，所以孟子说："左右皆曰贤，未可也；士大夫皆曰贤，未可也。"只有国人皆曰贤，国君应该考察考察，真如

第六讲 孟子的民本思想

国人所说,国君才可用他。同样的道理,在官员的罢免上,也应该如此。在罢免官员上,孟子又讲:"左右皆曰不可,勿听;士大夫皆曰不可,勿听;国人皆曰不可,然后察之;见不可焉,然后去之。"

在我看来,在选贤举能上,在官员罢免上,孟子把国人的意见提到这样一个高度,是在当时民本政治的条件下对民意最大限度的承认、尊重和肯定,也是民意最大限度地发挥作用。这一点毫无疑问是孟子民本思想的闪光之点。任何一个国家政府官员的任用和罢免都能如孟子所说,听从国人的意见,这就等于民心、民意参与了这个国家的政治,并且在国家的政治生活中发挥着重要的作用。而由民心民意直接参与的政治一定是清明的政治而不是黑暗的政治,是廉洁的政治而不是腐败的政治,是公正的政治而不是邪曲的政治。从这里可以看出,孟子的这个思想是非常珍贵的。

(四)仁政爱民,制民恒产

我们已经看到孟子的目光始终盯着民众,时时处处为民众着想。他对孔子很崇拜,他学孔子,有"安人""安百姓"以及"博施于民而能济众"的强烈愿望。所以,孟子在讲王道和仁政时,首先从爱民入手。他想到的是,在经济上如何保证人民有一个最低的生活保障,当做到了这一点,使民众有了一个最低的生活保障之后,又如何让民众富裕起来,这是孟子在讲王道、讲仁政的时候思考的重点。孟子对这一点的思考是非常充实的。我们逐一考察。

我们首先看到,孟子对他那个时代的弱势群体表示了极大的同情。任何一个社会对弱势群体的关注程度,体现了这个社会文明发展的水平。在中国古代历史上我们看到,对弱势群体表示高度关注和有所认识的,以孟子最为突出。孟子对弱势群体有一个定义,他说:"老而无妻曰鳏,老而无夫曰寡,老而无子曰独,幼而无父曰孤。此四者,天下之穷民而无告者。"这个话说得很清楚,不需要解释。他说,周文王施行仁政,首先从关注这些弱势群体做起,对弱势群体高度关怀,给予很大的关照。

我们又看到,孟子反复地强调一个社会一定要给予人民一个最低限度的生活保障。孟子认为这个最低限度的生活保障就是灾荒之年民众能够生存下来,不被饿死,不被迫背井离乡;遇到丰收之年,民众能够过上不饥不寒的生活。这是一个社会应当给予人们最低限度的生活保障。当然,一个社会仅仅做到这一点是不够的,还要让人们过上更好的生活,达到温饱的生活水平。温饱的生活水平,在孟子那个时代相当于我们今天所说的中产阶级的生活水平。孟子为这种温饱生活水平制定了四条具体的标准,做到了这四条,就算达到了我们今天所说的中产阶级的生活水平。第一条是"仰足以事父母,俯足以畜妻子"。也就是说,对上可以赡养父母,对下可以养育妻子儿女。第二条是"乐岁终身饱,凶年免于死亡"。"乐岁"是丰收之年,丰收之年可以做到不饥不寒,能够吃得饱、穿得

### 第六讲 孟子的民本思想

暖;遇到灾荒之年,不至于被饿死,不至于流离失所。第三条是"五十者可以衣帛,七十者可以食肉"。这是讲的养老。第四条是"养生丧死无憾"。人生一个是生存,一个是死亡,这两件大事做到没有什么遗憾。做到了这四条,在孟子看来就算达到了温饱的生活水平。

一个社会如何能够让人们过上这样的生活,达到我们今天所说的中产阶级生活水平?在孟子看来,这就要人们拥有一份"恒产"。有了这份"恒产",就能够达到这样的一个生活水平。孟子对这份"恒产"进行了设计,怎样才算是有"恒产",这份"恒产"的具体内容是什么?孟子的基本设计是:一定要有"五亩之宅""百亩之田"。"五亩之宅""百亩之田"就是你能够拥有温饱生活的那份恒产,这是孟子的基本思想。他认为,一个社会必须向人们提供这样一份恒产。按照孟子的设计,在方圆一里的范围内,把土地划分为九份,中间这一份是公田,所谓的公田就是为当时国君所有,或者用现在的话说,是政府所有,这份耕田生产的东西属于国君所有。剩下的八份就是由八家各分一份,一份一百亩。在井田制的条件下,孟子认为政府应该通过井田制的设计和推行,使他的国民拥有一百亩的井田,拥有了这一百亩的井田,就拥有了孟子所说的那份"恒产",就能够保证温饱的生活。

在孟子的时代,推行井田制的时候,公田和私田的划界、各家私田的划界,是清晰的、明确的,但是那个时候因为社会黑暗,贪官污吏经常故意破坏土地之间的划界,破坏的结果就是贪官污吏浑水摸鱼,谋取个人的利益。孟子对此有严正之词,他表示划界一定要清清楚楚,正确地划界。划界确定,每人拥有一百亩的耕田,人们之间大致是公正的。孟子强调了一个公正的问题。但是,我们看到的是,孟子通过对土地划界的要求,用我们今天的话说,实质上是明确了一个产权问题。产权是清晰的,别人不得随便侵犯我的产权。在这里我们也看到了孟子有一个经济学家的眼光。我们都知道,在现代社会,如何保持一个社会的稳定和繁荣,中产阶级是非常重要的。有一些社会学家、经济学家专门研究一个社会拥有怎样的中产阶级才能保持社会的稳定,特别是在西方,社会学家为此做了很多的研究。在这样的理论看来,一个社会中产阶级的力量越强大,中产阶级的数量越庞大,这个社会就越稳定,而这个理论和孟子的理论恰好是相通的。为什么这样讲?因为孟子讲过,有"恒产者有恒心"。我拥有了能够使我过上中产阶级生活水平的那份恒产,我就会珍惜这份恒产,就会珍惜我已经获得和拥有的生活水平,上养父母、下养儿女,这样就满足了,就不会轻易地犯上作乱,不会轻易为非作歹。孟子显然看到了这一点,所以他强调"有恒产者有恒心"。

我讲的这个观点跟西方社会对中产阶级研究的观点恰好是吻合的。西方的社会学家研究中产阶级的时候,他未必知道孟子已经有了这样的一种理论,如果发现了,他们会感到非常惊奇,孟子早于西方两千年已经有了这样的观点。孟子讲"有恒产者有恒心",能保持社会稳定,这个观点是非常珍贵的。到今天我们仍然可以看到它光彩犹存,具有很高的价值。

## 三、孟子民本思想的现代价值

我们要讨论、研究孟子民本思想的现代价值,孟子的民本思想和现代民主思想是什么样的关系、有什么样的关联,一定要弄清楚。这方面牵涉的问题很多,我在这里着重指出两点。

(一) 古代民本思想是现代民主思想在中国的本土根源

我为什么要这样讲？因为现代的民主思想不是我们本土自产的,而是从国外引进的,"民主"是舶来品。我们看到,从19世纪末到20世纪初,中国人在引进现代民主思想、在确立现代民主制度方面做了很大的努力。其中,在最初引进的时候有三个历史事件。第一件事情是清朝末年(1900年—1911年)的立宪运动。清末的立宪运动已经确立了民主的理念,按照民主的理念来设计清末的宪政制度,可惜没成功。第二件事情是1912年中华民国的建立。中华民国的建立是孙中山先生按照民主的理念来设计的共和制度。第三件事情是1919年的"五四"运动,"五四"运动高举科学与民主的旗帜。这三件事确立了现在的民主理念在中国思想文化中的崇高地位。

但是,另一方面我们也看到,我们引进的仅仅是民主的理念、民主的思想,民主在中国社会仍然是立足未稳。有一种观点认为,民主在中国缺乏本土根源的支持,它是个舶来品,在中国始终浮在社会的上面,而不能真正地扎根、开花、结果。这种观点从很早就已经产生了。持这种观点是站不住脚的。关于这个问题,我以前曾经发表过一篇文章,这篇文章是专门谈"五四"运动的两大旗帜科学与民主的本土根源,我的基本看法是,民主在中国有它的本土根源,这个本土根源就是中国传统的民本思想,其中最主要的就是孟子的民本思想。为什么这么说?我对此做了一些论证。我把民主做了区分,把民主区分为实质民主和形式民主。

什么是实质民主?在国家的政治生活中,凡是具有主权在民的理念,能够尊重民意,贯彻民意,按照民意处理国家事务,就可以称之为实质民主。从实质民主再进一步,实行民主制度,按照每人一票、每票等值来进行民主选举领导人、民主表决国家事务,这就是形式民主。也就是说,实质民主和形式民主的差别就在于有没有一种制度化的东西把民主贯彻到社会事务中去。

按照这样的一个区分来看,我们看到,在孟子的设想中,显然已经达到了实质民主的水平。其一,"民为邦本",特别是孟子提出的"民为贵"的思想,确立了人民在国家生活中的根本性和基础性的地位。按照孟子的思想再往前发展到战国末年,已经提出了天下"是天下之天下"的观念。"天下非一人之天下,天下之天下也"是《吕氏春秋》所讲的。"天下之天下"实际上漏了一个字,应该是"天下人之天下也",这就明确了人民是天下国家的主人,这就是主权在民的思想。在孟子

## 第六讲 孟子的民本思想

的时代已经有了"主权在民"的思想,人民是天下国家的主人,这是非常明确的,这样的理念是有的。

其二,在君民关系上,孟子讲了"民贵君轻"的观念。《礼记·缁衣》明确指出:"君以民存,亦以民亡。"意思是,由民决定了一国之君的生死存亡。后来的荀子进一步提出了千古名言:"君也,舟也;庶民,水也。水则载舟,水则覆舟。"通过船和水的关系比喻君和民的关系,民仍然是决定国家、君主存亡的重要力量,是不可忽视的。这个观念强调了一国政治的决定性的因素。所以,君是为民而存在的,如果不是为民而存在,就失去了他的意义。荀子说:"天之立君,以为民也。"天一定是为民的,一定要为民众服务的,这种观念在中国传统民本思想中也已经有了。

其三,在国家政治生活中,一定要认同尊重民意,贯彻和执行民意。我们刚才已经讲了,孟子认为在官员的任用和罢免上要听从民意。受孟子思想的影响,西汉初年贾谊提出官吏的选拔必须有民众的参与这样一个思想,他是这样讲的:"官员不可不选也",而选拔官员一定要有民众的参与,"士民誉之,则明上察之",民众都称赞这个人,上面应该来考察考察。民众的赞誉和你实际考察的结果恰相一致,这个官员就可以放心大胆地使用。贾谊还进一步讲,对官员的选拔,无论大大小小的官员都应该有民众的参与。就连"十人之吏",只能管十个人这样一个小小的官员,也要有民众的参与,大到宰相也应该有民众的参与。这个思想其实就表达了在国家政治生活中要尊重民意、贯彻执行民意。

从上面这三个方面综合来看,中国古代事实上存在着实质民主。这个实质民主我们也可以把它称之为民本政治,或者说民本政治已经达到了实质民主的水平。我们说中国古代不是没有民主,它没有形式民主,却有实质民主。从这个意义上讲,中国古代的实质民主或者说民本政治跟现在的民主理念完全是相通的。所以,我们虽然是把现在的民主理念从西方引进了中国,但是它在中国是完全可以存活的,完全可以适应中国的社会,从社会体制到社会环境都会适应的。

(二) 孟子的民本思想与现代民主思想的差异在于"民治"

孟子的民本思想的确只是达到了实质民主的水平,而没有达到形式民主的水平。所以,我们不可以把孟子的民本思想给予过高的评价,不可以把孟子的民本思想直接等同于民主政治。当然,有不少的人对孟子的民本思想、对中国传统的民本政治给予了拔高式的评价,认为它就是古代的民主政治。对此,我不是非常认同。

我们要从理论上看清楚,传统的民本思想包括孟子的民本思想跟现在的民主政治、民主思想差异之处究竟何在。我们对此做一下分析。关于现在的民主政治,美国总统林肯有一个很精彩的说明,"The government of the people, by the people, for the people"。他的意思是,政府为民众所有,由民众管理,也是为了民众而存在的。孙中山对林肯的这个说法非

## 第六讲　孟子的民本思想

常认同,并且把它翻译成"民有、民治、民享"。孙中山这个翻译是非常到位、非常精彩的。从 1912 年中华民国建立一直到现在,人们非常认同孙中山的这个翻译,因为孙中山的这个翻译比较准确地表达了民主政治的含义。首先是民有,政府或者国家的所有权归谁?所有权就是归民众,这个表达了主权在民的观点。其次是民治,民治就是在民主政治条件下,民众直接参与国家的治理和管理。再次是民享,这个国家和政府为何而存在,就是为了民众的利益。这就是现代民主政治的三个基本理念。1946 年《中华民国宪法》第一条规定:"中华民国基于三民主义,为民有、民治、民享之民主共和国",把这个理念贯彻到宪法里。但是,这里面有变化,林肯讲的是政府是为民有、民治、民享,到了我们这里就变成了中华民国为民有、民治、民享。孙中山所讲的"三民主义"是民族、民权、民生,在这里变成了民有、民治、民享。

我们把现在的民主理念和中国传统的民本思想做一个比较,可以看出一些差异。我们可以看到,"民有"的理念已经有了,就是我刚才已经讲的"天下人之天下","天下人"就是全体民众、全体国民,拥有天下国家的所有权,"民有"的理念已经有了。"民享"的理念也同样有了,就是荀子所讲的"天之立君,以为民也"。唯独缺乏的是"民治"的理念。

从 20 世纪初不断有学者对此发表言论,首先是梁启超,他在 20 世纪初说:"中国人很知民众政治之必要,但从没有想出一个方法叫民众自身执行政治。所谓 by people 的原则,中国不惟事实上没有出现过,简直连学说上也没有发现过。"梁启超是个大学者。现代新儒家的代表人物梁漱溟也讲:"在中国虽政治上民有民享之义,早见发挥,而二三千年卒不见民治之制度。岂止制度未立,试问谁曾设想及此? 三点(民有、民享、民治)本相联,那两点从孟子到黄梨洲可云发挥甚至,而此一点竟为数千年设想所不及,讵非怪事?"黄梨洲即明末清初的黄宗羲。梁漱溟对此看得很清楚,对"民有""民享",从孟子到黄宗羲做了很好的发挥,但是,恰恰"民治"这一点为数千年设想所不及,这不是怪事吗? 我们再来看金耀基先生的观点,金耀基是香港中文大学的教授、副校长。金耀基对中国传统的民本政治做过专门研究,他也讲过:"任何一位大儒,都几乎是民本思想的鼓吹者,'天下非一人之天下,天下人之天下',肯定了民有(of the people)的观念;'民之所好好之,民之所恶恶之'肯定了民享(for the people)的思想;……但是,中国的民本思想毕竟与民主思想不同,民本思想虽有'民有''民享'的观念,但总未走上民治(by the people)的一步。"

这样看来,从梁启超到梁漱溟再到金耀基这三代学者都看到了同样一个问题,中国传统的民本思想包括孟子的民本思想缺少了"民治"这样一个环节。缺少这个环节,这就决定了民本和民主的差异,这个差异说明了民本就是民本,它不是民主。民主就是民主,它和民本是不同的。我们都知道,从经济学来讲,所有权一定能够决定享有权。一个物品归我所有,自然而然也归我来享用,有所有权才能有享有权,天经地义。

## 第六讲 孟子的民本思想

同样的道理,所有权决定着经营权、管理权。我拥有一家企业,我自然而然地拥有对这家企业的经营权和管理权。为什么在中国古人的观念包括在孟子的观念里,已经有了"民有"的观念,也就是说民众拥有了对天下、国家的所有权,那么民众为什么不能拥有对天下、国家的经营权和管理权?这是常理讲不通的。但恰恰在这一点上,像刚才讲的,从梁启超、梁漱溟到金耀基他们都百思不得其解,中国人一直没有想到这个地方,天下国家怎么由民众来管理。实际上一直到今天也不断地有人讲,民主不适合中国。为什么?有人讲中国这么大,用民主的办法来管理群众是不行的,肯定会乱套的。实际上,民众直接参与国家的管理,它有一套相应的制度和方法来保障。从古代到今天,这套保证民众直接参与国家管理的制度和方法是不断变化、不断完善,小国有小国的办法,大国有大国的办法。只是我们看到在中国的古代,的确没有想到"民治"这一点。正因为没想到这一点,所以它只能是民本思想而不是民主思想。正是根据这点,我们对孟子的民本思想不要给予过高的评价,我们要肯定他的创新,但是我们不要认为它就是中国古代的民主思想,它没有达到这样一个高度。对此,我们一定要有个清楚的认识。

**思考题**

孟子对民本思想做出了哪些新贡献?

# 第七讲　孟子的为官之道

梁　涛

**内容提要**：君子为什么要出仕；孟子的担当精神及其选择；孟子为官原则。

孟子一生最崇拜的是孔子，他说"乃所愿则学孔子"，意思是说他最大的愿望就是向孔子来学习。我不知道大家有没有读过《孟子》这本著作，如果接触这个著作的话你们翻到最后一章，可以看到孟子在那里面有一段很长的议论文字和感慨。他说什么？我住的这个地方离孔子住的地方很近，我和孔子的时间也经历了一二百年，该是有圣人出现的时候了，可是圣人在哪里？其实他自己是向孔子学习。看他们两个人的经历也非常相似，早年在自己的家乡活动，等到思想有一定的基础，形成了自己的学说，用司马迁的话说是"道既通"，有了自己一定的思想学说，然后开始周游列国，寻找一个出仕的机会。孔子是周游列国，孟子也是一样，去过很多的国家。他们

### 第七讲 孟子的为官之道

想做什么事情？就是寻找出仕的机会，他们面临的是要不要出仕以及如何来出仕，换成今天的话说就是要不要去做官以及该怎么去做官。这个问题的确是孟子思想中非常重要的问题。为官之道是从孔子就提出的一个问题，孟子一生也去实践这样的问题。在《孟子》这本书中，有很多这样的论述。我们今天就来学习一下孟子这方面的思想，或许的确对我们有很多的启发。

## 一、君子为什么要出仕

人要不要出仕以及如何出仕，这个问题在孔子那个时代便已经面临。我们大家如果要学习孟子思想，一定离不开孔子的思想，首先对《论语》有一定的了解再来看孟子的思想，你的理解就会容易一些。我们看孔子《论语》这本书有很多要不要出仕以及如何出仕的论述。

有一次孔子的一个弟子子路和孔子一块儿去周游列国，子路和老师走散了，于是他问旁边的农夫见到夫子了没有。这个农夫对孔子不是那么尊敬，说了一句"四体不勤、五谷不分"这样的话，子路把这个话转告了孔子。孔子就说，他是个隐者，他的追求跟我们是不一样的。子路说，"不仕无义"，你不去出仕，这不符合道义。反过来说，作为一个人，就应该寻找机会去出仕，用我们今天的话说就是寻找机会去做官。人是政治的动物，人既然是政治的动物就要参加政治实践，你要参加政治实践就要掌握一定的政治权力,所以一定要去出仕,特别是你要想做一番事业,你的位置越高可能越好,也就越有可能实现你的理想。所以他说了一句话是"不仕无义",不出仕不符合道义。

后面他又说,"君子之仕也,行其义也"。这句话什么意思? 作为一个君子、有道德的人,为什么要出仕? 大家都知道贪官追求功名利禄,当然不是这样来理解。"行其义也",实现自己的理想。你是个隐者,你躲在山里头,与鸟兽相处,你可以保持人的高阶,你不同流合污,这没问题,但是你没法实现你的理想。你要改造这个社会、改变这个现实,你一定要参与到政治活动中去。所以他第二句话"君子之仕也,行其义也"说得非常好,这是孔子对做官的基本要求,就是要实现你的理想。"道之不行,已知之矣",这个社会出现问题,这些我是知道的。正是因为社会出了些问题,所以才需要我们出来改变它,实现我的理想。

我们读《论语》的这一章,对我们是很有启发的。孟子的思想基本上是顺着孔子思想往下进一步发展的。孔子对出仕有没有一些条件和具体的说明? 有。"邦有道,则仕;邦无道,则可卷而怀之。"出仕是有一定条件的,"邦"是国家,邦治理得很好,有道,这个时候你就要出仕;如果政治黑暗,坏人当道,这个时候"卷而怀之",不要再出来,跟政治保持一定的距离这是可以的。孔子还说,"道不行,乘桴浮于海"。如果这个社会政治黑暗,理想得不到实现,驾个小舟漂浮在海上也是可

## 第七讲 孟子的为官之道

以的。什么意思？还是跟政治保持一定的距离。孔子还说，"邦有道，贫且贱焉，耻也；邦无道，富且贵焉，耻也"。这个国家政治清明，治理得非常好，这个时候你又贫又贱，这个责任在你，这是你自己的责任造成的，这是值得羞耻的事情；反过来讲，如果这个国家政治黑暗，治理得非常不好，这个时候你却富且贵，这也是一件羞耻的事情。在一个政治黑暗的国家里，你却得到那么高的高位、获得那么多的财富，你是怎么得来的？这是件值得羞耻的事情。

从这个地方来讲，似乎孔子说的当一个国家政治清明的时候你做一个君子应该积极地出仕，而政治黑暗的时候、国家治理不好的时候，我们应该跟政治保持一定的距离。这里面就产生出来一个矛盾，邦无道怎么转向邦有道？这个社会黑暗，我们就不出来做事情吗？我就不出仕了，这个社会怎么由无道转向有道？这是孔子面临的一个矛盾。他一方面说政治清明的时候我们才出来做官，可是另一方面他觉得一个出仕的目的就是实现自己的理想，就是把政治不那么好的社会改变成相对好的社会。我们读《论语》中有很多这样的体会。孔子周游列国寻找着出仕的机会，寻找施展政治抱负的机会，而这样的机会很少，没有人找他。但是有时候有一个人找他了，给他提供这样的机会，但是这个人是个乱臣贼子，并不是一个品德多么好的人。这个时候到底接不接受这个邀请？要不要在这个时候出仕？孔子非常矛盾。有时候他甚至产生了动摇，觉得应该寻找这样的机会，有了这样的机会，才能去做一番事业。当他接受这个邀请的时候,他的弟子又批评他,老师,你教导我们应该如何如何,他是这样的一个人,你为什么要跟他去合作?所以,孔子最后放弃了这样的机会。他制定了一个很高的标准,邦有道可以出仕,邦无道不出仕。但是,怎么样从邦无道转变成邦有道,这个转变不正是需要一个君子去积极努力的吗?孔子一生中非常矛盾,这种情况在孟子的思想中也同样是存在的。

《论语》中还有一段记载,孔子有一次带着弟子周游列国,到了一个渡口的地方,两个农夫在那里耕田。他们问孔子的弟子子路,那个坐在车上的人是谁,子路说那是我们的老师孔丘。又问,你是谁?我是孔子的弟子,我叫仲由(子路)。两个农夫评论,"滔滔者,天下皆是也,而谁以易之?"坏人像河水一样,到处都是,谁能改变这种现状?"且而与其从辟人之士也,岂若从辟世之士哉?"他对子路说,你老师是什么样的人?"辟人之士",躲避坏人的人,你的老师到了一个国家一看当政者是个很坏的人,于是决定不能跟他合作,离开这个国家,到另外一个国家去。到了另一个国家,一看当政者还是很坏,于是又离开这个国家,再次寻找机会。你与其跟着你老师这样的辟人之士还不如跟着辟世之士,干脆对这个世界不抱希望了。因为坏人像河水一样,哪里都有。与其逃避一两个人,还不如逃避整个世界呢。这是两个农夫对子路的一番话。子路把这些话告诉了孔子,孔子说,"鸟兽不可与同群!"我们人就是跟人相处,生活在这个社会之中,就是要跟人打交道,我们人不

第七讲 孟子的为官之道

可能最后跟一个鸟兽、禽兽生活在一起。"天下有道,丘不与易也。"我知道天下无道,正因为天下无道我们这些人才应该出来改变这个社会,如果天下有道,我们也不出来。这段话最好地反映出了孔子那种复杂的心理,一方面他是辟人之士,看到坏人不能跟他合作,同时另一方面又想通过自己的出仕改变这个社会现状。

## 二、孟子的选择

孟子和孔子生活的时代还不太一样,孔子生活在春秋末年,孟子生活在战国中期,孟子的机遇要比孔子好得多,为什么这么说?那个时代各个国家都招贤,士这个阶层非常活跃。我们看孔子的为官之道,首先要了解士人这个阶层。因为当时不是所有人都要去出仕、都要去当官的,当官的主要指士人的阶层。西周以来分成几个等级,最高的是天子,下面是诸侯,然后是大夫,最低的就是士,士是贵族最低的那个阶层。但是,他又处在庶民之上。到战国社会,阶层流动,有些上层的贵族地位衰落,就成士了。一些下层的庶民有了学识,地位上升了,也可以成为士,所以士这个阶层变得很活跃,人也很多。凡是具有一定的知识、文化、技能,在这个社会上产生一定影响的人,都可以称之为"士"。士这个阶层政治地位虽然比较低,但是在当时是最为活跃、最有影响的阶层。士人这个阶层就是要寻找机会去出仕、去做官,否则他的价值无法得到实现。在战国时期,各个诸侯国为了争霸的需要,纷纷设馆招揽人才,形成一种风气,诸侯在这个竞争中要立于不败之地。正如今天很多企业在讲"人才是关键",在古代也是一样的。战国七雄争霸,什么是关键?人才是关键。所以当时礼贤下士,招揽人才,这就给士人出仕提供了机会。其中一个最有名的就是齐国,它的都城在临淄。它办有稷下学宫,它招揽人才的力度是最大的。中国古代有个"百家争鸣",百家争鸣就发生在齐国的稷下学宫。我们要知道,当时士的地位虽然提高了,但是士这个阶层变得非常复杂,士有不同的士、各种各样的士。在当时最有影响或者最吃香的是纵横之士或者我们讲的纵横家。什么是纵横家?学过历史的人应该知道,纵横就是合纵连横的一个简称,类似于我们今天说的外交。当时战国的形势是什么?两个强国,一个是齐国,一个是秦国,这两个国家是最强的,一东一西,中原地区那些小的国家都变成弱国了,军事、经济力量没法和它们抵抗。采取什么办法?无非是两种选择,一种是弱的国家联合起来抵抗强国,这是合纵。连横是弱的国家投靠或者依附于一个强国攻打弱国,通过这样一个政治策略达到兼并土地的目的。当时各个国家都实行合纵连横的政策,纵横家成了炙手可热的人物,当时他们的地位最高,最有影响。在《孟子》书中也提到了这些人,孟子的选择跟他们是不一样的,跟纵横家进行对比才能理解孟子的人格风范,理解孟子的为官之道。

纵横家当然很多了,张仪、苏秦、公孙衍,这都是当时纵横

## 第七讲　孟子的为官之道

家的代表。苏秦早年跟着他的老师鬼谷子学习,出游数载,一无所成。他回到家里以后,"妻不下纴,嫂不为炊,父母不与言",出游数载,一无所成,回到家里妻子不搭理他,嫂子不做饭,父母懒得跟他说话。苏秦感慨地说:"妻不以我为夫,嫂不以我为叔,父母不以我为子,是皆秦之罪也!"妻子不认我为丈夫,嫂子不让我做小叔子了,父母也不把我当儿子看了,这都是我的过错,我没有建功立业,我没有为他们带来荣誉,也没有光宗耀祖。于是闭室不出,出其书遍观之,闭门苦读。他读太公(姜太公)《阴符》,每逢困乏欲睡,便用锥自刺其股。这是成语"悬梁刺股"中之"刺股"的由来。经过两年时间写成两部书,一部为《揣》,一部为《摩》,揣摩什么？揣摩君主的心思。你做纵横家、外交家,就要揣摩君主有什么想法,迎合他的想法你才能立于不败之地。经过这一番苦读,写了两本著作以后,思想成熟,于是他劝说六国国君联合攻打秦国,实际上就是合纵,他一开始说得滔滔不绝,天花乱坠。这六个国家除了楚国以外的五个国家都被他说动了,"身佩五国相印",五个国家聘他为丞相,托付给他重任,当时多么威风。靠什么？就靠他的合纵之术。

　　了解了这个背景,回头我们再来读《孟子》就容易理解。在《孟子》中有这样一章,有一个叫景春的人对孟子说:"公孙衍、张仪岂不诚大丈夫哉？一怒而诸侯惧,安居而天下熄。"公孙衍、张仪是谁？是纵横家,苏秦那样的人,是当时的大腕儿,那太牛了。当时的大腕儿是纵横家他们这些人。为什么？因为他们一发怒,诸侯都害怕。他们安定下来,天下就安定了。实际上,他们的喜怒影响着天下的形势。孟子说:"是焉得为大丈夫乎?"这些人怎么是大丈夫呢?"子未学礼乎?"你没有学习礼吗?古代男孩子成年的时候要行冠礼,父亲给修发。女子嫁到婆家后,一定要"必敬必戒,无违夫子",你的行为要谨慎,不要违背了丈夫的意志。"以顺为正者,妾妇之道也"。你顺从别人的意志,这是做小媳妇的做法,怎么能是大丈夫呢?

什么是真正的大丈夫?"居天下之广居",住在天下最大的屋子内,这个指的什么?指的是人格。"立天下之正位",处在天下最正直的位置上,这指的是"义";"行天下之大道。得志,与民由之;不得志,独行其道。富贵不能淫,贫贱不能移,威武不能屈,此之谓大丈夫。"公孙衍、张仪算什么大丈夫,他们看着别人的眼色行事。苏秦写的书为《揣》和《摩》,揣测主子的意思,这怎么算大丈夫?真正的大丈夫是什么?富贵不能骄淫,贫贱不能改变自己的意志,威武也不能屈服,这才是真正的大丈夫。所以,孟子认为一个人的出仕首先要有大丈夫的精神,而不能一味地去迎合别人的意思。

大丈夫的精神在中国产生了很大的影响,包括孟子讲的"浩然之气""其为气也,至大至刚""吾善养吾浩然之气"。这都是孟子对中华民族伟大的贡献。孟子和孔子一样,也是主张君子是要出仕的。

《孟子》记载了孟子和周霄的一段对话,周霄是一个魏国

## 第七讲 孟子的为官之道

人,周霄问:"古之君子仕乎?"古代的君子要不要出仕? 孟子回答得很肯定,"仕。《传》曰:'孔子三月无君,则皇皇如也,出疆必载质。'"孔子如果三个月没官做了,就急不可耐,在这个地方没官做,就到别的地方寻找机会。"质"是见面的礼物,要寻找别的出仕机会,见到新的君主要给他送个礼物,表示我有意在你这里寻找发展的机会。"公明仪(曾子的弟子)曰:'古之人三月无君,则吊。'"古代的人如果三个月没官做了("三月"不一定是三个月,有可能是数月),就要去慰问他。相当于今天的失业,他失业了,就去慰问他。

周霄问:"三月无君则吊,不以急乎?"三个月没官做,你就要去慰问他,这个是不是也太急了? 孟子说,"士之失位也,犹诸侯之失国家也"。士人没官做了,就好像诸侯失去了自己的国家一样,不得不急。但是孟子说做官的目的是什么,这个要搞清楚。

周霄问:"出疆必载质,何也?"三个月没官做了,就带着礼物到别的国家去,这是为什么? 孟子曰:"士之仕也,犹农夫之耕也;农夫岂为出疆舍其耒耜哉?"士人要做官,就好像农夫要耕田一样,只不过分工不同。作为农夫,你的职业就是要耕田;作为一个士人,你的职业就是要做官。农夫出门一定要带着他的农具,士人出门也要带着你见君主的礼物,来表示你愿意在他之下服务。孟子这么一讲,周霄就更不理解了。他说,你们这些君子、这些士人这么急于去做官,可是我们国家(晋国,实际上指的就是魏国,韩、赵、魏),也给士人提供了很多做官的机会,你又这么迫切地要去做官,"君子之难仕,何也?"可是君子出去找一个官位做这么困难,这是为什么呢?这就把问题的核心都点出来了。你们这么急着去做官,也有这么多的机会提供给你们,但是你们却久久找不到自己合适的位置,到底为什么?

孟子善于用比喻,没有马上正面回答问题,而是打了个比喻。生了男孩子,年龄大了给他找个媳妇儿;生了女孩子,一定要给她找个婆家。父母之心,人皆有之,每个父母都有这样的心理。尽管父母希望自己的孩子有个好的归宿,但是你不等父母之命、媒妁之言,"钻穴隙相窥,逾墙相从,则父母国人皆贱之"。父母还没有答应给你找对象,媒人还没有给你说合,你迫不及待,晚上翻过墙头私自约会,这个时候父母、国人都瞧不起你。古代跟我们现在不一样,现在这样好像是正常的,但古代不行,特别是山东这个地方。孟子把话头一转,转到他的问题上,"古之人未尝不欲仕也,又恶不由其道"。我们并不是不想去做官,去做官有一定的原则,不是随便去做官,不要助纣为虐。"不由其道而往者,与钻穴隙之类也"。如果没有一个正确的原则和方法,什么官你都去当、去做,那就跟男女扒门缝、翻墙头没什么差别,你做这样的官会被别人瞧不起。

我们讲孟子的为官之道,最核心的是什么?一方面君子要出仕,找到这个机会去做官,而且是很急切地去做官。另一方面是什么?做官要有一定的原则,不是随便一个官都要去

## 第七讲 孟子的为官之道

做的。这个恰恰跟纵横家是不一样的。纵横家是没什么原则的,做官的目的是光宗耀祖,谁给我厚禄我就给谁干,谁给我的钱多我就给谁卖命,孟子不是这样的,他是个有理想的人。人需要出仕、需要为官,但是为官的目的是要实现你的理想。如果你的理想都放弃,去做这种官还不如不做。在孟子看来,你要出仕是什么条件?一定是你的主张、你的这种学说、你的这种建议、你的这种言论能被君主所接受,可以得到实现你理想的机会。这个时候你要积极地去出仕。否则,就像犬马一样被别人使唤。我给你点吃的,你就给我来卖命。这个是孟子坚决反对的。

  孟子的思想体现着一种理想主义的精神,理想和现实往往是碰壁的,孔子也好、孟子也好,在现实中都是碰壁的。但是,人又不能没有理想。所以几千年来我们中华民族最推崇的、最有理想的两个人是孔子和孟子,我们中华民族中谁推崇苏秦、谁推崇公孙衍、谁推崇张仪?没人推崇他们。理想就是这样的,理想在现实中是难以实现的,但是人们离不开这个东西。

  孔子、孟子所代表的这种士,是一个特殊的阶层,和一般的纵横家不一样。这个"士"更像今天所说的知识分子,知识分子一词是从西方翻译过来的。我们今天说的"知识分子"把它泛化了。什么是知识分子?只要有一定的知识,上过大学那就是知识分子,这是我们今天的理解。但是在西方这不叫知识分子,知识分子指的是什么?他具有一定的专业知识,比如他懂物理、化学或者某一个专业的知识之外,还必须深切地关怀着国家、社会以及世界上一切有关公共利害的事,有一个家国的情怀。这种关怀又必须超越于个人的私利之上,这才是真正的知识分子,有一种担当、有一种关怀,不光是关注个人的利害得失,得关注这个民族、国家未来的发展。所以有人说,知识分子是有一种宗教的承担精神。

在中国历史上,可以被称为知识分子的当然是中国的士阶层,而士的阶层中最能体现出知识分子精神的当然是孔子和孟子,是"至圣"和"亚圣"。这种精神在今天的中国知识分子身上依然体现着,这就是孔子、孟子对我们的影响。他的专业可能是物理、化学,但是他对国家有着一种很深的关切,真正的知识分子在这方面体现得非常强烈。

这是我们前面讲的孟子要不要出仕,要不要为官的问题,以及怎么样出仕的问题。下面我们就要讲为官的具体原则。

## 三、为官之原则

### (一)从道不从君

孟子是个理想主义者,他出仕是要实现自己的理想,不是简单地听命于君,所以在君主之上还有更高的——道,道就是他的理想。他服从最高的理想而不是简单地服从君主,君主讲得对,可以听;君主讲得不对,违背那个道,就要规劝他,试图来改变他。怎么来改变?当然最好的办法就是谏言。在

## 第七讲 孟子的为官之道

《孟子》中这样的记载很多,其中有一个孟子跟蚔鼃的对话。孟子说,本来你在一个地方做官,你不干了,你请求做士师(治狱官),治狱官经常有机会接触齐王。他说,我觉得你这样挺不错的,你可以有机会接触齐王,他做得不对的话你可以给他提建议。你做这个官几个月了,为什么还没有向你的君主进谏?他这么说,蚔鼃就听了他的建议,向齐王进谏,可是齐王听不进去。如果向君主进谏,按古人的理念,君主要是不接受你的建议,这个时候你就辞官而去,于是蚔鼃辞官而去。蚔鼃在齐国影响挺不错的,很多人为他打抱不平,说孟子你不是害人家吗?你劝人家向齐王进谏,你怎么不去进谏?这么好的一个人被打入冷宫,辞官而去,你也不为别人考虑考虑?孟子怎么说?他说,关键是你有没有这个官位,如果你有这个官位,你居在官位之上,你的职责当然是向君主进谏。可是我没有这个官位。我考证这段对话,是孟子第一次到齐国的时候,没有受到齐王的重用。他说,我没有这个官位,就没有这个责任向齐王去进谏。"岂不绰绰然有余裕哉",当时孟子认为,我自己并没有官职在身,我一个没有官职在身的人,我向君主进什么言?那我的进退去留,岂不是有非常宽松而自由的回旋余地吗?

当时孟子还没有居官,他劝他有官职的朋友进谏。当他有了官职以后有没有进谏?太多了。孟子到齐国来过三次,第一次来的时候他的影响还不大,还没有受到重用,等他第二次到齐国的时候,影响就很大了。宣王待之以重任,封为上卿,给他高官厚禄,孟子有很多的谏言。比如当初齐国要去打燕国,燕国的国王叫哙,当时各个国家竞争很激烈,他想着怎么把燕国搞得强大,他自己的能力不行,想找一个比自己能干的人,想把这个国家让给他。他说有一个叫子之的人能力比他强,他要让贤,实行政治改革。古代也有这种禅让的方式,尧舜都是禅让的。但是到了燕王哙的时候,中国实行世袭制已经几百年,燕王哙尽管是好心搞一次政治改革,不实行世袭,采取禅让的做法,把王位传给有才能有才干的人。但是,政治改革都是有风险的,他们这样一改,就出现了问题。第一,太子不干。这个王位本来是我的,我要继承王位,你突然给了外人,我不干。大将军也不干,反对这个改革。因为你一改,他可能要用别的人,我就要靠边站。于是太子和将军联合起来发动了一场动乱攻打子之,政治改革没改好,内部先乱起来。这个时候,齐国要趁机出兵把燕国给灭了。当时齐宣王征求孟子的意见问要不要出兵打燕国,它内部先乱起来了,对我来说这是个好机会,我要出兵的话,很快能把它打下来。孟子说,如果你出兵,燕国的老百姓欢迎你,你就出兵;如果燕国的老百姓反对你,你就不要出兵。因为孟子主张的是民本思想。齐宣王一听很高兴,他觉得孟子实际上是同意我去打。把燕国打下来之后,没有接受孟子的建议及时地收手,选一个新的君主安抚燕国的老百姓,相反烧杀掳掠,残害燕国的老百姓,引起了燕国百姓的反抗,加之诸侯国出兵救燕国,把齐国打败了。

### 第七讲　孟子的为官之道

在这个过程中,孟子多次对齐宣王提出批评,其中有一次"王顾左右而言他"。孟子对他一次次提醒,一次次逼问,但是齐宣王"顾左右而言他"。《孟子》书中有很多他向君主进谏的记载,特别是他向齐宣王进谏特别多。

中国古代是君主制,很早君主制就确立下来了,君主的好坏往往影响着政治的走向。君主英明,国家能治理得好;君主糟糕,老百姓就跟着遭殃。孟子认为,改变君主,能够让君主成为一个好人这点很重要。怎么能让君主变成一个好人?他的想法是,就要在君主的旁边有很多的好人跟他相处,如果君主的身边都是些好人,这个君主慢慢就受他们的影响而发生变化;相反,君主的旁边都是些坏人,是奸佞之徒,君主自然变坏了。他到宋国的时候,他跟宋大夫戴不胜说,如果你想你的君主变成好人,我告诉你就一个办法,多在他身边安置一些好人,专门去影响他,否则达不到这样的目的。"唯大人为能格君心之非。君仁,莫不仁;君义,莫不义;君正,莫不正。一正君而国定矣。"中国的君主制,君主的影响太大了。君的品质、能力和治国理念直接影响到国家的发展,如果那个君仁,天下人莫不仁;君义,天下人莫不义;君正,天下人莫不正。但是这个君是好是坏是偶然的。怎么办?孟子认为,作为一个士人,最高的成就是能影响君主,"能格君心之非","格"是正的意思,正君心之非,只有这种大人才能格君心之非,改变君主错误的思想和错误的理念。这个大人指的是什么?也很复杂。我仔细地研读了《孟子》,觉得这里的"大人"指有德有位的人,他们的品质很高,在这个社会上有一定的影响,政治生活中发挥重要的作用,君主对他有一定的尊敬。只有这样的人,你才能去改变君主的想法,"格君心之非"最后的目的是什么?"一正君而国定矣"。你把君主改正过来了,这个国家就有希望了。

孟子到后期的时候,他似乎也具备了这样的条件,他当时的影响很大。他周游诸侯国的时候,后面跟着几十辆车子,跟从他的弟子几百人,浩浩荡荡,影响很大。他的境遇跟孔子不可同日而语。他对君主有很多激烈的批评,他使用这样的方法来"格君心之非"。他三见齐宣王不言事,他几次碰到齐宣王先不跟他说话。他的弟子就不理解了说,老师,你见到齐王为什么不跟他讨论政事?孟子说,"吾先攻其邪心",我看君主想法不对,他的思想有问题,我先把这个邪心给他改变过来。孟子认为最高的理念是"格君心之非",这是改变最高的目的。

孟子这种批判的精神其实也受到子思的影响。子思是孔子的孙子,姓孔,名伋。孔子的这个孙子很了不得,在历史上是很有影响的。我们今天读《大学》《中庸》《论语》《孟子》,《中庸》是谁写的? 就是子思所作。我们最近几年在湖北荆门郭店村挖出了一些竹简,其中就有子思的言论。其中有一篇是鲁穆公问子思"何为忠臣"。怎么样才算是一个忠臣呢? 子思怎么说?"恒称其君之恶者,可谓忠臣矣",不断地揭露君主过错的,这样的人才可以称得上是忠臣。"寡人惑焉,而未之得也",我就不明白了,这样的人怎么是忠臣呢? 我不理解。

## 第七讲 孟子的为官之道

他身边有个人叫成孙弋说,"善哉言乎",子思说的这话太好了。"夫为其君之故杀其身者,尝有之矣;恒称其君之恶,未之有也。"为君主卖命,献出自己生命的,这种人太多了。为什么?因为君主给了你俸禄,你就要给他卖命。可是,不断地揭露君主过错的人太少了,根本就不存在。为了君主卖命献出生命的,是为了俸禄。不断地揭露君主过错的,这样的人"远爵禄",这样的人不是为了物质利益,为什么?"为义而远禄爵,非子思,吾恶闻之矣。"他是为了义。"义"是道义、理想。为了这种理想,抛弃这种高官厚禄,这样的人除了子思,不可能有别人。所以,子思也很了不起,很有批判的精神。孟子的思想从哪里来的?孟子说他的愿望是向孔子学习,但是他跟孔子相距一百多年,根本就没见过孔子,他向谁学习?他其实就是从子思这儿学的。但是,他也没见过子思,他学于子思的门人,他是子思的再传弟子。孟子的批判精神受子思的影响。

我们今天讨论孟子为官之道,我们要了解在孟子那个特殊的时代,我们讲那是历史上相对开放的时代,大一统的帝国还没有形成,各个国家处于相互竞争的阶段。在这种情况下,各个君主礼贤下士、招揽人才;另一方面,他们也愿意接受批评,有接受臣下对自己建议的胸怀和雅量。那个时代,是中国知识分子的黄金时代。孟子为什么有这样的思想?和那个时代有关系。秦汉大一统格局形成以后,主要讲的是君为臣纲,臣要无条件地服从于君主。在古代的时候,还是继承一些儒家孔孟的教诲,在君主的旁边需要立一个谏官,君主做错了,你要提醒他,这是一个传统的延续。我们今天应该营造这样一个可以接受批评的轻松民主的氛围。

(二) 以民为本

"士"这个身份比较特殊,他实际上面对着两个阶层,一个是君,一个是民,他正好居中间。对君而言,士人出仕做官了,他们是君臣关系。在孟子那个时代,他认为做官还要有一种抱负、一种理想,不能仅仅是一种臣,他还要把自己看成是一个师,还负有教导、引导君主的责任。他既是臣,又是师。孟子有句话说,"以位,则子君也,我,臣也……以德,则子事我者也"。就是说,从官职来看你是君主,我是臣子,这个没有什么问题。但是要从德行来讲,我是师,你是弟子,我有这个责任来教化你。他有这样的想法。当时的君主也容忍孟子有这样的想法。

士人和民是什么关系?如果这个士人一旦出仕做官,他就是父母官,他是民之父母,他统治、引领百姓。但是另一方面,他认为他又要做百姓的代言人,也就是说,你面对君主和百姓两个阶层要站在谁的立场上去讲话。你是站在君主的立场上讲话还是站在百姓的立场上讲话?孟子认为,他应该站到百姓的立场上去讲话。孟子不反对设立君主,设立君主反而有它的合理性,人不应该生活在一个无政府的社会,有社会组织必将有君主,他不反对有君主。但是他认为,君和民之间产生矛盾,他要站在百姓这边讲话。这就是孟子所讲的"民为

## 第七讲 孟子的为官之道

贵,社稷次之,君为轻"。"贵"是贵重、重要的意思。老百姓是最为贵重、最为重要的,这是价值。其次是国家,再其次是君主,君主是不重要的,因为君主可以换。社稷也是,这个地方不行再换个地方。但是老百姓换不了,国家的主体就是老百姓,就是民。他是从这个角度来讲的。

孟子之后另外一个大儒荀子也说过,"天之生民,非为君也;天之立君,以为民也"。古人认为上天不是为了让君主来统治宰割的,天立一个君主是为老百姓服务的。是什么意思?以民为本,民是根本。要君是干什么的?要君是为民来服务的。孟子说做官的原则要以民为本,站在老百姓的立场来讲话。

《孟子》中记载了这么一个故事,"邹与鲁哄",邹就是我们现在所在的地方,古代叫邹国。邹国和鲁国发生了一场小规模的战争。这个我考证过,这是在孟子四十多岁的时候发生的事。邹国和鲁国打过一场仗,谁打输了?邹国没打过鲁国,当官的死了三十三人,更可气的是,邹国的老百姓在旁边看热闹,不帮当官的打仗。当时邹国的国君叫穆公。于是,穆公把孟子找来,很生气地说,气死我了,我们好不容易打一仗,还打败了,老百姓在旁边不卖力,还看热闹,瞎起哄,长官被打死了,他们也不去救助。你说我惩罚他们吧?法不责众,这么多人,难道都把他们法办了?不行。可是不惩罚他们吧,我咽不下这口恶气,哪有这样当老百姓的?打仗也不卖力。孟子怎么回答?他说,报应、活该。孟子为什么这样说?是因为你们邹国这些当官的太差劲了,凶年饥岁,收成不好的时候,你们有责任把这个灾情汇报给国君,然后让国君开仓放粮救济百姓,但是没有人这样做,好大喜功,跟没事似的,你说这里没有灾情,这里都好着呢。这一下老百姓吃苦了。于是,"老弱转乎沟壑",老弱走不了几天就死在路上了;"壮者散而之四方者,几千人矣",青壮年跑到别的国家,几千人都跑掉了。你们邹国是不是没有粮食?不是的,粮食很多,仓库里粮食很满,府库的钱也很多。当初你这么对待你的老百姓,现在打仗了,你让老百姓给你卖力,那可能吗?那是不可能的。所以说,你也不要去责怪老百姓,改变这种局面的方法就是行仁政,给老百姓切切实实办点儿好事情。通过行仁政,改变你们感情的关系。当官的给老百姓干点儿实事,实行仁政,老百姓自然就爱护你们这些当官的了,愿意为你们去卖命。

孟子在这个事情上,显然站在老百姓的角度上讲话。表面上看,邹国打仗,老百姓不卖力,看起来很不合理,这种做法好像很不对。但是,孟子发现了根本点还是出在当官的身上。要改变这种状况,就实行仁政。这样干群关系得到改善,下次再打仗看看,老百姓不卖力那是绝对不会的。

在《孟子》这本书中,讲了很多如何给老百姓办实事,实行仁政的主张和论述,非常之多。比如说最有名的是"五亩之宅,树之以桑",老百姓每家给五亩田地盖房子,居有所安。用五亩之地盖上房子,旁边种上桑树,老百姓就可以穿上绸缎的衣服,在古代那是很高的享受。给每家百亩之田,使耕者有其

## 第七讲 孟子的为官之道

田。"鸡豚狗彘之畜,无失其时",让老百姓养一些鸡狗、猪牛。"七十者可以食肉矣",年长者就可以吃上肉,古代是农业社会,肉比较少。孟子还提出井田制,也是解决老百姓吃饭的问题。农民的个人能力不一样,有的能力强,他的收成越来越多,有的人遭受天灾人祸,一遇到问题就卖房卖地。要解决这个问题,他提出了井田制。每家有私田,又共耕公田,公田的作用是什么?谁家有困难就接济谁。

孟子对百姓的疾苦非常关注,讲仁政,讲民本。民本是什么?民本就是"民为贵",民是国家的根本。怎么来实现仁政?对老百姓切切实实地办一些好事情。《孟子》大部分内容是讲这方面的问题。

### (三) 义利之辨

义利之辨是孟子思想中非常重要的内容,也是他为官之道的一个重要原则。什么是义,什么是利,把义和利要做个区分。"利"一般人理解为物质的利,"义"可以理解为公正、正义,它是一种价值原则。那就是说,物质利益和公平正义之间怎么做一个区分,怎么处理它们之间的关系。

关于这个问题,不管孔子还是孟子,他们的基本主张是这样的:政治活动首先追求的是义而不是利,这跟我们今天是不一样的。我们今天可能把物质利益看得比较重,哪个领导、哪个地方不是追求 GDP?孟子的时候不是这样的,首先要追求义而不是利。但是,他认为这个义最终又落实到利上去。所以，他也不否认这个利，关键是在什么意义上去追求这个利。这是传统思想中最为重要的地方，不能抽象地谈义，义最后要落实到利之中去，这是儒家义利之辨中最核心的一点。

大家如果看过《孟子》这本书，"孟子见梁惠王"这一章，讨论的就是义利之辨的问题。王曰："叟！不远千里而来，亦将有以利吾国乎？"梁惠王说，老先生，你不远千里来到我们国家，你给我们国家带来什么利益？孟子对曰："王！何必曰利？亦有仁义而已矣。"大王，你别跟我谈这个利好不好。大家过去认为孟子是重义轻利者，只讲义不讲利，往往说儒家的"重义轻利"就是从这儿来的。但是这个理解不准确，孟子为什么说你何必谈利呢，谈谈仁义好不好。他下面一段话说，如果每个人都想的是利，比如说大夫说，我怎么得利，他一定想的是把他上面的人干掉；老百姓说，怎么给我多来点儿利，他一定想的是把他上面的人干掉。这是孟子那个时代的写照。他说："万乘之国，弑其君者，必千乘之家；千乘之国，弑其君者，必百乘之家。"孟子那个时代，诸侯国互相残杀。杀掉万乘之国国君的一定是他下面的大夫，杀掉大夫的，一定是他下面的士，就是这样的。为什么？因为这个时代没有一个规则了，规则完全被破坏掉了。在这个规则被破坏掉的时候，每个人都追求利益，当然是损人而利己，甚至是害人而利己。所以孟子说，"苟为后义而先利"，如果你把义放在后边去，没有这个义了，只讲利的话，"不夺不餍"，一定会把对方全部夺走占为己有你才能满足。"餍"是满足的意思。孟子说，我们的时代就

## 第七讲 孟子的为官之道

是这样,今天你杀我,明天我掠杀你,没有这个原则了,这个原则是什么? 就是义。在混乱的时候,你还继续追求利,只能是进一步使这个社会恶化下去。

孟子的义利之辨的第一个内涵是,我们不能在一个没有道德原则、没有法律秩序、没有公平公正的环境中去说利。如果要在这样的环境中,人们一味地要追求利,那是什么结果? 那只能是诸侯取代天子,大夫想着杀了诸侯,士想篡夺大夫。孟子的义利之辨首先是针对这种社会情况提出来的,在这种无序混乱的社会中,我们首先想到的不应该是追求利,而是应该建立秩序、正义、法则,建立人与人之间的良善关系。没有这个法则、没有这个秩序,怎么去追求利? 那样追求利的话,那就是坑蒙拐骗,假货充斥这个社会。孟子的思想对我们还是有启发的。

孟子面临着如何重建社会秩序,如何重建有道德社会的问题,这就涉及孟子义利之辨的第二个层面——以义为利。当时那个时代,诸侯间纷纷征战,大家都看到这样的情况是不行的,必须结束这样诸侯混战的局面。老百姓这样生活太痛苦了,常年征兵,国家间打来打去,这样显然是不能长久的。孟子认为国家要统一,统一了,这个社会就安定了。怎么统一? 统一实际上就是建立秩序的问题。当然孟子认为要通过仁义的方法建立这个秩序,通过仁义的方法统一这个社会。从这一点来讲,孟子又认为,义和利是必须有关系的,所以他讲以义得利,义要落实到利益上去。《孔丛子》有一段很有意思的对话,我把它放到这个地方了,它记载的是子思跟孟子之间的一段对话,我前面说了,孟子是没见过子思的,这段话显然是后人的编造。我们先不管它,这个内容还是挺有意思的。孟子向子思请教,"牧民何先","牧民"就是治民,治民首先解决什么事情?子思回答说:"先利之。"孟子跟梁惠王说,先不要谈利,先说义,这里说的是"先利之"。孟子反倒不理解了,你当年不是教导我们说要讲仁义吗?怎么现在你跟我谈起利来了?子思说,谈仁义最后还是要落到利益上。我们说谈仁义,《孟子》里就是谈仁政,谈仁政就是给老百姓带来利益、带来好处,所以义和利是分不开的。利者,义之和也。义和利是可以连在一起的。"利用安身,以崇德也。"你谈义,最后还是要落到物质利益上。这番话,我估计是孟子的弟子编造出来的,却反映了儒家特别是早期的儒家对利和义关系的思考。

在《孟子》第一章,他跟梁惠王的对话中,当时梁惠王说"何以利吾国",这个利指的是怎么把其他的国家侵占掉,开疆拓土。所以孟子反对,现在国家已经这么混乱了,你攻我,我攻你,这本身是不可取的,何必曰利。

在前段的文字中,这个"利"指的是民众的物质利益,所以子思说先利,给老百姓带来利益。孔子也好、孟子也好,他们认为执政者本来就是要为老百姓谋取利益的,否则要你们干吗?为官之道,一定要给老百姓带来实际的利益,带来好处。执政者如果奉行"仁",遵守"义",老百姓安居乐业、各得其所,"此皆利之大者也"。执政者如果放弃了仁,违背了义,百

## 第七讲 孟子的为官之道

姓的生活得不到保障,流离失所,甚至是铤而走险,那是最大的不利。义和利实际上也是统一的,或者说应该是统一的。"义"指的是道义原则或者是公正、正义,这个"利"是指社会的一种整体利益,不是个人的利益,尤其是指的百姓、民众的物质利益,这里讲的是义和利的统一。

具体到孟子的为官之道,你的职责是什么?给这个社会建立一种正常的秩序,为官者就是要维护这个秩序,这是你为官者的第一个责任,没有这个秩序,大家纷纷逐利,这个社会就乱成一团了,社会就要出现问题了,这是不可取的。

第二点,你还要为老百姓带来实际的利益,带来实际的好处,这是你的职责所在。这两个方面实际上是统一在一起的。这样的一种思想,其实也不仅仅是孔子、孟子他们个人的发明,仔细来看一下,这个思想在中国古代源远流长,已经有这么一个传统。翻开《左传》《国语》等一些古籍就可以发现,古代先哲关于义和利有非常精辟的论述,对大家都有启示。所以我也有一些文字放在这里,供大家参考。比如他讲"德、义,利之本也"。我们当然要追求这个利,没问题,人都离不开利,但是什么是利?利的背后有一个支配它的原则,有更高的东西,如果没有更高的东西,就会出现问题了。古人认为,一个是德,一个是义。这个"义"大家理解为正义、秩序都可以。又比如说,他说"礼以行义,义以生利"。有义才能产生出利,这点很重要。"利以平民","平民"就是治民,你给他利,你才能治理百姓,"政之大节也",这才是政治非常关键的地方。所以讲为官之道,你当然要懂得这个东西,义生利,这个社会要有秩序、法则和规则。有了这个法则、规则,才能产生出利,有了这个利,才能很好地治理百姓,这是政治的关键。又比如说,"义以建利",通过这个义才能产生出这个利,获得这个利。义和利联系在一起,有了义,才能得出这个利。"言义必及利",不要空谈仁义,这没什么意义,言义一定要落实到利,这个对大家是有启发的。"义以生利,利以丰民",由义产生出利,由利丰富百姓的生活。"义以导利,利以阜姓。"用义引导利,"姓"指的是百姓,"阜"指的是丰富。"利而不义,其利淫矣。"如果只讲利,不考虑义的话,那这个利也是不好的利。"淫"指过度。"夫义者利之足也……废义则利不立。"有了这个义,利才得到落实,如果把这个义废弃掉,利就不称其为利。从这些言论我们看到,一方面强调"言义必及利",反对脱离了利,去空谈抽象的义,只是道德说教还是不可取,中国历史确实向这方面去发展。我们看孔孟的时代还不是这个样子。"言义必及利",谈道义、谈高调,不落实到给老百姓带来实际的利益,那是没用的,那是虚假的。另一方面,他又主张"义以导利",主张以义引导利,这里当然包括执政的利。

《大学》里有一些非常有名的话说,"国不以利为利,以义为利也",一个国家不应该为追求利益而追求利益,这样的国家不可能长久;以义为利也,把义看作真正的利。这个"义"是什么? 当然是指的制度、法令、规则,这个才是他最大的利益。制度、法令和规则建立不起来的话,这个国家不可能长久,那

## 第七讲 孟子的为官之道

不是真正的利,那是暴发户。像很多的国家特别是像大的帝国,凭着这种武力掠夺很快土崩瓦解而不存在。为什么?没有解决好"义"的问题。把"义"的法律、规则、秩序解决好了,这个国家才能长久,这是最大的利益。

孟子也好,孔子也好,包括其他的古代先哲也好,都是强调执政者不应该垄断、独占天下的利益,要与百姓、民众共同分享这个利益,尤其强调"义"的重要性,这个"义"主要指的一种公正、正义。在孟子他们看来,符合民众利益的,实际上就是公正、正义的。

孟子的义利之辨,前面只讲了两个方面,实际上还有第三个方面。第三个方面实际上讲的是利益如何分配。尤其是君主和百姓怎么来分配,是不是一视平等,君主的利益和老百姓的利益应该是一样的?孟子认为不应该是这样的,君主是统治者,他的利益应该分得多一点儿。这个我不想多讲。这里有孟子和其他君主的对话。君主盖了一个很大的花园和猎场,他跟孟子说,别人批评我,说我太贪得个人之利,孟子说其实也没什么关系,你是君主嘛,有一个花园、有一个猎场也不为过。但是,你能不能跟老百姓共同分享?如果做到这一点的话,就可以。君主都非常可爱,跟孟子说,寡人有缺点,寡人好色,孟子说,其实也没什么关系,男人喜欢女人也没什么大不了的事情,关键是你能不能让老百姓每个人能安居乐业,男人都有老婆,女人都有丈夫。做到这一点,你多喜欢几个也无所谓,孟子这是因势利导。君主又说,我还有个缺点,寡人好货,我就喜欢财物。孟子讲,也没关系,关键是老百姓过得好不好,老百姓过得好,你好货也没什么关系。孟子这样的说法,有他合理的地方,反对平均主义;也有他当时那个时代的特点,君主和百姓有等级的差别。

孟子的为官之道概括一下就是这么几个方面:一是从道不从君,要出仕,但是出仕是为了更高的理想。我即便出仕了,做官了,也不是无条件地听从君主的意志,而是有一个更高的道放在君主之上。当君主的意志符合道的话,我就服从他;如果他不符合这个道,我试图向他进谏,改变他。这是他的一个原则。二是以民为本。一个士你一旦出仕了,做官了,你面对的是君主和百姓,这个关系你怎么来处理?孟子认为民为贵,以民为本,你要站在百姓的立场上为百姓讲话,为百姓争取好处。当这个君主和百姓发生矛盾冲突的时候,你应该化解这个矛盾,让君主理解认识到政治上的一些问题恰恰是我们违背了民本的原则。三是义利之辨。孟子的义利之辨分成好几个层面,作为一个为官者的话,首先关注的是义的问题,义的核心是社会的秩序、法则、道义。社会没有这个东西,它的秩序建立不起来。这个秩序建立不起来的话,再鼓励老百姓追求利益,那恐怕要出问题。作为一个执政者、为官者,首先要关注这样的问题。其次是什么?你要为老百姓带来实实在在的物质利益,就是他讲的仁政的问题。义一定要落实到利上去,别光唱高调,跟老百姓讲这个讲那个,讲没有的东西,落实不到利上的话,那是不行的。再次是利怎么来分配,

## 第七讲　孟子的为官之道

孟子反对平均主义。他讲,"劳心者治人,劳力者治于人;治于人者食人,治人者食于人,天下之通义也。"一部分人供养别人,另一部分人被别人供养,他不反对这样的理论,不是简单的平均主义。但是他认为,作为一个君主,你首先要满足老百姓的需要,满足了百姓的需要,你获得一点也不为过。如果你让老百姓流离失所,经济利益得不到满足,这个时候你统治老百姓就有问题。

**思考题**

孟子为官的原则及其在当代的启示意义。

# 第八讲　孟子的正气论与民族精神

颜炳罡

**内容提要**:何谓浩然之气;修天爵、尊良贵、养大体的修养之术;居仁由义的大丈夫精神与创格完人;孟子正气论与民族精神。

大家都知道,中华民族有着悠久的历史文化传统,中华民族之所以为中华民族在于伟大的中华文化。伟大的中华文化锻造了中华民族的品格、气质、特色。我们每一个人或者我们民族每一分子的身上都体现着我们这个伟大文化的操守与风骨。这种操守与风骨主色调是由什么构成的呢?当然在孔孟。孔孟是密不可分的,在孔孟中,孔子发端,孟子对孔子充分发扬光大之。

这种民族品格、风骨就是民族的正气,正气就是孟子所说的浩然之气。

第八讲　孟子的正气论与民族精神

## 一、何谓浩然之气

"浩然之气"首发于孟子,因有了文天祥的《正气歌》妇孺皆知,文天祥的《正气歌》所歌颂的正气就是孟子的"浩然之气"。在座的各位朋友对文天祥的《正气歌》都非常熟悉,这里我不跟大家做全面的介绍,只给大家说说其中的一小部分。"天地有正气,杂然赋流形。下则为河岳,上则为日星。于人曰浩然,沛乎塞苍冥。"正气是"于人曰浩然",可见文天祥天地正气体现在人身上就是浩然之气。文天祥所说的是由孟子所说的"浩然之气"而来,"浩然之气"也就是文天祥所说的正气。宋明时代,许多儒家学者认为天地万物都是由气构成的。所有的万物都是秉气而生的,人也是一样。气有清有浊,有邪有正,我们要禀哪种气？要禀天地间的正气。谁代表了天地正气？文天祥所举一些历史人物,"时穷节乃见,一一垂丹青。"无论是"太史简""董狐笔""张良椎""苏武节""严将军头""颜常山舌"等,所有这些历史人物都体现的是浩然正气。人生是有限的,而浩然正气无限,人之浩然正气与天地之浩然正气相贯通,是与天地为一,即可同天地并老而不朽。"是气所磅礴,凛烈万古存。当其贯日月,生死安足论。地维赖以立,天柱赖以尊。"浩然之气就是天地正气,天地之气塞于天地之间,有磅礴之势,既可万古长存,又能贯通日月。人的生命既然可与天地同在,可以与日月同辉,生死安足道哉？当然可以置之度外,"地维赖以立,天柱赖以尊"。

文天祥的《正气歌》,情感饱满,慷慨激烈,表现了作者威武不能屈的英雄气概,足以震撼千古!《正气歌》中所列举的一系列人物以及文天祥自身,构成了民族的脊梁,代表了民族的正气、天地正气。天地正气是超越民族、超越国界的。什么东西可以超越民族?能够体现人类共同的价值与尊严的那个东西就是超越民族的。天地正气就是宇宙正气,不仅是体现在超越民族,而且是超越人类,这个才叫天地正气。文天祥所列举的这些人物代表的就是天地正气。

什么叫浩然之气?且看《孟子》。

孟子的学生问:"敢问夫子恶乎长?"孟子回答说:"我知言,我善养吾浩然之气。"学生又说:"敢问何谓浩然之气?"孟子回答说:"难言也。"浩然之气可以呈现出来,但是很难用语言表述出来。大家都知道《老子》有两句话叫"道可道,非常道;名可名,非常名"。如果能够用语言准确表述出来的,那就不是那种高明、永恒、长存的东西。你可以体悟,但却难以用语言来进行表述。

在座的朋友批评别人的时候会说:你良心何在?我们遇到不公的时候也会说:还有天理吗?天理是什么?大家都会说,但很少有人能用语言表述。人们可以说,天理就是宇宙规律,宇宙的规律与不公有什么关系?良心何在,什么是良心?最早讲"良心"的是孟子。"天理""良心"与"浩然之气"一样,是"难言也"的哲学观念。

### 第八讲 孟子的正气论与民族精神

明代有一个乡间老者问儒者韩贞,你到处去讲良心,我问问你什么是良心?韩贞说,你问我什么是良心,我讲不清楚。但无妨,我可以让你知道什么是良心。韩贞说你把你的外套脱下来,老者脱下来了;他说你把内衣也脱下来,他脱下来了;你把你的裤子脱下来。老者说"愧不能也",裤子是不能脱的。韩贞说那就是你的良心。良心是什么?就你那点羞恶之心,你还守住你的那点羞恶之心。浩然之气也是这样,你让我跟你讲什么是浩然之气,给浩然之气下一个定义,"难言也",但人人都有,人人可以体现出来。

孟子说"其为气也,至大至刚",浩然之气作为气,至大至刚。"浩然"就是大,"至大"是什么意思?就是比一切能想象到的大的东西都要大,即大得不能再大。什么是"至刚"?刚就是阳,我们常说阳刚之气。阳刚之气体现在人身上就是像个爷们儿,不是娘们儿。浩然之气是阳刚之气,不是阴柔之气,至刚之气是纯阳之气,没有半点的夹杂。"至大至刚,以直养而无害",任何一个人都存有这种气,都可培育、涵养这种气,养此气对你只有好处,没有害处。它不是让你练某种邪门的功法,练着练着走火入魔了。培养浩然之气,不仅不会让你走火入魔,而且还会让你越来越健康、越来越伟大、越来越刚强、越来越阳光。

文天祥在蒙古人的囚牢里说,囚牢里的水气、土气、火气、秽气、人气、各种各样的腥臊气包围着他,很多人都受不了这些气,因而病了甚至死了,而文天祥在这种环境中长达两年多依然没有病,何哉?他的回答是我养我浩然之气。有了这个气,一气可以抵其他七气。这就是孟子说的"直养而无害也"。"则塞于天地之间",充满整个宇宙。你的这个气跟宇宙之气完全可以接通,接通了就充满于整个的天地之间。"其为气也,配义与道"。从气的性格上来讲,它是至大至刚。至大无外,充塞于天地之间,至刚,不是外在的气刚,而是内在的气风,是有义才刚,有理才刚。什么是理?我们今天叫作规律。既然是规律,就没有人违背它,违背它,会受到它的惩罚。无论权力再大,财力再雄,军队再强大,科技再先进,都违背不了它。这个理是至刚的。秦始皇不想死可能吗?他也得死。汉武帝不想死可能吗?他也必死无疑。再伟大的人物,只要他生了,他就必然死。这是什么?有生必有死,就是这个理。理是任何人都无法抗拒的。这个理刚不刚,可谓至刚。孟子的至刚不是说实际存在某个东西的刚,任何存在的东西有什么好刚的呢?只有天理是至刚的。他说这个气是"配义与道",这个气是配合着道义而形成的,"无是,馁也。""馁",朱熹解释"饥乏而气不充体也"。没有配合义和道的气,只是一种血气,一时表现得很勇敢,貌似刚强,但没有理的支撑,这种刚强是无法支撑的。

浩然之气"是集义所生者,非义袭而取之也"。"袭"是什么意思?这里袭就是偷袭的意思。道与义是自身固有的呢?还是偷取了来用来装腔作势的呢?当然,浩然之气不是用来装腔作势的。

第八讲　孟子的正气论与民族精神

由是,我们得出三点结论:第一,"至大至刚"是浩然之气的本质特征,所以浩然之气是塞于天地之间,是至大的,是阳刚的,是养而无害的。第二,浩然之气是集义所生。"义"是浩然之气的价值支撑。坚守了道义,才有浩然之气;没有道义,馁也。第三,怎样去养这个浩然之气呢?用"勿忘勿助"的养气之法。浩然之气,不是想有就有的,要加以培养,但也绝不能揠苗助长,所以孟子告诉我们"心勿忘,勿助长也"。

## 二、"修天爵""尊良贵""养大体"的修养之术

（一）孟子的天爵、人爵之辨

孟子曰:"有天爵者,有人爵者。仁义忠信,乐善不倦,此天爵也;公卿大夫,此人爵也。古之人修其天爵,而人爵从之。今之人修其天爵,以要人爵;既得人爵,而弃其天爵,则惑之甚者也,终亦必亡而已矣。"

什么是天爵?这里天是指先天,"爵"是指尊贵或爵位。什么叫作"爵位"?众所周知,中国古代最起码自西周始就有公、侯、伯、子、男五个显示人的尊卑贵贱的爵位,孟子说人有先天的尊贵、天生的尊贵,先天就有的尊贵,也有后天人为的尊贵,即社会、天子、权臣给予的爵位。这种区分显示了孟子这个人物非常伟大,值得我们崇敬。孟子思想、理念、精神可以指导我们的生活。孟子给我们这个民族贡献出来一个非常

重要的观念,叫作"人之初,性本善"。我们中国人对人性的评判主流基调是人性本善,人和禽兽最根本的差别在于人有仁义忠信,这个东西不尊贵吗?有这个东西,人才叫作"人"。人一旦没有仁义忠信,人不仁不义、不忠不信,他就不是人了,不是人是什么东西?大家都知道,也不用我说。还有比人之所以为人的这个东西更尊贵的吗?当然没有。科长、处长、部长等级别就是人爵,这些东西与人之所以为人的相比,那算什么?做人,就有对人本质的要求,这是天爵。"仁义忠信,乐善不倦",不断地向这个方向努力,也就不断地实现人的成长,而不是禽兽的成长,我们是要做人的,不是为做禽兽而来的。我们是要成为人的,成为一个理想的人的,向这个方向发展,这不是天爵吗?这不是最大的尊贵吗?

公卿大夫这是人爵,是后天人为的。人爵不是个人能左右的,权不在我,而在他人。公卿大夫是后天的爵位。古代的人"修其天爵,而人爵从之",修天爵就是修仁义忠信,努力地提高自己的仁爱之心、自己的正义感、自己的忠诚度、自己的信用等级,而人爵自然就有了。像大舜本为"东夷之人也",耕于历山。按照今天的话说是个农人。但他的德行非常好,尧就把天下禅让于他,这就是"修其天爵,而人爵从之"。

今之人不同于古人了,"修其天爵,以要人爵",言行表现得很仁很义很忠很信,是为了混一个处长、厅长、部长的,背后是为了这个东西。"既是人爵,而弃其天爵",一旦个人目的达到了,天爵就不要了。我们看今天揭露出来的腐败官员,这些

## 第八讲 孟子的正气论与民族精神

官员无能吗?不少人也曾经做过一些好事,也曾经很努力,这些人都是"既得人爵,弃其天爵",孟子说这些人"惑之甚者也,终亦必亡而已矣"。现在的贪官,不正应验了孟子的这句话吗?不少官员到了监狱里知道后悔了,这是"惑之甚者也,终亦必亡而已矣"。

天爵就是我们的德行,人爵是我们的福报。我们得先修德,然后才有相应的福报。不能不修德去要求福报,有什么样的德行,才要求与德行相适应的福报。德行修为得好一些,福报差一点,把我的福留给子孙,也不愿意自己没有德行去要这个福报。我们将什么东西带给子孙?把罪孽带给子孙,还是德行的福报留给子孙?很值得思考。我们破坏环境的发展,那些所谓的面子工程的政绩,那不是不修天爵,以要人爵吗?不正是不修德以要福报吗?不正是造孽于子孙吗?今天重新反省孟子的教导,对我们是很有意义的。

(二) 良贵与人贵之辨

天爵就是良贵,人爵即人贵。孟子曰:"欲贵者,人之同心也。人人有贵于己者,弗思耳矣。人之所贵者,非良贵也。赵孟之所贵,赵孟能贱之。《诗》云:'既醉以酒,既饱以德。'言饱乎仁义也,所以不愿人之膏粱之味也;令闻广誉施于身,所以不愿人之文绣也。"这是紧接着上节,有个逻辑的递进关系,是对上面修天爵的一种补充。孟子说"欲贵者,人之同心也",谁不愿意受到社会的尊重?谁不愿意得到社会的高位?就像孔子说的"富与贵,人之所欲也",人人都有这样的欲求。孟子说,人人忘了另一个道理,"人人有贵于己者,弗思耳矣"。孟子思考问题的方式非常独特,马上转折,让你向另一个向度思考,不要两眼直盯着处长、厅长这些外在的尊贵上,要反过来问自身"人人都有贵于己者",都有自己那种天生的尊贵,这是良贵,是人人都有的尊严和价值。你要思考就知道,我有天生的、任何人不可替代的、独一无二的价值,这就是"人之初,性本善",有善性。"人之所贵,非良贵也",别人赐予的尊贵如权力、地位等等,这是或然的,不是必然的。正是"赵孟之所贵,赵孟能贱之",赵孟是晋国的大夫,权力极大,他要提拔一个人出来当官,就把他提拔上来;他觉得这个官不好,也可以罢免他。官是谁给的?在专制时代里,是上面的领导给的。"《诗》云:'既醉以酒,既饱以德。'"用什么来充实自己?"言饱乎仁义也,所以不愿人之膏粱之味也",我们要用自己良好的德行修为自己、装点自己,所以"令闻广誉施于身,不愿人之文绣也",让你有很好的名声,有很好的社会声誉,提起这个人来说这是个好人,不是穿上什么名牌衣服你才漂亮,不是靠这个来充实自己,靠的是内在人格的成长充实自己,这是孟子非常高明的地方。

(三)"反求诸己"的修身之法

孟子有一个很重要的观念叫"反求诸己",在座的每一个朋友都要把这四个字放在心里好好地掂量掂量。我为什么如

## 第八讲 孟子的正气论与民族精神

此强调"反求诸己"这四个字?当代有一个大儒熊十力先生曾说,圣往贤学问一点血脉,"反求诸己"四字而已。熊先生是用他的全部生命去体认孟子的思想,然后讲出来的话,很有道理。

在深圳的一个国学总裁班上我讲《孟子》,讲毕,与大家一起分享。有一个女老板在分享的时候谈了学习国学的几点体会。学习国学改变了她的"三维":首先,改变了她的思维。过去生意也好,跟客户打交道也好,内部管理也好,出了问题,她是向外面去找客观原因,都从对方身上找原因。通过学习国学,知道了反求诸己。原因可能不在对方,而在自己身上。回到家里跟老公或者跟太太发生问题了,我们是一味地指责对方,还是反躬自问?如果你一味地指责对方,那不是反求诸己,那是反求于外,那样会怎么样?矛盾会越来越深,最后只好说声对不起,再见了。如果反躬自问,是否是我有问题,问题的结局完全是另一回事,会向另一个方向发展。我们上学、升迁、发财、创业,我们所有所有的东西,是怨天尤人,还是反求诸己?"反求诸己"四个字是一个哲学观念,它可以改变了人的思维。其次,她说学习国学扩大了她的"胸围",使她的心胸更加广大了。"孔子登东山而小鲁,登泰山而小天下",孟子说,孔子登上鲁国的最高峰(蒙山顶峰),鲁国就显得很小了;登上泰山,天下就显得小了。我们经常说"登高望远",你的境界有多高,你的视野就有多开阔,那么你的胸怀就有多大;反之,坐井观天,你的天空就永远与井口一样大,这是很自然的。

第三,她说学习国学,规范了她的行为。一个做实际工作的人,都有这样的感悟,这种感悟我常常拿出来跟大家分享,我都很受感动。"反求诸己"在孟子之前,孔子就提出来了,孟子发扬光大孔子的这样一种思想、这一基本的修身方法。

孟子曰:"仁,人心也。"仁就是"恻隐之心",即同情心、怜悯心、爱心,有这种心就是人心,不是兽心。当然也不能说动物一点仁心也没有,老虎对幼崽关爱就是仁心之表现。人对自己所生的孩子都不管不问甚至残害,中国人会说这个人"禽兽不如""猪狗不如"。一个人对自己的孩子很好,但一提到自己的父母,一提父母之养,各种理由找出来了,也许他那个不完全是借口,也许有他父母的原因。但是,中国人会说这种人"行同猪狗"。只有哪一点才能叫作人之为人,猪狗没有,人所特有呢?"禽兽有父子而无父子之亲,有牝牡而无男女之别""父子亲、君臣义、夫妇顺"这些所谓的人伦,这个是人和动物区别的根本点,这就是孟子说的仁义忠信,是仁义礼智。我们都很喜欢看《水浒传》,《水浒传》有个人物很可爱,这个人叫武松。金圣叹一再称武松"神人""神威"、一流人中的"上上",何也?在《水浒》一百单八将中谁是梁山好汉的形象代表?李逵吗?两把大斧,不明理就横砍下去,勇而无礼,当然不可。林冲吗?林冲活着窝囊,志不得酬,意不得舒。宋江吗?生活在权谋、计算中,算不得好汉。可以说梁山好汉形象代言人非武松莫属。武松作为神人,他"神"在什么地方?当他做了阳谷县都头后,潘金莲对这位小叔子百般诱惑,武松一

## 第八讲 孟子的正气论与民族精神

语震撼千古！他说："武二是顶天立地、噙齿戴发男子汉,不是那等败坏风俗、没人伦的猪狗。"武松全是浩然之气、正气,通人伦就是人,不通人伦就是猪狗了。通人伦就是仁心,就是人之所以为人的本质所在。

孟子认为学问之道在于"求放心"。"求放心"是"反求诸己"的消极表达方式。他说："仁,人心也；义,人路也。舍其路而弗由,放其心而不知求,哀哉！人有鸡犬放,则知求之；有放心而不知求。学问之道无他,求其放心而已矣。"我们每一个人是天生的善良,本性善,每一个人都有仁爱之心、羞恶之心、辞让之心、是非之心,但是往往不注意修养,将这些最宝贵的东西丢失了。丢失了,怎么办？孟子说找回来。在孟子看来,学问成长的过程就是把自己失去的本心找回的过程。小鸡、小狗、小猫丢了,我们知道找回来,最尊贵的本心、仁心、善良之心丢了不知道找回来,这不是人生最大的悲哀吗？孟子的"求放心"影响非常大。我最近读《托尔斯泰的日记》,1884年4月托氏读《孟子》,他说孟子说要把失去的本心找回来,"美极了"。托尔斯泰1884年读《孟子》,他1889年开始创作《复活》。《复活》中两个男女主人公当初是何等的纯洁与善良,最后由于外界的诱惑堕落了,本心丢了,品德败坏。男主人公不是个东西,女主人公最后成了妓女。当两个人再度在法庭上相遇时,妓女作为杀人嫌疑犯被审判,男主人公是审判官,于是男主公良心发现了,决心找回自己的本心,经历一系列的坎坷,最后双方都找回了自己的本心。《复活》就是用孟子

"求放心"的形象表达。

我在山东大学讲《孟子》,课堂上好多同学问我:你让我们去做一个好人,我们道德修为好了,但是社会上的人的道德不好,那不是让我们羊入虎口、羊入狼群,我们到社会上不吃亏吗?我告诉他们自己的人格修养好了,不是吃亏不吃亏的问题,而是为禽兽还是为人的问题。孟子曰:"君子所以异于人者,以其存心也。君子以仁存心,以礼存心。仁者爱人,有礼者敬人。爱人者人恒爱之,敬人者人恒敬之。"君子用什么来保持自己的本心?用仁爱来保持自己的本心,用礼让来保持自己的本心。一位仁者就会爱护别人,一位有礼的人就会尊重对方,爱人的人,也会常常受到人们的爱护;敬人的人,常常会受到人们的尊敬。这一般规则,有没有特例呢?孟子说有的。"有人于此,其待我以横逆",有人对我就是蛮横无理,我该怎么办?孟子说作为一个君子一定要自我反省,这个家伙为什么跟我过不去呢?是不是我仁爱之心不够,是不是我礼貌不周。自我反省一下结果是,我的仁爱之心用足了,我的礼貌周全了,但对方仍然是蛮横无理,孟子说,还要自我反省,仁够了,礼周了,但是我的诚意是否不够。"自反而忠矣,其横逆由是也,君子曰:'此亦妄人也已矣。'"君子一定这样说,他不过是个狂妄的家伙罢了。"如此则与禽兽奚择哉",这样的人与禽兽有什么差别呢?"于禽兽又何难焉?"对禽兽有什么好责难的呢?孔子说:"可与言而不与之言,失人。不可与言而与之言,失言。"对可以讲道理的人,你不给他讲道理,这是失

## 第八讲 孟子的正气论与民族精神

人;对不可讲道理的人,你硬给他讲道理,这是伤害了道理。理不重要吗?岂能任意糟蹋?

孟子说:"爱人不亲,反其仁;治人不治,反其智;礼人不答,反其敬——行有不得者,皆反求诸己。其身正——而天下归之。《诗》云:'永言配命,自求多福。'"任何一个人都有自己的福报,都有自己幸福的生活。社会地位是由公卿大夫来界定的,然而幸福指数不是由公卿大夫定的。社会地位高的人未必幸福指数就高,而幸福指数高的人也未必官大。没有当上书记,不是厅长,都不是问题,有没有幸福的生活才是问题。父母健在、兄弟姊妹无故、自己身体健健康康、孩子快快乐乐地成长,这不是最大的福报吗?这个福报不是任何人都可拥有的。有的天生没有父母,有的人生来残疾,换位思考,你会怎样?上苍给予我们一个健全的大脑、健全的身体,给我们一个正常的生活,这就是给我们的福报,这就是我们的天命。孟子说"永言配命"。你永远想着我的德行与我现在所拥有的一切相配套吗?要自求多福,保住自己现有的生活也要修德,也要反求诸己,而不是怨天尤人。

## 三、"居仁由义"的"大丈夫"精神与创格完人

### (一)处"穷"与居"达"之道

孟子和孔子一样,给所有的人提供了应对生活的方式,无论是处在贫穷的时候,还是处在富贵的时候,都给我们指出应

对生活的方法。"尊德乐义,则可以嚣嚣矣。故士穷不失义,达不离道。"一个读书人,一个受过高等教育的人,一个文化自觉的人,我们把他叫作"士"。"士"就相当于今天所说的知识分子,不是所有的学人都可以称为知识分子,只有有操守的读书人才能称得上是知识分子。作为知识分子无论是贫穷,还是显达,都应把道义作为自己做人最基本的原则与底线。

孟子说:"古之人,得志,泽加于民;不得志,修身见于世。""穷则独善其身,达则兼善天下。"不少人处于贫穷之中,把持不住自己,不能独善其身,往往选择同流合污,与世沉浮,整个社会都坏了,那我也坏吧,"独善其身"也不容易。"独善其身"就是全世界都坏了,我还不坏,这叫"独善其身"。"达则兼善天下",不少人一旦得志了,达了便祸害天下,不是兼善天下。

如何兼善天下呢?孟子说,"徒善不足以为政,徒法不足以自行",只有好的规章制度不行,任何规章制度都需要人去具体贯彻执行,贯彻制度有时比制定规章制度还要难。你认为把制度制定好了,老百姓就能过上幸福生活了?只有良好的心愿不足以治理天下。治国是有治国之道的。孟子批判郑国执政子产,指出子产"惠而不知为政"。只知给老百姓施点小恩小惠,不知道如何解救天下苍生,不知道如何制定使国家发展更好的大政方针,这就是"惠而不知为政"。冬天来了,子产这个人车子不要了,把自己的车子当桥,让老百姓不至于涉冷水过河。孟子说这不是一个好的政治家。好的政治家不一

## 第八讲 孟子的正气论与民族精神

定将自家的车子拿出来给老百姓当桥,而是把所有的桥都修好。桥修好,你甚至可以坐着车子,鸣锣开道都可以。所以,达则兼济天下谈何容易,子产还做得不够呢!

孟子曰:"广土众民,君子欲之,所乐不存焉;中天下而立,定四海之民,君子乐之,所性不存焉。君子所性,虽大行不加焉,虽穷居不损焉,分定故也。君子所性,仁义礼智根于心,其生色也睟然,见于面,盎于背,施于四体,四体不言而喻。"孟子谈到三个层面的问题,一个是所欲,一个是所乐,一个是所性。

什么是所欲?这里所欲不是指的小老百姓的所欲,而是指的国君,哪个诸侯国的国君不希望自己的国土大、不希望自己的民众多?今天实行计划生育政策。古代是实行鼓励生育的政策,什么叫"不孝有三,无后为大"?我们一直批判孟子这句话,说他妨碍我们计划生育政策的实施与执行。我们不要忘了,"此一时也,彼一时也"。再说了,这句话如果反过来说那就可怕啦。如果说"不孝有三,有后为大",我们这个民族还有吗?我们这个民族早没了。孟子这句话在他那个时代是有积极意义的,对我们这个民族贡献是非常大的。春秋战国时代,整个中国地广人稀,幼儿的成活率又比较低,所以要多生,才有我们这么大的民族。广土众民是任何一个国君都想要求的,但是"所乐不存焉",有了广土众民,你以为你就能够快乐起来了吗?快乐不在这个地方,或者说幸福不在这个地方,欲望在这个地方,幸福不在这个地方。欲望是感性的,幸福不仅仅是感性的,还具有理性的成分。"中天下而立,定四海之民,君子乐之,所性不存焉",什么叫"中天下而立",现在我们领导人做报告,站在最前头面对大家讲,古代国君发布命令的时候是站在中央,其他人围在四周,所以是"中天下而立";"定四海之民",让天下的百姓都过上安定的生活,君子为此而感到快乐。但是君子的本性是什么?这是你外在的事功,这并不是你的本性所在。本性所在是什么?"人之初,性本善。"本性所在是君子所性,"虽大行不加焉,虽穷居不损焉,分定故也"。你的官位再大,你的本性能增加一点吗?无论你如何穷困,本性也不能减损一点。本性是与生俱来的,跟外在的这些东西、跟你的地位没关系,一位农民,他可能是个圣人、是个君子,一位部长、省长可能依然是个小人。本性他跟你外在的这个东西没有关系。"君子所性,仁义礼智根于心"。孟子说,"无恻隐之心,非人也;无羞恶之心,非人也;无辞让之心,非人也;无是非之心,非人也",没有仁义礼智人就不是人了。仁义礼智这就是人之所以为人的本性,这些东西在哪里?是根源于每一个人的内心世界,这个内心世界就是我的本心。这个本心、本性会透过我们的身体表征呈现出来的。故而"其生色也睟然见于面,盎于背,施于四体,四体不言而喻"。内在的东西一定会通过外部的特征刻画出来,显现出来,这就是《大学》当中说的"诚于中,形于外"。仁义礼智根于心,把它修养好了,显现在面部特征上,表现在你的躯干上,不用说话,你的举手投足都能够体现出你内在的本性和你的涵养。我们不要认为我随口吐痰无所谓,随便踹人也无所谓,讲粗话无所谓,所

## 第八讲 孟子的正气论与民族精神

有的无所谓加起来就是大大的有所谓,就是你人性本质的外在表现。

### (二) 成就大勇

孟子说,培养我浩然之气,培养正气,要成什么样?就是大勇。什么是大勇?

> 昔者曾子谓子襄曰:"子好勇乎?吾尝闻大勇于夫子矣:自反而不缩,虽褐宽博,吾不惴焉;自反而缩,虽千万人,吾往矣。"

大勇是"自反而不缩",正义不在我这里,真理不在我这里,道理不在我这里,我理亏,对方虽然是"褐宽博","褐宽博"是穿着粗布衣衫的人,即平民百姓,我也不去恐吓人家。"自反而缩",自我反省一下正义在我方,道理在我方,我不理亏,所以"虽千万人,吾往矣",对方虽然是千军万马人,我也勇往直前。为什么可以勇往直前?你有浩然之气,你所体现的是天理,是仁心,代表的是人的尊严和价值,所以对方就是千军万马,我也勇往直前,敢与之战。孟子这才是大勇的精神。

### (三) 大丈夫精神

大勇,勇到哪里去?大勇即养成一种大丈夫精神人格。

> 景春曰:"公孙衍、张仪岂不诚大丈夫哉?一怒而诸侯惧,安居而天下熄。"

孟子曰:"是焉得为大丈夫乎?子未学礼乎?丈夫之冠也,父命之;女子之嫁也,母命之,往送之门,戒之曰:'往之女家,必敬必戒,无违夫子!'以顺为正者,妾妇之道也。居天下之广居,立天下之正位,行天下之大道;得志,与民由之;不得志,独行其道。富贵不能淫,贫贱不能移,威武不能屈,此之谓大丈夫。"

人生有多少道理?没有太多的道理,我们常把孟子这段话牢牢地记在心中,一辈子够用的了。我们把这几句话也没有落实到实践中,身体力行,实际上也够了。公孙衍和张仪是当时的纵横家,纵横家是干吗的?到处游说诸侯,跟这个诸侯国说说挑起战争,跟那个诸侯国再说说,联合起来对抗,合纵连横。景春跟孟子说:"公孙衍、张仪岂不诚大丈夫哉?"什么叫"丈夫"?丈夫是男人,大丈夫是大男人。说到底,用今天的话说就是"真汉子、大丈夫、纯爷们儿"。翻译成土话说,"公孙衍和张仪是真爷们儿"。"一怒而诸侯惧,安居而天下熄",他一发火,不知道又让几个诸侯国来打我了。他想过几天太平日子,天下都没有战火,都安居下来了,这样的人不伟大吗?孟子曰:"是焉得为大丈夫乎?"这样的人能称得上是真爷们儿吗?难道你没有学过周礼?一个男孩子到了行冠礼加冠的时候,爸爸再三地叮嘱告诫这个孩子,你现在是爷们儿了,你要承担起男人的责任,要活得像个男人。女孩子要出嫁了,妈妈

## 第八讲 孟子的正气论与民族精神

再三叮咛告诫,到婆家一定恭敬、顺从,不要违背丈夫。孟子是要借这句话"以顺为正者,妾妇之道也",以一味顺从别人的心意去做自己人生的正道,这不是男人的道,而是古代女人的道,这不是爷们儿的行为方式,只有娘们儿才这样干。公孙衍、张仪这帮人是什么人?娘们儿,不是爷们儿。为什么他们是娘们儿?他们一味揣摩国君之心思,顺着这个国君想法去游说,这不是以顺为正吗?这不是纯娘们儿吗?真正的大丈夫:"居天下之广居",要住在天下最宽广的房子里,天下最宽广的房子就是"仁"。"立天下之正位",就是立于礼。"行天下之大道"就是行义。"富贵不能淫,贫贱不能移,威武不能屈,此之谓大丈夫。"孟子这段话对中华民族非常重要,它激励多少中华优秀子孙壁立千仞地挺立起自己的人格精神,能够守住自己的人生尊严和价值。

(四)舍生取义的气节

孟子认为人不仅要有大丈夫精神,而且还要有舍生取义的气节。

孟子曰:"鱼,我所欲也,熊掌亦我所欲也;二者不可得兼,舍鱼而取熊掌者也。生亦我所欲也,义亦我所欲也;二者不可得兼,舍生而取义者也。生亦我所欲,所欲有甚于生者,故不为苟得也;死亦我所恶,所恶有甚于死者,故患有所不辟也。"

敢于"杀身成仁""舍生取义"是中华民族的优良传统,也是中华民族敢与一切敌人血战到底的价值支撑和力量源泉。

人有两个生命,一个是我们的自然生命,这是祖宗给我们留下来的,叫作生物学的 DNA 遗传,代代相传;再一个就是我们的文化生命、道德生命、价值生命,用孟子的话说,就是"良贵",这是我们历代民族的先贤流传给我们的。一方面有祖宗给我们生物上的 DNA,先圣往贤也给了我们文化的 DNA。当两者发生冲突的时候,即我的自然生命和我的人格,我的尊严,我的价值,我的道德生命、文化生命发生严重冲突时,迫不得已,孔子要求"杀身成仁",孟子要求人们"舍生取义",我们放弃自己的自然生命去捍卫人的尊严与价值,去捍卫人的理想与人间正道。孔子有一个叫"死守善道",誓死捍卫人间正道。

顾炎武有"亡国"和"亡天下"之分。亡国是政权的更迭,一家一姓的事情,姓李的可以做皇帝,姓朱的也可以做,甚至少数民族也可以做皇帝,这是亡国;亡天下是什么?亡天下不是政权的更迭,那是"仁义充塞,则率兽食人"。人类的价值被践踏了,人的尊严被践踏了,人将不人了,人将沦为禽兽了,这个叫"亡天下"。为捍卫人类的尊严,为坚持仁义道德,应"舍生取义",应"杀身成仁"。

我们经常讲民族的脊梁,什么构成了民族的脊梁?这就构成了民族的脊梁,民族脊梁的理论支撑就是孔子的"杀身成仁",孟子的"舍生取义"。儒家是入世的学问,道家是避世的学问,佛家是出世的学问。儒家不是离开现实的社会生活去成就个人什么的修为,就是在现实的生活中、在当下的

### 第八讲 孟子的正气论与民族精神

工作中成就自己的理想。现实的生活就是儒家的道场,就是你的修为最好的场所。为人子,尽孝道;为人父,尽慈道;为人君,尽君道;为人臣,尽臣道;与朋友交,尽友道,这就是儒家修为。儒家要求在现实生活中,积极地担当起自己应该承担的责任,在现实的生活当中成就君子、贤者、圣人的人格。

(五) 舍我其谁的担当精神

除了家乡之外,孟子在齐国时间最长。孟子经常批评齐宣王,齐宣王在孟子面前更是直吐心迹:"寡人有疾,寡人好色""好货""好勇"等等经常脱口而出。一方面说明齐宣王真,另一方面说明齐宣王在不断挑衅着孟子的心理底线。孟子对齐宣王还是抱有希望的,他离开齐国是迫不得已的。在离开齐国的路上,有一个人问他:"夫子若不豫色然。前日虞闻诸夫子曰:'君子不怨天,不尤人。'"看你老人家有点不高兴,前几天你老人家告诉我说,君子不怨天、不尤人。孟子说:"彼一时,此一时也。五百年必有王者兴,其间必有名世者。由周而来,七百有余岁矣。以其数,则过矣;以其时考之,则可矣。夫天未欲平治天下也;如欲平治天下,当今之世,舍我其谁也?吾何为不豫哉?"孟子的这种气魄、这种担当、这种胸怀和这样的一个使命感,可以说是千古绝唱。自孟子以下没有一个人敢说"当今之世,舍我其谁也"。这是孟子的真精神。儒家就是要将问题扛起来,甚至将天下大任扛起来,将万世的问题扛下来,故张载有"为天地立心,为生民立命,为往圣继绝学,为万世开太平"之说。把天下的问题要扛下来,这是儒家的胸襟与胸怀,是儒家的担当精神。

## (六)"善""信""美""大""圣""神"的创格完人

> 浩生不害问曰:"乐正子何人也?"
>
> 孟子曰:"善人也,信人也。"
>
> "何谓善?何谓信?"
>
> 曰:"可欲之谓善,有诸己之谓信,充实之谓美,充实而有光辉之谓大,大而化之之谓圣,圣而不可知之之谓神。乐正子,二之中,四之下也。"

善人、信人、美人、大人、圣人、神人是人格的六种位阶。乐正子是孟子的学生,处"二之中,四之下也"。"可欲之谓善",有可欣赏之处即是善人,"有诸己之谓信",确实有这种美德在自己身上存在,这就是信人。"充实之谓美",把自己的道德人格充实、完满起来,打造成一个完满的人格,这叫作"美",这叫"美人"。沿美的境界、善的境界、信的境界继续张显,"充实而有光辉之谓大",自己充实了,道德人格充实了,而能够显现出光辉,又能够光彩照人,这就叫大人或者叫大的境界。只是显得很光辉还不够,因"君子之道,暗然而日彰;小人之道,的然而日亡"。人人都认为你是好人,天下都认为你是好人,这是光辉,这不是化境,君子达到更高的境界就不再显光辉,而是将自己的这些美德让人家浑然不觉,"大而化之之谓圣",把

第八讲　孟子的正气论与民族精神

那个大的东西化掉,化于无形,显现不出大来,即一个伟大的人让人不觉得他伟大。大家看孔子,子夏评价孔子的人格形态,"望之也俨然",远远望去,觉得孔子非常威严,这叫作大。"即之也温",跟他一接触,孔子非常温和。这叫作什么?这叫作大而化之,把那个大就化掉了。"圣而不可知之之谓神",再进一步达到神的境界,就是圣而不可知了,达到圣人的境界不可测,他就是神妙莫测,就是神人之境界。

## 四、孟子正气论与民族精神

我们经常讲孔子的思想是人的发现,孟子思想所代表的是士的自觉,人的发现是说人何以为人,士的自觉是说读书人怎样去做一个读书人。孔子天地气象,时行则行,时止则止,仿效也难。孟子泰山岩岩,有迹可循,愿学就学得来。"富贵不能淫"不能学吗?"贫贱不能移"不能学吗?"威武不能屈"不可学吗?都可以学。孟子的思想不仅仅是对知识分子讲的,可以说是对天下人而言的。这些观念直到今天仍然非常有意义。当然我认为,邹城的历史文化非常悠久,我们不仅有一个孟子,我们的历史人物太多了。像仲长统,还有谭嗣同《绝命诗》提到的"望门投止思张俭"的那个张俭,都是我们邹城人。仲长统在《昌言》中说:"天下之士有三可贱:慕名而不知实,一可贱;不敢正是非于富贵,二可贱;向盛背衰,三可贱。"仲长统的话,至今值得深思。

鲁迅先生曾说:"我们自古以来,就有埋头苦干的人,有拼命硬干的人,有为民请命的人,有舍身求法的人……虽是等于为帝王将相作家谱的所谓'正史',也往往掩不住他们的光耀,这就是中国的脊梁。"中国的脊梁就是民族精神、民族气节。孟子的"浩然之气"构筑了我们民族精神脊梁的支撑,"舍生取义"构成民族气节的主要内容。受孟子"浩然之气""舍生取义"影响的无数优秀中华儿女为民族的复兴,为国家的强盛而奋不顾身,牺牲小我以成就民族之大我。

"浩然之气"是孟子思想的重要组成部分,是中华民族的重要精神支撑,中国的崛起和中华民族的伟大复兴同样离不开对每一个人的"浩然之气"的培养、气节的教育。一个民族树正气,才能抵制邪气,才能养成良好的社会风尚,从而才能不断走向繁荣、富强!

**思考题**

孟子的浩然之气之于人格修养与民族气节的思想意义。

# 第九讲 孟子的"王道"
## ——国际正义秩序观

王中江

**内容提要**：国际关系与国际秩序中的正义和强权；春秋战国时期邦国的利益驱动、冲突和战争；孟子对天下无序原因的诊断；天下太平和国际正义如何可能；孟子的王道与仁政信念；国际交往之道与正义干预。

孟子的国际关系里面的正义观，用孟子的术语说，就是他的"王道"观念和信仰。为什么要讨论这样的问题呢？我们基于两点原因：第一，我们知道，战国时期国与国之间的冲突和战争是非常频繁的。孟子面临那样一个时代，他需要思考如何建立一个好的天下秩序。这是孟子思想里面的一个重要问题，但我们通常去看孟子，这部分讨论的比较少。其实这部分内容是孟子思想里面非常重要的一部分。第二，我们现在仍然要遇到国际关系问题。当今，各国要处理好国与国的关系，要能够和平相处,要建立一个好的世界格局,互惠发展,仍然是我们面临的时代问题。孟子的思考,孟子提出的观念和看法对我们现在仍然有启示。从这两点来看,我们讨论孟子的国际正义观是非常有必要的。

## 引　言

围绕这一问题,我主要讲几点:第一,我想说明一下这样的问题在中国古代思想里面,在现代学术里面是什么样的问题;第二,作为我们的中心,我想讨论的是,春秋战国时期的特征,特别是,对于诸侯邦国之间在利益的驱动之下产生的冲突和战争,孟子是如何看待的,他是如何认识当时天下秩序的;第三,我想给大家讨论的是孟子国际正义观的主要观念,他如何去设想国际秩序和天下太平,国际正义如何才有可能,这点主要讨论孟子的仁义和王道的观念。我想,在前面,我们的老师可能已经讲到了孟子的仁义思想,也会说到他的王道观念,我们今天的讨论,侧重于孟子有关国际关系里面的人道和王道;第四,讨论孟子的邦国交往之道和人道干预问题,即孟子对国与国之间交往的思考,在孟子看来采取什么样的理性方法才是合适的,国与国发生矛盾时,如何做才是合适的;最后,我们做一个总结。这些就是下面我要给大家讲的问题。

首先我们进入"引言"。在世界上,在地球上,只要有人群的地方,大家就要处理各种各样的关系,我们每个人其实也要

## 第九讲　孟子的"王道"

面对各种各样的关系。这种关系从小的地方来讲首先是自我,作为每个人自己要处理好自己的身心关系,即我们的身心如何保持平衡;如果我们把自己和其他人结合起来看待,我们就要处理自己同其他人之间的关系。我们把自己与人组成的社会结合起来看,我们就要处理人和社会的关系。当今的世界,由于人类的活动,人类面临的问题非常明显地是人和自然之间产生的矛盾和冲突,是人类对自然造成了伤害,这就是我们现在常说的生态危机、环境困境。这是人类面临的重大问题,人类一定要处理好人与自然的关系。

人类的最大群体是国家,处理好国与国之间的关系,这是人类社会一直要面对的重要问题。现在,虽然我们讲全球化,讲国与国之间在空间上已经高度联系在一起了,但是国与国之间的矛盾、利益的冲突还是无处不在的。所以,现在的国家间关系,一方面是和平发展,另一方面是矛盾和冲突。这两者,前者是人类所期望的,后者是人类要尽量避免的。后者既会影响一个国家的发展,也会影响到我们个人的生活。总之,处理好国家间关系是人类自古以来就要面临的问题,也是当今人类同样要面对的问题。

远一点说,自从人类出现之后,就要处理彼此族群之间的关系。这个关系在国家出现之前,基本上是不同氏族、部落之间的关系问题。不同的氏族,不同的部落,主要构成了人类之间遥远时期的彼此关系。之后,人类的族群不断扩大,氏族结合成部落,部落结成了部落联盟,人类群体越来越规模化,越来越高度组织化,于是产生了国家,产生了国与国的关系。人类的历史,一方面是处理自身内部的各种问题,另一方面是处理国与国之间的关系,在彼此交往和相互联系中生存。我们说,没有任何一成不变的事物,国家是人类创造的最高组织,它本身也在不断地演变和发生变化。如果我们站在现在的角度来看的话,我们可以把国家简单分成两种:一种是传统的国家,是近代以前的国家,是以农业文明为基础的国家;一种是近代以来发展起来的民族国家,是以工业文明、商业文明和政治上的自由、民主为主要特征的现代性民族国家。

围绕国家的变化和发展,研究国家间关系的学术也在不断地发生变化。我们现在的学科里面,在社会科学里面,研究国际关系的问题或者隶属于政治学,或者隶属于国际关系学。在这里面,有一个很大的学术领域——国际法的领域。我们知道,国际的规范主要体现为国际法,当然还有很多约束和规范国家间关系和交往的条约、惯例。但规范国与国之间关系的最普遍规则是国际法。

对于如何建立一个良好的国际关系,历史上提出了各种各样的学说。现在的国际关系学中也有各种各样的理论,这里不给大家细说。简单地讲,从古至今,对于国际秩序、天下秩序,人们往往有两种对立性的思考:一种看法认为,国际关系是建立在正义或者道德基础之上的,只有这样,国家间才能友好来往,和平相处;另一种是相反的看法,认为国与国之间的关系是建立在权力或者物质力量的基础之上,彼此只有靠

## 第九讲 孟子的"王道"

力量才能相安无事。这两种看法,都对也都不准确,因为它高度简化了国际关系的复杂性。

在中国古代思想发展过程中,我们知道中国人处理国与国的关系或者处理内外关系有一个普遍的观念,这个观念叫作"华夷之辨"。"华"即"华夏","夷"即"夷狄"。前者是指高度发展的中国古代文明,相对于此,周边偏远地区,是比较落后的地域,被称为"夷狄"。中国人认为它们没有文化,它们是野蛮的国家。这是用文明和野蛮的二分来看待和处理中国和周边国家的关系。中国人在处理这个关系的时候,采取的观念是"怀柔远人",即对远方的国家和人民采取一种柔和的文化进行教化,并同时采取薄来厚往的政策。在19世纪40年代以前,中国和国际外部世界的关系是一个"宗藩关系",这个关系同时也是个朝贡关系。中国是一个中心国家,四周的国家都是中国的藩属,用现代的说法即中国的附属国。大家可以想象当时中国的附属国,最近的是朝鲜、越南。在19世纪40年代以前,中国的附属国都是依附于中国的,因为中国是中心国家,文明是最高的。许多国家都认为中国是当时天下的宗主,所以他们是要朝贡的。直到晚清早期,中国人对西方的文明还了解有限,不知道西方有高度发展的体系和文明,仍然认为中国的文明在世界上是最高的,西方是落后的,甚至是野蛮的。

中国古代思考天下秩序和国际关系,正如它思考人与人的关系时那样,它主要是从正义和道德出发。这样一个思考方式和价值信仰,主要是以儒家为代表的,这样的思考我们可以追溯到先秦,孟子是思考这个问题最有代表性的人物之一。孟子是来自于邹城的伟大思想家,是儒家思想的杰出代表。

## 一、 春秋战国时期邦国的利益驱动、冲突和战争: 孟子对天下无序原因的诊断

我们简单来看一下中国古代的历史发展到春秋战国时期,为什么会发展出非常突出的国际关系问题?

我们知道,中国的历史从上古的"三代"(夏、商、周),到西周的晚期发生了重大转变。从西周周平王迁都洛阳开始,西周已经衰落,历史进入到一般所说的春秋、战国时期。这个转变在中国历史上是非常重大的转变,它是多方面的转变,是从政治、经济、社会、社会阶层等各个方面都能看出来的一种转变。这个转变主要是什么样的情况呢? 整体上这是周天子的权威逐渐丧失("失尊")的过程。当时,由周天子所维系的天下秩序,产生了动摇,最后瓦解了。在这个过程中,不同的诸侯国家兴起,春秋时期势力强大的诸侯国家是"五霸",战国时是"七雄"。

我们知道,周天子之下的诸侯国都是周天子分封的,周天子分封的国家称为诸侯国,也称为邦国。到了东周的时候,周天子的权威失落,诸侯国纷纷开始发展自己的势力。在这一过程中,诸侯国之间开始兼并,并发生冲突和战争。面对诸侯

## 第九讲 孟子的"王道"

国之间的兼并、冲突和战争,当时的诸子百家,都提出了他们的学说。就如何解决当时国家间的矛盾、国家间的冲突,就像我们现在如何解决中国和周边国家的矛盾和冲突,甚至就像从一个大的世界格局上要解决我们同美国之间的矛盾、冲突那样,提出了各种各样的看法。当时的士人,用我们现在的话来说,就是当时的知识分子,大都思考了这个问题,比如儒家、道家、墨家和法家等学派的人物。儒家学派、墨家学派包括法家学派,跟我们齐鲁大地的关系都是非常密切的。儒家的大本营,就是我们的鲁国文化。墨家也跟我们齐鲁之地的文化关系非常密切,法家里面齐国所代表的法家,在法家学派里面也是非常重要的一派,他们的看法非常有代表性。

  我们简单讲,如何处理国与国之间的关系,法家的路线非常简明,就是富国强民。一个国家通过经济的发展,通过军事的强大发展,在内部可以形成高度的凝聚力,对外部世界可以显示出强大的震慑力。法家的路线非常直接,就是通过国家的富足和军事的强大,毫不留情地进行兼并和征服。法家认为,中国的历史自古到那个时代发生了变化。最初的上古时代,人们非常单纯,道德理想非常高,那个时候人与人之间的关系,国与国之间的关系主要是靠道德来竞争的,看谁的道德更好。可是历史发展到后来的"中古",社会主要不是靠道德来竞争了,不是通过道德来显示我们各自的优越性了,而是主要通过智力来竞争,"三代"大概主要就是靠智力来竞争的。可是到了春秋战国时期,社会的发展不能靠道德,也不能靠智力,而只能靠力量来竞争,有了力量,就能说了算。法家不仅这样来看待历史,而且也去推动各国的改革,秦国的发展走的就是这条路线。为什么一个偏僻落后的秦国,最后能成为世界帝国,能统一六国,它走的就是富国强兵的路线。当然这个路线还有复杂地方,这里不能仔细去说。

墨家我们知道,它是墨子创建的。墨家代表的路线是一个和平主义的路线,它的目标是让各个国家停止战争并和平相处,这是墨子的理想。墨子提出的口号和信念也非常简单,就是国与国之间要互爱、互利,用墨子的说法即"兼相爱,交相利",他们的目标就是"兴天下之利,除天下之害"。现在中国的发展,也是采取和平共处的发展模式,采取互惠、互利的发展模式,坚持的实际上也是"兼相爱,交相利"的原则。但战国的诸侯国家,能听进去墨子的号召吗？能听进去墨子的主张吗？它们当然不会轻易听,因此,当时的战争非常多。但墨子并不灰心,他坚持反战的立场。墨子的书——《墨子》里面有《非攻》篇,就是反对国家兼并,反对一个国家攻打另一个国家。墨子的精神是墨守,墨子明确反对攻击、反对攻打,反对侵占这个那个国家,所以他写了《非攻》。

墨子不只是传播他的信念,他还有反战的行动,如他不辞辛苦去规劝诸侯国停止发动战争。如果这个国家不听劝阻,他就会去帮助被攻打的国家死守,坚决应战到底。一个例子就是他阻止楚国去攻打宋国。据记载,墨子听说公输班(又称公输般、公输盘)帮助楚王造云梯以攻打宋国,他就从鲁国出

## 第九讲 孟子的"王道"

发,步行十天十夜,从鲁地跑到楚国的国都郢。大家知道,公输班是木匠神,他要帮助楚国造云梯。墨子到楚国之后,就去见公输班,他们彼此很熟悉。墨子说,我从北方来,有一个人侮辱我,请你帮助我将这个人杀掉。公输班说,按照他的正义,他是不杀人的。墨子说好,按照你的正义,你不杀人,可是你现在竟要帮助楚国攻打宋国,杀一个人你不愿意,可是你愿意去杀一国的人,这是不合乎逻辑的。公输班理屈词穷,最后没办法,就说我已经答应了楚王,我不能变卦。墨子就说,那你把我引见给楚王吧。不错,公输班确实将墨子引见给了楚王。墨子见了楚王,就讲你为什么要攻打宋国。楚国之大,财富无所不有,你为什么还要去攻打一个小小的国家宋国,楚王也没有什么话可说。墨子最后说,那就请你让我和公输班做一次城市攻防模拟战吧。我代表宋国,我守城。公输班代表楚国,让他攻城。模拟的结果,公输班输了。但公输班还不罢休,说我知道如何对付你,墨子说我知道你如何做。楚王问什么意思,墨子说,他要杀害我。但杀害了我也没有用,我的弟子们已经在宋国做好了守城的准备。楚王无奈,最后停止了这场战争。停止了这场战争,但其他战争能停下来吗?

墨子的理想是"兼相爱,交相利",是"泛爱兼利而非斗",坚持认为人与人之间不能斗,国与国之间更不能斗。墨子清醒地认识到人的生命的价值,认识到战争的残酷性和破坏性,因此,他主张和平主义。还有一位墨家人物宋荣子,他也是一位和平主义者。为了避免争斗,他将侮辱也不当作侮辱,救民之斗,禁攻寝兵,他跟墨子的思想是一致的,这个人物(宋轻)在《孟子》里面也出现了。而且他跟孟子围绕息战还有一个故事,后面我们还会讲。

在儒家里面,孟子是思考国际关系问题的代表性人物,我们上面已指出了。他是如何思考的,他是如何来看待国与国关系的呢?

当时的国际关系是,诸侯国受利益的驱动,发生了一系列的冲突和战争。在孟子看来,这就是战争的根源。我们知道,人类的历史一直以来都是在和平与冲突、发展与战争之间交替进行的。人类近代以来发生的战争,我们都记忆犹新。现在还在不断发生战争,虽然规模不是很大。对于战争,我们通常会分为两种:一种是正义的;一种是非正义的。如何去判断一种战争是正义的还是非正义的,分歧是非常大的,因为战争的双方都会声称他们发动的战争是正义的。大家想一想,历史上有哪一个国家,什么时候会说它发动的战争是非正义的?没有,没有一个国家会这样声称。大家都会说他们的战争是正义的,他们是为正义而战。因此,评判战争的正义性和非正义性,是一个历史的过程。在历史过程中,大家通过历史研究来对战争的性质做出分析和判断,断定历史上的哪些战争是正义的,哪些战争是非正义的。在这方面,人类还是有共识的。

大家知道,前不久,日本首相公然讲对侵略的定义大家的看法不一样,这显然是借学术上的争论来为日本的侵略战争

## 第九讲　孟子的"王道"

辩护。作为具体的学术问题,作为讨论的问题,大家会有不一致,但大家还是能够界定什么样的战争是侵略战争,什么样的战争是反侵略战争。"二战"中,日本发动的对华战争,对东南亚国家发动的战争,都是侵略战争,这是不能否定的。对于"二战"时期的法西斯主义战争,虽然法西斯主义者、纳粹主义者,也为自己辩护,但人类已有基本的共识,确定纳粹主义、法西斯主义发动的战争都是非正义的。国家之间的纷争,往往也会有公说公有理、婆说婆有理的情形。你说你公道,我说我公道,究竟谁公道,只有天知道,双方都会站在自己的立场上说自己是正义的。但现在有联合国,还可通过国际法来判断,通过国际仲裁机构来判断,还是有标准的。

在春秋到战国时期的几百年中,诸侯国之间发生的战争是无数的,孟子如何看？孟子说："春秋无义战。"孟子的立场非常高,他说《春秋》记载的那么多战争,没有一个是合乎正义的。自古以来,战争都是一种常态,所以《左传》说国家最大的事情有两件,一是祭祀,二是战争("国之大事,在祀与戎")。国家生活中的两件大事,其中一件是战争,这说明战争对于人类来讲是一种很普遍的现象。

从远古社会到尧舜时期,部落之间、部落联盟之间发生了大量的战争。当时的天下可以说是一个部落联盟的天下,部落联盟发展到夏商周时期的国家,被分封的诸侯就叫国家。当时的国家是非常多的,我们看一下上古的记载就可以知道。《尚书·尧典》记载："协和万邦。"我们也许不能说当时的国家真有一万个,但由此也反映了当时的国家是非常多的。在这众多的诸侯国里面,矛盾冲突和战争是非常频繁的。《史记》记载了春秋时期的十三个诸侯国,这十三个诸侯国都是比较大的国家。实际上当时的国家数量远不止于此,而在此之前众多诸侯国许多被兼并,一些国家通过改革成为大国,这些大的诸侯国就是大家非常熟悉的春秋五霸。经过春秋时期二百多年的不断兼并,到了春秋末期只剩下三十多个国家。大家想想,没有一个国家愿意放弃我的国家而并入到你的国家里面,当时的大国基本上都是通过兼并实现的。但是春秋时期诸侯国之间的矛盾冲突和战国时期比起来还是比较小的,因为当时的诸侯国之间还承认周王室的名誉,仍然用周天子的名义来维持当时国与国的关系。

孟子说"春秋无义战",他是用一个很高的标准来衡量春秋时期发生的那些战争,认为这些战争都是不合乎正义的。那么,这个"正义"是什么?我们看孟子的一些说法。孟子说"五霸者,三王之罪人也"(《孟子·告子下》),意思是说春秋时期的五个霸主都是夏商周"三代"圣王的"罪人"。我们知道,夏商周"三代"被儒家看成是黄金时代、理想的盛世。为什么说春秋的霸主在圣王面前都是"罪人"呢?我们后面会讲。孟子对他们采取了否定的立场。孟子对战国时期战争的否定也是非常突出的,他说:"今之诸侯,五霸之罪人也"(《孟子·告子下》)。孟子认为,战国时期的诸侯王、诸侯国又是春秋五霸的罪人。孟子一方面说"春秋无义战",另一方面他把春秋

## 第九讲 孟子的"王道"

时期和战国时期比,又认为前者还是要好一些,那么当今的诸侯为什么更坏呢?是五霸的罪人呢?因为到了战国时期又出现了"七雄",也就是七个大国,它们左右了当时的国际关系、国际局势。因此孟子说"春秋无义战",但是"彼善于此"(《孟子·尽心下》)的情况还是有的,也就是说有的比较好一些,有的比较差一些。到底哪些是比较好的,哪些是比较差的,孟子没有具体讲。明清时期有个历史学家顾炎武,他对春秋时期和战国时期的不同地方做了一些比较,认为春秋时期在总体上还是比较和平文明的,到了战国时期,战争是非常残酷的,这个问题我们不去详细讲。近代以来,随着中国和西方发生交往,中国要同外部世界建立一种新的国际关系。为此,清代开始引入国际法,当时称之为"万国公法"。当时的人们,需要理解当时的世界秩序以及中国与世界各国的关系。为了理解国际法,或者说为了让清政府接受国际法的概念,人们不再把中国当成天下宗主国,当成天下中心国家,他们希望中国同其他各国之间建立一种新的国际关系,一种平等的国际关系。为了借助于国际法,他们说国际法不只是西方近代建立起来的,它同时也是中国古老的一种法律。

他们认为春秋战国时期的国际关系,类似于欧洲近代发展起来的国际关系。春秋时期产生的国际法,就是这种关系的反映,它是国与国之间交往的规范和礼仪,同我们现在国与国新建立的国际法规范在根本精神上是一致的。当时,有一个叫丁韪良的美国传教士,他是最早开始从春秋战国时期来寻找和现代国际法之间类似性的人。他写了一本书《汉学菁华:中国人的精神世界及其影响力》,里边有一篇关于古代中国国际法的论文,他还向欧洲人报告中国古代的国际法。他讲的中国古代国际法主要是先秦时期的,也就是春秋战国时期中国人维持国际关系的一些规范和信念。他讲了很多,他说在当时的国际关系中,中国人讲礼仪,这些礼仪是不能违反的,违反了就要遭到大家的谴责,还要受到联合的讨伐,那是一个非常重视国际声誉的时代。当时的诸侯们还保持着荣誉的精神,他们非常看重他们国家在国际上的声誉,大家都不想当无赖国家。他们对褒贬都会有一种强烈的反应,因为他们把天子看成是荣誉的源泉,在名义上他们仍承认周天子。丁韪良说:"(周天子的)这种伦理道德上的优势,恐怕没有比中世纪几乎所有基督教国家的君主们习惯向罗马教廷表示的尊敬更贴切的模拟了。"[1]他还说任何国家都会把守信看作是国际交往中最重要的美德,他引用孔子的话"人而无信,不知其可也"来证明这一点。

丁韪良还举了一个具体的例子。公元前544年,郑国和一个入侵国家签订了一个盟约,这个盟约的最后一项是:"我们保证上述协议的条款将不可违背。愿群山与河流的神、已故的皇帝和公爵的灵魂,以及我们七个部落、十二个诸侯国的

---

[1] [美]丁韪良:《汉学菁华:中国人的精神世界及其影响力》,北京:世界图书出版公司,2010年,第297页(下引丁韪良观点均引自该书)。

## 第九讲 孟子的"王道"

祖先监督该条约的施行,假如任何一方没有信义,愿无所不见的上帝惩罚他。"他把西方的上帝拉过来了,认为中国古代的"天"会惩罚那些不守信义的诸侯:"他的族人将抛弃他,使他命丧黄泉,断子绝孙。"丁韪良还指出,诸侯国发动战争要合乎名分,我们现在都知道,叫"师出有名",而且还要遵守战争法,而战争法的内容,诸如人道主义、不虐待妇孺等,当时都有,目的是保护那些非作战人员的生命和财产安全。人们把"一件事情的正义视为道德力量的源泉,而这种力量往往可以超常地补偿实际力量上的不均衡,邪恶之师是虚弱的,正义之师是强大的"。正义之师是强大的,我们可以在孟子思想里找到充分的根据。丁韪良还提到了希伯来精神,说孟子以希伯来先知的精神在不同的国家里一再宣扬,国家繁荣的唯一基础就是正义和仁爱。中国古人把道德因素看得至高无上,就像英国一位诗人说的那样,"谁占着理就会气势如虹",这些都是在讲正义问题。

丁韪良所举的例子还特别讲到道德方面的内容,国与国签订条约,其中一条说要惩罚不孝者。不孝顺是国家内部的事情,国与国之间形成共识,只要国家有不孝者我们就要惩罚,这是一个高度的共识。他提到"不把妾提升为妻子",就是不能随便地把妾当作妻子,给她名誉,这种观念在那时候很普遍。第二条"尊崇美德,珍视才能";第三条"敬老爱幼,不忽视陌生人"。国与国之间的来往有陌生人,国家内部也有陌生人,对他们要友好,不要漠视,丁韪良说这些都是国际法当中的正义法则。丁韪良举的这个例子,其实就是孟子讲的例子。孟子讲到了五霸为什么是三王的罪人、当时的诸侯为什么是五霸的罪人。当时五霸里面的一个霸主国家,也就是这边的齐国,霸主是齐桓公,他们召开一个联盟会议。在这个会议上,诸侯国举行了仪式,并在仪式上纷纷宣誓,第一个发布的禁令叫什么呢?就是"诛不孝",不要轻易去换太子,也不要以妾为妻,这便是国际盟约的第一条。第二条便是"尊贤育才,以彰有德"。第三条是"敬老慈幼,勿忘宾旅",也就是说,不要忽视陌生人。第四条是"士无世官,官事无摄,取士必得,无专杀大夫"。第五条是"无曲防,无遏籴,无有封而不告"。最后还说到"凡我同盟之人,既盟之后,言归于好"。孟子认为现在的诸侯国家都违反这五条规范,所以他说"今之诸侯,五霸之罪人也"。

丁韪良讲到古代中国国际法时也用了《孟子》书中的记载。孟子说当时的诸侯是五霸之罪人,为什么呢?这是因为他确实看到了当时各诸侯国之间残酷的战争。我们现在生活在和平时期,感受不到战争的残酷性,而孟子生活在战国时期,对于战争的残酷性他是深有观察的。"争地以战,杀人盈野;争城以战,杀人盈城"。我们可以想象一下孟子所描述的战争场面,就能够理解他为什么那么用心良苦地去呼吁和平,倡导国与国之间的友好相处。

但是,我们也许会问,为什么会发生冲突和战争?孟子认为主要有两个原因:第一,战国时期的诸侯国都将自己的利益看成是最高利益,都仅仅追求自己国家的好处,把自己国家的

## 第九讲 孟子的"王道"

利益放在第一位。这些利益是什么呢？就是土地、人口和财富，就是要扩大自己的版图，掠夺别国的财富和资源，这些目的都是非常明确的。国内发生矛盾，而国内矛盾又扩大成国际矛盾。我们可以看看《战国策》有关国家发展战略的记载："欲富国者，务广其地。"（《战国策·秦策》）意思是说，如果一个国家想要富裕、强大，就要把地盘充分扩大，让国家的军事强大，这点是非常清楚的。所以，孟子强烈批判国家的发展完全被利益所驱动。孟子还说，现在为君主服务的人，见到君主都会说我有能力帮助你扩大地盘，我可以帮助你把仓库弄得满满的，实现国富民强，孟子认为这样的大臣都是"民贼"，君主应当向好的方向去发展，要"向道"，要"志于仁"。如果都是用强占的手段，其结果就是助纣为虐。孟子特别批评梁惠王，说："不仁哉，梁惠王也。"这是很严重的批评的话，就是梁惠王这个人是非常不仁的，不人道的。为什么呢？孟子说，"仁者以其所爱及其所不爱，不仁者以其所不爱及其所爱"，也就是说有仁爱的人把给予他所爱的人的恩德推及到他所不爱的人，而没有仁爱的人则把他带给所不爱的人的祸害推及到他所爱的人。孟子在这里所指的意思是什么呢？公孙丑问："何谓也？"孟子说，梁惠王因为追求土地的扩张，最后让自己亲近的人到战场上去，让自己的亲人上战场送命，孟子认为这是非常残忍的。

我们说，"三家分晋"是春秋时期和战国时期的分界线。魏国是战国七雄之一，我们知道当时的莒国、滕国、邹国等小国家最后都被魏国兼并了,魏国也最早成为一个强大的国家。但是后来魏国不自量力,他要独大,开始跟韩国作战,这个故事我们都知道。魏国还任用了庞涓,这个人嫉贤妒能,他对他的老同学孙膑非常不友好,很残酷,最后孙膑去了齐国。大家知道,后来魏国发生了两场战争——桂陵之战和马陵之战,自此之后便急速走向衰落。这个时候刚好是孟子生活的时代,也就是魏惠王(即《孟子》书中所称的梁惠王)在位的时期。孟子几次见梁惠王,向梁惠王进献很多谏言,规劝梁惠王如何治国,如何处理国与国之间的关系,但是梁惠王听不进去。在当时国际社会的博弈中,大家都强调自己国家的利益,梁惠王一见到孟子就说:"叟!不远千里而来,亦将有以利吾国乎?"意思是说你这么大老远来了,打算怎么帮助我,给我带来什么好处呢?梁惠王关心的是你能给我带来什么利益这样的问题。孟子说只讲利益是灾害的根源:"上下交征利而国危矣。"(《孟子·梁惠王上》),因为全国上下都去追求利益,国与国也为了追求利益,就会发生矛盾和冲突,这个大家很熟悉,我们不去详细讲。

孟子有一次遇到了墨家人物宋轻,也就是《庄子·天下》篇中记载的那位和平主义者。孟子问老先生你去什么地方,宋轻说我现在有一个急事,听说楚国和秦国要发生战争了,我现在前去楚国,要说服楚王不要发动战争,如果他不听我的,我就马上去秦国,告诉秦王,劝说他们休战。孟子一听,觉得这个先生的精神很可贵,就说你具体怎么做我先不管,但是你主要

### 第九讲 孟子的"王道"

想用什么理由去说服他们呢？宋轻就说，我要告诉他们，发动战争对自己不利。孟子说，你的志向很远大，但是你的号召力和采取的理由是不可行的。大家想为什么不可行？孟子认为不能用利益来引导他们，不能用利害关系去说服他们。如果宋轻以利害关系说服了秦国和楚国，这其实已经是好事，但孟子不满足于用对自己有利、无利的权衡标准来决定是否做这件事情，而是主张考虑事情是否正义，那是不一样的。简单地说，就是你要优先考虑道德和正义，不能从利害关系出发。

当时侍奉君主的士不少都是法家人物，他们主张要通过扩张国家的土地、人口、财富来帮助君主，但孟子恰恰在这一点上反其道而行之，这就是孟子对战国时期的国际矛盾和冲突的诊断。孟子如何去解决这个问题呢？如何让国与国之间和平相处呢？孟子继而提出了国际正义秩序观，这也就是孟子的王道信念。

## 二、天下太平和国际正义如何可能：孟子的王道与仁政信念

在孟子思想中，王道与霸道、义与利是明确二分的。在当今天下，我们说要反对霸权主义，主要指的是美国。那么，美国到底有没有王道？这不是一个简单的问题。儒家人物是道德理想主义者，他们坚持依靠道德正义——仁、义、礼、智、信去治理国家，所以在儒家思想中，广义的王道是建立一个内外

共治的、王化无外的、稳定太平的天下秩序。这一点在儒家里面是一个整体思想，孟子正是这一思想的代表。在孟子看来，理想的治理就是靠王道、靠仁义，这与靠军事、靠霸权的霸道政治是完全对立的，因为后者不是向仁的。

孟子是第一个提出"王道"这种说法的人。在他看来，实现王道治理的最好典范是尧、舜、禹、汤、文、武。孟子认为，一个国家治理的好坏不是以土地和人口的大小、多寡为标准，关键在于这个国家是否施行仁政。孟子曾说"以力假仁者霸"（《孟子·公孙丑上》），意思是如果一个国家有力量，他"以力假仁"就可以成为霸主，在这点上荀子和孟子的看法是一样的。一个霸权国家即便没有行仁义，也要以借用仁义的名义实行统治。统治者不会说我就是强权，我就是霸主，它即使行强权，它也会借用正义之名、仁义之名。大家都知道，日本侵略中国的时候，它的假托就是"大东亚共荣圈"。它认为日本是东亚区域中崛起的和西方国家平起平坐的一个国家，而东亚其他国家则都是落伍的，一直这样就没有前途，它声称要帮助东亚其他所有国家都发展起来，共同繁荣。这个名目是非常冠冕堂皇的。

孟子对王道和霸道是明确二分的，他认为夏商周的圣王都是靠仁爱正义去治理天下的。以霸道去争夺天下和治理天下，最终是行不通的。孟子说："不仁而得国者，有之矣；不仁而得天下者，未之有也。"（《孟子·尽心下》）孟子的意思是说，不依靠仁爱正义或许可以掌握一个国家，但是不靠仁爱正

## 第九讲 孟子的"王道"

义而想要掌握天下,是从来都没有的事。进一步来说,孟子追求王道政治,是基于人民的福祉是国家的目的。我们现在都非常熟悉儒家的"民本"思想,但儒家不只是讲"民本",其实还讲"民心"和"民意"——即要清楚百姓的愿望是什么,他们希望得到什么,他们关心什么,他们想选择什么。儒家确实把民心和民意看成是政治合法性的基础。现在的民主社会国家里面,都有民意调查。为什么要做民意调查?其目的是想通过民意调查来看你的国家政策、国家治理是不是合理,是不是合乎百姓意愿。当然,调查里面可能有操纵,选举的时候也可能有操纵,但总体上还是能够掌握不同社会阶层对国家治理的意见和看法。儒家相信,"民之所欲,天必从之"。意思是,百姓有什么愿望和要求,天都一定要满足他们。

在孟子的思想中,确实也有非常典型的民意论,他认为帝王要满足百姓的愿望和要求。孟子相信,"天视自我民视,天听自我民听",意思是说"天"看到的来自于老百姓看到的,"天"听到的来自于老百姓听到的。所以说,"王者以民为天,而民以食为天"(刘向:《新序·善谋下》)。君王满足百姓想要的就是符合民意,这是民众最大的意愿。为什么夏桀、商纣会失去天下呢?那是因为他们失掉了民心,失民心者就要失天下。反之,得民心者得天下。那么,该如何得民心呢?民心又是什么呢?民心就是老百姓所想要的,你要满足他们,老百姓讨厌的你不要给他们,这就是民意。纣王失去民心,就是因为不能满足人民的愿望,结果国家就垮台了。《孟子》书中记载了发生在邹国的故事。当时常常闹灾荒,但国家的仓库还是有粮食的,百姓却得不到救济。邹城的百姓中,年轻力壮的都逃难到他乡,年老体弱的则被抛尸荒野。可见,当时的政治是非常黑暗的。在邹国和鲁国的战争中,邹国有三十三名官员战死在沙场,但参战的民众都临阵逃跑了,邹国国君最后被老百姓抛弃了。《孟子》里面记载了统治者被人民抛弃的例子。如何治理国家,孟子提出了很多很重要的思想,其中最重要的思想就是仁政。

孟子认为如何施行仁政呢?关于仁政,我们大家非常熟悉了,这里不做具体阐述。在仁政思想中,首先是经济保障,所以孟子的仁政思想就是让百姓过上一种富裕充足的生活,在经济上为百姓的生活提供保障。在制度上的表现,就是实行井田制和"制民之产"(《孟子·梁惠王上》),经济上保证让老百姓安居乐业。百姓如果没有恒产的话,就没有恒心,就会违法作乱。这里并不是说人心有多坏,只是要指出当百姓生存不下去的时候,是什么事都可能会做的。老子说"民不畏死,奈何以死惧之"(《老子》第七十四章),意思是说,到了老百姓连死都不怕的时候,你再用死去威胁他对他就没有任何作用了。因为当一个人活不下去的时候,他会认为铤而走险是死,等着饿死也是死,但是为了生存下去,他可能什么事情都做得出来,这是很可怕的。同样,孟子在这点上也说,一定要让老百姓有生存权,能够很好地生活下去。可是统治者有时候却不管百姓的死活,特别是在自然灾难来临的时候。诺

### 第九讲 孟子的"王道"

贝尔经济学奖获得者阿玛蒂亚·森研究灾害和饥荒的问题，他的研究为什么能够获奖？其中一个原因就是他关注到了灾荒和人事的关系问题。在世界历史上，发生灾荒的地区大多数并不是因为缺少粮食，在很多地区粮食仍然是可以保证的。灾荒之所以发生，主要是因为别的地方不能把粮食拿出来供应给灾区，从而使一个地区的人大量死亡。就像冯小刚的电影《一九四二》里面讲的，当时在河南郑州还是有很多粮食的，但是大量的灾民却被活活饿死。其实，自然灾难在某种意义上是天灾，但在另一种意义上也可以说是人祸。统治者在自然灾难面前如何作为，能不能好好地救灾便是孟子考虑的仁政的内容之一。孟子说："狗彘食人食而不知检，途有饿莩而不知发；人死，则曰：'非我也，岁也。'是何异于刺人而杀之，曰：'非我也，兵也。'"意思是说，狗和猪都吃人吃的东西却不加检讨，路上有很多饥饿的人都死了而不打开仓库赈灾，人死了，统治者却说，这不是我造成的，这是自然灾害造成的，这种说法与一个人拿着匕首把人杀了，然后说这不是我杀的、是兵器杀的说法有什么区别呢。由此我们也需要检讨一下，是不是我们人事上做得不够。

### 三、国际交往之道与正义干预

最后谈谈如何开展良好的国际交往之道。孟子曾提出"以大事小"和"以小事大"(《孟子·梁惠王下》)的说法。这里的"大""小"是指大国和小国。大国与小国面临的问题是不同的。针对不同国力的国家,孟子提出了不同的外交方法。我们知道,现在全世界有二百多个国家,大小都非常不同,有的国家人口少至一万人,甚至是几千人,这种国家单靠其自身的军事力量难以生存下来。小国在大国面前如何保护自己?主权冲突的解决要靠国际法。现代国际秩序的维持主要就是依靠国际法,国家不分大小都具有主权,也都要承担国际义务,所以小国受到大国侵略的时候可以诉诸国际法。

在现实世界里,国与国之间的关系是非常复杂的,除了用国际法来解决国际纠纷以外,更现实的考虑是国与国之间的平衡,所以从"二战"以来国际关系方面广为流行的是"均势论"。这种理论倡导国与国之间应当维持平衡,把矛盾降到最低点,这是大国之间的力量均衡。为什么美国那么担心中国崛起?因为他们担心中国的崛起会打破过去的"均势"。其实,国家间的"均势"在现在的情势下应该被重新塑造。在孟子的时代,国际关系里有很多小国,也有很多附属国,它们该如何去做呢?齐宣王问孟子:"交邻国有道乎?"问孟子有没有方法,孟子回答说:"有。惟仁者为能以大事小。"大国为什么还要"事奉小国"呢?大国虽然大,但是对小国应该像对待兄弟一样去爱护他、关心他,他才会从内心里尊敬你,这就是"以大事小"。大国不能自大,即使是霸主也不能动辄就对邻国发号施令。孟子说的"以大事小",就是在强调大国对小国的仁爱和关怀。

## 第九讲 孟子的"王道"

小国面临大国应该怎么办呢？孟子说："惟智者为能以小事大。"他举了"大王事獯鬻"和"勾践事吴"的例子。勾践卧薪尝胆是一个权宜之计。在大王事獯鬻（当时北方的少数民族猃狁）的例子中，大王就是周先王古公亶父。所以孟子讲有仁爱的国家是以大事小，有智慧的国家是以小事大。当时处在大国之间的小国有很多。滕国临近齐国，齐国要筑薛城，薛城离滕国很近，滕文公非常害怕，怕此城筑起来会危及滕国，他直言"吾甚恐"。（《孟子·梁惠王下》）孟子告诉他不用担心，接着便仍然以大王的例子来劝导。他说，周当时受狄人的侵犯，大王不想发生冲突，就将自己的部落迁走了。当时是"非择而取之，不得已也"（《孟子·梁惠王下》）。大王没有办法，如果他不迁走，就面临一场残酷的战争，结果不可预测。他不能让自己的人民白白牺牲，所以当时他让步了。有人说你不能迁走，这实在是屈辱。那时候地广人稀，没有开发的地方很多，可以流动，不像现在没地方迁了。现在没法举国迁移，面对同样的情况要么就是战争到底，哪怕灭亡，要么是投降而被兼并、吞并。滕文公说，滕国是小国，要竭力事大国，仍不免于被兼并，该如何是好呢？孟子告诉他，只要把小国治理好。最后，如果非得决一死战，老百姓会愿意为你战斗的；你若治国无方，老百姓则不愿意为你战斗。孟子说，宋也是小国，现在行王政，齐国和楚国都想讨伐他，但不用怕："苟行王政，四海之内皆举首而望之，欲以为君，齐楚虽大，何畏焉？"（《孟子·滕文公下》）孟子说，你一定把国家内部治理好，国家内部治理好了,遇到外敌的时候是可以去抵抗的。也就是说,对外的抵抗力来自于内部的治理状况。

孟子有一句名言,叫"仁者无敌"(《孟子·梁惠王上》)。有人说,仁者无敌是指一个有爱心的人没有任何敌人,就是四海之内皆兄弟。佛教讲慈悲为怀也是指没有敌人。这都太高明了。可是孟子讲的"仁者无敌",不是这个意思。孟子这句话是说"仁者"是不可战胜的。梁惠王说别的国家那么强大,我现在东败于齐,我的长子也死了,"西丧地于秦七百里,南辱于楚"(《孟子·梁惠王上》),对此我个人感觉非常耻辱,我想把我的人调动起来为他们洗刷耻辱,我如何去做。前面讲到,梁惠王内政治理不好导致接连战败,本来是个强国都战败了,所以他想让孟子帮助他。孟子给他提出的办法就是施行"仁政",把国内的人民治理好,让老百姓过上好的生活。你只要把内政做好了,自然就"仁者无敌"。可是梁惠王做不到。他老想一战之下把邻国兼并了,可是无所依凭。孟子说内政是最重要的,在内政的治理上,依靠天时不如依靠地利,依靠地利不如依靠人和。"仁者无敌"主要靠"人和",在于赢得民心,即"天时不如地利,地利不如人和"(《孟子·公孙丑下》)。固若金汤但最后还是被攻破,其原因何在?这就是孟子说的"得道者多助,失道者寡助"(《孟子·公孙丑下》)。

"人和"就是天下的人、一个国家的人跟君王完全是同心同德的,这样他就会战无不胜。孟子说武王伐纣这一战争很惨烈,血流成河,到最后竟把木头都漂起来了,这是《尚书·武

## 第九讲 孟子的"王道"

成》里面记载的。因此,孟子就产生了一个疑问,既然"仁者无敌",那么为什么纣王的军队还有那么强的抵抗力? 他没有想到纣王收买了很多人,这说明《尚书·武成》的记载是不准确的。在孟子看来,仁者之师征伐无道者,敌兵必然是望风而逃的。因为人人都不愿意再为国君战斗了,所以军队一去,老百姓都夹道欢迎,他们放弃为国家效力了,因而征伐者就不战而胜了,这就是孟子的著名思想——"仁者无敌"。再回到国家治理和国际正义问题上来。在内部治理方面,孟子认为如果统治者不关心他的人民,实施暴政,那么人民有反抗权,来反抗暴政。这就是朱元璋不喜欢《孟子》一书的原因之一,他授意把《孟子》一书中挑战君主权威的思想都删掉了。孟子主张人民的反抗权,是一种革命思想,它同"汤武革命,顺乎天而应乎人"(《周易·革卦·象辞》)的思想是一致的。

儒家给人的印象更多的是维护已有的秩序和名分,但这是建立在秩序和名分正当的基础上的,否则,儒家就用另一种激进的革命思想来重建政治的合法性。孟子认为汤武革命是正义的,它是中国历史上革命正当性的一个见证。有人说这是孟子的不对,他鼓吹造反的理论。问题是,政治失去了民心,失去了合法性,人民有没有反抗暴政的权利? 相对来说,孔子比较注重名分,强调君臣之间的名分,不可轻易颠覆。与之有所不同,孟子强调人民有反抗权,认为对于一个实行暴政的邪恶者,人民有权起来推翻他。因为在这样一种统治下,人民的生命权、财产权、自由发展权都得不到保证。这样的政权实际上失去了合法性，人民可以抛弃无道的君主。所以，孟子说，武王伐纣不能叫弑君："闻诛一夫纣矣，未闻弑君也。"孟子对齐宣王说，如果一个臣子把他的妻儿托付给朋友，他到楚国去了，等他回来的时候，他的妻儿都饿得不成样子，你如何看？齐宣王说，这个臣子的朋友肯定不好，要把他抛弃了。孟子接着说，如果"士师不能治士，如何？"齐宣王说也把他抛弃了。最后，孟子说，如果一个国家"四境之内不治"，怎么办？结果是"王顾左右而言他"。（《孟子·梁惠王下》）齐宣王讲到这里就没有接着讲了。在他看来，前面的都可以抛弃，但最后讲到他自己的时候，他就觉得一个国家治理得再不好，也不能把我国君抛弃掉。

不仅人民对暴政具有反抗权，孟子还认为，一个好的国家和政府有干涉权，即帮助另一个国家的人民使他们从暴政中解放出来。这是现代性人权与主权的关系问题。英国人说人权高于主权。我们则说，一个国家不能去干涉另一个国家的主权。由此便产生了人权和主权的矛盾问题。孟子站在人的生命权和发展权的基础上，认为一个国家如果对内行暴政，人民无法忍受，不再接受统治者的时候，外国的人道干预是可以的，也就是说，一个正义的诸侯国出于人道和正义的目的，是可以征伐那个无道国家的。他举例说，比如汤、武征伐的时候，被伐国的老百姓都很欢迎他们。当这个国家还没有来的时候，他们就说你赶紧来帮助我们吧，你们怎么来晚了。我们在受苦受难，生活在水深火热之中，你们怎么先跑去帮助别的

## 第九讲 孟子的"王道"

国家。现在我们说,一个国家有它的主权,你不能随便进来。孟子却说,当时人们就怕你来得晚了,这点非常激进。当时的民众期待外国干涉,"若大旱之望云霓也"(《孟子·梁惠王下》)。这是因为,你有暴政,所以外面来帮助时,人民是欢迎的,"皆举首而望之""君子实玄黄于篚以迎其君子,其小人箪食壶浆以迎其小人,救民于水火之中"(《孟子·滕文公下》)。大家都拿着水果、食品去欢迎仁义之师的到来。

在孟子看来,内政不好,人民便可以推翻暴政。外国如果出于人道正义而不是自身利益的考虑来帮助,也是非常正义的,这就是他的干涉思想。当时,燕国发生内乱,齐王问孟子,齐国应该怎么办。因为在之前,燕国攻打过齐国。齐国不能只想着报仇,他应该帮助燕国恢复秩序。我们现在也说恢复秩序,叙利亚现在没有秩序,怎么恢复秩序?燕国失去秩序了,燕王禅让,他不做王了,他要禅让给大臣,最后燕国大乱。齐王问孟子要不要去,孟子说可以去,最后齐国把燕国占领了。其他的国家都觉得齐国太大胆了,他竟然把燕国占领了,其他国家要联合起来攻打齐国,这时候齐王非常害怕,又问孟子怎么办?孟子说很简单,你问问燕国人民愿不愿意你留下,燕国秩序恢复了,你就赶紧走,赶紧撤兵,赶紧把燕国的国王扶植起来,不要占据它的财富,不要占据它的土地。

大家知道,国家主权的完整性表现在对内有一套高度统一的国家法律体系,对外则保持高度独立的地位,这是民族国家最重要的两个特征。当时的主权国家,基本上也是有界限的。孟子提出这样的建议：正义的干涉是需要的，你不能去掠夺土地，抢夺人口，掠夺财富，你要靠"仁政""王道"的精神去帮助这个国家，不能有私心、私利，这一点是非常明确的。这种思想在孟子讲干涉主义的时候确实也有体现。简单说，人道干预如何才是合理的呢？孟子的原则是："以力服人者，非心服也，力不赡也；以德服人者，中心悦而诚服也。"（《孟子·公孙丑上》）所以，你一定要靠你的人格、道德方面的影响，让别人在内心里接受你，并对你心悦诚服。换句话说，就是要以德胜人、以德悦远，用美德吸引世界各地的人，让附近的人都非常快乐，让远处的人都愿意到你的国家来，所以孟子说要用善和仁义去治理人，人们才会心悦诚服。

最后，我们做一个总结。就国家的治理而言，简单说，单靠坚持正义是有限的，单靠壮大力量也是有限的。秦国在兴起的过程中，不仅靠霸权，它也有很多软性、弹性的政策，比如伦理道德它也有，秦简《为吏之道》讲的都是软性的伦理。但它主要是靠霸道而成为强国，统一了六国的。秦国统一后为什么在短时间内就垮掉了呢？那么大的帝国为什么十多年就瓦解了？汉代人总结秦国覆灭的教训，说秦国过于追求强权，不讲仁义和道德，这是汉代人对它的概括。王充总结过韩非学说的缺陷，也总结了秦国人统治的缺陷，他最后得出的结论是，治理一个国家和治理天下要靠两个东西：一要养德；一要养力。养德是培养正义的价值，而养力便是发展自己的力量。这两个方面，一定要相互配合，缺一皆不可。（参阅王充《论

## 第九讲 孟子的"王道"

衡·非韩》)从这种角度来看,孟子也许过分地强调"养德",对于力量的发展他确实不够关心,因为他认为一旦强调利益就会引起争夺。这是我们对孟子国际正义观的一些讨论和总结。我们站在历史的立场上,站在现代国际关系立场上,要看到国家的发展一方面是一个力量自身的发展,另一方面也是国家正义的发展,只有这样,在国际秩序里一个国家才能得到国际社会的承认和尊重。

**思考题**

孟子王道思想对当代国际关系有何启示?

# 第十讲　孟子是如何成为亚圣的

徐洪兴

**内容提要**：儒学演变的线索；"孟子升格"的思想文化背景；"孟子升格"过程的具体展开；"孟子升格"原因简析。

在前面几讲中，老师们给大家讲的基本上都是围绕孟子思想本身展开的，如孟子思想关涉的各个层面，并给大家分析孟子各思想层面的理论价值和思想意义。从我现在开始（包括以后的几位教授），我们要跳出孟子思想的本身，进入"孟子学"的历史。孟子学在中国历史上已经存在有两千多年了，让我们进入历史的过程来看看孟子以及孟子思想对中国的影响。我今天讲的题目是——"孟子是如何成为亚圣的"。

## 一、儒学演变的线索

首先，我要给大家一个历史线索的架构，儒学的变化是怎么展开的。既然是线索，当然只能非常简短。

## 第十讲　孟子是如何成为亚圣的

我们知道,孔子创立儒家学派以后,他的思想学说开始以这里(即山东)为中心向全国各地逐渐传播开来。在孔子的思想中,有两个核心的价值:一是伦理思想,它的核心概念就是"仁";二是政治思想,它的核心概念就是"礼"。在过去很长一段时间里,我们把孔子看小了,仅仅把孔子看成是一个教育家。孔子当然是一个伟大的教育家,但孔子更是一个伟大的政治家和思想家。孔子最大的理想是什么？孔子最大的理想本质上和我们现在的理想并没什么太大的区别——构建一个和谐社会,让大家能够和睦团结、社会安定、民富国强,这就是孔子最大的理想。

孔子尽管很想为老百姓做事,很想治国平天下,但按汉朝人的说法,孔子只能做个"素王"。所谓"素王"就是"有王之德,而无王之位",即他个人的品德、能力完全可以做一个王,但他"命"里做不了"王"。当然这是古人的说法,古代的中国人大多相信"命"。从今天的观点来说,孔子为什么做不了官？这和孔子的性格脾气有关。孔子是个理想主义者,他有坚定的信念,坚持他的观点,不愿妥协,否则他可以做很大的官。孟子也是一样的,他如果与齐宣王妥协一点的话,可以做很大的官。就是说,孔子、孟子不是不会做官、不会赚钱,但是他们有自己的理想,不愿意不讲原则地做官、赚钱而已。

由此,孔子不得已从事教育活动。他"三十而立"后开始从事教育活动,一直到七十二岁去世,四十余年间培养了大量的弟子。司马迁在《史记》里说他"弟子三千,贤人七十有二"。这里的"三千"是个形容词,不是指实数,而是指许多的意思。总之,孔子培养了大批的学生。孔子去世后,他的学生散到各地,有的做官,有的当老师。以后,他们各自渐渐形成了一些小的团体,据说共有八个小团体,所谓"孔子死后,儒分为八"。这些团体对外是一致的,但是他们互相之间也有一些内部的观点分歧。实际上,孔子并没有刻意要去创立一个学派,是别人把孔子培养出来的学生,包括学生的学生,这么一群人叫作"儒家",可以说儒家学派是自然生成的。

孔子是春秋后期的人。大约经历了一百多年的过程,到了战国,儒家内部的八派经分化、重组、积淀,逐渐形成了两个大的系统:一系以孟子为代表;另外一系则以荀子为代表,荀子比孟子大约晚了二三十年。这以后,整个儒家就以这两系的思想交替对中国社会产生重大影响。概括地说,孟子这一系偏重于孔子思想当中的"仁"。孔子讲"仁"还多是从人的道德问题着眼,即怎么做人,但是孟子把这个"仁"引到了政治领域乃至整个社会管理领域,提出了"仁政"的思想。换句话说,"仁"不仅仅是个做人的问题,治理国家也需要有这个思想。当然孟子也注意"礼"这个层面的东西,但相对来说偏重于孔子的"仁"学。荀子则偏重于孔子的"礼",注重礼法典章制度,所以荀子这一系后来有向法家延伸的趋势,法家中的两大重要人物——一个是韩非子,一个是李斯,他们都是荀子的学生,这不是偶然的。再按传统的说法,荀子一系比较讲究经典,儒家经学的发展与这一系关系较密切;而孟子一系比较注

## 第十讲　孟子是如何成为亚圣的

重义理,强调儒家的哲学,儒家的心性之学与这一系关系很大。

我们知道,孟子晚年周游列国,到过魏国,与梁(魏)惠王有不少对话。梁惠王死后,孟子又见了梁襄王,提出了"定于一"的思想。孟子可以说是战国中期较早提出全国要统一的思想家,因为当时战乱的不得了,不统一不行。就战国中后期的实际情况看,在当时的七个大国——"战国七雄"(齐、楚、燕、韩、赵、魏、秦)中,齐国统一中国的可能性最大。孟子曾长期客居齐国,他的目的是想说动齐威王、齐宣王,用"仁政"来统一中国。但是这两个王都不听孟子的劝说,尤其是齐宣王,态度很好,虚心接受孟子的说法,但就是坚决不做。最后孟子气得不得了,一怒之下就回老家——回到邹城来了。孟子的"仁政"理想没能实现。众所周知,最终统一中国的是当时"七雄"中相对落后的国家——西边的秦国。

为什么秦国能统一中国呢?是因为秦国用了法家,用了商鞅、韩非子、李斯的那套思想。法家思想在当时以严肃、残酷甚至恐怖出名,但在当时那个特定的时代却最能"对症下药"。当时是个乱世,社会就如一团乱麻,一个大"死结"。孔子、孟子打不开这个"结";老子、庄子也打不开这个"结";墨子也打不开这个"结",诸子中几乎没人能打开这个"结"。法家出来了,给它来个"快刀斩乱麻",这个结不是打不开吗?"咔嚓"一刀把它切了,这就叫作"乱世用猛药"。有用吗?有用。你必须听话,你不听话我就宰了你!简单粗暴,但很有效。所以最后秦王嬴政统一了中国,是大家都没想到的。照理最强大、最发达的地方应该在这里,在山东。然而在关中那边出来一支人马居然把中国统一了。这说明,儒家虽然在社会层面影响颇大,但当时的那些最高统治者并不想用它。

法家思想帮助秦始皇统一了中国,但是法家思想有很大的副作用,因为它太残忍了,打天下可以,守天下却不行。所以,秦王朝建立仅十多年就灭亡了。什么原因?就是太残忍了,恐怖统治把老百姓都逼到绝路上去了,最后陈胜、吴广在大泽乡起义,全国人民一下子把秦朝推翻了。秦朝这么强大,被几个农民造反就搞垮了?不是的,底下的老百姓早就怨声载道了,只是没找到机会,整个社会遍布了反抗的"干柴",陈胜、吴广只是两片火星,干柴烈火,全国一下子就烧成"火海",秦朝也就被灭了。

秦王朝被推翻后,又经过一场混乱的厮杀,刘邦最终打败项羽,建立了西汉王朝。那么,汉高祖刘邦采用什么思想来指导政治呢?很遗憾,他也没有选择儒家,他选择了道家。他看法家不行,秦王朝统治才十多年就灭亡,绝对不能再用法家了(至少表面上)。但他还没看上儒家,认为儒家讲的"仁义道德"那些东西不管用,所以他采用了道家的思想。当然这个道家和老子、庄子的道家不完全一样,这个道家是山东的道家,靠近山东滨海地区的,就是齐国"稷下学宫"中集聚的一批道家学者的思想。过去讲道家就讲老子、庄子、楚文化,实际上那是不全面的,因为还应有讲政治术的道家,即稷下的黄老

### 第十讲 孟子是如何成为亚圣的

学。最近几十年来考古发现了很多新东西,使我们对汉初黄老学有了较大的新认识。考古发现的《黄帝四经》就属于道家学派,汉高祖就用这个思想来指导其统治。这个思想在当时也是有效的。为什么呢？因为经过春秋战国、楚汉相争的长期战乱,当时国家的经济基本上崩溃了。国家财政匮乏,老百姓生活更是苦不堪言。国家在这个时候如用儒家思想,建立起一套完整的体制、法制,按常规行事,那恐怕行不通。所以刘邦采用了道家的"无为而治""休养生息"这一套思想,首先要让社会恢复元气。这在当时也不失为一个办法,所以就这样过来了。

"无为而治"的黄老思想帮助汉初政府渡过了难关。但随着时间的推移,老问题虽然解决了,新的问题又出来了。第一是外患,汉初的国防不行,西北边境的匈奴隔三岔五地来打你一下,过来抢你的粮食财物,抢你的女人。所以国家需要有强有力的武装力量才能保卫自己,这一点"无为而治"就做不了。第二是内忧,当时的地方上各打着自己的小算盘,中央管不了。地方上权力太大,可以自己铸铜钱,财政权不在中央而在地方;地方自己可以组织军队,不听中央调遣,地方又有兵权;地方官员不是中央任命的,人事权也在地方上。财权、兵权、人事权都给地方了,中央就被架空了。这个情况如果不扭转过来,中国就会分裂割据,第二个"战国"又要出现了。所以,西汉王朝建立大概八十年后,出了个汉武帝,他开始要削弱地方权力(实际从汉武帝父亲汉景帝时就已经开始),强化中央集权,并进而对匈奴宣战。这里当然有许多的历史故事,我们不去多说。我想大家都知道,汉武帝有一个重大的政治举措,叫作"罢黜百家,独尊儒术"。从这时起,儒家的思想开始成为指导政治的第一思想。这以后,儒家思想逐渐成了中国的主流思想,它的影响范围不断扩大,已不仅仅是儒家学者所坚持的一套思想主张,而是得到了中国人的普遍认同,成为中华民族的共同文化,当然这是慢慢形成的。

汉武帝"罢黜百家"后,儒家开始受重视。但受到当时官方重视的主要是荀子一系,而不是孟子的学说。孟子一系当时主要在民间,搞搞教育。从汉朝到唐朝,基本上官员系统是从荀子这一系下来的,他们主要的是以经学为主,经学就是以研习儒家经典为主的。儒家的经典一开始是"五经",后来逐渐增加为"七经""九经""十二经""十三经"。

孟子这一系要到什么时候才开始被重视呢?孟子从一般的儒家学者一跃成为儒家的"亚圣",《孟子》从普通的儒学著作一跃而成为经典,是从宋朝开始的。宋、元、明三朝,孟子一系的思想开始受到当时政府的重视。历史上有名的儒家学者如北宋的周敦颐、二程兄弟和张载,南宋的朱熹、陆象山(陆九渊),再到后来明朝的王阳明等,这些人的思想学说基本都属于孟子这一系的。

历史发展到清朝,荀子这一系又开始抬头,出现了清儒。清儒的学术线路与宋明的儒者不一样,想走经学的路数。但清儒发展没完成就中断了,他们第一个高峰是在清朝的乾隆、

### 第十讲　孟子是如何成为亚圣的

嘉庆年间,学术界称之为"乾嘉学派",也就一百来年的时间,后来就没有发展下去。为什么呢？因为中国的历史在这时拐了一个大弯。嘉庆的儿子是道光,大家应该知道,道光年间鸦片战争爆发了,英国人的兵舰开过来了,在中国门上打了五个大"窟窿",把它的东西强行塞了进来。中国开始面临一个新问题,全体中国人都必须面对西方的文化,中学和西学之间的斗争成为当时思想学术的主流,这个斗争贯穿于中国近代的历史中,到"五四"时期提出"打倒孔家店"则达到一个高峰。

一直到20世纪30年代开始,儒家思想才开始渐渐复苏。那时,有一些学者提出中国要现代化,要学习西方,但是中国的根还在老祖宗那里,"周虽旧邦,其命维新"。西方的好东西我们要学,但中国人不可能变成外国人,我们要重新回到中国的文化上去,回到孔孟那里去。这批人后来被称为20世纪第一代的"新儒家",如熊十力、梁漱溟、冯友兰、贺麟等。当时,还有一个时代背景要注意,那就是抗日战争的爆发,"新儒家"的出现也可视为是民族意识的一种自我觉醒。1949年后,第一代新儒家培养的学生许多人跑到香港、台湾去了,有的甚至跑到了美国或欧洲,成了"海外新儒家"。

1949年,新中国成立了。当时我们有一个错误的判断,即认为儒家思想总体上是不好的,它代表着剥削阶级,宣扬的是唯心主义和封建迷信,孔子、孟子能够肯定的主要是他们教育上的成就。因此,1949年后我们中小学教材里面,孔子、孟子的教育思想讲了一些,但其他东西都不讲了,认为那些东西不好。后来越变越厉害,最后到"文革"的"破四旧""批林批孔"达到高潮。儒家思想被说得一文不值,孔子被贬称为"孔老二"。

"文革"结束后,改革开放,拨乱反正,思想学术界开始用"实践是检验真理的唯一标准"来重新评价儒家思想,一步一步纠正我们过去片面和错误的认识。这样下来三十余年,到今天,我们认定,儒家思想中尽管有一些东西不适合时代要求了,但不能否认里面还有很多优秀的东西。我们中华民族有不间断的五千年文明,如果我们老祖宗的东西都如以前所说是反动的、唯心主义的,我们中华文明能持续这么久吗?能有这样灿烂的文明吗?这里面肯定有许多优秀的精神性的东西支撑着她。这种东西今天依然有用,到将来还会有用。

## 二、"孟子升格"的思想文化背景

以上我给了大家一个从孔子直到今天儒家演变的轮廓,这是儒学两千五百年来的发展的基本线索。那么,在这个演变的过程中,"孟子学"的情况又怎么样呢?我们得回到汉武帝那里。

汉武帝"罢黜百家,独尊儒术",这是中国最高统治者的第三次选择,这次算是选对了。儒家思想在兵荒马乱的乱世中,很难发挥它的功能,但在国家机器正常运转情况下却是非常有效的东西。为什么?因为儒家思想跟我们古老文明的连续

## 第十讲 孟子是如何成为亚圣的

性比其他任何一家都强。当代哲学家李泽厚先生有一段话讲得不错,我把它引过来:"比较其他各家,儒家与中国古老的经济社会传统有更深的联系,它不是一时崛起的纯理论主张或虚玄空想,而是以具有久远的氏族血缘的宗法制度为其根基,从而能在家庭小生产农业为经济本位的社会中始终保持现实的力量和传统的有效性。儒家一贯强调'孝悌'是立国之本,强调作为社会等级的伦常秩序的重要性,总是非常有用和有效。"所以,汉武帝是选对了。秦始皇第一个统一了中国,汉武帝则为中国社会定了一个基调。这个基调用了两千多年,格局基本没有大变,任何外来的风吹浪打都改变不了它。

回到我们的主题。国学大师陈寅恪曾说过:"中国自秦以后,迄于今日,其思想之演变历程,至繁至久。要之,只为一大事因缘,即新儒学之产生,及其传衍而已。"陈先生说的这个"新儒学",就是以孟子学为核心的宋明儒学。

随着东汉王朝瓦解,中国的思想格局出现了很大的变局。变化从内部来说,是中央政权瓦解了,管不住其他思想了,道家、墨家、法家等思想都冒了出来。当时最有影响的,当数原先被压下去的道家思想又渐渐复苏了,其代表就是道教开始成型和魏晋玄学的兴起。这还是次要的。更重要的是当时的中国开始面临一场文化的危机,中国人碰上了一个强大的外来文化,这个外来文化就是佛教。这是中国人以前没碰到过的东西,就好像我们在鸦片战争后碰上了西方文化一样。

两汉以后,中国历史进入魏晋南北朝,那是中国社会继春秋战国后的第二个乱世。从魏晋南北朝到隋唐时期,已经在汉武帝时建立起来的儒家思想文化传统遭到前所未有的挑战。北宋有个学者叫张方平,他有一句总结性的话,话虽简单,但说到了点子上,他说:"儒门淡泊,收拾不住,皆归释氏耳!"

大家知道,儒家讲的大多是我们日常生活中的事情,是很平常的东西,也就是所谓的"孝悌忠恕""诚实守信""礼义廉耻""修身养性"等思想。如在家里对父母该怎么样,在单位里和领导、同事之间关系怎么处,在社会上和普通人怎么打交道,做生意应该怎么做等等,这都是些"淡泊"的东西。中国人讲究实在,很平实,脚踏实地,不来虚的。现在碰到了佛教,一下子让中国人懵了,它跟你讨论的是一些在这个世界上看不见、摸不着的东西,如什么叫死亡?有没有另外一个世界?古往今来,人大多有个毛病,你说点真实可信的东西,大家反而听不进,你说点云里雾里的东西却很能吸引眼球。举个例子来说:我讲人要吃饭才能活,你认为我在讲废话;我讲不吃饭也活得很好,你却尊称我"大师"。为什么?因为你不吃饭还可以活,一定有什么大本事(最近几年我们揪出不少这样的"大师")。儒家讲的东西主要是些日常生活中的道理,就被认为太平淡无奇了,人人都知道,不吸引人。反而佛教讲的那套东西能吸引人,因为以前没听到过。比方说,佛教讲有两个世界,一个在"此岸",一个在"彼岸";人的生命是"轮回"的,所以人是没有什么死亡的。过去儒家对这个问题讲得非常平

### 第十讲 孟子是如何成为亚圣的

实。孔子的学生子路问老师如何去侍奉鬼神,孔子回答:"未能事人,焉能事鬼?"我活人都没伺候好,没工夫去伺候鬼神。子路又问死亡究竟是怎么回事,孔子回答:"未知生,焉知死?"活的事情我还没想明白,死的事情我们暂时不讨论。孔子的另一个学生子贡问老师,人死了以后是不是会到另外一个世界去?孔子很幽默地回答他:这个问题,等你一死马上就可以知道了。孔子的意思是这个问题你问我没用,我告诉了你也没法证明。孔子的思想倒也不是什么无神论,他只是想强调这种问题是不能刨根问底的。道家的庄子曾说过一句名言:"六合之外,圣人存而不论。""六合"就是四方(东南西北)加上下,即我们看得见、摸得着的世界,而"六合之外"是看不见、摸不着的,对"六合之外"的问题最好的办法是"存而不论"。孔子和庄子的思想,代表了我们古人脚踏实地的世界观和人生观,这是一种大智慧!

当然,佛教徒大多不这么看。他们认为,你们中国文化太浅薄了,儒家的思想、道家的思想都太浅薄了。唐代有个和尚叫宗密,他写了《原人论》,里面说我们中国文化,"只知近则乃祖、乃父传体相续,受得此身;远则混沌一气,剖为阴阳之二,二生天、地、人三,三生万物。万物与人,皆气为本。"这是说,我们中国人就知道,我是我父亲生的,我父亲是我爷爷生的,依此类推,我就这么来的。再说远点最多是混沌元气,混沌元气里含着阴和阳两个部分的气。而天下万物就是这阴阳之气生出来的,气是一切东西的本。中国人只会讲气,"不知空界已前早经千千万万遍成住坏空终而复始。故知佛教法中小乘浅浅之教,已超外典深深之说"。这套东西在我们的小乘佛教中早已比你们说得好多了,我们现在讲大乘佛教你们就更没法比。你们中国最高明的学者如孔子、老子,你们最古老的经典《周易》,讲的东西跟我们佛教一比差远了。总之,你们这种东西不能和我们佛教相提并论,更不能和我们抗衡。

有个问题这里得提一下。我们中国古老的经典《周易》里面讲天、地、人"三才"之道,其本质都是"气"。古人认为,世界上的一切都是由气构成的,最初是混沌元气,混沌元气里面内含着阴和阳两个部分。而万物就是阴阳和合而成的,即一切东西都是由阴阳构成的。过去我们简单地把它叫作封建迷信,那是不对的。这实际上是中国最原始的物理学,古人就用这个观点来观察、描述这个物质世界。尽管这与我们现代科学有很大距离,却也是古人观察世界的一个"窗口"。我们古人说的"气",用今天的话说就是最小的、已经不可分割的物质。气这个东西看不见、摸不着,但也是一种物质,如空气,看不见、摸不着,但也是物质啊!所以说中国古人都是唯心主义是错误的,古人讲一切由"气"构成,那恰恰是在讲唯物主义。古人认为,世界最基本的东西就是气,这个混沌的元气化为阴阳二气,阴阳二气再变成五行之气,五行之气和合就成了这个世界。当然,你现在可以认为这个观点有许多不足之处,但不能简单地把它当作是一种迷信,这是我们老祖宗在描述这个世界的来源,是一种原始的物理学。这东西管用吗?管用。

## 第十讲　孟子是如何成为亚圣的

我们老祖宗几千年来都靠这个来处理物质世界,生产、生活都靠这个东西,他们不也活得挺好,创造了那么多灿烂辉煌的奇迹。你现在的认识可能比他们深了几层,但不能因此就否定他们,如果几千年后我们的后人也否定我们现在的认识,说是"迷信"什么的,你会做何感想呢?

再回到主题。按照佛教的观点,世界是什么?世界是虚妄的,是个"空",它是你的心产生的,这叫"境由心造",所以是"万法唯心"。你看得见、摸得着的东西实际是种幻象,是你的心在"执着",执着也叫"无明"。所以,我们必须要破掉这个"无明",达到超脱,超脱在佛教那里就叫作"涅槃"。

佛教的理论当然不是我三言两语那么简单,它有很完整的一套逻辑体系,在它自己的逻辑中也能自圆其说。但它说的东西很难为我们中华传统文明所接受。因为我们的老祖宗始终把这个世界看成是一种"有",是一个真实的世界,它是"生生不息""大化流行"的,即没有怀疑过这个世界存在的客观性和合理性。现在佛教提出的理论,对我们中国人来说就是个挑战,它说这个世界是"空"的,我们人也是"空"的,我们中国人能接受吗?不能接受的。就好像西方人讲有个"上帝",中国人觉得不能接受一样。这倒不是说印度的佛教或西方的基督教一无是处,他们有自己的文化根基,从那个根基里会引出那些思想,而他们提出的问题也是人类必须要思考的。只是我们中国文化的根、文化的基因接受不了这套说法,所以就势必会产生两种文明的冲突。佛教那套东西实际很不简单，它有一套完整的理论，按照恩格斯的说法它是一套精致的唯心主义体系，它并不是胡编乱造的。你听到胡编乱造的东西是不会相信的。佛教的理论一环紧扣一环，进入了它的逻辑还很难跳出来。它一上来先不与你讨论社会的问题、做人的问题，而是先讨论这个世界究竟有没有，我们人能不能认识世界，你认识的这个世界在多大程度上是真实的，这个世界是动的还是静的等一系列很抽象的哲学问题。这些问题绝不要看轻了，因为这是最根本的、最高存在的问题，是世界的本原问题。而我们原先的传统文化中这块东西是缺失的。为什么呢？我刚才讲过了，我们的文化过于平实淡泊。孔子开创的儒家，它是把血缘、伦理、亲情作为一个出发点延伸出去的，孔子以后的儒家主要讲的是齐家之学、治平之术。儒家学说面向人生，重在伦理、重在教化、重在做人，所以它构建了一套价值规范，同时在这一套价值观念上建立起政治的、伦理的制度，我们人人都生活在这么个世界当中。在以往的儒家学者中，讨论哲学最深的应该是孟子了，但是孟子的思想当时没有被人开发出来，因为孟子思想最核心的东西是一个"心"（这个我下面要讲到的），这个问题当时并没有引起人们的重视。当然，佛教没进入中国之前，不存在这个问题。但从两汉后，尤其是佛教进来后，中国人突然碰到问题了，对这个问题我们没把握、说不清，在我们原有的思想中找不到现成的答案去应对。这就说明我们整个文化价值面临了一个危机，你必须要回答这个问题，因为佛教提出来的问题必须要有回答，也就是

## 第十讲 孟子是如何成为亚圣的

对最高存在的问题做出中国人的回答,这个世界究竟是有,还是没有,你要回应佛教的挑战。你中国人讲这个世界是有的,就必须要论证这个有,即肯定这个世界的客观实在性。你肯定了这个世界的客观存在,这个社会就有意义了,做个好人也有意义了,儒家讲做人的伦理道德那套东西就全部有意义了。举个例子来说,你说我要做个好人;佛教说你人都是空的,做好人、坏人又有什么意义呢? 都是空的,你的根基没有了。我们要构建一个和谐的世界,佛教说世界都是虚妄的、是幻相,你又构建什么和谐世界呢? 它把我们现实的基础全部推倒了。所以千万不能小看这个问题,这个问题可大了去了。我们首先必须要肯定这个现实世界,肯定了这个世界是有的,那我们做个好人、构建和谐社会就都有了意义。这是个重大的理论问题,中国人必须要对这个问题做出自己的回答,要肯定这个世界的客观实在性,肯定现实社会秩序的意义,儒家那套理论全部有了落实的地方,仁义、礼乐、名教、规范的合理性全部呈现出来了,这个在哲学上非常重要,这是合法性论证。你的理论合法性来自于哪里,来自于这个地方。这样再转到人的道德修养、人性论,从这个地方出发讲修身养性,讲做个好人。否则的话,这个世界都没有,这个社会在哪里? 社会没有了,我们人到哪里去? 这个很厉害,它像剥笋一样,一层层剥,剥到最后却是空的,这是自我否定,把你给否定掉了。

佛教传入中国后,中国的学者一直也有反对的,但都不得要领,都是从表面形式上去反对。如说:你是外国人,我是中国人,"非我族类,其心必异"。这种反对在理论上先就站不住脚了,外国人讲的都错,中国人讲的都对吗?这没道理,人家一句话就可以把你驳倒了。再如讲:和尚出家不干活、不纳税、不服兵役,铺路修桥、保家卫国的人没有了。这在表面上看没错,但没讲出和尚为什么会出家的原因。佛教讲,你们儒家也不错,但儒家是外在的,你们儒家是表层性的东西,儒家没有佛教的修心,我们佛教主内,你们主外,这是分工不同。你怎么回答?儒家学者在长期与佛教的辩论中渐渐体会到,我们一定要对世界有没有这个最高的、最基本的问题做出明确解释,要站在和佛教一个平面上对话,站在下面讲不解决问题。所以,从中唐开始中国的思想开始出现一个重大的转换,这个转换就是要努力恢复儒家思想作为中国的主流价值,我们今天换了一个词叫"核心价值"。你的核心价值是什么?佛教许多说法都不错,如诚实、行善、慈悲为怀、助人为乐等,都很好,这些我们中国人都能接受。但关键的问题在核心价值,佛教的核心价值我们接受不了。我们要重新确立自己的核心价值,所以从中唐以后就开始出现了一个思想的转型过程。

## 三、"孟子升格"过程的具体展开

这个思想的转型过程从内外两个方面展开。

对外是"攻乎异端",即对导致儒学衰落的外部原因要进

## 第十讲　孟子是如何成为亚圣的

行清理。所谓外部原因,首先当然是佛教,其次还包括中国内部的道家和道教。道家和道教虽然不否定这个世界,但却认为这个世界没意义,很脏,我眼不见为净,躲起来,搞长生不老。它尽管没说这个世界不存在,但也在否定这个世界。于是就明哲保身,躲进深山老林去炼丹、练气,虽然也生活在这个世界上,但却是不食人间烟火的"神仙"。儒家思想历来强调要进入这个社会中,有家有国,踏踏实实地做人做事。所以,当时的儒家学者认为佛道两家都要受到批评,当然主要批评对象还是佛教,因为佛教把这个世界最终全部否定掉了。另外,外部原因还有当时的写诗、写骈体文的浮化文风等现象。所以,当时的"攻乎异端"主要包括了批判佛教、道教,提倡古文运动等。

对内是"拨乱反正",这是针对儒家内部的。即认为儒学必须要更新了,要改变汉武帝以来儒家学者所看重的章句训诂之学。前面提到从汉至唐的儒学形式主要是经学,是荀子系统的东西。用这套东西来回应佛教显然不行,历史已经做出了证明。这就逼迫我们要重新发掘自己传统的文化资源,这个资源我们是有的,只是原先没被开发。我们要把这个资源开发出来,重新进行理论上的整合创新,所以当时这个思想转型,主要的目标就是重新恢复儒家的主导地位。第一要否定传统的经学,这是对原有理论架构、模式进行清理,要从章句训诂之学向义理之学转型。第二要对儒家经典的重要性重新定位。宋代以前,我们最注重的是"五经"——《诗》《书》

《礼》《易》《春秋》；从这时开始出现微妙变化，"五经"系统开始向"四书"系统转化了。宋代以后最被重视的儒家经典，变成了"四书"，即《小戴礼记》里面的《大学》《中庸》，代表孔子思想的《论语》，代表孟子思想的《孟子》。当然，可再加上《易经》中的《易传》部分。

大家要注意，《易传》本是《易经》中的一部分，《大学》《中庸》也是早已成经典的《礼记》中的两篇，《论语》在汉代就是经典，所以这个经典系统中，只有《孟子》不是。《孟子》这部书在宋代之前只是普通的儒家著作，不是经典。同样，孟子这个人在宋代之前也只是一个普通的儒家学者，至少在唐代以前孟子没有任何封号。唐代以前，孔子下来有"亚圣"，亚圣是谁？颜渊。所以当时不叫"孔孟之道"而叫"孔颜之道"。现在我们习称的"孔孟之道"，在中国历史上实际只有一千年的历史，在这之前都叫"孔颜之道"，或者再往上说叫"周孔之道"，就是周公和孔子。这里有细小而微妙的差别，不能忽略。我们现在笼统地把"孔孟之道"作为儒家的代名词，那实际是宋朝以后的事情。

孟子这个人和《孟子》这本书的地位提升，发生在唐宋之际，我们把它叫作"孟子升格运动"。即《孟子》这本书由一般的子书（中国古代书籍图书的分类四部——经、史、子、集，《孟子》一开始是放在"子部"的）变成了经典，它从"子部"跳过"史部"进入"经部"，由"子"入"经"，最后又进入最高层次的"四书"。孟子这个人的地位也不断上升，从普通儒家学者给

### 第十讲 孟子是如何成为亚圣的

加上了封号（孟子的第一个封号是北宋时加的，叫"邹国公"），以后有各种封号，最后到元朝封为"亚圣公"。孟子成了"亚圣"，"孟子升格运动"也最终完成了。

当然，更重要的还有理论的重新整合、创新，把传统儒家思想变成一套新的理论形态，这套理论既不违背孔子、孟子的基本思想，又能回答当下的问题。要把儒家的思想从一个注重人文日用的学说上升到哲学，上升到宇宙本体论的高度，成为一套理论体系。这套体系后来我们把它叫作"宋明理学"。宋明理学的出现，就是要完成儒学的改造更新这个任务。现在我们一般泛泛地讲儒学，儒学实际经历了几个不同阶段。第一阶段是原始儒家，代表人物是孔子、孟子、荀子。到了汉代，以董仲舒为代表，是儒家的第二阶段。到了宋元明，以朱熹、王阳明为代表，那是第三阶段。这里的内容十分丰富，没法具体讲，我们就说"孟子升格运动"。当然，"孟子升格运动"也很复杂，它也经历了好几百年，与之有关的人物、事件很多，我挑一些重要的给大家介绍一下。

第一个值得注意的是唐朝中后期的文学家，"唐宋八大家"之一的韩愈。韩愈本是个文人，为什么会重要？因为韩愈是当时排佛出名的人。唐朝时期，佛教盛行，大家应该听说过西安边上有个叫"法门寺"的，那可是唐朝皇家的寺庙。当时，西域有释迦牟尼的手指骨（舍利）进入中国，皇帝唐宪宗专门铺了红地毯，跑出几百里地去迎接佛骨，而那时首都长安城的百姓都疯狂得不得了。韩愈作为一个官员提出了反对的意见,写了《谏迎佛骨表》,说那是外国人的东西,中国人全部狂迷佛教的话中国要完蛋。唐宪宗大怒,要杀他,百官为他求情,最后总算没杀头,把他发配到了广东潮州,当时的广东、海南可不像现在是旅游风景区,那里远没中原发达,被称作"瘴疠之地",感冒、疟疾就会死人,朝廷充军发配把人都弄到那里去的。韩愈是一个坚强的民族主义者,他反对佛教有一套说法,他说:我们中国人有自己一套东西,是他首先提出了儒家的"道统"。认为儒家有自己的"道",道有个统,"统"就是古代纺纱用的统子,线头是从这里拉出来的。儒家道统最前面的是尧、舜,他排了一个道统的顺序:"尧以是传之舜……",舜传给禹,禹传给汤,汤传给周文王,周文王传给周武王,周武王传给周公,周公传给孔子,孔子传给谁?孔子传给了孟子。这个"道统"就是我们中国文化的根。但问题出在哪里?孟子死后,这个"统"断了。所以他认为"孔子之徒没,尊圣人者,孟氏而已。……孟氏醇乎醇者也"。他认为儒家中孟子学得最好,孟子才配得上是孔子的接班人,这个说法在当时算是很新的观点。因为大家知道孔子有七十二徒,如子路、子贡等等。有人问孔子你哪个学生最优秀,他说我最优秀的学生叫颜渊(颜子),可惜他命不好,活到三十来岁就死了。而孟子在这群人中是没地位的,但韩愈却说孟子最"醇"。为什么?因为在他看来,佛教能够进中国来,还这么猖狂,是因为孟子死了,这个"道统"中断了,没人出来阻止了。

他要证明为什么孟子最好,他说:孔子的道非常的广博,

### 第十讲 孟子是如何成为亚圣的

博大精深。他的学生不能全学到,"学焉而皆得性之所近",只能继承一部分,孔子全部的东西继承不下来。后来他们分散到诸侯各国去了,把学到的东西再传给他们的弟子。但孟子不是,孟子这个系统最正宗,是从孔子的学生曾子那里来的,曾子传子思,子思传给了孟子,"独孟轲氏之传得其宗",所以"求观圣人之道,必自孟子始",你想真懂孔子,跟谁学?跟孟子学。这是韩愈给定的性,当然有些儒家学者并不同意这个定性。其他人当然也是儒家,如荀子,但韩愈对荀子的评价很低,说他"择焉而不精,语焉而不详",即讲是讲了,但讲得不到位,因为荀子选的东西不够精准,讲了却没讲清楚。

除此之外,孟子还对儒家有大功,韩愈说:"扬子云曰:'古者杨、墨塞路,孟子辞而辟之,廓如也。'夫杨、墨行,正道废,孟子虽贤圣,不得位,空言无施,虽切何补?然赖其言,而今之学者尚知宗孔氏,崇仁义,贵王贱霸而已。……然向无孟氏,则皆服左衽而言侏离矣!故愈尝推尊孟氏,以为功不在禹下者,为此也。"他引用历史上大儒的说法来评价:扬雄说古代诸子百家很多,孟子奋起批评他们,孟子批杨、墨,把他们全扫清了。但是,孟子和孔子一样,虽然能力很强,贤圣而不登位,没做官,不能成为王,说得很好但没法实施开去。但今天的学者还知道尊重孔子、崇奉仁义,讲究王道,反对霸道,就靠孟子了。如果没有孟子,我们现在都变外族了。所谓"皆服左衽而言侏离",即穿着外族的衣服、说的都是外族话,中文都不会讲了。所以我韩愈最尊重孟子,认为他的功劳不比大禹治水差。

大禹治水救了中华民族,孟子也救了中华民族,否则中国完蛋了。可以说,韩愈这个人在孟子升格运动当中是个起点性的人物,他定了一个基调。后来宋代的儒者对韩愈的评价并不高,但在这点上都认可,没有一个人敢反对,他们认为韩愈这个说到点子上去了。

韩愈以后,"孟子升格"就具体展开了。唐末有个文学家叫皮日休,他很崇拜韩愈,用今天的话说他是韩愈的"粉丝",所以韩愈的思想对他影响很大。他向唐懿宗上奏,提出要把《孟子》这本书升格成经典。他说:"圣人之道,不过乎经;经之降者,不过乎史;史之降者,不过乎子。子不异乎道者,《孟子》也!舍是子者,必戾乎经、史。"他要把《孟子》从"子部"升到"经部",理由是你想真正懂中国的东西必须要读《孟子》这本书。当然,这只是他个人的愿望,只是一封奏书,并没有被当时的政府采纳。而那时唐朝已到了后期,天下已乱,没人有心思搞这个。接下来就是五代十国,又是个大乱的世道,老是打仗。

到了北宋前期,宋仁宗景祐五年,即公元1038年。当时,孔子第四十五代孙孔道辅。他是政府官员,职务是兖州知府(当时邹城隶属兖州府)。孔道辅在这里做地方官时,建立了孟庙。所以,孟庙建立的确切年代是公元1038年,当时还立了碑。这个碑我上次来孟庙时认真找了一遍,没找到,不知道

## 第十讲 孟子是如何成为亚圣的

还在不在？应该肯定有块碑的。[①] 写碑文的是当时山东的大儒叫孙复(字明复)，他当时在泰山上的"泰山书院"任教。孙明复在碑文中讲述了孔道辅建孟庙的经过："诸儒之有功于圣门者，无先于孟子。孟子力平二竖(指杨、墨)之祸而不得血食于后，兹其阙已甚矣！《祭法》曰：能御大灾则祀之，能捍大患则祀之。孟子可谓能御大灾、能捍大患者也。且邹昔以为孟子之里，今为所治之属也，吾当访其墓而表之，新其祠而祀之，以旌其烈。"意思是：对儒门的功劳，孔子之后谁也比不过孟子，孟子有排斥杨朱、墨翟等"异端"的大功，却没得到后人的祭祀，这里说的"血食"就是杀牲畜来祭祀，这说明制度的缺失已经很久了。古人祭祀法中有规定，谁可以受祭祀呢？这个人一定要有功于这个地方，有功于这个民族，他能够排除大灾大患，孟子就是这样的人。邹城这个地方是孟子的老家，现在是我的管辖范围，我这个父母官要找出孟子的墓来重建，建立孟庙祭祀，表彰他的功劳。后来，在邹城的四基山，他们找到了孟子的墓，重新修墓并建立了孟庙。这都是历史上发生在这里的事，已近千年了。孔道辅修孟庙虽然是地方官的行为。但非常重要，孟庙就是从这时开始出现的。

再往后，一批当时重要的儒家学者，纷纷出来表彰孟子，

---

[①] 作者按：在讲座后的第二天，邹城市文物局的同志带我到了"孟林"，找到了这块碑。尽管有点破损，但还很完整。文物局的同志告诉我，这是为了保护文物，迁到这里来的。

其中关键的有三个学派,一个是河南二程的"洛学",一个是陕西关中张载的"关学",还有一个与他们政治上对立的王安石的"新学"。这三派在当时都属于尊孟派。

程颢、程颐兄弟有大量表彰孟子的言论,文献很多,我不具体举了,只举几句有代表性的话,他们点出孟子的重要性。如说:"孔子没,传孔子之道者,曾子而已。曾子传之子思,子思传之孟子。孟子死,不得其传。至孟子而圣人之道益尊。"儒家之道传到孟子,后来就断掉了,这个观点不新,这个观点是韩愈在他《原道》中就讲过的。又如说:"圣人之学,若非子思、孟子,则几乎息矣。"孔子的思想如果没有子思和孟子的发挥传播,早就被淹没了,没有人再会知道。所以"孟子有功于道,为万世之师"。而且,孟子的功劳有的还超过了孔子。为什么?孔子只提出一些思想火花,是孟子把这些思想火花展开了,"孟子有功于圣门不可言。如仲尼只说一个'仁',孟子开口便说'仁义';仲尼只说一个'志',孟子便说出许多'养气'来。只此二字,其功甚多"。这些说法今天看来没什么,但在当时却是最新的,没人说过。

再看张载,也举两个材料证明一下,张载说:"古之学者便立天理,孔、孟而后,其心不传,如荀、扬皆不能知。"儒家讲天理良心,这是孔孟讲的,但孔孟以后这种思想不传了,荀子、扬雄都不行,不能知。所以"要见圣人,无如《论》《孟》为要"。想知道圣人就得读两本书,一本是《论语》,一本是《孟子》。"《论》《孟》二书于学者大足,只是须涵泳。""涵泳"就是沉浸

### 第十讲 孟子是如何成为亚圣的

在里面,即要反复地玩味和思考。

最后来看王安石"新学"派。王安石政见与二程、张载相左,但是在尊孟这点上他们完全一致。王安石也是"唐宋八大家"之一,诗、文都写得很好。我挑了他三首诗,都是与孟子有关的。第一首:"孔孟如日月,委蛇在苍冥;光明所照耀,万物成冬春。"认为孔子和孟子就如天上的太阳和月亮,照耀着这个世界,成就着万物。第二首:"沉魄浮魂不可招,遗编一读想风标。何妨举世嫌迂阔,故有斯人慰寂寥。"这是把孟子当作自己千年的知己,因为王安石变法,当时许多人不理解,骂他,他的压力很大,面对反对的声浪,他感到很有自信,认为孟子理解我,我是为老百姓干事,孟子会安慰我的。第三首:"欲传道义心虽壮,学作文章力已穷。他日若能窥孟子,终身何敢望韩公。"诗的起因是前辈学者欧阳修表扬他学问好、文章漂亮,与韩愈差不多了。要知道那时韩愈是最受人尊崇的,所以欧阳修对王安石的评价够高了。但王安石向来眼高过顶,在他眼里韩愈算什么?怎么能把我跟韩愈相提并论,我的目标是向孟子学习,这叫"他日若能窥孟子",即我的境界要达到孟子那样。言外之意,你这不是表扬我,而是贬低我,把我说小了。

当时最优秀的四个人基本上达成了尊孟的共识,但二程和张载是民间学者,没用的,而王安石是宰相,那就不一样了。二程、张载只能嘴上表彰一下孟子,嘴上说容易,人人都可以说。但王安石不仅说,而且有行动,他通过政府的立法程序,

这个厉害了。下面我列出一个时间表,这个时间表很清晰地说明了问题:

熙宁四年(1071年)二月,《孟子》一书首次被列入科举科目。

熙宁七年(1074年),立孟轲像于朝廷。

元丰六年(1083年)十月,孟子首次受到官方封爵,诏封"邹国公"。

元丰七年(1084年)五月,官方批准孟子配享孔庙。

政和五年(1115年),政府承认兖州邹县所建的孟庙,诏以乐正子配享、公孙丑以下十七人从祀。

宣和年间(1119—1125年),《孟子》一书首次被刻成石经,成为"十三经"之一。

解释一下:

熙宁四年(1071年)二月,《孟子》一书首次被列入科举科目。就是说原先科举考试中,《孟子》这本书是不在范围之内的,现在你想做官,你想参加科举考试必须读这本书,因为我们考试范围当中一定有这本书的内容。

熙宁七年(1074年),决定把孟子的画像放到皇宫朝廷,这也是一次重大的举措。

元丰六年(1083年)十月,孟子第一次得到政府正式封号,封号为"邹国公"。孟子本是个平民,没有封号,这叫追封、加封,孔子也是后来加封的,那是从汉朝开始的,孟子第一次加封在北宋元丰六年。

### 第十讲　孟子是如何成为亚圣的

元丰七年(1084年),政府正式批准每年祭祀孔子的时候孟子配享。孟子要放到孔庙里一起受祭,当然主祭是孔子,孟子是配角。现在成为一种传统,现在到孔庙里面去看,配享的有"四圣"——颜渊、曾子、子思和孟子。原先颜渊、曾子和子思是有的,孟子没有。现在加进去了。

政和五年(1115年),政府正式承认当时孔道辅在兖州邹县所建的孟庙合法化,变成国家的祭祀单位,原先孟庙属于地方性的,现在受到国家的承认,皇帝还下诏让孟子的学生乐正子、公孙丑等十七个学生配享。

到了宣和年间,那是宋徽宗统治时期,《孟子》这本书正式进入了儒家经典,成为儒家经典当中最后一部经典,儒家经典有个演变的历史。汉武帝"罢黜百家"一开始只有"五经",后来加了两部——《论语》和《孝经》。因为这两部经通俗易懂,小孩就可读,所以叫"兼经"。到唐朝变成了"九经",唐末又变成了"十二经"。到这时加上了《孟子》,最后就成了"十三经"。以后也有人提出要再加,但都没能成功,儒家经典的总数就是"十三经"。

以上这些都是王安石和以王安石为代表的"新学"派做的,所以王安石可说是"孟子升格"最大的功臣。二程、张载是哲学家,在理论上说说可以,但那是个人的思想学说,在民间可以有点影响,可要作为国家正式规定是不行的。而王安石所做的就是政府行为,他当时掌握了公权力。

"孟子升格"在北宋后期基本完成了,剩下只是锦上添花的事。到了南宋,孟子的地位已经不得了。当时出了个大儒叫朱熹,他八岁时读《孟子》,读到"人皆可以为尧舜"这句话,激动得不得了,下决心要努力读书成为一个"圣人",后来圣人虽然没做成,但至少可算是个贤人。朱熹他做了"四书"的阐释。"四书"是简称,注《大学》《中庸》叫"章句",注《论语》《孟子》叫"集注",合起来应该叫《四书章句集注》。到南宋后期,朝廷钦定朱熹的"四书"为官方之学。什么叫官方之学?方便说法也就是学生的公共教材,以后科举考试的试题内容和标准答案都在里面了。以后的元朝、明朝、清朝,一直到1905年光绪皇帝和慈禧太后联合下诏废除科举实行新式教育之前,朱熹的这本书始终是中国读书人都必须要读的。最后得提一下的是,到了元朝的至顺元年(1330年),政府正式封孟子为"亚圣公",孟子是到这时才成为"亚圣"的。

## 四、"孟子升格"原因简析

前面我非常简单地讲了"孟子升格"的过程,当然,在这个过程中势必会有人出来反对,而且可以说反对的声音还不少,但没起到太大的作用,因为"孟子升格"实际上代表着一种历史发展的趋势。前面讲过,汉朝以后,中国人面临着一个重大的文化危机,挑战主要来自佛教。佛教传入中国,与中国原有的价值观念发生了冲突。中国人要用什么样的理论才能与佛教在一个水平上对话呢?找来找去,人们找到了孟子的思想

### 第十讲　孟子是如何成为亚圣的

学说,觉得这个"对症下药"。所以那些人反对是没用的,改变不了历史的趋势。

孟子思想的功劳很多,前面已有提到。南宋时,有个叫施德操的儒者,写了篇东西叫《孟子发题》。其中,他对孟子这个人、这本书为什么能够提升上来做了个评论,说:"孟子有大功四:道性善,一也;明浩然之气,二也;辟杨、墨,三也;黜五霸而尊三王,四也。是四者,发孔氏之所未谈,述六经之所不载,遏邪说于横流,启人心于方惑,则余之所谓卓然建明者,此其尤盛者乎!"解释一下:他认为孟子有四大功劳。第一叫作"道性善"。这是说孟子提出来"人性本善"这个重要命题,孟子的"性善论"是讲人心的问题,这正好用来对付佛教,因为佛教也讲"心"。第二叫作"明浩然之气"。因为中国经过五代十国大乱后,社会风气很坏、很乱,所以从宋朝开始要强调做人,人要有品德,人要"修身养性",修身养性从哪里开始,就从孟子讲的养"浩然之气"开始。第三叫作"辟杨、墨"。孟子批判杨、墨就是"攻乎异端",我们现在要向孟子学习,批判佛教、道教。第四叫作"黜五霸而尊三王"。孟子提倡"王道仁政",反对"霸道",我们在治理国家方面,也要尊崇王道,反对霸道。他认为,这四个方面"发孔氏之所未谈,述六经之所不载",即孔子没讲过,六经上找不到的。"遏邪说于横流,启人心于方惑,则余之所谓卓然建明者,此其尤盛者乎!"孟子的思想学说遏制了邪说,给人以方向,所以这是孟子的大功劳。

我认为,施德操的这个概括很到位。时间关系,这里我仅就第一点"道性善"来给大家分析一下。大家应该都知道古代有本儿童识字课本叫《三字经》,那是南宋以后出现的。《三字经》中的第一句是——"人之初,性本善";第二句是——"性相近,习相远"。你去查查经典,《孟子》中有"孟子道性善,言必称尧舜",所以"人之初,性本善"是孟子的思想;《论语》里孔子讲过,"性相近也,习相远也"。所以这第二句"性相近,习相远"是孔子的话。你看,孟子都排到孔子前面去了,可见宋代开始孟子地位的提升。

上面讲孟子提出"性善论",专门讨论人心的问题,正好可以用来对付佛教,因为佛教的强项就是讲"心"。我们中国人也有讲"心"的,比你讲得更好。如前所述,佛教讲"空"是从"心"下手的,"境由心造",我们所见所闻所感知的一切都是"心"造成的,所以是"万法唯心",而实际那是"空"的。要注意,这里的"心",不是像我们现在理解的指人的心脏——人体供血的"机器",那是西方人的观念。中国古人谈论的"心",有心脏的意思但主要不是指心脏,而是指人的思想器官。按照古人对人体的理解,"心"的功能首先是思想。中医学上讲"心藏神",这个"神"指神志、意念,即认为人的"神"是藏在"心"里的。尽管近代以来,我们都已接受了西方的观点,知道大脑是思维的器官,但在文化上不会这么讲。比如,我们会说祝你"心想事成""你心里是怎么想的"等话,但绝不会说祝你"脑想事成""你头里是怎么想的"。这就是文化,文化是精神性的东西,是约定俗成的,文化一旦成为传统是很难改变的。

## 第十讲 孟子是如何成为亚圣的

"心"除了指人的思维器官外,在汉语系统中"心"还可以指思维本身,甚至可以指思维的活动或过程,这是把名词当作动词来用。此外,"心"还有第三层意思,就是专门指道德上的善性,这在儒家学派中比较通行。从上可知,佛教讲的"境由心造"实际是指一切"幻相"都是人思想的产物。

在早期儒家中,孟子是讲"心"最多的一个,儒家的"心性论"也可说就是孟子发明的,孔子在这个问题上很少谈论。读过《孟子》的人都知道,孟子在讲"人性本善"时,始终是围绕着"心"在转的:他说的"四端",也就是"恻隐之心""羞恶之心""恭敬之心"和"是非之心"四种"心";而人性之所以会善,是因为"仁义礼智根于心",且人还有"心之所同然"的"理"和"义",只是"圣人先得我心之所同然",他们比我们先明白了做人的道理,是先知先觉,我们是后知后觉;孟子讲"人皆可以为尧舜",人人都有可能成为"圣人",因为我们的"心"和圣人的"心"是一样的,这叫作"人同此心,心同此理"。所以后来陆象山说:"东海有圣人出,此心同,此理同""南海有圣人出,此心同,此理同"等等,都是从孟子那里来的。至于人之所以还会出现不善,孟子认为那是因为人受了外部环境影响而"陷溺其心",即没有把握住心中的那些"善端",把自己固有的"良心""本心""放"出去了。所以,"心"是理解孟子思想的关键,大家必须抓住。当然,孟子讲"心",大多是在指人的道德心这一特定含义的"心",孟子又把它称作"良心"或"本心"。汉语中的"良心"这个词,就是孟子发明的,以后它超越了儒学的范围而成为中国人普遍认同的一个常识概念,无须解释,人人明白。这与知道不知道儒学和孟子,甚至与受没受过学校教育都没有关系,不信你到偏远的农村去,问一个从没读过书的老太太什么是"良心",她的回答和你的理解不会差太多。

"心"对中国人来说太重要了!我们不太相信菩萨,更不相信上帝,那相信什么?我们相信"心",我们相信人心。我们不太相信有两个世界,认为只有一个世界,所以就在这个世界好好做,做个好人。凭什么呢?凭良心。良心会检验你。有神论者说"人在做天在看",菩萨、上帝在看着你,你敢做坏事!儒家不讲菩萨、上帝的,儒家讲人心,因为每个人都有良心。如没有良心,按孟子的说法就叫作"非人"。

唐宋的儒者找出孟子来和佛教对抗,那就算是找对了文化资源,找到了历史的根据。如北宋的二程兄弟,就明确地指出了问题所在,他们指出,当时中国为什么佛教盛行?因为读书人多上了佛教的当,佛教的那一套理论很精致,一环扣一环,读书人多被佛教牵着鼻子走了。他们认为,"孟子没,圣学不传",所以要"以兴起斯文为己任",把中国人从佛教那里拉回来。怎么拉?就是要:"明于庶物,察于人伦。知尽性至命,必本于孝悌。穷神知化,由通于礼乐。辨异端似是之非,开百代未明之惑。""明于庶物,察于人伦"是孟子的原话,意思是明白天下各种事物的道理,但最终落实在做人上面。你佛教讲得头头是道,却怎么连父母、家庭、制度、国家都不要了?所

### 第十讲 孟子是如何成为亚圣的

以你学问再精深也不可以入尧舜之道,不可以入我们儒家的传统。佛教讲的东西确实很精妙,但就是老在上面飘,落不下来的,因为你不要这个世界,不要这个家。所以我们现在也要"穷神知化",讲出一套精妙的世界观理论,但我们最后还要踏踏实实地落实下来,还是要回到这个世界上来做人做事。后来的朱熹、陆象山、王阳明等,在孟子思想的基础上再加改造、发挥,构建出了一套宋明理学的理论体系。如陆象山、王阳明的这一派还被称作"心学",因为他们最注重这个"心",而这一派的老祖宗就是孟子。

宋明理学就是与佛教针锋相对,你讲心我也讲心,我讲的比你好。当然,后来的宋明理学家他们也有自己的创见,但启发主要来自于孟子,他们从孟子这里找到了灵感。当然还需要重新建构,形成一套理论。从二程、朱熹讲《大学》的"格物、致知、诚意、正心、修身、齐家、治国、平天下",到陆九渊、王阳明讲孟子的"发明本心""致良知"("良知"这个词也是孟子发明的,"良知"与"良心"意思相近,就是不学而知的、生下来就明白的)。儒家找到了一个突破口,告诉中国人,你不要认为这个世界不好,那个世界才好,这个世界很好,人不需要到那个世界去,你在这个世界上做个好人也有可能成为圣人,根本不需要把这个世界否定掉。所以,宋明理学改变了儒家原来的面貌,它既保存了孔子、孟子的基本思想,即在这个世界上做人做事的传统,也解决了佛教关于人的心灵的问题,"修心"的问题。

正因为他们做对了,所以我们看到,自宋代以降,佛教的影响力在中国开始大大下降,儒家夺回了失去的思想阵地,儒家思想重新成为指导我们中国人生活和做人做事的核心价值。当然,中国人的气量大,不会把佛教赶尽杀绝。你们还是可以在庙里修行,我们不反对的。名山大川中那些佛教庙宇,还可作为一个旅游胜地去玩玩,甚至可以上个香、磕个头,但中国人大多是"临时抱佛脚",没事就回家去,该干啥干啥。

"孟子升格运动",实质是中国人化解了一次外来文化的挑战。佛教进来了,中国人碰到了危机,我们的祖先在传统中找到了孟子,解决了危机。今天我们又碰到了新问题。近代开始,西方文化进来了,一上来我们中国人被搞得头晕眼花,西方人的一套"组合拳"把我们打得晕头转向,晕了近百年。现在开始,我们的脑子渐渐清醒起来了,先把西方的思想文化看看清楚,然后要想出办法来应对,当然也包括学习他们的好东西。同样,我们还是可以从老祖宗那里去找点资源,当然必须经过改造更新,这个过程我们还在进行中,历史上出现的"孟子升格运动",给我们提供了一个成功的借鉴。

### 思考题

孟子的升格运动对于当前核心价值重建有何启示?

# 第十一讲　孟子思想的当代价值

## 王　杰

**内容提要**：孟子追求的理想目标：完善自己、治国平天下；百善孝为先：养老尊老敬老爱老的孝道思想；孟子的社会分工思想。

今天的主题是孟子思想的当代价值,我在这里不想就孟子思想中的片言只语进行挖掘阐释,而是把孟子思想纳入到儒家文化发展的大背景中。讲孟子能离开孔子吗？能离开儒家吗？离不了,把它纳入到儒家文化大的框架中,纳入到今天中国社会的现实需要中,因为中国的学术和文化都要和现实结合起来,你不为现实服务,就行之不远。所以,我试图从这个角度来阐发孟子思想所蕴含的当代价值。

宋代大儒朱熹讲："圣贤千言万语,只是教人做人而已。"我要谈的第一个问题就是,做一个身心健康、人格健全的人,这是孟子追求的一个理想目标——完善自己。但是完善自己不是全部,孟子还有一个目标,就是治国平天下、兼济天下。

人是什么？人与禽兽相比,有什么不同？用孟子的话说就是"人之异于禽兽者几希","几希"就是那么一点点。西方文化在看待人的时候,它更多地是从外在上描述人,你能够说话、能够制造劳动工具,有理性思维你就是人,对不对？当然对,没有错。但是,儒家思想在看这个问题的时候更为深刻,他不仅仅看到了人有一种外在的形象、外在的规定,他更重要的是看到了人有内在的本质,这个本质是什么？就是人要有良知,要有道德,要有礼仪,要有羞耻,要讲诚信,要讲敬畏,还要有信仰、理想、追求,这才是人本质性的东西。孟子的表述就是人之为人,在于人有"是非之心、恻隐之心、羞恶之心、辞让之心",这个大家都耳熟能详了。你有这四心,你就是人;没有这四心,就是禽兽。孟子要表达一个什么意思？在自然的层面上,在生物学意义上,人和禽兽没有太大的区别,人和禽兽的区别是在社会层面上,在道德、人伦、精神层面上,人和禽兽有了区别。禽兽有父子,也有母子,但是禽兽往往没有羞耻感,只有人才穿衣服,才有羞耻感。人和禽兽的区别,孟子讲在道德良知礼仪上,非常深刻。孟子的这种思想其实也就是整个儒家的核心思想,后来荀子也表述过,人之所以为人,不因为人有两只脚而身上没有毛,这不是人的本质特征。本质特征是,人有道德良知,有礼仪。《礼记》上也说,大猩猩能够学人说话,但是它只是走兽,不是人。鹦鹉也会学人说话,但是鹦鹉也不是人,它只是一只飞禽。如果一个人没有礼仪之心,没有道德是非善恶之心,你就是能说人话,也不是一个合格的

## 第十一讲 孟子思想的当代价值

人。孟子讲,人兽之辨,仅在一心,就是指这个意思,是内在的东西。人因为有了道德,有了良知,有了礼义廉耻、孝悌忠信、贵贱、远近、亲疏的分别,所以人才变成了一个合格的人,这是人和禽兽的区别。

纵观人类文明史,可以看到,人只有在最完美的情况下,才是动物中的佼佼者。这个最完美就是人有礼仪、有良知、有羞耻感,有法律制度约束你、规范你,让你变成一个合格的人。当我们一旦远离这些,那么我们人类将是动物中最凶残的动物。禽兽的凶残,在于它是一种生存的本能,但是人类的凶残,可能就是对自己同胞兄弟姊妹的凶残,所以人是在道德良知的情况下,才是动物中的佼佼者。民间有一些传统的很重的骂人话,把那些不忠不孝不仁不义的人说成是"缺德""不是人""没人味儿",把那些伤天害理、丧尽天良,违背道德人伦干缺德事的人说成是"没有人性、畜生、禽兽不如、猪狗不如、衣冠禽兽、人面兽心、披着人皮的狼、说你是禽兽都侮辱了禽兽"等。这些骂人的话,其实比打人十巴掌都要厉害,因为它从根本上否定了被骂者做人的资格。说这句话的潜台词就是,你尽管长得很好看,你尽管穿得很漂亮,尽管风度翩翩,但是你做的事连禽兽都不会去做,这就是孟子对人的一个基本的要求。我们可以设想,一个小孩从出生被狼带大,被猴子带大,他长得跟人一模一样,但是"它"是人吗?不是人。"它"要想成为人,就要回归社会,重新接受人伦道德的教化,告诉"它"什么该做、什么不该做,什么叫羞耻,什么叫礼貌,重新教育"它",让"它"逐渐逐渐地接受人伦道德的教化,让"它"由动物变成一个合格的人,这是一个培养的过程、修养的过程。孟子就强调这些东西。所以做一个人,最低限就是要有道德、有良知、有礼仪,这是人和禽兽的一个本质区别。

当然,人和禽兽还有一个本质区别,那就是他一定要有理想,有追求,有梦想,有信仰,这是人和禽兽的另一个本质区别。所以,作为一个合格的人、一个心智健全的人,要有羞耻之心,要有恻隐之心,要有是非之心,要有辞让之心,有了这些东西,你才是一个人,没有这些东西,你长得像人样也不是一个健全合格的人,这是我要谈的第一点。

第二点,作为一个心智健全的人,孟子认为,还必须具备一些基本素养,不能空谈。这里要强调一点就是人要知耻。刚才说了这是人和禽兽的区别,世界上只有人才穿衣服,其他动物不穿衣服。你给猴子戴个帽子叫沐猴而冠。人要对自己不良的行为有知耻之心、羞耻之心,知耻近乎勇。越王勾践不就是吗,卧薪尝胆。韩信不是知耻近乎勇吗,胯下之辱。孟子说人不能没有羞耻,一个人只有先有了自取其辱的行为,自己对自己都没有敬重感,然后才有别人去侮辱你、屈辱你,不自重嘛,不自重你还想别人尊重你吗?那是不可能的。所以,羞耻在儒家思想这里,在孟子那里是个大问题。孟子在很多场合讲过羞耻的问题,"无耻之耻,无耻矣"。不知道天底下还有"羞耻"二字。有一个官员说过,皇帝都有三十六院七十二妃,我在外面找几个女人,有什么了不起! 什么叫恬不知耻? 这

### 第十一讲　孟子思想的当代价值

就叫恬不知耻,这就叫鲜廉寡耻。欧阳修说,知耻对一个士君子来说是大节,不是小节。如果知耻就会有所不为,知道这么做可能是脸上没光的事,可能就不会去做了。不知耻的人胡作非为,无所不为,无所不用其极。一个不知羞耻的人,可以颠倒黑白、指鹿为马,可以是非不分,可以为了利益做任何事情。人要知耻,知耻是一个官员的品格,知耻也是一个国家和民族的福分。当一个国家、一个民族人人都不知道羞耻了,那么这个国家、民族的道德大厦的根基就会倒塌,这个时候你再想去恢复道德大厦,何其难也。养一个人,树一个人多难呀。管子不是说了吗?一年之计在于春,种稻子就是一年一茬,有的地方一年两茬,十年之计种树,百年之计是人的问题。朱熹不是讲过吗?圣贤千言万语,无非就是教人做人,所以做人要知耻。对一个民族来讲,对一个社会来讲,都是非常重要的事情。所以,孟子就用一句话,人不可以无耻,这是大白话。两千四百多年前的孟子,讲了我们今天所说的话,人不能够没有羞耻。作为一个心智健全的大丈夫,应该具备这些素养。

第三,人要讲义。我们知道孔子比较重视仁,荀子比较重视礼,孟子相对来说更重视义(道义)。我们甚至可以讲孟子就是重义主义者,有的是重农主义者,有的是拜金主义者,如果给孟子下一个定义,他是重义主义者。他所有的理论要围绕这个"义"字。当然,人性善是根基,仁政思想是大厦。他说当一个人在道义上和他的生命发生了矛盾冲突,何者为重?孟子回答非常干脆,也非常简洁,"义为重",舍生取义。他说一个人生活不管多贫穷也不能够失义,穷不失义,义是他思想中非常重要的核心。我们知道武圣关公,关公千百年来之所以像孔子、孟子那样受到中国老百姓的崇拜、膜拜、敬仰,难道是因为关公长得相貌堂堂吗?难道是因为关老爷长得威武雄壮吗?都不是,在于他的道、义、忠上,他讲忠义,所以老百姓才膜拜他。孟子始终强调一个义的问题。

讲这个"义",《孟子》中内容已经很多了,其中有两个争论的问题,这里我解释一下。孟子讲过,"王!何必曰利?亦有仁义而已矣"。于是有人就认为孟子不重利,光讲义,空谈道德,其实这是对孟子的一种误解。不管是孟子还是儒家,都是重义绝不轻利。孟子讲的这个利,说你们获得的利只是小利,孟子讲的仁义是一种大利,他告诫我们要去追求大利,而不应该只追求自己的这种小利,这是一种更高的境界和品格,所以不要误读了孟子的这个思想,好像孟子不重视讲利益,不是的。

孟子说过"大人者,言不必信,行不必果",很多人认为这与孔子讲的"言必信,行必果"相矛盾,其实不矛盾。孟子思想与孔子思想一定有不一样的地方,因为时代发展了。从孟子思想中我们可以看到有一些和孔子不一样的地方,比如说孟子特别强调民贵君轻,君臣人格平等,"君之视臣如手足,则臣视君如腹心;君之视臣如犬马,则臣视君如国人;君之视臣如土芥,则臣视君如寇仇"。在孔子那里,强调的就不如孟子,这就是为什么朱元璋不喜欢孟子的原因。回到刚才的问题,如

## 第十一讲 孟子思想的当代价值

何理解孟子说的"言不必信,行不必果"？其实,孟子讲这个问题,一定要看时间、地点、条件。这句话后面还有四个字"惟义所在","惟义所在"是理解孟子"言不必信,行不必果"的核心,如果你仅仅断章取义,光看前面这几句话,不看后面的话,就会与孔子讲的"言必信,行必果"对立起来,孟子是要表明,言是否信,行是否果,要以"义"作为最终标准和试金石,这才是主要的。如果这么理解的话,孟子思想和孔子思想就是一致的,而不是对立的。比如说,我曾答应借张三一万块钱,按说我说了就要做到,这叫言必信,但是当我知道你可能拿着这一万块钱做一些不正当的事情,比如赌博、吸毒,这个时候,钱还应该借给你吗？孟子说,这个钱就不应该再借给他了,因为他所做的事情已经不符合道义了。你再借给他钱,反而是把他陷于违法乱纪中,是助纣为虐。大家说,孟子这个思想有错吗？没有错,他跟孔子的思想也不矛盾。他说的"言不必信,行不必果"是有前提的,前提就是"惟义所在",符合道义的就做,不符合道义的就不做,这也是儒家思想的一种权变思想。不管是孔子还是孟子,能进能退,用则行,不用则舍。屈原就没有领悟到这一点,洁身自好,独善其身,只进不退,一旦遇到困难挫折就想不开。能进能退是儒家非常重要的特点,在孔子那里,堂下堂上拜君主的问题,礼仪的问题不能变,但是在做帽子到底用什么样的质料做,这个是可以变的。在孟子这里也是,男女授受不亲,但是当自己的嫂子掉到井里去了,说"拉我一把",孟子说,这个时候你不救她就是豺狼,就是禽兽。

这就是权变。所以儒家不光是讲原则性,它也讲灵活性,是原则性和灵活性的统一。所以在"义"这个问题上,我们说孟子要围绕这个义,你做的所有事情符合道义的就可以去做,不符合道义就不能去做。

另外一点是人要反求诸己,这是孔孟非常强调的一点,就是从自己身上找原因。我们知道任何事情主因是在内因上,外因只是起一种辅助的作用。如果内因不具备,再好的外因都没用,你拿一个石头蛋子让它孵小鸡,一万年也孵不出来,因为内因不起作用,反求诸己就是这样。孔子已经有大量这方面的思想,孔子讲"政者,正也。子帅以正,孰敢不正?"从自己身上找原因。"其身正,不令而行;其身不正,虽令不从,不能正其身,如正人何?"己身不正,何以正人? "见贤思齐焉,见不贤而内自省也",君子求诸己,为仁由己,都是反求诸己的意思。孟子用的比喻非常好,他说假如有一个人在射箭,一下子没有射中靶子,于是就埋怨这个靶子太小了。孟子讲你不要说靶子太小,也不要说这个弓箭太差,是你自己的原因。这也是曾子讲的"吾日三省吾身",一定要从自己身上找原因。现在很多人出问题以后老说客观原因,从不知从自己身上找原因,好像和自己没关系一样。如我们常听到有人说,中国人怎么怎么样,难道你不是中国人? 有的官员看到别人出了问题,好像说的都是别人的事,跟自己没关系,其实你那么做的话,早晚得出问题。孟子讲"其身正,而天下归之",你做得好了,天下人都会归顺你。就像水之就下、火之焰上一样,太容易

### 第十一讲　孟子思想的当代价值

了,也就是孟子讲的"天下之本在国,国之本在家,家之本在身",都是强调从自己身上找原因,你自己做得好了,别人才会向你学习。现在很多歪风邪气都是从上头下来的,底下没有办法,上梁正了下梁就跟着正了,上梁不正下梁必歪,孟子讲的反求诸己,从自己找原因,对我们今天这个社会有非常大的启迪和借鉴。

跟这个相关的是孟子讲的浩然之气。颜炳罡教授已经讲了,这里就不展开了。浩然之气的大丈夫精神,这种至大至刚的精神,对一个人的品格形成也是非常重要的。

孟子还有一个非常好的思想,就是"唯仁者宜居高位"。在这个问题上孟子讲过,如果一个官员他的道德品行不好,底下的老百姓也会做违法乱纪的事情,只有这种仁德的人,才宜于居高位。其实这种思想就是道德和才能的关系问题。道德和才能相比,究竟哪一个更重要？德行更重要。我们前面讲了,朱元璋、康熙皇帝他们在选拔官员的时候强调一点:德行第一,如果没有德行,纵有才学又有何用？德行不好,才能再高,又有什么用？所以把德行放在了首位。这也就是司马光讲的"德者,才之帅"。道德和才能相比,道德是灵魂、是核心。今天我们可以看到,选拔、任用干部的标准就是:德才兼备、以德为先,把领导干部的德放在首要位置。这不就是孟子讲的"唯仁者宜居高位"吗？一个不仁者居高位的后果是什么？是把"恶"播撒给了社会和老百姓。从这个问题,我们还可以引出一个人的道德和他的财富二者之间的关系。《中庸》里讲,德是本,才是末。如果一个人一味地追求财富,他活着好像没有别的,就是挣钱挣钱挣钱,在追求身外财富的时候,他忽略了道德,忘记了还有道德的阳光在照射着你。换句话说,你拥有的财富、地位、家庭、名誉这些外在的东西,如果没有德行来支撑,这些都很难保住。正如老子说,"金玉满堂,莫之能守"。所以德行是首位的。

一个人通过不正当的方式获得财富,也一定会以不正当的方式流失掉。用《中庸》的话说就是,你可以得其位、得其禄、得其名、得其寿,讲得多好。仁者寿,什么叫仁者?有德行、品行、操守的人就是仁者,有德行的人,对他的生命,对他的身心都有好处。他不会整天恐惧,不会每天忧虑,不会每天在那里忐忑。心静如水,就不会出问题。孟子和儒家在这里讲的这个思想非常好,人是要有德行的,不能够没有德行。在道德和才能二者之间,在道德和财富二者之间,要重视一个人的德行问题,这是做人的问题。

孟子主张独善其身,注重做人的德行和品行,这只是孟子追求的一个方面,还有一个方面,也是孟子在极力追求的,那就是兼善天下的问题。这是孟子的伟大智慧之处,如果光讲修身,不讲兼善天下,儒家思想不可能影响到今天,韩愈抨击佛教,其中一个重要原因就是指责佛教光讲修身,不讲治国平天下,不讲社会责任,把两者撅为两截。而儒家则是既讲修身,又讲治国平天下,所以,儒家要高于佛教。

不管是孟子还是儒家,追求的另一个理想目标就是治国

## 第十一讲 孟子思想的当代价值

平天下,也就是庄子讲的"内圣外王"。《大学》讲的"修身、齐家、治国、平天下",孟子则用"兼善天下"来表述,后来人们把"兼善天下"改成了"兼济天下",这种"兼济天下"通过对老百姓的道德教化,打造出一个和谐亲民的社会环境,就是"出入相友,守望相助,疾病相扶持,则百姓亲睦",就是"老吾老,以及人之老,幼吾幼,以及人之幼",就是孔子讲的"老者安之,朋友信之,少者怀之"。就是《礼记》讲的"老有所终,壮有所用,幼有所长,鳏寡孤独废疾者皆有所养"。这不就是中国古代的官员、知识分子、老百姓千百年来追求的梦想吗?不就是儒家的大同理想社会吗?不就是杜甫所希望的那样,"天下寒士俱欢颜"吗?在儒家叫大同理想,我们今天叫中国梦。什么叫中国梦?中国梦就是人民幸福之梦,就是民族复兴之梦,就是国家富强之梦,就是社会公平之梦。这就是儒家思想追求的终极目标。所以,中国共产党和中国优秀的传统文化有着千丝万缕的联系,今天儒家思想包括孟子的思想已经成为共产党人治国安邦的重要思想资源。通过对孟子思想的梳理,我们既可以了解儒家的思想,也可以了解整个中国文化追求的目标,就是独善其身、兼善天下。这是我讲的第一个大问题。

第二个大问题,孝道问题。孝道是中华民族千百年来的传统美德。我们知道,人伦道德的根基就是孝道。曾国藩讲过,读尽天下书,无非是一个"孝"字。孝是一切感恩心、一切善心的基础和根基。"人不孝其亲,不如禽与兽",为什么要孝敬父母?父母把我们带到这个世界上来,把我们养育成人,其中的艰辛可以说用语言是无法表达的。大家注意过《诗经》没有?《诗经》上有一首诗,被誉为天下第一孝诗,就是写给我们儿女看的,其中有这么主要的几句:"哀哀父母,生我劬劳""哀哀父母,生我劳瘁""父兮生我,母兮鞠我,拊我畜我,长我育我,顾我复我,出入腹我。欲报之德,昊天罔极"。当子女的要孝敬爹妈。民间流传的"劝孝良言"就是告诫天下儿女的:"十月怀胎娘遭难,坐不稳来睡不安。儿在娘腹未分娩,肚内疼痛实可怜。一时临盆将儿产,娘命如到鬼门关。儿落地时娘落胆,好似钢刀刺心肝。把屎把尿勤洗换,脚不停来手不闲。每夜五更难合眼,娘睡湿处儿睡干。倘若疾病请医看,情愿替儿把病担。三年哺乳苦受遍,又愁疾病痘麻关。七岁八岁送学馆,教儿发奋读圣贤。冬穿棉衣夏穿单,全有父母来操办,……千辛万苦都受遍,你看养儿难不难?"爹妈对儿女的养育之恩,比天高,比地厚,这种爱无法用语言表达,母爱最伟大。慈母爱子非为报,老母一百岁,常念八十儿;慈母手中线,游子身上衣。当儿女长大以后,孝敬父母就是天经地义的,是没有价钱可讲的。一个不孝敬父母的人,是世上最可恶的人。不能把年老体衰的爹妈当作负担,没有父母,就没有我们的今天;没有我们的孝敬,父母也很难有幸福安详的晚年。我们看到,刚刚修订颁布的《老年人权益保障法》就是这样,告诫我们做儿女的,要更多地关爱父母。父母是天是地,父母在,家就在。一个孝敬父母的人,这个人坏不到哪儿去;一个连父母都不孝敬的人,这个人好也好不到哪儿去。所以,做儿女孝敬父

## 第十一讲　孟子思想的当代价值

母是天经地义的。

在孟子的思想中,可以说有大量涉及孝道问题的内容,在这方面,他和孔子、曾子、子思一脉相承。孟子如何看待孝道?首先,他讲"事亲"是天下最大的事情,没有比侍奉父母更大的事情了。养活爹妈、侍奉爹妈是天下的大事。孝敬父母、侍奉父母何以表现? 孟子说,先养活爹妈。聪明的人首先都会想到这个问题,孟子叫"养口体"。物质上的需要是最基本的需要,你让爹妈饿着肚子,还整天讲孝道,那是空谈孝道。孟子讲过,有五种不孝的行为,第一个是惰其四肢,不养活爹妈;第二个是好喝酒、赌博,不养活爹妈;第三个是贪恋财货,私妻子,不养活爹妈。他讲了"五不孝",后面就是纵耳目之欲,还有一个打架斗殴、好勇斗狠。五不孝中,前三个不孝全是讲不养活爹妈的。孟子讲要养活爹妈,"仰足以事父母,俯足以畜妻子,乐岁终身饱,凶年免于死亡"。养活父母,满足父母的物质生存需要,这是最基础的。这个思想或许直接受到了管子思想的影响。管子讲"衣食足知荣辱,仓廪实知礼节",先吃饱饭,吃不饱饭饿着肚子讲道德是不现实的,那是空谈道德。

二是"养志"。仅仅满足物质上的需要就够了吗? 在今天这个时代,很多人满足于口腹之欲、耳目之欲,不管是老百姓还是很多官员,从一睁眼就想着这单生意、这笔钱,到了闭眼还是这单生意、这笔钱,好像人活着就是为了挣钱,什么精神追求、理想、信仰,从没想过。孟子说"饱食暖衣,逸居而无教,则近于禽兽"。人不能够仅仅只有一种物质上的追求,人是由肉体和精神合并而成的,不能光满足于肉体上的需要,不能只吃喝玩乐,除此以外,人还应有精神上的需要和追求,这才是一个完整的合格的人。如果只满足生理上、肉体上的需要,那么,跟猪狗牛羊的需要又有多少区别? 在这点上,孟子和孔子的思想是一样的。孔子说过,今天所谓的养活爹妈就是满足他的物质需要,家里饲养的猪狗牛羊你不都得养活它吗?"不敬,何以别乎?"对待父母如果没有一种发自内心的爱、一种孝、一种敬,那么,你养活爹妈跟养活猪狗牛羊有什么区别? 孟子也说,生理、肉体的需要固然要满足,但精神、心理、情感上的需要和满足更为重要。这的确是过去和今天我们必须要追问的一个问题,对待父母,不能只问吃和穿,不问冷和暖,精神的赡养要高于物质上的赡养,这就是孟子讲的"养志"问题。

三是劝谏父母,这个问题也是孔子提出来的。人非圣贤,孰能无过。爹妈有时候犯错犯大错,犯了错怎么办? 做儿女的要给父母指出来。孔子讲"事父母几谏",你要和颜悦色地给父母指出来。孟子也讲,父母犯了错误,不要一味地顺从父母,如果一味地顺从父母就是不孝。孟子还讲过,"不孝有三,无后为大",还有两大不孝,大家未必知道,一个是说做父母的如果犯了错误,你要给他们指出来,你不指出来,就会把父母陷于不仁不义之中,就是不孝。另外一个就是说父母年老体衰,做儿女的要养活爹妈,养活不了爹妈也是不孝。第三是"无后为大",这个我们今天不敢苟同,丁克家庭会坚决反对这个思想。劝谏父母,我们要和颜悦色,《弟子规》讲,"亲有过,

## 第十一讲 孟子思想的当代价值

谏使更,怡吾色,柔吾声",不就是和颜悦色吗？这与后来被扭曲的"天下没有不是的父母""父叫子亡,子不得不亡",完全不是一个意思。我们要知道,在孔孟思想没有被统治者改造以前和被汉武帝"罢黜百家、独尊儒术"的儒家思想不可同日而语,不要混为一谈。孟子讲父母有错做儿子的要规劝他,免得把他陷于不仁不义之中,讲的是对的,没有什么不对。

四是对待父母的生、死问题。这是孟子和孔子一致的地方。大约三万年前,我们从旧石器时代后期和新石器时代早期北京的山顶洞人那里,从他们对墓葬的重视程度,就可以看到"事死如事生"的思想就已经出现了,儒家思想的起源及形成与重视丧葬也有很大的关系。所以孔子讲对父母生要事之以礼,死要葬之以礼、祭之以礼,孟子也是这个思想。孟子说,对待父母,你不但要养老,还得送终,既要养生,还得送死。生固然重要,但是死才能够看出你是否更加孝敬爹妈,唯此足以当大事。儒家讲厚养厚葬,当然这一点现在不敢苟同,现在主张勤俭节约,厚养应该,厚葬则不好,应该薄葬。父母活着的时候,对父母多一点关爱,尽孝要及时,要当下尽孝,不要等到"子欲孝而亲不待",等到那一天就后悔了。多关爱父母,当下尽孝。

五是"老吾老,以及人之老"的问题。孝敬父母天经地义,但这种孝敬只是一种小孝、一种小爱。到了孟子,把这种孝,由家庭推及社会,变成了一种大爱,变成了一种大孝,这就是老吾老以及人之老的思想。把社会上的老年人看作像自己家的父母一样,当然只能是"看作",不能"就是",因为儒家的爱是有等差的,它跟墨家的兼爱不一样,墨家的兼爱是没有等差的爱,儒家的爱是讲等差的爱。儒家这种推己及人的爱最终在社会上形成了一种尊老、敬老、孝老的社会风尚,这个风尚是我们千百年来形成的一种美德。但是,遗憾的是,这种美德被我们今天这个社会很多人都遗忘了。孟子这种爱老敬老的思想,最终让孝变成了我们中华民族的一种美德,中华民族这个美德不能丢。

孟子不但要把这种爱、这种孝推及社会,还要把它推及到宇宙间的万事万物中,这就是孟子讲的那个思想——亲亲仁民,仁民爱物,这是孟子天人合一思维方式的一种体现。他认为,大自然和我们人类一样,都是秉受天地之气、自然之气、阴阳之气而生的,它是一个序列,这是一个大化流行生生不息的过程。大自然对人类来讲,它不是战胜的对象,它不是敌人,它是我们的朋友、兄弟姊妹,我们要爱护它,爱护、尊重大自然,其实就是爱护、尊重我们人类自己。孟子这个亲亲仁民、仁民爱物的思想,不就是董仲舒讲的"泛爱天地万物,鸟兽鱼虫莫不爱"吗?不就是张载讲的"民胞物与"吗?世间的所有人都是我的兄弟姊妹,自然界万事万物都是我的朋友。既然是我的朋友,我就不能够伤害它的生命,我就要尊重它、爱护它。所以,孟子这种思想,它是由己及外、推及他人、推及万物。这种由己及外的思维方式,不就是《大学》里讲的"修身齐家治国平天下"的思维方式吗?孟子这个思想其实也是非

### 第十一讲　孟子思想的当代价值

常好的思想,他把这种孝不但推及社会,而且推及到了自然界的万事万物,也就是后来《礼记》讲的"断一树、杀一兽,不以其时,非孝也",你砍了一棵树、杀了一头野兽,如果你不按照自然节律办事,也是一种不孝的行为,我们和大自然冷冰冰的关系,在儒家这里赋予了人伦道德的内涵,这个和西方文化是完全不一样的。

孟子讲孝道的思想,在我们今天这个社会可以说正逢其时,今天,中国已经进入到老龄化社会,有那么多的孤独老人、五保老人、三无老人、失独老人、空巢家庭,我们要关爱他们、理解他们、善待他们。人老我不敬,我老谁敬我?所以我们关爱他们,其实就是在关爱我们自己。不管中国社会发展到哪一步,尊老敬老爱老这种美德永远不能丢,让老年人晚年生活得幸福、安康、快乐,能够享受到亲情、家庭带来的温暖,这是孟子孝道思想给我们的一个启示。

第三我谈一谈孟子经济思想中的社会分工问题。孟子的社会分工思想主要体现在《滕文公》这一篇中,主要是在和农家学派许行的弟子陈相争论中阐发他的思想的。许行有一个观点,认为社会不需要分工,作为一个君主,应该和老百姓一样,自己种粮食、收获粮食,自己做饭,一切都自己来,不要分工。但社会必须要分工。孟子跟陈相探讨这个问题的时候说社会怎么能不分工?如果任何事情都要亲力亲为,这不是让天下人为了生计而疲于奔命吗?孟子跟陈相说,你戴的帽子、做饭的锅、耕田的锄头也不是你生产的吧,你也是拿粮食到市场上交换的吧？你怎么能都自己做呢？这不可能。陈相还说,任何的东西应该是同质同价或者叫同量同价,孟子讲这也是不可能的。如果用麻布做出的衣服,能卖出丝绸做出的衣服的价？比如麻布一斤十块钱,丝绸一斤一百块钱,做出来的衣服能一个样吗？一个泥巴弄出来的砖头跟用金子弄出来的砖头一样吗？陈相讲同量同价,这个思想能够实行吗？是实行不了的。不同的材质造成的物品价格一定不一样。农家学派之所以能有这样一个观念,其实是对过去原始共产主义社会的一种向往、憧憬,因为那个时候没有分工,原始社会哪有国家,哪有政府,哪有军队？都没有,没有剥削、没有压迫、没有尔虞我诈,一切都是原始的。他是对那种时代的眷恋,但是这种眷恋、这种追求跟社会的发展其实是背道而驰的。

针对许行弟子的观点,孟子讲,社会一定要分工,社会上应该有各种各样的职业,大致可划分为劳心者、劳力者,"劳心者治人,劳力者治于人,天下之通义也",这个我们都比较熟悉。另外,孟子还认为,社会不但要有分工,用材料制成的商品,一定要在市场上交换,只有交换才能实现它的价值。一本书放在书架上没有人看,它的价值体现不了,只有这本书有人看了,这本书的价值才能体现出来。同样,商品一定要在市场上流通起来,它才能够实现价值。你放了一把锄头在家里没有人用,它没有在社会上流通,只有在流通中才能体现出价值。商品在流通中对那些合法的商人、对那些正规的流通不要征收赋税,不征税的目的是为了让更多的商品流通,流通以

### 第十一讲 孟子思想的当代价值

后经济就发展起来了,孟子的这个思想,受齐文化影响非常大。对奸商的行为坚决要收税,收高税,这样他的行为就会逐渐逐渐减少。孟子讲,商品的生产只有在流通中才能实现它的价值。这是社会分工和商品流通的问题。

孟子的经济思想还讲了恒产恒心问题。有恒产者有恒心,无恒产者无恒心,你有了恒产心里才不慌,才不会任意地迁移到别的地方去,不迁徙、不乱跑,就可以世世代代在这里劳作下去。

除了恒产恒心,还要对老百姓"使民以时"、薄赋敛,不要收太重的税,孟子认为十一税最合适。收到二十分之一,国家机器没法运转,收到十分之二又太重,所以收十分之一税最合适,一百斤的谷子收十斤最合适,这就是孟子在这方面的思想。

刚才讲的是在经济上让老百姓富裕起来,就是孔子讲的先富后教。在政治上孟子讲"民贵君轻",老百姓富裕起来后,对老百姓进行道德教化,让老百姓懂得五伦关系,提高老百姓的道德素养。所以,在经济问题上,孟子主张老百姓富裕起来,但不是最终目的,最终目的是让百姓提高道德素养,生活得安康幸福,也算是孟子心目中的"中国梦"吧。

最后谈谈孟子的廉政思想。我们看看他背后所蕴含的智慧。"宝珠玉者,殃必及身",这其实就涉及两个大问题。十八大以后,习近平总书记多次谈到反腐倡廉的问题。什么叫"廉"?什么叫"洁"?"廉"就是不取,"洁"就是不污,"廉洁"

这两个字最早来自于屈原《楚辞·招魂》"朕幼清以廉洁兮，身服义而未沫"。意思是说，我从小就有一种清廉的品格，我服从道义，从来不敢有些许的懈怠。"廉洁"是专门针对官员说的，就是不取不义之财，不贪赃枉法，不中饱私囊，不以权谋私，不损人利己，不损公肥私，能够洁身自好，守身如玉，不敢越过为官者的道德底线。所以说，"临财莫若廉""临财勿苟得"，如果一个官员他不能够廉洁自律，他在执法过程中就一定会滥用法律，歪曲法律，受到伤害的就是老百姓。孟子说，"可以取，可以无取，取伤廉"。如果你取了不义之财，你就伤到了清廉的本质。所以他说，万钟之财，如果不辨礼仪而受之，也不管合理不合理、合法不合法，一概受之，万钟于我何加？这万钟之财对你有什么好处？老子的思想"金玉满堂，莫之能守"，守不住的，收了就出问题了。所以孟子说，如果不合其义、不合其道，就是把天下的东西都给你，你也不应该收。这个思想不就是苏东坡在《前赤壁赋》里讲的"夫天地之间，物各有主。苟非吾之所有，虽一毫而莫取"吗？不就是海瑞、林则徐讲的"俸薪之外不敢妄取"吗？所以，如果不合其道，一碗饭都不应该收、一箪食也不可受于人；但是如果合其道，就是舜受天下也不为过，是我的、属于我的，千元万元不为多，不是我的，一元两元不为少，不属于你的你不要取，取了就伤了清白。这是孟子关于清廉的思想，讲得非常好，一点都不过时。

在历史上，清廉的官员，大多能守住做人做官的道德底

## 第十一讲 孟子思想的当代价值

线,比如诸葛亮,临终前写给皇上的《自表后主》,在没有人逼迫他的情况下,主动公开了自己的家庭财产,今天的人做得到吗?再比如包公。包公活了六十四岁,在他六十岁生日的时候,皇帝和文武百官都给他送礼,但是包公一概不收,送礼的人就不理解。六十岁了,人生一大甲子了,过生日皇帝给你送的礼都不要,这么不开眼。包公不收礼,不仅仅是为了个人,而是为了国家社稷,是要开创一种清廉的风尚。像公仪休、子罕、杨震、胡质、周敦颐、于谦、海瑞、胡守安、况钟、郑板桥、张伯行、林则徐等等,都属于这一类的官员,这些官员可以说在官位上不为自己谋取个人私利,"俸禄之外不敢妄取一文钱""官清赢得梦魂安",为官清廉守住自己的道德底线,晚上睡觉都踏实。千百年来老百姓记住他们、歌颂他们。所以清廉是万民敬仰,那些贪腐者呢?百姓所不齿。包公说,廉者民之表,什么叫表?测定时间的标杆,当然我们也可以理解为"表率",表正何物不正?表正其他的都会正。贪者是民之贼,老百姓的敌人。的确有一些官员把持不住自己,有权、有势,在位的时候得陇望蜀,得寸进尺,欲壑难填,贪心不足蛇吞象,他们秉持的就是千里做官,只为吃穿;做官不发财,请我都不来;人为财死,鸟为食亡;不发财,我当这个官干什么?在官职官位上,大肆地攫取不义之财,贪赃枉法,徇私舞弊,最后他们为其所作所为付出了沉重的代价,他们失去的比获得的还要多得多。所以祸根都是自己一步一步种下的,定时炸弹都是自己一颗一颗在为官过程中埋下的,说不好哪一颗什么时候就爆炸了。有些官员不够清廉,贪赃枉法,沦为了阶下囚;有些官员因为贪赃枉法,不能做到清廉,葬送了自己的政治前程,甚至葬送了自己的生命,最后身败名裂。他们贪了那么多财富,有用吗?享受了吗?其实都没用,相反,还时时要经受心灵的煎熬和良知的拷问。

与此问题相关,我们不得不谈谈人的欲望问题。孟子说:"宝珠玉者,殃必及身。"不可否认,饮食男女、追求富贵是人合理的欲望,合理的欲望就要满足,谁都无权剥夺。但是超出了人的合理欲望就是贪欲、就是贪婪。高飞的鸟就死于贪,深潭的鱼就亡于饵,儒家给我们的教诲值得我们汲取。孔夫子讲君子要有三戒:戒色、戒斗、戒得。现在时代发展了,不管是年轻人还是老年人,都得戒色和戒得,不是通过正当合理的手段获得的财富,不要去取,所以要见利思义、以义制利,不要见利忘义,要欲而不贪,不能唯利是图。我们现在看有一些企业,为了追求利润,见利忘义,唯利是图,忘记了还有社会责任。你可能得到眼前的利益,但是你失去了诚信和道义,你将失去所有消费者的支持,你将失去大利;你讲诚信,讲道义,可以天天保持你的利益,细水长流,永不枯竭,这个利不是越积越多吗?孟子告诫说,不要一味地贪求钱财,否则,灾祸就会找到你头上来,早晚的事情。也就是老子讲的"祸莫大于不知足,咎莫大于欲得",要把持住自己,心莫贪,贪心必起祸。手莫伸,伸手必被捉;天网恢恢,疏而不漏;苍天有眼识善恶,天堂地狱一念间。由公仆到囚犯到阶下囚到罪犯,往往就是一念

## 第十一讲 孟子思想的当代价值

之差,一步之遥。孟子不是说嘛,祸福无不自己求之,你自己求的,没人逼你,祸福无门,唯人自召,善恶之报,如影随形。不是不报,时候一到就全报了,近报报自己,远报报儿孙。所以对那些清廉的官员,他吃亏往往是吃一阵子,尽管工资不高,走起路来很坦荡,居住起来很安宁,心里坦荡荡,岂不乐哉?吃亏是一阵子,但是平安是一辈子。但是对那些贪婪的官员来说,侥幸是一阵子,后悔是一辈子。金钱美女得一时之欢,手铐脚镣葬送一生幸福,钱眼虽小能铐住手,酒杯虽浅能淹死人,所以自己要谨慎,不要贪赃枉法,不要以权谋私。

孟子还有很多思想,前面十讲已经讲了不少了,我就不再重复了。我有一个想法,如何让这种讲座的成果能够巩固下来,希望邹城市的公务员,都能够坐下来,每天抽时间读点有关孔子、孟子、儒家方面的书籍,对儒家思想有所了解,了解多了,你就是孟子思想、儒家思想的传播者了。另外,重视地方上对儒家文化有研究的学者和官员,把这些力量利用起来,然后让他们再用更浅显通俗的话说给老百姓听,越通俗越好。

**思考题**

当今时代背景下,在做人做事中如何向孟子学习?

# 第十二讲 孟子思想在海外的发展

林安梧

**内容提要**:儒学的三个维度:自然生命、血缘生命、文化生命;孟子的和平主义与美国的霸权主义;儒学思想在朝鲜、日本、越南及欧洲的传播;孟子学的世界大同、天下为公思想。

今天我们要谈谈孟子学在海外,并且论及21世纪孟子学对人类贡献的种种可能。

## 一、夫子以仁发明斯道,其言浑无罅缝,孟子十字打开,更无隐遁

我们谈孟子学,作为整个孟子学系列的讲座,要谈到他对整个世界的影响。孟子学对世界的影响不只是孟子学,而是通过整个儒学来影响全世界,不只是孟子单独去影响。孟子之所论也必须放在儒学的整个脉络中才能够把握住。当然,孟子最重要的是继承了孔老夫子,我们讲到孔子是至圣先师,

## 第十二讲　孟子思想在海外的发展

孟子是亚圣,齐鲁大地可以说真是圣贤之乡。大家一想到的就有,至圣孔老夫子、亚圣孟子、复圣颜回、宗圣曾子、述圣子思,这是大家所知道的。当然现在已设有孔子研究院、孟子研究院,有人问是否也可能成立曾子研究院,我看难些,为什么?因为曾子作《大学》,《大学》并不长,它是《礼记》的一篇。当然,没有曾子研究院,并不意味曾子不重要。因孟子之学,正是由曾子、子思传下来的传心之儒的传统。孟子的独特性就是把孔老夫子的思想发扬光大。在南宋的时候,陆象山说:"夫子以仁发明斯道,其言浑无罅缝。孟子十字打开,更无隐遁,盖时不同也。""夫子"指孔老夫子,孔老夫子指点了仁,把宇宙造化、人生价值根源之道的真理、智慧发明出来,"发明"是阐发、彰显出来。孔老夫子的论学讲话是"浑无罅缝",可说是春风和气,如宇宙造化根源,滚滚而出。而"孟子十字打开","十字打开"说的是什么?说的就是"仁义礼智四端"。孟子打开这四端,他强调心的四端之学。这四端进一步可说"仁义礼智信",又将"仁义礼智信"连着五行来讲。这五德五行的说法是思孟学派的重要主张。在讲"仁义礼智信"之前,先有"仁义礼智圣"的提法。我个人以为从"圣"到"信",这牵涉到历史社会共同体的变迁,及其强调的轻重问题。象山先生说孟子是"更无隐遁,盖时不同也"。我们知道孟子是扩充了孔老夫子的思想,孔老夫子讲仁,孟子讲性善。孔老夫子根据周公的礼乐指点仁,"人而不仁,如礼何?人而不仁,如乐何?""礼云!礼云!玉帛云乎哉!乐云!乐云!钟鼓云乎哉!"孟子把孔子所说的这个"仁"进一步"十字打开",开启了"四端"。孟子说:"今人乍见孺子将入于井,皆有怵惕恻隐之心。"从恻隐之心说仁。恻隐、羞恶、辞让、是非讲仁、义、礼、智这四端之心,讲"十字打开,更无隐遁,盖时不同也"。

有人说孔老夫子如春风和气,孟子具有秋煞之气,孔老夫子强调的是交谈与对话,而孟子则强调辩论。辩论跟交谈有什么不同? 交谈是我说给你听,不过最重要的是我要听你说,我听你说,你也听我说,交谈最重要的是听;但是辩论不是,辩论是我说你听,而且你要听懂,这是不同。孟子的年代不止礼坏乐崩而已,它是一个什么样的年代?"圣王不作,诸侯放恣,处士横议。"孟子说这个年代很严重嘛,其实就跟现代这个年代差不多,如果放在全世界来看更是如此。孟子要"正人心,息邪说,距诐行,放淫辞",他说:"予岂好辩哉,予不得已也。"所以孟老夫子跟孔老夫子气象不同,孟老夫子带有强烈的浩然之气,那种正义凛然肃杀的味道如秋之煞;而孔老夫子为春之生,后来研究孔孟之道的人做了这样的区别。

## 二、儒学三个维度:自然生命,血缘生命,文化生命

儒学所重视的有三个维度,这是整个中华民族共通的,到目前为止也是如此。自然的生命讲天地,血缘的生命讲祖先,文化的生命讲圣贤。荀子就提到:"礼有三本:天地者,生之本也;先祖者,类之本也;君师者,治之本也。"最后这"君师者,治

## 第十二讲 孟子思想在海外的发展

之本也",我把它转成圣贤者,文化教养之本。我点出这一点是想跟大家说,不管是孔子、孟子、荀子还是儒学,强调人的生命定位就这三个定位,自然生命的定位、血缘生命的定位、文化生命的定位。中华民族的生命特别的坚韧,就是因为我们的生命是由这三维生命来定位的,想到自己的生命不是你个人孤零零的个体生命,你是放在天地间、放在列祖列宗古往今来、放在前辈圣贤,你一样继往开来。我们有非常深厚的时间意识,这一点非常非常重要,我们源远流长的时间意识,是中华民族最重要的生命定位,不管了解儒家的哪一位,无论是孔子、孟子、荀子还是颜回、曾子,当然全部儒家都肯定孔子、孟子和荀子,即使道家也是肯定的。之后佛教进到中国,它原先不是这样讲问题,到了中国全部这么讲。佛教讲"缘起性空",一进中国重点不在"缘起性空",而重点在"真空而妙有",原来讲"出世间",现在讲"不离世间觉";原来是"彼岸的净土",现在是"此岸的净土,人间的净土";其实这就汲取了最重要的儒家的精神,也有道家的精神。

生命的三个维度是儒家提出来的,道家也不违背它,佛教也不违背它。随着时代的变迁而变化,这三个维度还存在,一开始强调五伦,到后来强调三纲。五伦是"父子有亲、君臣有义、夫妇有别、长幼有序、朋友有信",只是比较起来有一点相互的对称关系。三纲是"君为臣纲、父为子纲、夫为妇纲",显然地,上下的隶属关系强了。整个中国秦汉大帝国建立以后,经过两千年皇帝专制,父权高压,男性中心,造成了一个非常封闭的两千年,当然西方也经过了很长的专制时代。这两千年所形成的"血缘性的纵贯轴",这样的政治社会的总体一直到 1911 年才打破,到现在又经过了一百多年。其实我们现在正由血缘性的纵贯轴迈向人际性的互动轴,从传统社会要迈向公民社会,要建构更理想的年代,这也是整个中华民族的文化重新在自己的母土大地好好生长出来,并且要迈向全世界,要担负起济弱扶倾的责任,而不是像 15 世纪到 18 世纪由欧洲的传教士把四书五经传到欧洲去。

儒学经过他们强调,太注重以人为中心了,儒学不是以人为中心的,而是以人为参赞的起点。这不是人做中心,是人去实践它,人作为天地间的存在,人作为古往今来继往开来的一分子,而不是以此事此岸此时人做核心的,也就不是现实的功利核心。这一点很重要,它不是功利下的核心。用西方学术界现在常用的话来讲,它不是理智中心主义,不是 Logoscentrism(逻各斯中心主义)。我们不是以人为核心的人文的思考,但我们现在却常常误认为是这样,而且还这么强调着。宽广地说,我们应该是"三才者,天地人",是三才思考,是三才主义,而不是以人为中心的主义。讲中国文化是人本主义、人文主义要小心,要适当地说,它是放在天地、放在古往今来的人本、放在继往开来的人文。讲人的"参赞天地之化育",而不是讲"天地万物皆为人所用",这不一样,差别很大。"参赞化育",这才是儒学的思想,以人为中心,以自由意志为中心,这是近现代的西方式思考。

第十二讲　孟子思想在海外的发展

## 三、欧洲人读到的儒家忽略了"通天接地"，这与整个欧洲扩张主义的强烈思考相应

从15世纪到18世纪,欧洲文艺复兴、宗教改革、科学革命的那个发展过程里,我们儒学也传到欧洲,并且起了一个非常重要的作用,但这作用却是偏歧的。他们读到了他们所要的人本,而忽略了"通天接地"的人本,这与整个欧洲扩张主义的强烈思考相呼应。其实,这不是儒学的本然。我们要说,欧洲的确受到儒学的鼓励,但是他们读错方向了,他们读的不是儒学原来最重要的向度。儒学强调的是："天行健,君子以自强不息;地势坤,君子以厚德载物。"孟子强调"尽心、知性、知天""尽其心者,知其性也。知其性,则知天矣。存其心,养其性,所以事天也。夭寿不贰,修身以俟之,所以立命也"。西方所传的孟子学忘掉了事天立命,他汲取到的只是一种很初步的孟子学的一种道德理性的精神。这也是好的,但他太强化了结合整个西方近现代发展的过程,还是一个偏歧的发展,这个部分值得我们去留意。

回过头,我们现在再谈中国文化的复兴,也常常偏于近代化的思考,偏于西方现代化的思考。现在已经到了21世纪,是在现代化之后,人类的文明到了重新思考、重新理解的年代,所以不是西方现代化有什么好,而是西方现代化产生了很多严重的弊病。美国的霸权又有多严重？它控驭了全世界,

像最近它大印美钞,这是让全世界的人都来负担美国债务。美国霸权厉害的是,它让全世界的人才为美国霸权使用。再者,美国人对于资源的浪费,是世界所周知的,这些问题,以前没得思考,好不容易现在有机会来面对。这就要仔细去想一想。

## 四、中华民族永生的奥秘——"孝、悌、慈"

我们在阐述这个问题的时候,一定要回到我们民族的整个精神核心点去看,去思考这深刻的问题。我常常说中华民族永生的奥秘其实就三个字——"孝、悌、慈"。《论语》中"有子曰:'其为人也,孝悌,而好犯上者,鲜矣;不好犯上,而好作乱者,未之有也。君子务本,本立而道生。孝悌也者,其为人之本欤?'"孝悌是实践人的根本,而孝是对于父母、对于祖先的尊敬,并且要能够好好地侍奉他们。"生,事之以礼;死,葬之以礼,祭之以礼。""孝"是对于生命根源的崇敬,是纵贯而往上追溯的溯源。"悌"是顺着生命根源,横向地展开。"慈"是顺着生命根源纵贯地继续延伸。孟子很清楚地告诉我们,仁义之道是家庭伦常培育来的,所以讲"仁者,事亲是也;义者,敬长是也"。"事亲"是孝、"敬长"是悌。"孝悌",一纵一横,刚好就是我前面讲的"十字打开"。这个"十字"不是基督教的"十字",而是一纵一横,"孝悌也者,其为人之本欤"的十字。不要一听十字就想到《圣经》,不要一听《圣经》两个字,

## 第十二讲　孟子思想在海外的发展

就听成基督教的。其实,就华人来说,《四书》《五经》才是圣经。基督教的 Bible 应该用音译,就好像伊斯兰教翻译其经典为"古兰经",而不是"圣经"。相应来说,基督教的"God"则应该音译为"高特"。这个版权我应该说一下,这是我的老朋友孟祥森先生,他是个翻译家,他是这样主张的。"上帝"这两个字早在《诗经》《书经》就有,中国古典书籍多的是,不要误认为"上帝"就是 God。《诗经》《书经》也有上帝,我们不要混淆和误会了。现在中国人跟着西方人说 12 月 25 日是圣诞节,这是不入理的,应该说是耶诞节,这才准确。须知:9 月 28 日才是圣诞节,孔子的诞辰即圣诞节。亚圣孟子是农历四月二日,当然这个农历是什么样的农历,是不是周历？不是我们现在讲的夏历的农历,这里还有很多争议的地方,还有待考证。12 月 25 日应该为耶诞节,这很清楚。

我们这时代其实是最混乱的时代,人类的文明是在欧美中心主义、基督教文化中心主义的主导下,我们毫不怀疑地全部接收了。昨天我做的一个讲座中也提到,我们的教科书写着"1492 年哥伦布发现新大陆",对印第安人、玛雅人,就美洲土著来讲,请问那是旧大陆还是新大陆？哥伦布怎么发现新大陆？因为航海技术不是很好,哥伦布被飓风吹到了一个不知名的旧大陆,对白种人来讲,因为他不知道,所以他起先误认为那是印度,把它叫作印度群岛,后来知道错了,把它改为西印度群岛。而那个地方的人所以被叫作印第安人,其实是错的。但是有没有人提出要把它改过来？没有。我一定要提醒大家留意这个问题。"1492年哥伦布发现新大陆",这说法是不适当的,竟然一直没有改过来。

## 五、21世纪仍要"正人心、息邪说""距诐行,放淫辞"

21世纪,我们要学习孟子的"正人心、息邪说",学习孟子的"距诐行,放淫辞",要能够面对这些错误的理解,回溯到我们自己的本源去看、去理解。像民国初年反对孝道有理由吗？我们去追溯生命的根源、纵贯的追溯,并崇敬祖先,这有什么错吗？我们由生命的根源而来,从而横向展开的说"悌",这有什么错吗？我们顺着生命根源而来,纵贯地延展这个"慈",这有什么错吗？民初以来,意识形态的灾害,严重得很。顺着近现代欧美中心主义的思考,顺着中国现代的反传统主义这样的意识形态看下来,整个中国文化似乎一文不值。我们好像自来就是乌七八黑的,但果真是这样吗？不是的。

好不容易经过了一百多年,我们现在终于可以清楚看到,现在我们有机会重新再反省一下,马可·波罗游记怎么样引起西方对远东的好奇,利玛窦把中国经书翻译成欧洲文字,对于德国、法国以及欧洲的思想起了什么样的影响？对法国的大革命,对德国和英国的科学和人文都起着什么样的影响？以前,你跟他讲这一段,他还会说这可能吗？因为我们都忽略掉了。我们也不是所有的前辈先生都在反中国文化,有关中

第十二讲 孟子思想在海外的发展

西文化交流与会通的研究,自来就有,而且很早就有。朱谦之先生就写过重要的著作,现在清华大学的何兆武先生就写过,还有许多学者对此做过许多贡献。

到目前为止,在我们整个的信息场中,我们是不是还那么崇洋媚外？我们是不是没有正视历史的事实？我们是不是仍然误认为我们是一个文化精神无比穷困的国度？其实,就其本源来说,我们一点都不穷困。说不穷困,我们也很穷困。这怎么说呢？如果好好地去看我们的汉字所承载的典籍以及东西方典籍的翻译,那不得了。汉字所留下的人类文明智慧结晶,可能远超过其他不同的语言。只是,你家里有无限的宝藏,但是你从来不知道,或者说你没有好好地去运用它。经典的智慧你没有去读它,它摆在那里,可能要等到西方人重新看到的时候再告诉我们说,这很重要。

## 六、孟子思想核心是人性的、人伦的和平主义,美国是霸权主义

21世纪真的给我们机会,我们得好好重新去理解。我们在理解这个问题的时候,要多方地去看,去理解孟子的思想是个什么样的思想,孟子思想的核心是人性的、人伦的和平主义。这个人性的、人伦的和平主义是通天接地的。"通天"的意思是有超越性,有神圣性;"接地"是不离生活世界,不离历史社会总体,不离我们的文化。所以,它不是近现代的人文主

义或者人本主义的思潮，它是个"通天接地的人文主义"，不是一个"理智中心主义的思考"，不是逻各斯中心主义的思考这样的人文主义或人本主义。这一点要强调。

孟子所强调的是什么？孟子说："以力假仁者霸，霸必有大国；以德行仁者王，王不待大。汤以七十里，文王以百里。以力服人者，非心服也，力不赡也；以德服人者，中心悦而诚服也，如七十子之服孔子也。"这个思考是两千多年前的思考，王霸之辨的思考。"以德行仁者王""以利假人者霸"。"二战"后，20世纪当时最大的强国是美苏两国，美苏两国中又特别强的其实还是美国。如果有孟子"以德行仁者王"的思想，这个世界不会是现在这样。是个什么样的思想？我们先来看一看那个时候是什么样的思想。"二战"刚结束，美国拥有全世界50%的财富，却只有6.3%的人口，现在美国人口增加一点，只占到全世界的6.67%，同样拥有全世界50%的财富。"二战"刚结束的时候，美国国务院政策规划主席肯南1948年的时候说，未来日子里美国的真正任务是找出保住这个悬殊地位的方法，这是英文翻译成中文的，所以语句有点怪，但是你仔细听一下这段话："未来日子里，美国的真正任务是找出保住这个悬殊地位的方法。"你们听了内在的感受是什么——这是人讲的话吗？这是一个超强大国的国务院政策规划主席讲的话，用孟子的话来说，"以利假仁者霸"，你还要假借着仁那叫霸，赤裸裸地告诉你我要的是权力，是利益，我要拥有霸权保住这个悬殊地位。这个悬殊地位是什么？继续拥有全世界

第十二讲 孟子思想在海外的发展

50%的财富。

相对来说,若是孟子那时候当美国国务院政策规划主席,孟子会怎么说?大家设想一下。孟子会说:很惭愧,我们居然只占了全世界6.3%的人口,而拥有全世界50%的财富。这个世界上还有很多在饥饿死亡边缘的同胞,我们未来绝对不可能继续这个样子,我们一定要想到,我们须担负起一个济弱扶倾的责任,一定要想到我们的夫子所告诉我们的"大道之行也,天下为公",我们一定要执行王道。"王道"这个词在日常用语中好像又被误用了。什么是王道?好像胜出了就是王道,其实不是,现在有一点点被人误用了。

## 七、从"文化搭台、经济唱戏"到"经济发展、文化生根"的年代

回到前面来看,这个世界的问题怎么来的?大家有些明白。如果还是处在一个非现代化和现代性的思考,还是处在文化搭台、经济唱戏的思考,那是落后的思考,现在早就该是经济发展、文化生根的年代。文化搭台、经济唱戏这是一个阶段,现在又到了一个新的阶段。就好像台湾以前开始进入小康阶段的时候,客厅即是工厂;现在你也把客厅当工厂,那么你就会失去一个真正家的温暖,很多问题出现了,而且现在也不再是客厅即是工厂的方式。

辩证法的原则是讲究一直往前迈进的。就这个辩证的原

则来说,在儒学的发展里,孟子最可贵的是:点化出人类生命中最可贵的东西,即"人有不忍人之心"。你拥有全世界50%的财富,却占全世界6.3%的人口,你看到非洲一些穷苦的国家,想到的是什么？你去想一想,这有没有问题。孟子说:"人皆有不忍人之心。先王有不忍人之心,斯有不忍人之政矣。以不忍人之心,行不忍人之政,治天下可运之掌上。所以谓人皆有不忍人之心者,今人乍见孺子将入于井,皆有怵惕恻隐之心——非所以内交于孺子之父母也,非所以要誉于乡党朋友也,非恶其声而然也。由是观之,无恻隐之心,非人也;无羞恶之心,非人也;无辞让之心,非人也;无是非之心,非人也。"孟子最了不起的是"十字打开,更无隐遁"。性善须从这里说。朋友们,当我们看到一个小孩快掉到井里去的时候,一定当下就升起了怵惕恻隐之心,想去救他。你想一下,你跟这个孩子的父母亲有什么交往吗？没有。你想要得到邻里朋友的赞誉,要当好人好事代表吗？还是怕人家说你见死不救吗？都不是,这只是当下内在的本心之发现而已。

孟子王道的思想强调,作为人必须有一恰当的人伦的社群,这个人伦社群的思考跟天地人我万物连接成一个整体。"五亩之宅,树之以桑,五十者可以衣帛矣。鸡豚狗彘之畜,无失其时,七十者可以食肉矣。百亩之田,勿夺其时,数口之家可以无饥矣。谨庠序之教,申之以孝悌之义,颁白者不负戴于道路矣。七十者衣帛食肉,黎民不饥不寒,然而不王者,未之有也。"这可充分地看出这是将天地人贯通为一的。这是

第十二讲　孟子思想在海外的发展

通天接地的人文主义,不是以人为中心的,而是强调人作为这个世界的参赞者、实践者,人必须与天地合德,人必须敬畏天地。

## 八、儒学思想从古代对朝鲜、日本就有很大影响,16世纪后,再传欧洲

我们进一步要跨到另一个问题来,孟子思想在海外的传播与发展,这部分涉及的面很广,这里我只作为一个纲领来说。学术、思想与文化,这三个层面都会包括到。孟子思想在东亚的过去、现在与未来,孟子学在韩国、日本的传播与发展。我们谈这个问题的时候,其实就离不开儒学,因为光谈孟子学的海外思想,如果说起来,它是非常学术性的,只有少数汉学家所说的孟子学。我觉得那不是我们今天的重点,我把它放到儒家思想在海外,就此来说孟子思想,那才是落实于生活世界说的,才落实于文化与思想的层面来说的。

儒家思想在古代对日本有很深的影响。东亚许多邻国在学习中国生产技术的同时,也接受了中国儒家思想文化,从而大大促进了它本国政治经济文化的发展。儒家思想不仅是中国的,也是这些国家的传统思想,它构成所谓的儒教文化圈。16世纪以后,儒学又由于传教士的介绍,传到了西欧,法国、德国等国先进的思想家们从儒学这个完全不同于西欧教育思想的体系中得到了很大启发,儒学使他们倾倒、陶醉,他们从儒

学汲取到了许多宝贵的思想。再者,20世纪五六十年代以后,整个东亚工业的崛起,让欧美各国刮目相看,而且西方的社会伦理问题日益严重,有识之士对儒家思想的兴趣大增,儒学研究的热潮也逐步兴起,孟子也同样就此受到了重视。

我发现许多韩国朋友讲的韩国话与台湾话某些语汇、语音相近。台湾人讲闽南话,韩国人讲韩国话,相距千里,竟然很多语汇是一样的。为什么?韩国话的汉音大概就是汉朝魏晋时的,台湾的古音叫中原古音,大概也是汉代到魏晋时候,这很重要,而且用的语汇是古老的语汇。像台湾人讲"你有空吗?"他是问"尔有闲否?"一斤多少,他问"一斤寡济"。一听听不懂,而且发音也不一样,语汇也不懂。你到韩国去,可能发音跟这有些一样。韩国现在全部用拼音,所以我们看不到汉字。有一次我到韩国首尔(以前的汉城)去讲学,韩国的民族主义很强,遍地看不到汉字。我看到有一个住宅修理的店,我看到四个字,那四个字我看不懂,我就问我的韩国朋友怎么发音,我朋友告诉我那个发音,我问他如果写成汉字是不是"住宅修理"这四个字,他说是,这个发音跟台湾话(闽南话)的发音是一样的,多有意思。

整个东亚是原先的汉字文化圈,韩国现在慢慢恢复又使用一点汉字,日本曾经想要废弃汉字不用,后来还是得保留。起先,听说是这样的,日本人在交通号志上,全改用拼音,而不用汉字。像交通号志的"停",把它变成拼音,结果很奇怪,交通事故的肇事率增加,真是奇怪。有人说汉字有辟邪作用,其

# 第十二讲 孟子思想在海外的发展

实问题并不神秘,它是有根据的。用汉字所构成的交通号志,其效用比起拼音文字快速而且准确。

## 九、从公元前1世纪,直到1910年,朝鲜半岛可说是儒教人伦的国度

再者,我们要谈谈韩国,韩国从公元前1世纪与中国关系就极为密切。《论语·微子》说:"微子去之,箕子为之奴,比干谏而死。孔子曰:'殷有三仁焉。'"比干是我们林姓的祖先,另外一个是箕子,跑到辽东,跑到韩国去。但现在韩国民族主义高涨就不说了。韩国以前在清朝初年的时候,他们觉得非常荣耀,当时韩国还奉明为正朔,他们认为他们才是真正华夏道统的继承人。明亡后,还奉明为正朔达八十九年之久,他们以中华正统自居。即使现在,有些韩国汉学家还这样认为。

那时候,儒学是不是自然而然过去的? 是。从公元前1世纪,到三国时期(百济、新罗、高句丽),再到后来,进入高丽时期。从三国(韩国的三国时期)到新罗,一直到李氏朝鲜,一直到1910年,整个是以儒教为主。即使到目前为止,韩国的儒教教化仍然比中国还强。我的韩国朋友就认为,孔子虽生于中国,但是儒教是大兴于韩国。特别是在李氏朝鲜取代高丽之后,抛弃了佛教全力推行儒教。当时朱子学被尊为唯一的正统思想。朱子学是孟子学思想的突破发展。整个宋代不

管是朱熹或者明代的王阳明,他们对孟子都非常非常尊重。孟子谈心论性,上达于天。

这样的心性之学,如果你要说孔子跟孟子最大的差异何在。孔子强调家庭人伦实践,孟子直接点出心性作为一切价值的根源。整个儒学到了宋明理学特别强调孟子的重要性,也就是更强化心性作为人实践的一个根本,朱子、阳明基本上这样继续地发展,只是朱子更强调心性之学的"性理",而阳明强调心性之学的"本心"。我对韩国的儒学曾经有过研究,写过几篇文章。我虽不谙韩文,但我可以研究古代韩国的哲学,为什么?古代韩国哲学都是用汉文写的。而且他们的古文功力深厚,他们汉文写得跟朱熹、阳明差不多。理学在韩国的确有新的发展。在人性问题上,朱子学到了韩国有独特的发展,特别是有关四端七情的理论,在韩国的讨论可以说是最深刻的。今天因主题所限,我们不去深化这个问题。

1910年以后,日本灭亡了李朝,占领了朝鲜半岛,曾经一度废止尊孔儒经,之后转而利用儒教想要奴化当地人民,不过正统的儒家学者也利用儒教宣传动员群众抗日复国。第二次世界大战之后,朝鲜半岛南北两方分别实行社会主义跟资本主义制度,儒家思想不再是统治思想,它作为传统文化,表象上看来,它似乎只是人们研究的对象而已。实则不然。它不只作为人们研究的对象,而是渗入整个生活之中,特别是韩国,对于现代化起了非常重要的调节及促进作用。整个东亚的兴起也与儒教有着密切的关系。

第十二讲　孟子思想在海外的发展

## 十、1884年法国占领越南,废汉文、南文,与汉文化的传统被隔断

我们再看看越南。作为中国的近邻,自古以来,它就接受中国文化,儒家学说是其中最重要的组成部分。秦始皇设置郡县,交趾郡即在今越南北部。从两汉到隋、唐、五代,曾有不少越南读书人到中原游学为官。

直到公元939年,越人吴权(898年—944年)建立吴朝,宣布越南独立。公元1010年李公蕴(974年—1028年)建立李朝,1225年底(或1226年初),李朝末代君主李昭皇禅位给陈煚,建立了陈朝,继续推行崇儒政策。这样一直下来,后来儒学在越南经后黎时期以及阮朝的前期,一直到1884年都盛行。儒家思想在黎阮两朝达到鼎盛。但是,1884年法国占领越南,实行殖民统治,废除汉文、南文(越南文),越南文原先用了汉字改造的,现在成了拼音文字,也废除了科举制度,推行法文和拉丁化的越文。这么一来,儒学与汉文化的传统被隔断了。但是,由于两千年传统影响,许多人还是心向儒学,越南现在还是有研究儒学的,只是它弱了。在法国占领越南之后,许多越南儒者仍努力学习研究,许多大儒写出了研究专著,表达抗法复越的思想。我有一些越南朋友,他们中文讲得很好,也能写汉诗。但是越南儒学跟日本、韩国比对,它不重在理论,它强调规矩、规范,很强调上下长幼尊卑的关系。韩

国儒学心性之学达到很高的境地,朱子学的发展甚至超过了中国朱子学的发展,日本还没那么高,这是一个很有趣的值得研讨的问题,我今天不能谈太多那么细的问题。

## 十一、 日本孝谦天皇在8世纪下诏强调"孝为众善百行之基,孝为治国安民之本"

日本跟中国是一衣带水的邻邦,它同朝鲜和越南一样,很早就输入了儒家学说,并且深受其影响。关于儒学传入日本大体有两种说法,其中之一是秦始皇时代,秦始皇为了长生不老,派遣了徐福带着五百名童男、五百名童女到日本,可能随船就带了儒家典籍,而且这五百对到了日本去,成了日本人的祖先。我想民族的繁衍应该是多元的,不会是亚当与夏娃就生出这一大片。应该是多元的,这是可以想象的。但是到底怎么一回事,现在还没搞清楚。

关于日本的儒学有另一个说法,说是公元285年,韩国的百济使者荐博士王仁到日本献《论语》。此事中日史书均有记载。日本受中国文化的影响是很深的。日本的发展大体来讲,整个儒学的载体跟它的整个记述以及其他种种是连在一块儿的。一直到唐代,646年孝德天皇时期,在曾长期留华对隋唐社会、政治、文化、思想均有深刻了解的日本大儒南渊靖安等人帮助下实行"大化改新",废除了旧贵族私有部民制,按唐朝的榜样,建立中央集权的专制政体,使日本成为以儒家思

## 第十二讲　孟子思想在海外的发展

想为指导的大一统的国家。"大化革新"可说是关键时期。之后,又经过了奈良时期、平安时期,统治者虽然也推进佛教,但是从来没有放松过对儒教的推进。或者说,他们甚至认为精神解脱靠的是佛教,但治国安民靠的是儒教。当时,日本天皇继续派遣留学生到中国,而且还印制儒书,加强整个大学各方面的种种儒教发展。当时,孝谦天皇(749年—758年)曾下诏强调"孝为众善百行之基,孝为治国安民之本"。

## 十二、 日本神道与儒教天理结合一体,对日本现代化的发展起了重大的作用

大体来说,日本历史上经历了镰仓幕府、室町幕府、江户幕府三个幕府历史时期。时间始于1185年源平合战结束,终于1867年明治维新,前后达682年。在这种特殊的状况下,演变成一种特有国情的政治体制。进入幕府时代,天皇大权旁落,幕府将军实行独裁统治。当时将军、大名、武士组成的等级制的武士地主阶级,控制着从中央到地方的各级政权和土地。他们的理论家适应当时的需要,取儒家的"忠、信、勇、礼、义、廉、耻"等观念和佛家不念生死的思想,加工形成武士道精神。当然,四书五经在日本仍然继续为大家所阅读,这也可看出那时的儒学是伴随着统治的需要而发展的。

直到十二三世纪,德川将军统一全日本之后,认为武功已到顶点,但文治还不够,因此,他更锐意崇儒重道。他抛弃佛

教,提倡理学,重用藤原惺窝及其弟子林罗山等儒学大家,他们讲学、著书,传播发展,主要在朱熹理学。藤原惺窝遵从朱熹的性理说,认为天地万物皆以理为本。他批评佛家思想,这使得日本儒学摆脱了禅学的影响。他的弟子很多,最著名的是林罗山。性理说在日本后来被仪式化,形成日本后来整个日常规矩里非常仪式性的东西,日本人给你行礼一定是九十度,日本人讲话也有一定的形式,他们极重视阶层的高低,爸爸对儿子用什么话讲,爸爸跟妈妈是怎么讲话的,儿子对爸爸怎么讲话的,都不会弄错。

他们把朱熹的"理"变成一个客观的礼仪的"礼",这很有意思。这些思考已经不再是原先的儒学本真,但是它深受儒学影响。我想说日本人所传习的已经不是原先的孟子学,尽管心性之学最重要的构成,孟子学占的非常多。《四书》是理学理论所根据的主要经典,它包括了《论语》《孟子》《大学》《中庸》,而《孟子》更是理学、心性之学所重视的。林罗山心悦诚服地尊信程朱,既反对佛教,也反对耶稣教,著有《排佛论》和《排耶稣论》。这反映了幕府将军对佛学的厌弃和对西方势力的怀疑。值得注意的是,他还大力论证日本的神道和儒教理学的一致,强有力地将它们更好地结合起来。这一点很重要。他把日本的神道跟儒教的天理结合在一块儿,对日本后来现代化的发展起了一个非常重要的作用,这是比较远的,之后会慢慢提到相关的。

第十二讲　孟子思想在海外的发展

## 十三、阳明学派萌发代表市民阶级利益的平等思想，重视生活世界的实践，为明治维新做了思想准备

影响日本学术界的除了朱子学之外，尚有古学派、阳明学派以及水户、折中、考据等学派，他们都表现了与朱子学不同的思想倾向。如古学派尊信三皇、五帝、周公、孔子，认为唐以后的儒学是伪学，它代表的是以前的贵族。幕府大将军把贵族都搞掉了，剩下几个大军阀，后来到明治维新的时候，就如同"尊王攘夷"一样，而且是尊重的一个明治天皇。总的来说，程朱理学的天理之说与日本的统治者是有密切关系的，就好像清朝康熙皇帝的统治跟程朱理学也是有密切关系的。我们要知道思想的扩散往往与政治密切相关。尽管马克思主义思想跟马列主义思想不同，马列主义思想跟马列毛思想又不同，马列毛思想跟马列毛邓思想有延续，但是也会有不同，思想都是一样，那还算思想吗？思想是这样延续的，思想需要的是继承与转化、发展。

阳明学派比起理学派，继承孟子学更多了。日本的阳明学派继承了王阳明的良知说、明德说，他们认为整个世界及其秩序，乃至儒家伦理规范都是作为人的本心的产物。起先，阳明学派作为传播儒学的通俗学派而存在，后来慢慢壮大，与朱子理学派分庭抗礼，可以说是另一对立的学派。后来，阳明学派的一些重要学者逐渐萌发出代表市民阶级利益的平等思

想,重视生活世界中实践的思想,为明治维新做了思想准备,启蒙了一个新的时代的来临。

我们可以这样去判断明治维新,1868年德川幕府被推翻,政权重新回到明治天皇。明治维新逐渐使得日本从原来的传统社会过渡到一个新的资本主义社会。不过,日本封建传统的势力仍然很顽固,因此明治初年被打击的儒学,不久又受到当局的重视,而且有了进一步的发展。天皇和文部省连连发令,要求在中小学加强道德教育,而道德教育的主要内容就是忠孝仁义,成为日本教育指导原则的明治天皇《教育敕语》,简明扼要地简述了儒家伦理规范,以为人人遵守,可以"扶翼天壤无穷之皇运"。你会想这还是孟子学吗,这还是儒学吗?他还会引用孟子,不会引用荀子,因为他从"四书"引用,这很有趣。思想这一演变,果真大有转化与创造。

## 十四、利玛窦翻译《四书》向欧洲介绍中国和儒学,写《天主实义》寻求儒耶汇通

中国与欧洲通过古代丝绸之路早已有交往,但真正把儒家思想传到欧洲产生影响的是明清时代来华的传教士。在16世纪下半叶,意大利传教士来到中国,其中最有名的是利玛窦。1582年利玛窦来华,游居中国28年,接触各阶层人士,结交了徐光启、李之藻等一批官僚士大夫,对中国国情、传统思想有深刻的了解。他很了不起,中文很好,曾经写了《天主实

## 第十二讲 孟子思想在海外的发展

义》这样的故事,向中国人传播,用儒学论证了天主教教义,现在谈儒耶汇通的话,一定要回到《天主实义》去看。另外一方面,他用拉丁文出版他翻译的《四书》和他写的《基督教传入中国史》《利玛窦日记》,向欧洲介绍中国和儒学。他的著作在意大利和欧洲引起强烈反响,利氏因此得到"博学西儒"的雅号。

后来来华的传教士有增无减,他们都强调天主教与儒教的结合。讲《圣经》也讲儒教的经典,他们讲耶经也讲"圣经"。我这样写的话很多人看不懂,因为"圣经"这个词被占用了,"圣诞节"也被占用了,连公元也被占用了,我们都浑然不觉。"圣经"应该指的是我们的圣典,怎成了基督教所独享的呢?艾儒略在福建传教多年,被当地人称为"西来孔子",但不管怎么说,这些传教士他们心里还是以他们的天主为最大的。

如此一来,传教士写的关于中国儒家思想的书籍在思想界造成强大的声势,使各国王公贵族到普通百姓都关注中国甚至形成了那个年代的"中国热"(17—18 世纪)。17—18 世纪的法国处在革命的前夜,先进的思想家们从各方面批判基督教的教会,以此来开启人们的头脑,而儒家这种非基督教思想体系出现在面前的时候,他们是何等惊喜、何等振奋,那是可想而知的。儒学给了他们极大的鼓舞和启迪,受到他们衷心的赞扬。当然有人怀疑说,他们随便理解儒学,儒学那么好?其实,儒学果真很好,我刚才说儒学是通天接地的,但是他理解过去之后,却是以人为中心的。

## 十五、启蒙思想家伏尔泰十分推崇孔子的德治思想,他是自然神论者,认为真正相信上帝的人只讲道德不讲迷信

近现代的思想最重要的就是以人为中心,到现在为止,仍然是以人为中心。我们中国古典的思想不是以人为中心,我们是"三才者,天地人",这是我常强调的,一定要记得。

启蒙思想家伏尔泰(Voltaire,原名 François-Marie Arouet,1694—1778)对孔子的学说极为倾倒,他十分推崇孔子的德治思想,其实,不只孔子,而是整个儒学,只要是《四书》所读到的东西。你说孟子的思想跟孔子有什么不一样吗?有,但是是同质的发展。就孝悌人伦、人性本善,那是一样的。你要讲不一样,孟子是辩论、说服你,孟子辩论很厉害。看《孟子》书很有意思,孟子的书是一问一答,再问再答,很少三问,三问就三答。大家被他的浩然之气所震撼,他们说,好吧,到此结束。孟子如果现在在这里做讲座的话,一定是非常有魅力的。浩然之气,充塞乎天地之间,"其为气也,至大至刚,以直养而无害"。孟子很会辩论,辩论得很有技巧,很能思考。他跟孔老夫子不同,孔老夫子是"刚毅木讷"的,孟子是"予岂好辩哉,予不得已也!"

伏尔泰说的虽是孔子,但不只是孔子。伏尔泰推崇儒家的德治思想,认为中国两千年来从天子到庶人都以修养道德

## 第十二讲　孟子思想在海外的发展

为本,孔子说修身齐家治国平天下,都能做到国泰民安。由于孔子思想的强大威力,使得征服中国的人,到头来都被中国文化传统所征服。中国的确是如此。魏晋南北朝不是如此吗？魏晋南北朝的时候五胡乱华,北朝的北周,北周就有三省制、科举制,几乎北周的制度就是后来隋唐的制度。北周之后就是隋,隋之后就是唐,胡人汉人最后就连到一块儿了。整个中国的思想发展历程里,伏尔泰认为孔子思想很好。伏尔泰反对当时的政治,他主张开明的君主制。在他心目中,中国正是开明专制的模范,中国的皇上做起来是很辛苦的。为什么？皇上是要被制约的。三省即中书、门下、尚书,中书草拟好了以后交给门下审议,门下审议好了以后再交给尚书执行,这个是很复杂的。你以为皇上想怎么样就能怎么样吗？不是的。

伏尔泰在信仰方面是个自然神论者,认为真正相信上帝的人只讲道德不讲迷信,孔子就是这样。欧洲的教会恰恰相反,只讲神学不讲道德。这么说来好像有点时空异位。民国初年的时候,我们都讲自己有多坏,而忽略了自己有多好；在十六七世纪时,西方都讲东方有多好,他们很不行。这一段历史我们似乎常忽略掉。为了宣传孔子的伦理思想,伏尔泰把元曲的《赵氏孤儿》改编为《中国孤儿》搬到法国的舞台。伏尔泰在自己的著作中常常赞誉孔老夫子,把孔子的画像挂在自己的礼拜堂中,朝夕膜拜。

## 十六、霍尔巴赫、狄德罗都认为欧洲要学中国，基督教的道德应用儒家道德理性取代

法国百科全书派的代表人物霍尔巴赫（Paul Henri Dietrich d'Holbach, 1723—1789）对孔子的德治思想颇为推崇。孟子也是德治思想，孟子把孔老夫子的德治思想发扬光大。霍尔巴赫强调："中国可算世界上所知唯一将政治的根本法与道德相结合的国家。这段历史悠久的帝国向人们显示，国家的繁荣须依靠道德。在这片广大的土地上，道德成为一切合理理性的人们的唯一宗教。"他认为欧洲的政府一定要学中国，欧洲的基督教的道德也应用儒家道德取代。中国强调道德理性，它是通天接地的，并不只是以人为中心的。儒家强调礼有三本：天地者，生之本也；先祖者，类之本也；君师者，治之本也。儒家认为人是要通祖先、通圣贤，也要通天地神明的，这一点他没有理解到，因为他所读到的，无法传递过去这种思想。他认为欧洲的政府一定要学中国，欧洲的基督教道德也应用儒家道德来取代，这点可是值得留意的。

狄德罗（Denis Diderot, 1713—1784），百科全书派的代表，他认为孔子学说非常简洁、可爱，只用理性和真理去治国平天下，令人钦佩。其实，这样的理解并不全面，他只看到了一部分。孔子学说不只是用理性真理去治国平天下，他是通天接地的，他讲君子有三畏：畏天命、畏大人、畏圣人之言，他也要

讲敬畏天地的,不只是理性。他其实更重视的是情感、情操的部分。

法国的重农学派的创始人魁奈(François Quesnay,1694—1774)认为真正创造财富的是农民的劳动,是农业,而不是贸易、经商。他对儒家学派的重农轻商的思想非常赞同,并且认为儒家举贤才以及以科举考试选拔官吏的做法,比法国贵族世袭,把持官场的做法要优越得多。衡情而论,中国科举制实际是很不错的,科举是有弊病,但是科举很不错,科举让人才流动。这就好像台湾的联考不错,也让人才流动。台湾现在考试方式越来越复杂,这是这个时代的变化,大陆是不是也在变化? 这就是问题。我们已经被西方的资本主义化慢慢地同化,资本主义是把权力、金钱、地位结合在一块儿的,这很麻烦,很难处理。人类文明在发展过程中会碰到各种困境,挑战回应,重新去思考。魁奈被认为是"欧洲的孔子"。

## 十七、莱布尼茨极喜欢《易经》和中国古老文化,认为中国的政治伦理堪称模范,帝王贤明,平民有教养

法国如此,18世纪的德国思想界一样流行着孔子热、儒学热、中国热。莱布尼茨(1646—1716)欣赏中国的《易经》和中国的古老文化。他认为中国的政治伦理堪称模范,中国当时帝王贤明,平民有教养,如能把这些引进欧洲,而中国引进欧洲理论的自然科学也一定会增进人类的进步。《易经》对他有

非常非常多的启发,今天我们不讲自然科学的问题,但是我们要知道这样的史实。我们常常把它忽略掉,好像这些从西方传进来,我们忘记了我们的这些东西都在西方有影响。

鸦片战争前一百年的欧洲还在风靡着中国热,整个中国的没落是从乾隆末期之后。乾隆时期可以说是盛极而衰,乾隆中期问题已经很严重了,乾隆末期问题更严重。中国落后几百年,我们今天不一定记得那么多,但是你一定记得,原来在鸦片战争前一百年欧洲还在流行中国热,还在流行儒学热,而我们居然一百年之内把整个天下差不多败掉了。从1842年之后的五十年就败光了。到民国的时候,许多进步的知识分子发现我们一无所有,多惨。当时进步的知识分子认为中国文明一无是处,他们当时的心情如何?好不容易现在有机会让我们重新看看这些史实。

莱布尼茨的学生沃尔夫(1679—1754)也是一位儒家文化宣传者,在这方面他影响更大,因为他不像他老师那么偏爱拉丁文,他就用德语在大学里授课。1721年,他在大学里讲中国的实践哲学,认为儒学是关于政治伦理、实践的哲学,是由尧、舜、孔子等创立和坚持的传统观念。儒学以自然和理性为基础,与基督教的神启和信仰可以相辅相成。的确,儒学有自然和理性,但儒学不只是自然和理性,他的理解仍有可议处。

# 第十二讲　孟子思想在海外的发展

## 十八、启蒙思想家渴望非基督教文化，主张理性、博爱，主张法治和开明君主制，他们借用儒学名义来发挥他们的主张

儒家思想在启蒙运动时盛行于西欧，特别是在法德两国，起着如此推波助澜的作用，这是一个很奇特的文化现象。启蒙思想家由于渴望非基督教文化，儒学变成主张理性、博爱的道德，主张法治和开明君主制的学派，他们借用儒学的名义来发挥他们的主张。因此越是热烈要求思想启蒙的人，越是热烈地颂扬儒学。他们所说的儒学未必是很准确的，却可以说是一个理想，就好像我们今天中国人的崇洋一样，他们的心理机制是类同的。

台湾以前还是很崇美的，现在好一点。人家美国人是多么守秩序，我们台湾人都不守秩序，我们天生都不守秩序，有这回事吗？我想要强调，不要误认为有个民族叫守秩序的民族，有个民族叫不守秩序的民族，一定要记住历史在变化过程中。

很多人误认为整个资本主义的发展、现代化的发展是跟儒学悖谬的，特别是德国的宗教社会学家韦伯（Max Weber）。韦伯认为基督教的文明跟资本主义、跟整个近现代文明有一种选择性的亲近（selected affinity），他考察中国，认为中国老早就可以发展出资本主义，为什么没有发展出来，就是因为

有儒教的关系。这个话不完全错,但也不完全对,这个话对一半、错一半。这意思是什么?真的儒学因为重农不重商,所以它使得文明的发展会慢一些。21世纪的现在,已经让我们有机会重新思考,文明发展那么快,果真那么好吗?现在最新的思想就在讲这个问题,人一定要"出人头地"吗,还是要"安身立命"?是要打败人还是要共生、共长、共存、共荣?孟子思想不是叫你打败人,孟子的思想是让你共生共长共存共荣。孟子的浩然之气是为了"正人心,息邪说"。整个现代工业东亚兴起,现在研究出来肯定是跟儒教文明有密切关系,但并不是儒教文明推动了工业东亚,这是我的论断。工业东亚在整个世界体系的带动之下,在华人文化主导下的勤勉努力,还有华人基本上的智慧是够的,所以它上来很快。另外就是中华文明以儒教为主的特别强调那个恰当的伦理关系以及它拥有一个非常深厚的融通跟调节的能力,所以能够度过在现代化、工业化、商业化的发展过程中的种种艰难险阻而发展出来。工业东亚,说是受儒教文化、儒教文明的影响,其实不只是儒教,道与佛功劳都很大。西方的汉学家没有好好地去论述,只把中国文化当作儒教了,其实不止如此。刚刚讲的这一段,我补充了有关儒学跟现代工业东亚的关系。

## 第十二讲　孟子思想在海外的发展

### 十九、工业东亚沿着儒学而被论述，韦伯论述儒教文明发展不出类似工商的文明、资本主义式的文明，这个论断已然被破解

"二战"后，日本从废墟中重新崛起。蒋介石帮助了日本人，为什么？因为他跟美国商量同意日本继续保有天皇制度。日本很奇怪，天皇对他们来讲是神圣不可侵犯的，虽然是形式性的，但是对日本来讲是必要的。如果日本两个东西不在就毁了，一是天皇制度，一是靖国神社。这两个如果没了，日本大概毁一半，日本会不会毁看他们了。我们不希望它毁，我们希望这个世界都能够"万物并作"，能够"乾道变化，各正性命"。"二战"后日本从废墟中兴起，韩国、新加坡、中国的香港和台湾等地区也进入发达的行列，被称为"亚洲四小龙"，跟日本一起被称为"工业东亚"。工业东亚的问题一直沿着儒学而被论述，韦伯的论述说，有儒教文明就发展不出类似工商的文明、资本主义式的文明，韦伯这个论断被打翻了。

学者研究发现儒家伦理跟美国现代经济民主主义的巧妙结合，是日本经济成功的秘密所在，是叫作所谓的"儒家资本主义"。日本著名的企业家涩泽荣一就写过一本书叫《论语与算盘》，也是这么论述这个问题的。其实儒教文明不妨碍现代化，这很清楚了。"二战"后有一个地区的现代化脚步是比台湾快的，那个地区叫菲律宾。但是，菲律宾现在却沦落了，无

法与"四小龙"相提并论,为何如此?就是因为它不像我们有一个丰厚的儒教文明,这是很重要的。儒教是广义地讲,其实也不只儒,有道、有佛。日本学者森岛通夫认为:"忠诚、孝顺和对年长者的义务一起塑造了一个价值的三位一体。这种三位一体的价值在社会内部调节着以权威、血缘纽带和各自年龄为基础的等级关系。"显然地,在日本,忠孝等儒家道德观念仍然起着重大的作用。有趣的是,日本的忠孝与中国文化传统,有其异同,他强调的是"忠父而孝君"。日本"孝"的概念被转化为对长官的"绝对服从","忠"这个概念转到家庭里,强调的是一种忠诚。他们强调上下、尊卑、亲疏、长幼等级的关系,而使之达到和谐。到了21世纪的现在,又面临着新的挑战,又在变化中。这个是有关我对于这些部分的一些理解。

## 二十、孟子不只是说"心",是贯通"心性天",不只是道德理性,更不是近代启蒙意义的理性,而是"心性情"通贯为一

我们再回到我原先的话题,看孟子的《尽心》篇第一章,他不只是以人的本心为主导,孟子讲到的心学是通天接地的。孟子讲到的心与身是连在一块儿。这个心,往上讲是智,所以他讲"知言养气""士尚志",孟子讲的心性之学往上提就是那个"志"。"三军可夺帅,匹夫不可夺志也"。"志"是心灵往上提升的一个定向,心有所主,有所定向。这个定向,孔老夫子

## 第十二讲　孟子思想在海外的发展

也讲得很清楚了,"志于道",有志于道,才能"据于德"。孟子强调"尽心",但不只是说心,他更强调要知性、要知天。"尽其心者,知其性也。知其性,则知天矣"。如何尽心、知性以知天?"存其心,养其性,所以事天也。夭寿不贰,修身以俟之,所以立命也"。"事天立命"讲的是人在社会的总体、古往今来的实践过程中,超越了神圣的、永恒的这样的一个向往,这样才能真正地落实人的王道,王道是通天地人三才的实践。这与《易传》所说"大人者,与天地合其德,与日月合其明,与四时合其序,与鬼神合其吉凶"是密切连在一块儿的。他不会只讲心,不讲天,也不是拿心来证立天。

孟子学在海外的发展,特别是在欧洲的发展,有一块是让人误解的,他跟理性特别强化联系在一块儿,而且是与近代的理性主义、理智主义联系在一起,这是一个误解。即或不是误解,也是诠释过头。不只是对孟子学的误解,而是对整个儒学有误解。他们认为儒学没什么宗教性,儒学只有道德理性,只有伦理,儒学不讲形而上,这是误解。这误解被传得很广远,我们的汉学家们又跟着讲回来了,我们的学者也跟着讲。孔老夫子《论语》里面子贡讲"夫子之言性与天道,不可得而闻也"。其实,这话他们没读懂。孔老夫子有没有讨论性命与天道? 当然有。只是子贡说我听不懂。"不可得而闻也",是听不懂,不是没讲。孔老夫子赞《周易》,你说怎会没讲。子贡的思考是比较实用性的,他透不上去,颜回就透得上去。

## 二十一、现代化之后,文明对话取代文明冲突,要以"我与你"的方式,回归到生命本身,通天接地

进到了21世纪,我们就有机会重新来检讨,我们看到了现代化的问题。现代化之后,最重要的问题,文明对话来取代文明冲突。要以一个"我与你"的方式取代"我与它"的对立方式。要回归到生命本身,通天接地,人我万物,通而为一,在这样的状况下,免掉现代性工具性的合理性使人异化的状态。"异化"(alienation),这词可以说是"not at home"的意思,我将之译成"亡其宅"。《孟子》说"仁,人之安宅也;义,人之正路也"。"亡其宅"就是不仁。孟子学最重要的就是要找到生命安居的宅地,这一点是很重要的,后来的阳明学强调"一体之仁",便是随此而发展开来的。

最后,我要说,现在重新看孟子学,提倡孟子学的王道文化,王道文化就在我们身边,它周流于天地之间,上下与天地同流。像今天晚上吃饭的时候,当然会用筷子,且好好想一下,这是王道文化。相对来说,用叉子则是霸道文化。用筷子翻译成哲学语汇是:"主体通过中介者,连接到客体,构成一个整体,达到均衡和谐,才能举起客体。"大家使用筷子的时候,好好想一想,是不是这样。使用叉子就不一样,这是"主体通过中介者,强力侵入客体,控制客体"。

西方的道德实践是这样,"己所欲,施于人",这虽是好事,

## 第十二讲　孟子思想在海外的发展

但却免不了霸气。西方霸权就是这样，我们不能这样，我们是筷子的文化，我们是王道的文化。我拿它做个对比，强调多元互动、交流对话。文化从经验现成的去理解体会，我们希望能达到更高层的超越理想跟传承。在这种状态下，文化是要通天接地，是要"观乎天文，以察时变，观乎人文，以化成天下"。华夏的人文不是征服天下，而是化成天下。华夏的文明是强调"知止"，文明以止，这是知止的文明，他不是无限扩张的文明。知止的文明是王道的文明。相对于西方的"己所欲，施于人"，我们的道德实践，强调"己所不欲，勿施于人"。

## 二十二、孟子学的王道理想："人人亲其亲，长其长，而天下平""干道变化，各正性命"，世界大同，天下为公

孟子讲仁、讲义、讲礼，是讲我们生命的安宅、生命的正位，以及生命的正路。"仁，人之安宅也；义，人之正路也。"孟子说大丈夫："居天下之广居，立天下之正位，行天下之大道。"生命这样就有真正的安顿之所，我们前面讲到的王道之始就是如此。孟子思想的王道之始，如同《易经》所说"乾道变化，各正性命"。不是每一个人都要往"北、上、广"这样的城市去挤，不是每一个人都要在哪个特别好的大学里，生命应有其各自安顿的地方。生命的包容与生长很重要，不要被现实功利控驭一切，这是孟子非常强调的。

回到最前面，整个思考，来讲这个问题，孟子学是儒学，是

儒学深层的、根源的发展,他进一步"十字打开,更无隐遁"。21世纪的现在,我们谈到自己国家民族的发展,谈到人类文明的发展,更要把孟子的王道精神、以德行仁实现出来。须知:王不待大,舜、文王原来所居之地都不大,却能够把他们的思想推而广之,影响极大。我认为现在的中国,缺的是内在文化的底蕴。文化底蕴的内化可成为性情,性情是整个民族生生不息的动能。我们要用这样的方式,用生生不息的思想,共生共长,共存共荣,我们要把王道思想传扬于全世界,我们要对世界,担负起一个济弱扶倾的责任。孟子是这么讲,孔老夫子是这么讲,尧是中国古代理想的人格典型,是圣王。孔子在《论语·尧曰》说"兴灭国,继绝世,举逸民",说要达到世界大同的境地。孔子在《礼记·礼运》篇就谈到"大道之行也,天下为公"。孟子讲"人人亲其亲,长其长,而天下平"。到了21世纪,这思想仍然闪耀着光辉,王道智慧温润了全人类的心,我们期待中国文化重新复兴起来,能够为人类尽一点我们作为文化大国的责任。这该怎么办?不是空口说白话,这是很重要的,首先我们要对经典熟悉。你既然在邹城,你对孟子应该熟悉,人人读《孟子》。《孟子》很好读,很有趣,有很多故事。你可以每天读一段,或者摘抄里面重要的句子,这很有趣。《孟子》我教过几遍而已,《老子》教得多,因为《老子》只有五千言,《孟子》蛮长的。现在我还在讲《孟子》,在民间书院里面讲。这里面有博士,也有只是小学毕业的,你要让他们都能听懂,有趣。我的老朋友颜炳罡教授最近强调"乡村儒

## 第十二讲 孟子思想在海外的发展

学",这个部分的确是要有的,这才能文化生根。期待我们的国家过渡到一个新的阶段,有新的发展。

**思考题**

从孟子思想在海外的发展谈谈儒家思想的影响力及中国文化的自信。

# 孟 子

## 卷一 梁惠王上
## 凡七章

**1.1** 孟子见梁惠王。王曰:"叟!不远千里而来,亦将有以利吾国乎?"

孟子对曰:"王!何必曰利?亦有仁义而已矣。王曰:'何以利吾国?'大夫曰:'何以利吾家?'士庶人曰:'何以利吾身?'上下交征利而国危矣。万乘之国,弑其君者,必千乘之家;千乘之国,弑其君者,必百乘之家。万取千焉,千取百焉,不为不多矣。苟为后义而先利,不夺不餍。未有仁而遗其亲者也,未有义而后其君者也。王亦曰仁义而已矣,何必曰利?"

**1.2** 孟子见梁惠王。王立于沼上,顾鸿雁麋鹿,曰:"贤者亦乐此乎?"

孟子对曰:"贤者而后乐此,不贤者虽有此,不乐也。《诗》云:'经始灵台,经之营之,庶民攻之,不日成之。经始勿叽,庶民子来。王在灵囿,麀鹿攸伏,麀鹿濯濯,白鸟鹤鹤。王在灵沼,於牣鱼跃。'文王以民力为台为沼,而民欢乐之,谓其台曰灵台,谓其沼曰灵沼,乐其有麋鹿鱼鳖。古之人与民偕乐,故能乐也。《汤誓》曰:'时日害丧,予及女偕亡。'民欲与之偕亡,虽有台池鸟兽,岂能独乐哉?"

1.3 梁惠王曰:"寡人之于国也,尽心焉耳矣。河内凶,则移其民于河东,移其粟于河内。河东凶亦然。察邻国之政,无如寡人之用心者。邻国之民不加少,寡人之民不加多,何也?"

孟子对曰:"王好战,请以战喻。填然鼓之,兵刃既接,弃甲曳兵而走。或百步而后止,或五十步而后止。以五十步笑百步,则何如?"

曰:"不可,直不百步耳,是亦走也。"

曰:"王如知此,则无望民之多于邻国也。"

"不违农时,谷不可胜食也;数罟不入洿池,鱼鳖不可胜食也;斧斤以时入山林,材木不可胜用也。谷与鱼鳖不可胜食,材木不可胜用,是使民养生丧死无憾也。养生丧死无憾,王道之始也。五亩之宅,树之以桑,五十者可以衣帛矣。鸡豚狗彘之畜,无失其时,七十者可以食肉矣。百亩之田,勿夺其时,数口之家可以无饥矣。谨庠序之教,申之以孝悌之义,颁白者不负戴于道路矣。七十者衣帛食肉,黎民不饥不寒,然而不王者,未之有也。狗彘食人食而不知检,涂有饿莩而不知发;人死,则曰:'非我也,岁也。'是何异于刺人而杀之,曰:'非我也,兵也。'王无罪岁,斯天下之民至焉。"

**1.4** 梁惠王曰:"寡人愿安承教。"

孟子对曰:"杀人以梃与刃,有以异乎?"

曰:"无以异也。"

"以刃与政,有以异乎?"

曰:"无以异也。"

曰:"庖有肥肉,厩有肥马,民有饥色,野有饿莩,此率兽而食人也。兽相食,且人恶之;为民父母,行政,不免于率兽而食人,恶在其为民父母也?仲尼曰:'始作俑者,其无后乎!'为其象人而用之也。如之何其使斯民饥而死也?"

**1.5** 梁惠王曰:"晋国,天下莫强焉,叟之所知也。及寡人之身,东败于齐,长子死焉;西丧地于秦七百里;南辱于楚。寡人耻之,愿比死者壹洒之,如之何则可?"

孟子对曰:"地方百里而可以王。王如施仁政于民,省刑罚,薄税敛,深耕易耨;壮者以暇日修其孝悌忠信,人以事其父兄,出以事其长上,可使制梃以挞秦楚之坚甲利兵矣。彼夺其民时,使不得耕耨以养其父母。父母冻饿,兄弟妻子离散。彼陷溺其民,王往而征之,夫谁与王敌?故曰:'仁者无敌。'王请勿疑!"

**1.6** 孟子见梁襄王,出,语人曰:"望之不似人君,就之而不见所畏焉。卒然问曰:'天下恶乎定?'

吾对曰:'定于一。'

'孰能一之?'

对曰:'不嗜杀人者能一之。'

'孰能与之?'

对曰:'天下莫不与也。王知夫苗乎?七八月之间旱,则苗槁矣。天油然作云,沛然下雨,则苗浡然兴之矣。其如是,孰能御之?今夫天下之人牧,未有不嗜杀人者也。如有不嗜杀人者,则天下之民皆引领而望之矣。诚如是也,民归之,由水之就下,沛然谁能御之?'"

1.7 齐宣王问曰:"齐桓、晋文之事可得闻乎?"

孟子对曰:"仲尼之徒无道桓文之事者,是以后世无传焉,臣未之闻也。无以,则王乎?"

曰:"德何如则可以王矣?"

曰:"保民而王,莫之能御也。"

曰:"若寡人者,可以保民乎哉?"

曰:"可。"

曰:"何由知吾可也?"

曰:"臣闻之胡龁曰,王坐于堂上,有牵牛而过堂下者,王见之,曰:'牛何之?'对曰:'将以衅钟。'王曰:'舍之!吾不忍其觳觫,若无罪而就死地。'对曰:'然则废衅钟与?'曰:'何可废也?以羊易之!'不识有诸?"

曰:"有之。"

曰:"是心足以王矣。百姓皆以王为爱也。臣固知王之不忍也。"

王曰:"然。诚有百姓者。齐国虽褊小,吾何爱一牛?即不忍其觳觫,若无罪而就死地,故以羊易之也。"

曰:"王无异于百姓之以王为爱也。以小易大,彼恶知之?王若隐其无罪而就死地,则牛羊何择焉?"

王笑曰:"是诚何心哉?我非爱其财而易之以羊也。宜乎百姓之谓我爱也。"

曰:"无伤也,是乃仁术也,见牛未见羊也。君子之于禽兽也,见其生,不忍见其死;闻其声,不忍食其肉。是以君子远庖厨也。"

王说,曰:"《诗》云:'他人有心,予忖度之。'夫子之谓也。夫我乃行之,反而求之,不得吾心。夫子言之,于我心有戚戚焉。此心之所以合于王者,何也?"

曰:"有复于王者曰:'吾力足以举百钧,而不足以举一羽;明足以察秋毫之末,而不见舆薪。'则王许之乎?"

曰:"否。"

"今恩足以及禽兽,而功不至于百姓者,独何与?然则一羽之不举,为不用力焉;舆薪之不见,为不用明焉;百姓之不见保,为不用恩焉。故王之不王,不为也,非不能也。"

曰:"不为者与不能者之形何以异?"

曰:"挟太山以超北海,语人曰:'我不能。'是诚不能也。为长者折枝,语人曰:'我不能。'是不为也,非不能也。故王之不王,非挟太山以超北海之类也;王之不王,是折枝之类也。

"老吾老,以及人之老;幼吾幼,以及人之幼。天下可运于掌。《诗》云:'刑于寡妻,至于兄弟,以御于家邦。'言举斯心加诸彼而已。故推恩足以保四海,不推恩无以保妻子。古之人所以大过人者,无他焉,善推其所为而已矣。今恩足以及禽兽,而功不至于百姓者,独何与?权,然后知轻重;度,然后知长短。物皆然,心为甚。王请度之!抑王兴甲兵,危士臣,构怨于诸侯,然后快于心与?"

王曰:"否。吾何快于是?将以求吾所大欲也。"

曰:"王之所大欲可得闻与?"

王笑而不言。

曰:"为肥甘不足于口与?轻暖不足于体与?抑为采色不足视于目与?声音不足听于耳与?便嬖不足使令于前与?王之诸臣皆足以供之,而王岂为是哉?"

曰:"否。吾不为是也。"

曰:"然则王之大欲可知已。欲辟土地,朝秦楚,莅中国而抚四夷也。以若所为求若所欲,犹缘木而求鱼也。"

王曰:"若是其甚与?"

曰:"殆有甚焉。缘木求鱼,虽不得鱼,无后灾。以若所为求若所欲,尽心力而为之,后必有灾。"

曰:"可得闻与?"

曰:"邹人与楚人战,则王以为孰胜?"

曰:"楚人胜。"

曰："然则小固不可以敌大,寡固不可以敌众,弱固不可以敌强。海内之地方千里者九,齐集有其一。以一服八,何以异于邹敌楚哉？盖亦反其本矣。今王发政施仁,使天下仕者皆欲立于王之朝,耕者皆欲耕于王之野,商贾皆欲藏于王之市,行旅皆欲出于王之涂,天下之欲疾其君者皆欲赴愬于王。其若是,孰能御之？"

王曰："吾惛,不能进于是矣。愿夫子辅吾志,明以教我。我虽不敏,请尝试之。"

曰："无恒产而有恒心者,惟士为能。若民,则无恒产,因无恒心。苟无恒心,放辟邪侈,无不为已。及陷于罪,然后从而刑之,是罔民也。焉有仁人在位罔民而可为也？是故明君制民之产,必使仰足以事父母,俯足以畜妻子,乐岁终身饱,凶年免于死亡。然后驱而之善,故民之从之也轻。

"今也制民之产,仰不足以事父母,俯不足以畜妻子;乐岁终身苦,凶年不免于死亡。此惟救死而恐不赡,奚暇治礼义哉？王欲行之,则盍反其本矣。五亩之宅,树之以桑,五十者可以衣帛矣。鸡豚狗彘之畜,无失其时,七十者可以食肉矣。百亩之田,勿夺其时,八口之家可以无饥矣。谨庠序之教,申之以孝悌之义,颁白者不负戴于道路矣。老者衣帛食肉,黎民不饥不寒,然而不王者,未之有也。"

## 卷二　梁惠王下
### 凡十六章

**2.1** 庄暴见孟子,曰:"暴见于王,王语暴以好乐,暴未有以对也。"曰:"好乐何如?"

孟子曰:"王之好乐甚,则齐国其庶几乎!"

他日,见于王曰:"王尝语庄子以好乐,有诸?"

王变乎色,曰:"寡人非能好先王之乐也,直好世俗之乐耳。"

曰:"王之好乐甚,则齐其庶几乎,今之乐犹古之乐也。"

曰:"可得闻与?"

曰:"独乐乐,与人乐乐,孰乐?"

曰:"不若与人。"

曰:"与少乐乐,与众乐乐,孰乐?"

曰:"不若与众。"

"臣请为王言乐。今王鼓乐于此,百姓闻王钟鼓之声,管籥之音,举疾首蹙頞而相告曰:'吾王之好鼓乐,夫何使我至于此极也?父子不相见,兄弟妻子离散。'今王田猎于此,百姓闻王车马之音,见羽旄之美,举疾首蹙頞而相告曰:'吾王之好田猎,夫何使我至于此极也?父子不相见,兄弟妻子离散。'此无他,不与民同乐也。今王鼓乐于此,百姓闻王钟鼓之声,管籥之音,举欣欣然有喜色而相告曰:'吾王庶几无疾病与,何以能鼓乐也？'今王田猎于此,百姓闻王车马之音,见羽旄之美,举欣欣然有喜色而相告曰:'吾王庶几无疾病与,何以能田猎也？'此无他,与民同乐也。今王与百姓同乐,则王矣。"

**2.2** 齐宣王问曰:"文王之囿方七十里,有诸？"

孟子对曰:"于传有之。"

曰:"若是其大乎？"

曰:"民犹以为小也。"

曰:"寡人之囿方四十里,民犹以为大,何也？"

曰:"文王之囿方七十里,刍荛者往焉,雉兔者往焉,与民同之。民以为小,不亦宜乎？臣始至于境,问国之大禁,然后敢入。臣闻郊关之内有囿方四十里,杀其麋鹿者如杀人之罪,则是方四十里为阱于国中。民以为大,不亦宜乎？"

**2.3** 齐宣王问曰:"交邻国有道乎？"

孟子对曰:"有。惟仁者为能以大事小,是故汤事葛,文王事昆夷。惟智者为能以小事大,故太王事獯鬻,勾践事吴。以大事小者,乐天者也;以小事大者,畏天者也。乐天者保天下,畏天者保其国。《诗》云:'畏天之威,于时保之。'"

王曰:"大哉言矣!寡人有疾,寡人好勇。"

对曰:"王请无好小勇。夫抚剑疾视曰,'彼恶敢当我哉!'此匹夫之勇,敌一人者也。王请大之!《诗》云:'王赫斯怒,爰整其旅,以遏徂莒,以笃周祜,以对于天下。'此文王之勇也。文王一怒而安天下之民。《书》曰:'天降下民,作之君,作之师,惟曰其助上帝宠之。四方有罪无罪惟我在,天下曷敢有越厥志?'一人衡行于天下,武王耻之。此武王之勇也。而武王亦一怒而安天下之民。今王亦一怒而安天下之民,民惟恐王之不好勇也。"

**2.4** 齐宣王见孟子于雪宫。王曰:"贤者亦有此乐乎?"

孟子对曰:"有。人不得,则非其上矣。不得而非其上者,非也;为民上而不与民同乐者,亦非也。乐民之乐者,民亦乐其乐;忧民之忧者,民亦忧其忧。乐以天下,忧以天下,然而不王者,未之有也。

"昔者齐景公问于晏子曰:'吾欲观于转附、朝儛,遵海而南,放于琅邪,吾何修而可以比于先王观也?'晏子对曰:'善哉问也!天子适诸侯曰巡狩。巡狩者,巡所守也。诸侯朝于天子曰述职。述职者,述所职也。无非事者。春省耕而补不足,秋省敛而助不给。夏谚曰:"吾王不游,吾何以休?吾王不豫,吾何以助?一游一豫,为诸侯度。"今也不然:师行而粮食,饥者弗食,劳者弗息。睊睊胥谗,民乃作慝。方命虐民,饮食若流。流连荒亡,为诸侯忧。从流下而忘反谓之流,从流上而忘反谓之连,从兽无厌谓之荒,乐酒无厌谓之亡。先王无流连之乐,荒亡之行。惟君所行也。'

"景公说,大戒于国,出舍于郊。于是始兴发补不足。召大师曰:'为我作君臣相说之乐!'盖《徵招》《角招》是也。其诗曰:'畜君何尤?'畜君者,好君也。"

2.5 齐宣王问曰:"人皆谓我毁明堂。毁诸?已乎?"

孟子对曰:"夫明堂者,王者之堂也。王欲行王政,则勿毁之矣。"

王曰:"王政可得闻与?"

对曰:"昔者文王之治岐也,耕者九一,仕者世禄,关市讥而不征,泽梁无禁,罪人不孥。老而无妻曰鳏,老而无夫曰寡,老而无子曰独,幼而无父曰孤。此四者,天下之穷民而无告者。文王发政施仁,必先斯四者。《诗》云:'哿矣富人,哀此茕独。'"

王曰:"善哉言乎!"

曰:"王如善之,则何为不行?"

王曰:"寡人有疾,寡人好货。"

对曰:"昔者公刘好货。《诗》云:'乃积乃仓,乃裹糇粮,于橐于囊。思戢用光。弓矢斯张,干戈戚扬,爰方启行。'故居者有积仓,行者有裹囊也,然后可以爰方启行。王如好货,与百姓同之,于王何有?"

王曰:"寡人有疾,寡人好色。"

对曰:"昔者太王好色,爱厥妃。《诗》云:'古公亶父,来朝走马,率西水浒,至于岐下,爰及姜女,聿来胥宇。'当是时也,内无怨女,外无旷夫。王如好色,与百姓同之,于王何有?"

**2.6** 孟子谓齐宣王曰:"王之臣有托其妻子于其友而之楚游者,比其反也,则冻馁其妻子,则如之何?"

王曰:"弃之。"

曰:"士师不能治士,则如之何?"

王曰:"弃之。"

曰:"四境之内不治,则如之何?"

王顾左右而言他。

**2.7** 孟子见齐宣王,曰:"所谓故国者,非谓有乔木之谓也,有世臣之谓也。王无亲臣矣,昔者所进,今日不知其亡也。"

王曰:"吾何以识其不才而舍之?"

曰:"国君进贤,如不得已,将使卑逾尊,疏逾戚,可不慎与?左右皆曰贤,未可也;诸大夫皆曰贤,未可也;国人皆曰贤,然后察之;见贤焉,然后用之。左右皆曰不可,勿听;诸大夫皆曰不可,勿听;国人皆曰不可,然后察之;见不可焉,然后去之。左右皆曰可杀,勿听;诸大夫皆曰可杀,勿听;国人皆曰可杀,然后察之;见可杀焉,然后杀之。故曰,国人杀之也。如此,然后可以为民父母。"

**2.8** 齐宣王问曰:"汤放桀,武王伐纣,有诸?"

孟子对曰:"于传有之。"

曰:"臣弑其君,可乎?"

曰:"贼仁者谓之'贼',贼义者谓之'残'。残贼之人谓之'一夫'。闻诛一夫纣矣,未闻弑君也。"

**2.9** 孟子见齐宣王,曰:"为巨室,则必使工师求大木。工师得大木,则王喜,以为能胜其任也。匠人斫而小之,则王怒,以为不胜其任矣。夫人幼而学之,壮而欲行之,王曰'姑舍女所学而从我',则何如?今有璞玉于此,虽万镒,必使玉人雕琢之。至于治国家,则曰'姑舍女所学而从我',则何以异于教玉人雕琢玉哉?"

**2.10** 齐人伐燕,胜之。宣王问曰:"或谓寡人勿取,或谓寡人取之。以万乘之国伐万乘之国,五旬而举之,人力不至于此。不取,必有天殃。取之,何如?"

孟子对曰:"取之而燕民悦,则取之。古之人有行之者,武王是也。取之而燕民不悦,则勿取。古之人有行之者,文王是也。以万乘之国伐万乘之国,箪食壶浆以迎王师,岂有他哉?避水火也。如水益深,如火益热,亦运而已矣。"

**2.11** 齐人伐燕,取之。诸侯将谋救燕。宣王曰:"诸侯多谋伐寡人者,何以待之?"

孟子对曰:"臣闻七十里为政于天下者,汤是也。未闻以千里畏人者也。《书》曰:'汤一征,自葛始。'天下信之,东面而征,西夷怨;南面而征,北狄怨,曰:'奚为后我?'民望之,若大旱之望云霓也。归市者不止,耕者不变,诛其君而吊其民,若时雨降。民大悦。《书》曰:'徯我后,后来其苏。'今燕虐其民,王往而征之,民以为将拯己于水火之中也,箪食壶浆以迎王师。若杀其父兄,系累其子弟,毁其宗庙,迁其重器,如之何其可也? 天下固畏齐之强也,今又倍地而不行仁政,是动天下之兵也。王速出令,反其旄倪,止其重器,谋于燕众,置君而后去之,则犹可及止也。"

**2.12** 邹与鲁哄。穆公问曰:"吾有司死者三十三人,而民莫之死也。诛之,则不可胜诛;不诛,则疾视其长上之死而不救,如之何则可也?"

孟子对曰:"凶年饥岁,君之民老弱转乎沟壑,壮者散而之四方者,几千人矣;而君之仓廪实,府库充,有司莫以告,是上慢而残下也。曾子曰:'戒之戒之!出乎尔者,反乎尔者也。'夫民今而后得反之也。君无尤焉! 君行仁政,斯民亲其上,死其长矣。"

**2.13** 滕文公问曰:"滕,小国也,间于齐、楚。事齐乎? 事楚乎?"

孟子对曰:"是谋非吾所能及也。无已,则有一焉:凿斯池也,筑斯城也,与民守之,效死而民弗去,则是可为也。"

**2.14** 滕文公问曰:"齐人将筑薛,吾甚恐,如之何则可?"

孟子对曰:"昔者大王居邠,狄人侵之,去之岐山之下居焉。非择而取之,不得已也。苟为善,后世子孙必有王者矣。君子创业垂统,为可继也。若夫成功,则天也。君如彼何哉?强为善而已矣。"

2.15 滕文公问曰:"滕,小国也;竭力以事大国,则不得免焉,如之何则可?"

孟子对曰:"昔者大王居邠,狄人侵之。事之以皮币,不得免焉;事之以犬马,不得免焉;事之以珠玉,不得免焉。乃属其耆老而告之曰:'狄人之所欲者,吾土地也。吾闻之也:君子不以其所以养人者害人。二三子何患乎无君?我将去之。'去邠,逾梁山,邑于岐山之下居焉。邠人曰:'仁人也,不可失也。'从之者如归市。或曰:'世守也,非身之所能为也。效死勿去。'君请择于斯二者。"

2.16 鲁平公将出,嬖人臧仓者请曰:"他日君出,则必命有司所之。今乘舆已驾矣,有司未知所之,敢请。"

公曰:"将见孟子。"

曰:"何哉,君所为轻身以先于匹夫者?以为贤乎?礼义由贤者出;而孟子之后丧逾前丧。君无见焉!"

公曰:"诺。"

乐正子入见,曰:"君奚为不见孟轲也?"

曰:"或告寡人曰,'孟子之后丧逾前丧',是以不往见也。"

曰:"何哉,君所谓逾者? 前以士,后以大夫;前以三鼎,而后以五鼎与?"

曰:"否。谓棺椁衣衾之美也。"

曰:"非所谓逾也,贫富不同也。"

乐正子见孟子,曰:"克告于君,君为来见也。嬖人有臧仓者沮君,君是以不果来也。"

曰:"行或使之;止或尼之。行止,非人所能也。吾之不遇鲁侯,天也。臧氏之子焉能使予不遇哉?"

## 卷三　公孙丑上
## 凡九章

**3.1** 公孙丑问曰："夫子当路于齐,管仲、晏子之功,可复许乎?"

孟子曰："子诚齐人也,知管仲、晏子而已矣。或问乎曾西曰:'吾子与子路孰贤?'曾西蹵然曰:'吾先子之所畏也。'曰:'然则吾子与管仲孰贤?'曾西艴然不悦,曰:'尔何曾比予于管仲?管仲得君如彼其专也,行乎国政如彼其久也,功烈如彼其卑也。尔何曾比予于是?'"曰:"管仲,曾西之所不为也,而子为我愿之乎?"

曰："管仲以其君霸,晏子以其君显。管仲、晏子犹不足为与?"

曰："以齐王,由反手也。"

曰："若是,则弟子之惑滋甚。且以文王之德,百年而后崩,犹未洽于天下;武王、周公继之,然后大行。今言王若易然,则文王不足法与?"

曰："文王何可当也?由汤至于武丁,贤圣之君六七作,天下归殷久矣,久则难变也。武丁朝诸侯,有天下,犹运之掌也。纣之去武丁未久也,其故家遗俗,流风善政,犹有存者;又有微子、微仲、王子比干、箕子、胶鬲皆贤人也,相与辅相之,故久而后失之也。尺地,莫非其有也;一民,莫非其臣也;然而文王犹方百里起,是以难也。齐人有言曰:'虽有智慧,不如乘势;虽有镃基,不如待时。'今时则易然也。夏后、殷、周之盛,地未有过千里者也,而齐有其地矣;鸡鸣狗吠相闻,而达乎四境,而齐有其民矣。地不改辟矣,民不改聚矣,行仁政而王,莫之能御也。且王者之不作,未有疏于此时者也;民之憔悴于虐政,未有甚于此时者也。饥者易为食,渴者易为饮。孔子曰:'德之流行,速于置邮而传命。'当今之时,万乘之国行仁政,民之悦之,犹解倒悬也。故事半古之人,功必倍之,惟此时为然。"

**3.2** 公孙丑问曰:"夫子加齐之卿相,得行道焉,虽由此霸王,不异矣。如此,则动心否乎?"

孟子曰:"否,我四十不动心。"

曰:"若是,则夫子过孟贲远矣。"

曰:"是不难,告子先我不动心。"

曰:"不动心有道乎?"

曰:"有。北宫黝之养勇也,不肤挠,不目逃,思以一豪挫于人,若挞之于市朝;不受于褐宽博,亦不受于万乘之君;视刺万乘之君,若刺褐夫;无严诸侯,恶声至,必反之。孟施舍之所养勇也,曰:'视不胜犹胜也;量敌而后进,虑胜而后会,是畏三军者也。舍岂能为必胜哉?能无惧而已矣。'孟施舍似曾子,北宫黝似子夏。夫二子之勇,未知其孰贤,然而孟施舍守约也。昔者曾子谓子襄曰:'子好勇乎?吾尝闻大勇于夫子矣:自反而不缩,虽褐宽博,吾不惴焉;自反而缩,虽千万人,吾往矣。'孟施舍之守气,又不如曾子之守约也。"

曰:"敢问夫子之不动心与告子之不动心,可得闻与?"

"告子曰:'不得于言,勿求于心;不得于心,勿求于气。'不得于心,勿求于气,可;不得于言,勿求于心,不可。夫志,气之帅也;气,体之充也。夫志至焉,气次焉;故曰:'持其志,无暴其气。'"

"既曰'志至焉,气次焉。'又曰'持其志,无暴其气'者,何也?"

曰:"志壹则动气,气壹则动志也,今夫蹶者趋者,是气也,而反动其心。"

"敢问夫子恶乎长?"

曰:"我知言,我善养吾浩然之气。"

"敢问何谓浩然之气?"

曰:"难言也。其为气也,至大至刚,以直养而无害,则塞于天地之间。其为气也,配义与道;无是,馁也。是集义所生者,非义袭而取之也。行有不慊于心,则馁矣。我故曰,告子未尝知义,以其外之也。必有事焉,而勿正,心勿忘,勿助长也。无若宋人然:宋人有闵其苗之不长而揠之者,芒芒然归,谓其人曰:'今日病矣!予助苗长矣!'其子趋而往视之,苗则槁矣。天下之不助苗长者寡矣。以为无益而舍之者,不耘苗者也;助之长者,揠苗者也。非徒无益,而又害之。"

"何谓知言?"

曰:"诐辞知其所蔽,淫辞知其所陷,邪辞知其所离,遁辞知其所穷。生于其心,害于其政;发于其政,害于其事。圣人复起,必从吾言矣。"

"宰我、子贡善为说辞,冉牛、闵子、颜渊善言德行。孔子兼之,曰:'我于辞命,则不能也。'然则夫子既圣矣乎?"

曰:"恶!是何言也?昔者子贡问于孔子曰:'夫子圣矣乎?'孔子曰:'圣则吾不能,我学不厌而教不倦也。'子贡曰:'学不厌,智也;教不倦,仁也。仁且智,夫子既圣矣。'夫圣,孔子不居,是何言也?"

"昔者窃闻之:子夏、子游、子张皆有圣人之一体,冉牛、闵子、颜渊则具体而微,敢问所安。"

曰:"姑舍是。"

曰:"伯夷、伊尹何如?"

曰:"不同道。非其君不事,非其民不使;治则进,乱则退,伯夷也。何事非君,何使非民;治亦进,乱亦进,伊尹也。可以仕则仕,可以止则止,可以久则久,可以速则速,孔子也。皆古圣人也。吾未能有行焉;乃所愿,则学孔子也。"

"伯夷、伊尹于孔子,若是班乎?"

曰:"否;自有生民以来,未有孔子也。"

曰:"然则有同与?"

曰:"有。得百里之地而君之,皆能以朝诸侯,有天下;行一不义,杀一不辜,而得天下,皆不为也。是则同。"

曰:"敢问其所以异。"

曰:"宰我、子贡、有若智足以知圣人,汙不至阿其所好。

宰我曰：'以予观于夫子，贤于尧舜远矣。'子贡曰：'见其礼而知其政，闻其乐而知其德，由百世之后，等百世之王，莫之能违也。自生民以来，未有夫子也。'有若曰：'岂惟民哉？麒麟之于走兽，凤凰之于飞鸟，太山之于丘垤，河海之于行潦，类也。圣人之于民，亦类也。出于其类，拔乎其萃，自生民以来，未有盛于孔子也。'"

3.3 孟子曰："以力假仁者霸，霸必有大国；以德行仁者王，王不待大。汤以七十里，文王以百里。以力服人者，非心服也，力不赡也；以德服人者，中心悦而诚服也，如七十子之服孔子也。《诗》云：'自西自东，自南自北，无思不服。'此之谓也。"

3.4 孟子曰："仁则荣，不仁则辱；今恶辱而居不仁，是犹恶湿而居下也。如恶之，莫如贵德而尊士，贤者在位，能者在职。国家闲暇，及是时，明其政刑。虽大国，必畏之矣。《诗》云：'迨天之未阴雨，彻彼桑土，绸缪牖户。今此下民，或敢侮予？'孔子曰：'为此诗者，其知道乎！能治其国家，谁敢侮之？'今国家闲暇，及是时，般乐怠敖，是自求祸也。祸福无不自己求之者。《诗》云：'永言配命，自求多福。'《太甲》曰：'天作孽，犹可违；自作孽，不可活。'此之谓也。"

3.5 孟子曰："尊贤使能，俊杰在位，则天下之士皆悦，而愿立于其朝矣。市廛而不征,法而不廛,则天下之商皆悦,而愿藏于其市矣。关讥而不征,则天下之旅皆悦,而愿出于其路矣。耕者,助而不税,则天下之农皆悦,而愿耕于其野矣。廛无夫里之布,则天下之民皆悦,而愿为之氓矣。信能行此五者,则邻国之民,仰之若父母矣。率其子弟,攻其父母,自生民以来,未有能济者也。如此,则无敌于天下。无敌于天下者,天吏也。然而不王者,未之有也。"

3.6 孟子曰:"人皆有不忍人之心。先王有不忍人之心,斯有不忍人之政矣。以不忍人之心,行不忍人之政,治天下可运之掌上。所以谓人皆有不忍人之心者,今人乍见孺子将入于井,皆有怵惕恻隐之心。非所以内交于孺子之父母也,非所以要誉于乡党朋友也,非恶其声而然也。由是观之,无恻隐之心,非人也;无羞恶之心,非人也;无辞让之心,非人也;无是非之心,非人也。恻隐之心,仁之端也;羞恶之心,义之端也;辞让之心,礼之端也;是非之心,智之端也。人之有是四端也,犹其有四体也。有是四端而自谓不能者,自贼者也;谓其君不能者,贼其君者也。凡有四端于我者,知皆扩而充之矣,若火之始然,泉之始达。苟能充之,足以保四海;苟不充之,不足以事父母。"

3.7 孟子曰:"矢人岂不仁于函人哉?矢人唯恐不伤人,函人唯恐伤人。巫匠亦然。故术不可不慎也。孔子曰:'里仁为美。择不处仁,焉得智?'夫仁,天之尊爵也,人之安宅也。莫之御而不仁,是不智也。不仁、不智,无礼、无义,人役也。人役而耻为役,由弓人而耻为弓,矢人而耻为矢也。如耻之,莫如为仁。仁者如射:射者正己而后发;发而不中,不怨胜己者,反求诸己而已矣。"

3.8 孟子曰:"子路,人告之以有过,则喜。禹闻善言,则拜。大舜有大焉,善与人同,舍己从人,乐取于人以为善。自耕、稼、陶、渔以至为帝,无非取于人者。取诸人以为善,是与人为善者也。故君子莫大乎与人为善。"

3.9 孟子曰:"伯夷,非其君不事;非其友不友。不立于恶人之朝,不与恶人言。立于恶人之朝,与恶人言,如以朝衣朝冠坐于涂炭。推恶恶之心,思与乡人立,其冠不正,望望然去之,若将浼焉。是故诸侯虽有善其辞命而至者,不受也。不受也者,是亦不屑就已。柳下惠不羞污君,不卑小官;进不隐贤,必以其道;遗佚而不怨,厄穷而不悯。故曰:'尔为尔,我为我,虽袒裼裸裎于我侧,尔焉能浼我哉?'故由由然与之偕而不自失焉,援而止之而止。援而止之而止者,是亦不屑去已。"孟子曰:"伯夷隘,柳下惠不恭,隘与不恭,君子不由也。"

## 卷四　公孙丑下
### 凡十四章

**4.1** 孟子曰："天时不如地利,地利不如人和。三里之城,七里之郭,环而攻之而不胜。夫环而攻之,必有得天时者矣;然而不胜者,是天时不如地利也。城非不高也,池非不深也,兵革非不坚利也,米粟非不多也;委而去之,是地利不如人和也。故曰:域民不以封疆之界,固国不以山谿之险,威天下不以兵革之利。得道者多助,失道者寡助。寡助之至,亲戚畔之;多助之至,天下顺之。以天下之所顺,攻亲戚之所畔,故君子有不战,战必胜矣。"

**4.2** 孟子将朝王,王使人来曰:"寡人如就见者也,有寒疾,不可以风。朝将视朝,不识可使寡人得见乎?"

对曰:"不幸而有疾,不能造朝。"

明日,出吊于东郭氏。公孙丑曰:"昔者辞以病,今日吊,或者不可乎?"

曰:"昔者疾,今日愈,如之何不吊?"

王使人问疾,医来。

孟仲子对曰:"昔者有王命,有采薪之忧,不能造朝。今病小愈,趋造于朝,我不识能至否乎?"

使数人要于路,曰:"请必无归,而造于朝!"

不得已而之景丑氏宿焉。

景子曰:"内则父子,外则君臣,人之大伦也。父子主恩,君臣主敬。丑见王之敬子也,未见所以敬王也。"

曰:"恶!是何言也!齐人无以仁义与王言者,岂以仁义为不美也?其心曰'是何足与言仁义也'云尔,则不敬莫大乎是。我非尧舜之道,不敢以陈于王前,故齐人莫如我敬王也。"

景子曰:"否,非此之谓也。礼曰:'父召,无诺;君命召,不俟驾。'固将朝也,闻王命而遂不果,宜与夫礼若不相似然。"

曰:"岂谓是与?曾子曰:'晋楚之富,不可及也。彼以其富,我以吾仁;彼以其爵,我以吾义,吾何慊乎哉?'夫岂不义而曾子言之?是或一道也。天下有达尊三:爵一,齿一,德一。朝廷莫如爵,乡党莫如齿,辅世长民莫如德。恶得有其一以慢其二哉?故将大有为之君,必有所不召之臣。欲有谋焉,则就之。其尊德乐道,不如是不足以有为也。故汤之于伊尹,学焉而后臣之,故不劳而王;桓公之于管仲,学焉而后臣之,故不劳而霸。今天下地丑德齐,莫能相尚,无他,好臣其所教,而不好臣其所受教。汤之于伊尹,桓公之于管仲,则不敢召。管仲且犹不可召,而况不为管仲者乎?"

**4.3** 陈臻问曰:"前日于齐,王馈兼金一百而不受;于宋,馈七十镒而受;于薛,馈五十镒而受。前日之不受是,则今日之受非也;今日之受是,则前日之不受非也。夫子必居一于此矣。"

孟子曰:"皆是也。当在宋也,予将有远行,行者必以赆,辞曰:'馈赆。'予何为不受? 当在薛也,予有戒心,辞曰:'闻戒,故为兵馈之。'予何为不受? 若于齐,则未有处也。无处而馈之,是货之也。焉有君子而可以货取乎?"

**4.4** 孟子之平陆,谓其大夫曰:"子之持戟之士,一日而三失伍,则去之否乎?"

曰:"不待三。"

"然则子之失伍也亦多矣。凶年饥岁,子之民,老羸转于沟壑,壮者散而之四方者,几千人矣。"

曰:"此非距心之所得为也。"

曰:"今有受人之牛羊而为之牧之者,则必为之求牧与刍矣。求牧与刍而不得,则反诸其人乎? 抑亦立而视其死与?"

曰:"此则距心之罪也。"

他日,见于王曰:"王之为都者,臣知五人焉。知其罪者,惟孔距心。"为王诵之。

王曰:"此则寡人之罪也。"

**4.5** 孟子谓蚳鼃曰:"子之辞灵丘而请士师,似也,为其可以言也。今既数月矣,未可以言与?"

蚳鼃谏于王而不用,致为臣而去。

齐人曰:"所以为蚳鼃则善矣;所以自为,则吾不知也。"

公都子以告。

曰:"吾闻之也:有官守者,不得其职则去;有言责者,不得其言则去。我无官守,我无言责也,则吾进退,岂不绰绰然有余裕哉?"

**4.6** 孟子为卿于齐,出吊于滕,王使盖大夫王驩为辅行。王驩朝暮见,反齐滕之路,未尝与之言行事也。

公孙丑曰:"齐卿之位,不为小矣;齐滕之路,不为近矣,反之而未尝与言行事,何也?"

曰:"夫既或治之,予何言哉?"

**4.7** 孟子自齐葬于鲁,反于齐,止于嬴。

充虞请曰:"前日不知虞之不肖,使虞敦匠事。严,虞不敢请。今愿窃有请也:木若以美然。"

曰:"古者棺椁无度,中古棺七寸,椁称之。自天子达于庶人,非直为观美也,然后尽于人心。不得,不可以为悦;无财,不可以为悦。得之为有财,古之人皆用之,吾何为独不然?且比化者无使土亲肤,于人心独无恔乎?吾闻之也:君子不以天下俭其亲。"

**4.8** 沈同以其私问曰:"燕可伐与?"

孟子曰:"可。子哙不得与人燕,子之不得受燕于子哙。有仕于此,而子悦之,不告于王而私与之吾子之禄爵;夫士也,亦无王命而私受之于子,则可乎?何以异于是?"

齐人伐燕。

或问曰:"劝齐伐燕,有诸?"

曰:"未也。沈同问'燕可伐与',吾应之曰,'可',彼然而伐之也。彼如曰:'孰可以伐之?'则将应之曰,'为天吏,则可以伐之'。今有杀人者,或问之曰:'人可杀与?'则将应之曰:'可。'彼如曰:'孰可以杀之?'则将应之曰:'为士师,则可以杀之。'今以燕伐燕,何为劝之哉?"

**4.9** 燕人畔。王曰:"吾甚惭于孟子。"

陈贾曰:"王无患焉。王自以为与周公孰仁且智?"

王曰:"恶!是何言也!"

曰:"周公使管叔监殷,管叔以殷畔。知而使之,是不仁也;不知而使之,是不智也。仁智,周公未之尽也,而况于王乎?贾请见而解之。"

见孟子,问曰"周公何人也?"

曰:"古圣人也。"

曰:"使管叔监殷,管叔以殷畔也,有诸?"

曰:"然。"

曰:"周公知其将畔而使之与?"

曰:"不知也。"

"然则圣人且有过与?"

曰:"周公,弟也;管叔,兄也。周公之过,不亦宜乎?且古之君子,过则改之;今之君子,过则顺之。古之君子,其过也,如日月之食,民皆见之;及其更也,民皆仰之。今之君子,岂徒顺之,又从为之辞。"

**4.10** 孟子致为臣而归。王就见孟子,曰:"前日愿见而不可得,得侍同朝,甚喜;今又弃寡人而归,不识可以继此而得见乎?"

对曰:"不敢请耳,固所愿也。"

他日,王谓时子曰:"我欲中国而授孟子室,养弟子以万钟,使诸大夫国人皆有所矜式。子盍为我言之!"

时子因陈子而以告孟子,陈子以时子之言告孟子。

孟子曰:"然;夫时子恶知其不可也?如使予欲富,辞十万而受万,是为欲富乎?季孙曰:'异哉子叔疑!使己为政,不用,则亦已矣,又使其子弟为卿。人亦孰不欲富贵?而独于富贵之中有私龙断焉。'古之为市也,以其所有易其所无者,有司者治之耳。有贱丈夫焉,必求龙断而登之,以左右望,而罔市利。人皆以为贱,故从而征之。征商自此贱丈夫始矣。"

**4.11** 孟子去齐,宿于昼。有欲为王留行者,坐而言。不应,隐几而卧。

客不悦曰:"弟子齐宿而后敢言,夫子卧而不听,请勿复敢见矣。"

曰:"坐!我明语子。昔者鲁缪公无人乎子思之侧,则不能安子思;泄柳、申详无人乎缪公之侧,则不能安其身。子为长者虑,而不及子思。子绝长者乎? 长者绝子乎?"

**4.12** 孟子去齐。尹士语人曰:"不识王之不可以为汤武,则是不明也;识其不可,然且至,则是干泽也。千里而见王,不遇故去,三宿而后出昼,是何濡滞也? 士则兹不悦。"

高子以告。

曰:"夫尹士恶知予哉? 千里而见王,是予所欲也。不遇故去,岂予所欲哉? 予不得已也。予三宿而出昼,于予心犹以为速,王庶几改之! 王如改诸,则必反予。夫出昼,而王不予追也,予然后浩然有归志。予虽然,岂舍王哉! 王由足用为善。王如用予,则岂徒齐民安? 天下之民举安。王庶几改之! 予日望之! 予岂若是小丈夫然哉? 谏于其君而不受,则怒,悻悻然见于其面,去则穷日之力而后宿哉?"

尹士闻之,曰:"士诚小人也。"

**4.13** 孟子去齐,充虞路问曰:"夫子若不豫色然。前日虞闻诸夫子曰:'君子不怨天,不尤人。'"

曰:"彼一时,此一时也。五百年必有王者兴,其间必有名世者。由周而来,七百有余岁矣。以其数,则过矣;以其时考之,则可矣。夫天未欲平治天下也;如欲平治天下,当今之世,舍我其谁也? 吾何为不豫哉?"

**4.14** 孟子去齐,居休。公孙丑问曰:"仕而不受禄,古之道乎?"

曰:"非也。于崇,吾得见王,退而有去志,不欲变,故不受也。继而有师命,不可以请。久于齐,非我志也。"

## 卷五　滕文公上
### 凡五章

**5.1** 滕文公为世子,将之楚,过宋而见孟子。孟子道性善,言必称尧舜。

世子自楚反,复见孟子。

孟子曰:"世子疑吾言乎?夫道一而已矣。成覵谓齐景公曰:'彼,丈夫也,我,丈夫也,吾何畏彼哉?'颜渊曰:'舜,何人也?予,何人也?有为者亦若是。'公明仪曰:'文王,我师也。周公岂欺我哉?'今滕,绝长补短,将五十里也,犹可以为善国。《书》曰:'若药不瞑眩,厥疾不瘳。'"

**5.2** 滕定公薨,世子谓然友曰:"昔者孟子尝与我言于宋,于心终不忘。今也不幸至于大故,吾欲使子问于孟子,然后行事。"

然友之邹问于孟子。

孟子曰:"不亦善乎!亲丧,固所自尽也。曾子曰:'生,事之以礼;死,葬之以礼,祭之以礼,可谓孝矣。'诸侯之礼,吾未之学也。虽然,吾尝闻之矣。三年之丧,齐疏之服,飦粥之食,自天子达于庶人,三代共之。"

然友反命,定为三年之丧。父兄百官皆不欲也,曰:"吾宗国鲁先君莫之行,吾先君亦莫之行也,至于子之身而反之,不可。且《志》曰：'丧祭从先祖。'"曰："吾有所受之也。"

谓然友曰："吾他日未尝学问，好驰马试剑。今也父兄百官不我足也，恐其不能尽于大事，子为我问孟子。"

然友复之邹问孟子。

孟子曰："然，不可以他求者也。孔子曰：'君薨，听于冢宰，歠粥，面深墨，即位而哭。百官有司莫敢不哀，先之也。'上有好者，下必有甚焉者矣。'君子之德，风也；小人之德，草也。草尚之风，必偃。'是在世子。"

然友反命。世子曰："然，是诚在我。"五月居庐，未有命戒。百官族人可，谓曰知。及至葬，四方来观之，颜色之戚，哭泣之哀，吊者大悦。

5.3 滕文公问为国。

孟子曰："民事不可缓也。《诗》云：'昼尔于茅，宵尔索绹。亟其乘屋，其始播百谷。'民之为道也，有恒产者有恒心，无恒产者无恒心。苟无恒心，放辟邪侈，无不为已。及陷乎罪，然后从而刑之，是罔民也。焉有仁人在位罔民而可为也？是故贤君必恭俭礼下，取于民有制。阳虎曰：'为富不仁矣，为仁不富矣。'夏后氏五十而贡，殷人七十而助，周人百亩而彻，其实皆什一也。彻者，彻也；助者，藉也。龙子曰：'治地莫善于助，莫不善于贡。'贡者，校数岁之中以为常。乐岁，粒米狼戾，多取之而不为虐，则寡取之；凶年，粪其田而不足，则必取盈焉。为民父母，使民盻盻然，将终岁勤动，不得以养其父母，又称贷而益之,使老稚转乎沟壑,恶在其为民父母也? 夫世禄,滕固行之矣。《诗》云:'雨我公田,遂及我私。'惟助为有公田。由此观之,虽周亦助也。设为庠序学校以教之。庠者,养也;校者,教也;序者,射也。夏曰校,殷曰序,周曰庠,学则三代共之,皆所以明人伦也。人伦明于上,小民亲于下。有王者起,必来取法,是为王者师也。《诗》云:'周虽旧邦,其命惟新。'文王之谓也。子力行之,亦以新子之国!"

使毕战问井地。

孟子曰:"子之君将行仁政,选择而使子,子必勉之! 夫仁政,必自经界始。经界不正,井地不钧,谷禄不平,是故暴君污吏必慢其经界。经界既正,分田制禄可坐而定也。夫滕,壤地褊小,将为君子焉,将为野人焉。无君子莫治野人,无野人莫养君子。请野九一而助,国中什一使自赋。卿以下必有圭田,圭田五十亩。余夫二十五亩。死徙无出乡,乡田同井,出入相友,守望相助,疾病相扶持,则百姓亲睦。方里而井,井九百亩,其中为公田。八家皆私百亩,同养公田。公事毕,然后敢治私事,所以别野人也。此其大略也。若夫润泽之,则在君与子矣。"

5.4 有为神农之言者许行,自楚之滕,踵门而告文公曰:"远方之人闻君行仁政,愿受一廛而为氓。"

文公与之处。其徒数十人,皆衣褐,捆屦、织席以为食。陈良之徒陈相与其弟辛负耒耜而自宋之滕,曰:"闻君行圣人之政,是亦圣人也,愿为圣人氓。"陈相见许行而大悦,尽弃其学而学焉。

陈相见孟子,道许行之言曰:"滕君则诚贤君也;虽然,未闻道也。贤者与民并耕而食,饔飧而治。今也滕有仓廪府库,则是厉民而以自养也,恶得贤?"

孟子曰:"许子必种粟而后食乎?"

曰:"然。"

"许子必织布而后衣乎?"

曰:"否。许子衣褐。"

"许子冠乎?"

曰:"冠。"

曰:"奚冠?"

曰:"冠素。"

曰:"自织之与?"

曰:"否。以粟易之。"

曰:"许子奚为不自织?"

曰:"害于耕。"

曰:"许子以釜甑爨,以铁耕乎?"

曰:"然。"

"自为之与?"

曰:"否。以粟易之。"

"以粟易械器者,不为厉陶冶;陶冶亦以其械器易粟者,岂为厉农夫哉?且许子何不为陶冶,舍皆取诸其宫中而用之?

何为纷纷然与百工交易？何许子之不惮烦？"

曰："百工之事固不可耕且为也。"

"然则治天下独可耕且为与？有大人之事，有小人之事。且一人之身，而百工之所为备，如必自为而后用之，是率天下而路也。故曰，或劳心，或劳力。劳心者治人，劳力者治于人；治于人者食人，治人者食于人，天下之通义也。

"当尧之时，天下犹未平，洪水横流，泛滥于天下，草木畅茂，禽兽繁殖，五谷不登，禽兽逼人，兽蹄鸟迹之道交于中国。尧独忧之，举舜而敷治焉。舜使益掌火，益烈山泽而焚之，禽兽逃匿。禹疏九河，瀹济漯而注诸海，决汝汉，排淮泗而注之江，然后中国可得而食也。当是时也，禹八年于外，三过其门而不入，虽欲耕，得乎？

"后稷教民稼穑，树艺五谷，五谷熟而民人育。人之有道也，饱食、暖衣、逸居而无教，则近于禽兽。圣人有忧之，使契为司徒，教以人伦：父子有亲，君臣有义，夫妇有别，长幼有叙，朋友有信。放勋曰：'劳之来之，匡之直之，辅之翼之，使自得之，又从而振德之。'圣人之忧民如此，而暇耕乎？

"尧以不得舜为己忧，舜以不得禹、皋陶为己忧。夫以百亩之不易为己忧者，农夫也。分人以财谓之惠，教人以善谓之忠，为天下得人者谓之仁。是故以天下与人易，为天下得人难。孔子曰：'大哉尧之为君！惟天为大，惟尧则之，荡荡乎民无能名焉！君哉舜也！巍巍乎有天下而不与焉！'尧舜之治天下，岂无所用其心哉？亦不用于耕耳。

"吾闻用夏变夷者,未闻变于夷者也。陈良,楚产也,悦周公、仲尼之道,北学于中国。北方之学者,未能或之先也。彼所谓豪杰之士也。子之兄弟事之数十年,师死而遂倍之!昔者孔子没,三年之外,门人治任将归,入揖于子贡,相向而哭,皆失声,然后归。子贡反,筑室于场,独居三年,然后归。他日,子夏、子张、子游以有若似圣人,欲以所事孔子事之,强曾子。曾子曰:'不可。江汉以濯之,秋阳以暴之,皜皜乎不可尚已。'今也南蛮鴃舌之人,非先王之道,子倍子之师而学之,亦异于曾子矣。吾闻出于幽谷迁于乔木者,未闻下乔木而入于幽谷者。《鲁颂》曰:'戎狄是膺,荆舒是惩。'周公方且膺之,子是之学,亦为不善变矣。"

"从许子之道,则市贾不贰;国中无伪。虽使五尺之童适市,莫之或欺。布帛长短同,则贾相若;麻缕丝絮轻重同,则贾相若;五谷多寡同,则贾相若;屦大小同,则贾相若。"

曰:"夫物之不齐,物之情也。或相倍蓰,或相什百,或相千万。子比而同之,是乱天下也。巨屦小屦同贾,人岂为之哉?从许子之道,相率而为伪者也,恶能治国家?"

**5.5** 墨者夷之因徐辟而求见孟子。孟子曰:"吾固愿见,今吾尚病,病愈,我且往见,夷子不来!"

他日,又求见孟子。孟子曰:"吾今则可以见矣。不直,则道不见;我且直之。吾闻夷子墨者,墨之治丧也,以薄为其道也。夷子思以易天下,岂以为非是而不贵也;然而夷子葬其亲厚,则是以所贱事亲也。"

徐子以告夷子。夷子曰:"儒者之道,古之人若保赤子,此言何谓也? 之则以为爱无差等,施由亲始。"

徐子以告孟子。孟子曰:"夫夷子信以为人之亲其兄之子为若亲其邻之赤子乎? 彼有取尔也。赤子匍匐将入井,非赤子之罪也。且天之生物也,使之一本,而夷子二本故也。盖上世尝有不葬其亲者。其亲死,则举而委之于壑。他日过之,狐狸食之,蝇蚋姑嘬之。其颡有泚,睨而不视。夫泚也,非为人泚,中心达于面目,盖归反虆梩而掩之。掩之诚是也,则孝子仁人之掩其亲,亦必有道矣。"

徐子以告夷子。夷子怃然为间曰:"命之矣。"

## 卷六　滕文公下
### 凡十章

**6.1** 陈代曰："不见诸侯,宜若小然;今一见之,大则以王,小则以霸。且《志》曰:'枉尺而直寻',宜若可为也。"

孟子曰:"昔齐景公田,招虞人以旌,不至,将杀之。志士不忘在沟壑,勇士不忘丧其元。孔子奚取焉?取非其招不往也。如不待其招而往,何哉?且夫枉尺而直寻者,以利言也。如以利,则枉寻直尺而利,亦可为与?昔者赵简子使王良与嬖奚乘,终日而不获一禽。嬖奚反命曰:'天下之贱工也。'或以告王良。良曰:'请复之。'强而后可,一朝而获十禽。嬖奚反命曰:'天下之良工也。'简子曰:'我使掌与女乘。'谓王良。良不可,曰:'吾为之范我驰驱,终日不获一;为之诡遇,一朝而获十。《诗》云:"不失其驰。舍矢如破。"我不贯与小人乘,请辞。'御者且羞与射者比。比而得禽兽,虽若丘陵,弗为也。如枉道而从彼,何也?且子过矣,枉己者,未有能直人者也。"

**6.2** 景春曰:"公孙衍、张仪岂不诚大丈夫哉?一怒而诸侯惧,安居而天下熄。"

孟子曰:"是焉得为大丈夫乎?子未学礼乎?丈夫之冠也,父命之;女子之嫁也,母命之,往送之门,戒之曰:'往之女家,必敬必戒,无违夫子!'以顺为正者,妾妇之道也。居天下之广居,立天下之正位,行天下之大道;得志,与民由之;不得志,独行其道。富贵不能淫,贫贱不能移,威武不能屈,此之谓大丈夫。"

6.3 周霄问曰:"古之君子仕乎?"

孟子曰:"仕。传曰:'孔子三月无君,则皇皇如也,出疆必载质。'公明仪曰:'古之人三月无君,则吊。'"

"三月无君则吊,不以急乎?"

曰:"士之失位也,犹诸侯之失国家也。《礼》曰:'诸侯耕助,以供粢盛;夫人蚕缫,以为衣服。牺牲不成,粢盛不絜,衣服不备,不敢以祭。惟士无田,则亦不祭。'牲杀、器皿、衣服不备,不敢以祭,则不敢以宴,亦不足吊乎?"

"出疆必载质,何也?"

曰:"士之仕也,犹农夫之耕也。农夫岂为出疆舍其耒耜哉?"

曰:"晋国亦仕国也,未尝闻仕如此其急。仕如此其急也,君子之难仕,何也?"

曰:"丈夫生而愿为之有室,女子生而愿为之有家。父母之心,人皆有之。不待父母之命、媒妁之言,钻穴隙相窥,逾墙相从,则父母国人皆贱之。古之人未尝不欲仕也,又恶不由其道。不由其道而往者,与钻穴隙之类也。"

6.4 彭更问曰:"后车数十乘,从者数百人,以传食于诸侯,不以泰乎?"

孟子曰:"非其道,则一箪食不可受于人;如其道,则舜受尧之天下,不以为泰。子以为泰乎?"

曰:"否。士无事而食,不可也。"

曰:"子不通功易事,以羡补不足,则农有余粟,女有余布;子如通之,则梓匠轮舆皆得食于子。于此有人焉,入则孝,出则悌,守先王之道,以待后之学者,而不得食于子。子何尊梓匠轮舆而轻为仁义者哉?"

曰:"梓匠轮舆,其志将以求食也;君子之为道也,其志亦将以求食与?"

曰:"子何以其志为哉?其有功于子,可食而食之矣。且子食志乎?食功乎?"

曰:"食志。"

曰:"有人于此,毁瓦画墁,其志将以求食也,则子食之乎?"

曰:"否。"

曰:"然则子非食志也,食功也。"

6.5 万章问曰:"宋,小国也;今将行王政,齐、楚恶而伐之,则如之何?"

孟子曰:"汤居亳,与葛为邻,葛伯放而不祀。汤使人问之曰:'何为不祀?'曰:'无以供牺牲也。'汤使遗之牛羊。葛伯食之,又不以祀。汤又使人问之曰:'何为不祀?'曰:'无以供粢盛也。'汤使亳众往为之耕,老弱馈食。葛伯率其民,要其有酒食黍稻者夺之,不授者杀之。有童子以黍肉饷,杀而夺之。《书》曰:'葛伯仇饷。'此之谓也。为其杀是童子而征之,四海之内皆曰:'非富天下也,为匹夫匹妇复仇也。''汤始征,自葛载',十一征而无敌于天下。东面而征,西夷怨;南面而征,北狄怨,曰'奚为后我?'民之望之,若大旱之望雨也。归市者弗止,芸者不变,诛其君,吊其民,如时雨降。民大悦。《书》曰:'徯我后,后来其无罚!''有攸不惟臣,东征,绥厥士女,匪厥玄黄,绍我周王见休,惟臣附于大邑周。'其君子实玄黄于篚以迎其君子,其小人箪食壶浆以迎其小人;救民于水火之中,取其残而已矣。《太誓》曰:'我武惟扬,侵于之疆,则取于残,杀伐用张,于汤有光。'不行王政云尔;苟行王政,四海之内皆举首而望之,欲以为君。齐楚虽大,何畏焉?"

**6.6** 孟子谓戴不胜曰:"子欲子之王之善与? 我明告子。有楚大夫于此,欲其子之齐语也,则使齐人傅诸? 使楚人傅诸?"

曰:"使齐人傅之。"

曰:"一齐人傅之,众楚人咻之,虽日挞而求其齐也,不可得矣;引而置之庄岳之间数年,虽日挞而求其楚,亦不可得矣。子谓薛居州,善士也,使之居于王所。在于王所者,长幼卑尊皆薛居州也,王谁与为不善? 在王所者,长幼卑尊皆非薛居州也,王谁与为善? 一薛居州,独如宋王何?"

**6.7** 公孙丑问曰:"不见诸侯何义?"

孟子曰:"古者不为臣不见。段干木逾垣而辟之,泄柳闭门而不纳,是皆已甚。迫,斯可以见矣。阳货欲见孔子而恶无礼,大夫有赐于士,不得受于其家,则往拜其门。阳货瞰孔子之亡也,而馈孔子蒸豚;孔子亦瞰其亡也,而往拜之。当是时,阳货先,岂得不见?曾子曰:'胁肩谄笑,病于夏畦。'子路曰:'未同而言,观其色赧赧然,非由之所知也。'由是观之,则君子之所养,可知已矣。"

**6.8** 戴盈之曰:"什一,去关市之征,今兹未能,请轻之,以待来年,然后已,何如?"

孟子曰:"今有人日攘其邻之鸡者,或告之曰:'是非君子之道。'曰:'请损之,月攘一鸡,以待来年,然后已。'如知其非义,斯速已矣,何待来年?"

**6.9** 公都子曰:"外人皆称夫子好辩,敢问何也?"

孟子曰:"予岂好辩哉?予不得已也。天下之生久矣,一治一乱。当尧之时,水逆行,泛滥于中国,蛇龙居之,民无所定。下者为巢,上者为营窟。《书》曰:'洚水警余。'洚水者,洪水也。使禹治之。禹掘地而注之海,驱蛇龙而放之菹。水由地中行,江、淮、河、汉是也。险阻既远,鸟兽之害人者消,然后人得平土而居之。

"尧舜既没,圣人之道衰,暴君代作,坏宫室以为污池,民无所安息。弃田以为园囿,使民不得衣食。邪说暴行又作,园囿、污池、沛泽多而禽兽至。及纣之身,天下又大乱。周公相武王,诛纣伐奄,三年讨其君,驱飞廉于海隅而戮之,灭国者五十,驱虎、豹、犀、象而远之,天下大悦。《书》曰:'丕显哉,文王谟!丕承哉,武王烈!佑启我后人,咸以正无缺。'世衰道微,邪说暴行有作,臣弑其君者有之,子弑其父者有之。孔子惧,作《春秋》。《春秋》,天子之事也。是故孔子曰:'知我者其惟《春秋》乎!罪我者其惟《春秋》乎!'

"圣王不作,诸侯放恣,处士横议,杨朱、墨翟之言盈天下。天下之言不归杨,则归墨。杨氏为我,是无君也;墨氏兼爱,是无父也。无父无君,是禽兽也。公明仪曰:'庖有肥肉,厩有肥马;民有饥色,野有饿莩,此率兽而食人也。'杨、墨之道不息,孔子之道不著,是邪说诬民,充塞仁义也。仁义充塞,则率兽食人,人将相食。吾为此惧,闲先圣之道,距杨、墨,放淫辞,邪说者不得作。作于其心,害于其事;作于其事,害于其政。圣人复起,不易吾言矣。

"昔者禹抑洪水而天下平,周公兼夷狄,驱猛兽而百姓宁,孔子成《春秋》而乱臣贼子惧。《诗》云:'戎狄是膺,荆舒是惩,则莫我敢承。'无父无君,是周公所膺也。我亦欲正人心,息邪说,距诐行,放淫辞,以承三圣者。岂好辩哉?予不得已也。能言距杨、墨者,圣人之徒也。"

**6.10** 匡章曰:"陈仲子岂不诚廉士哉?居於陵,三日不食,耳无闻,目无见也。井上有李,螬食实者过半矣,匍匐往将食之,三咽,然后耳有闻,目有见。"

孟子曰:"于齐国之士,吾必以仲子为巨擘焉。虽然,仲子恶能廉?充仲子之操,则蚓而后可者也。夫蚓,上食槁壤,下饮黄泉。仲子所居之室,伯夷之所筑与?抑亦盗跖之所筑与?所食之粟,伯夷之所树与?抑亦盗跖之所树与?是未可知也。"

曰:"是何伤哉?彼身织屦,妻辟纑,以易之也。"

曰:"仲子,齐之世家也。兄戴,盖禄万钟,以兄之禄为不义之禄而不食也,以兄之室为不义之室而不居也,辟兄离母,处于於陵。他日归,则有馈其兄生鹅者,己频顣曰:'恶用是鶃鶃者为哉?'他日,其母杀是鹅也,与之食之。其兄自外至,曰:'是鶃鶃之肉也。'出而哇之。以母则不食,以妻则食之;以兄之室则弗居,以於陵则居之,是尚为能充其类也乎?若仲子者,蚓而后充其操者也。"

## 卷七　离娄上
### 凡二十八章

**7.1** 孟子曰:"离娄之明、公输子之巧,不以规矩,不能成方圆;师旷之聪,不以六律,不能正五音;尧舜之道,不以仁政,不能平治天下。今有仁心仁闻而民不被其泽,不可法于后世者,不行先王之道也。故曰:徒善不足以为政,徒法不能以自行。《诗》云:'不愆不忘,率由旧章。'遵先王之法而过者,未之有也。圣人既竭目力焉,继之以规矩准绳,以为方员平直,不可胜用也;既竭耳力焉,继之以六律,正五音,不可胜用也;既竭心思焉,继之以不忍人之政,而仁覆天下矣。故曰,为高必因丘陵,为下必因川泽。为政不因先王之道,可谓智乎?是以惟仁者宜在高位。不仁而在高位,是播其恶于众也。上无道揆也,下无法守也,朝不信道,工不信度,君子犯义,小人犯刑,国之所存者幸也。故曰:城郭不完,兵甲不多,非国之灾也;田野不辟,货财不聚,非国之害也。上无礼,下无学,贼民兴,丧无日矣。《诗》曰:'天之方蹶,无然泄泄。'泄泄,犹沓沓也。事君无义,进退无礼,言则非先王之道者,犹沓沓也。故曰:责难于君谓之恭,陈善闭邪谓之敬,吾君不能谓之贼。"

**7.2** 孟子曰:"规矩,方员之至也;圣人,人伦之至也。欲为君尽君道;欲为臣尽臣道,二者皆法尧舜而已矣。不以舜之所以事尧事君,不敬其君者也;不以尧之所以治民治民,贼其民者也。孔子曰:'道二,仁与不仁而已矣。'暴其民甚,则身弑国亡;不甚,则身危国削。名之曰'幽厉',虽孝子慈孙,百世不能改也。《诗》云:'殷鉴不远,在夏后之世。'此之谓也。"

**7.3** 孟子曰:"三代之得天下也以仁,其失天下也以不仁。国之所以废兴存亡者亦然。天子不仁,不保四海;诸侯不仁,不保社稷;卿大夫不仁,不保宗庙;士庶人不仁,不保四体。今恶死亡而乐不仁,是犹恶醉而强酒。"

**7.4** 孟子曰:"爱人不亲反其仁;治人不治反其智;礼人不答反其敬。行有不得者皆反求诸己,其身正而天下归之。《诗》云:'永言配命,自求多福。'"

**7.5** 孟子曰:"人有恒言,皆曰'天下国家'。天下之本在国,国之本在家,家之本在身。"

**7.6** 孟子曰:"为政不难,不得罪于巨室。巨室之所慕,一国慕之;一国之所慕,天下慕之,故沛然德教溢乎四海。"

**7.7** 孟子曰:"天下有道,小德役大德,小贤役大贤;天下无道,小役大,弱役强。斯二者,天也。顺天者存,逆天者亡。齐景公曰:'既不能令,又不受命,是绝物也。'涕出而女于吴。

今也小国师大国而耻受命焉,是犹弟子而耻受命于先师也。如耻之,莫若师文王。师文王,大国五年,小国七年,必为政于天下矣。《诗》云:'商之孙子,其丽不亿。上帝既命,侯于周服。侯服于周,天命靡常。殷士肤敏,裸将于京。'孔子曰:'仁不可为众也。夫国君好仁,天下无敌。'今也欲无敌于天下而不以仁,是犹执热而不以濯也。《诗》云:'谁能执热,逝不以濯?'"

7.8 孟子曰:"不仁者可与言哉?安其危而利其灾,乐其所以亡者。不仁而可与言,则何亡国败家之有?有孺子歌曰:'沧浪之水清兮,可以濯我缨;沧浪之水浊兮,可以濯我足。'孔子曰:'小子听之!清斯濯缨,浊斯濯足矣。自取之也。'夫人必自侮,然后人侮之;家必自毁,而后人毁之;国必自伐,而后人伐之。《太甲》曰:'天作孽,犹可违;自作孽,不可活。'此之谓也。"

7.9 孟子曰:"桀纣之失天下也,失其民也;失其民者,失其心也。得天下有道:得其民,斯得天下矣。得其民有道:得其心,斯得民矣。得其心有道:所欲与之聚之,所恶勿施尔也。民之归仁也,犹水之就下、兽之走圹也。故为渊驱鱼者,獭也;为丛驱爵者,鹯也;为汤武驱民者,桀与纣也。今天下之君有好仁者,则诸侯皆为驱矣。虽欲无王,不可得已。今之欲王者,犹七年之病求三年之艾也。苟为不畜,终身不得。苟不志于仁,终身忧辱,以陷于死亡。《诗》云:'其何能淑,载胥及溺。'此之谓也。"

7.10 孟子曰:"自暴者,不可与有言也;自弃者,不可与有为也。言非礼义,谓之自暴也;吾身不能居仁由义,谓之自弃也。仁,人之安宅也;义,人之正路也。旷安宅而弗居,舍正路而不由,哀哉!"

7.11 孟子曰:"道在迩而求诸远,事在易而求之难:人人亲其亲、长其长而天下平。"

7.12 孟子曰:"居下位而不获于上,民不可得而治也。获于上有道:不信于友,弗获于上矣。信于友有道:事亲弗悦,弗信于友矣。悦亲有道:反身不诚,不悦于亲矣。诚身有道:不明乎善,不诚其身矣。是故诚者,天之道也;思诚者,人之道也。至诚而不动者,未之有也;不诚,未有能动者也。"

7.13 孟子曰:"伯夷辟纣,居北海之滨,闻文王作,兴曰:'盍归乎来!吾闻西伯善养老者。'太公辟纣,居东海之滨,闻文王作,兴曰:'盍归乎来!吾闻西伯善养老者。'二老者,天下之大老也,而归之,是天下之父归之也。天下之父归之,其子焉往?诸侯有行文王之政者,七年之内,必为政于天下矣。"

**7.14** 孟子曰:"求也为季氏宰,无能改于其德,而赋粟倍他日。孔子曰:'求非我徒也,小子鸣鼓而攻之可也。'由此观之,君不行仁政而富之,皆弃于孔子者也,况于为之强战? 争地以战,杀人盈野;争城以战,杀人盈城。此所谓率土地而食人肉,罪不容于死。故善战者服上刑,连诸侯者次之,辟草莱、任土地者次之。"

**7.15** 孟子曰:"存乎人者,莫良于眸子。眸子不能掩其恶。胸中正,则眸子了焉;胸中不正,则眸子眊焉。听其言也,观其眸子,人焉廋哉?"

**7.16** 孟子曰:"恭者不侮人,俭者不夺人。侮夺人之君,惟恐不顺焉,恶得为恭俭? 恭俭岂可以声音笑貌为哉?"

**7.17** 淳于髡曰:"男女授受不亲,礼与?"

孟子曰:"礼也。"

曰:"嫂溺,则援之以手乎?"

曰:"嫂溺不援,是豺狼也。男子授受不亲,礼也;嫂溺,援之以手者,权也。"

曰:"今天下溺矣,夫子之不援,何也?"

曰:"天下溺,援之以道;嫂溺,援之以手。子欲手援天下乎?"

**7.18** 公孙丑曰:"君子之不教子,何也?"

孟子曰:"势不行也,教者必以正;以正不行,继之以怒。继之以怒,则反夷矣。'夫子教我以正,夫子未出于正也。'则是父子相夷也。父子相夷,则恶矣。古者易子而教之,父子之间不责善。责善则离,离则不祥莫大焉。"

**7.19** 孟子曰:"事孰为大?事亲为大;守孰为大?守身为大。不失其身而能事其亲者,吾闻之矣;失其身而能事其亲者,吾未之闻也。孰不为事?事亲,事之本也;孰不为守?守身,守之本也。曾子养曾皙,必有酒肉。将彻,必请所与。问有余,必曰'有'。曾皙死,曾元养曾子,必有酒肉。将彻,不请所与;问有余,曰'亡矣'。将以复进也。此所谓养口体者也。若曾子,则可谓养志也。事亲若曾子者,可也。"

**7.20** 孟子曰:"人不足以适也,政不足闲也,唯大人为能格君心之非。君仁,莫不仁;君义,莫不义;君正,莫不正。一正君而国定矣。"

**7.21** 孟子曰:"有不虞之誉,有求全之毁。"

**7.22** 孟子曰:"人之易其言也,无责耳矣。"

**7.23** 孟子曰:"人之患在好为人师。"

**7.24** 乐正子从于子敖之齐。
乐正子见孟子。孟子曰:"子亦来见我乎?"
曰:"先生何为出此言也?"
曰:"子来几日矣?"
曰:"昔者。"
曰:"昔者,则我出此言也,不亦宜乎?"
曰:"舍馆未定。"
曰:"子闻之也,舍馆定,然后求见长者乎?"
曰:"克有罪。"

**7.25** 孟子谓乐正子曰:"子之从于子敖来,徒馎啜也。我不意子学古之道而以馎啜也。"

**7.26** 孟子曰:"不孝有三,无后为大。舜不告而娶,为无后也。君子以为犹告也。"

**7.27** 孟子曰:"仁之实,事亲是也;义之实,从兄是也;智之实,知斯二者弗去是也;礼之实,节文斯二者是也;乐之实,乐斯二者,乐则生矣。生则恶可已也,恶可已,则不知足之蹈之手之舞之。"

**7.28** 孟子曰:"天下大悦而将归己。视天下悦而归己,犹草芥也,惟舜为然。不得乎亲,不可以为人;不顺乎亲,不可以为子。舜尽事亲之道而瞽瞍厎豫,瞽瞍厎豫而天下化,瞽瞍厎豫而天下之为父子者定,此之谓大孝。"

## 卷八　离娄下
## 凡三十三章

**8.1** 孟子曰:"舜生于诸冯,迁于负夏,卒于鸣条,东夷之人也。文王生于岐周,卒于毕郢,西夷之人也。地之相去也,千有余里;世之相后也,千有余岁。得志行乎中国,若合符节,先圣后圣,其揆一也。"

**8.2** 子产听郑国之政,以其乘舆济人于溱洧。孟子曰:"惠而不知为政。岁十一月徒杠成;十二月舆梁成,民未病涉也。君子平其政,行辟人可也,焉得人人而济之?故为政者,每人而悦之,日亦不足矣。"

**8.3** 孟子告齐宣王曰:"君之视臣如手足,则臣视君如腹心;君之视臣如犬马,则臣视君如国人;君之视臣如土芥,则臣视君如寇仇。"

王曰:"礼,为旧君有服,何如斯可为服矣?"

曰:"谏行言听,膏泽下于民;有故而去,则君使人导之出疆,又先于其所往;去三年不反,然后收其田里。此之谓三有礼焉。如此,则为之服矣。今也为臣,谏则不行,言则不听;膏泽不下于民;有故而去,则君搏执之,又极之于其所往;去之日,遂收其田里。此之谓寇仇。寇仇何服之有?"

**8.4** 孟子曰:"无罪而杀士,则大夫可以去;无罪而戮民,则士可以徙。"

**8.5** 孟子曰:"君仁,莫不仁;君义,莫不义。"

**8.6** 孟子曰:"非礼之礼,非义之义,大人弗为。"

**8.7** 孟子曰:"中也养不中,才也养不才,故人乐有贤父兄也。如中也弃不中,才也弃不才,则贤不肖之相去,其间不能以寸。"

**8.8** 孟子曰:"人有不为也,而后可以有为。"

**8.9** 孟子曰:"言人之不善,当如后患何?"

**8.10** 孟子曰:"仲尼不为已甚者。"

**8.11** 孟子曰:"大人者,言不必信,行不必果,惟义所在。"

**8.12** 孟子曰:"大人者,不失其赤子之心者也。"

**8.13** 孟子曰:"养生者不足以当大事,惟送死可以当大事。"

**8.14** 孟子曰:"君子深造之以道,欲其自得之也。自得之,则居之安;居之安,则资之深;资之深,则取之左右逢其原,故君子欲其自得之也。"

**8.15** 孟子曰:"博学而详说之,将以反说约也。"

**8.16** 孟子曰:"以善服人者,未有能服人者也;以善养人,然后能服天下。天下不心服而王者,未之有也。"

**8.17** 孟子曰:"言无实不祥。不祥之实,蔽贤者当之。"

**8.18** 徐子曰:"仲尼亟称于水,曰:'水哉,水哉!'何取于水也?"

孟子曰:"源泉混混,不舍昼夜,盈科而后进,放乎四海。有本者如是,是之取尔。苟为无本,七八月之间雨集,沟浍皆盈,其涸也,可立而待也。故声闻过情,君子耻之。"

**8.19** 孟子曰:"人之所以异于禽兽者几希,庶民去之,君子存之。舜明于庶物,察于人伦,由仁义行,非行仁义也。"

**8.20** 孟子曰:"禹恶旨酒而好善言。汤执中,立贤无方。文王视民如伤,望道而未之见。武王不泄迩,不忘远。周公思兼三王,以施四事。其有不合者,仰而思之,夜以继日;幸而得之,坐以待旦。"

**8.21** 孟子曰:"王者之迹熄而《诗》亡,《诗》亡然后《春秋》作。晋之《乘》,楚之《梼杌》,鲁之《春秋》,一也。其事则齐桓、晋文,其文则史。孔子曰:'其义则丘窃取之矣。'"

**8.22** 孟子曰:"君子之泽五世而斩,小人之泽五世而斩。予未得为孔子徒也,予私淑诸人也。"

**8.23** 孟子曰:"可以取,可以无取,取伤廉;可以与,可以无与,与伤惠;可以死,可以无死,死伤勇。"

**8.24** 逢蒙学射于羿,尽羿之道,思天下惟羿为愈己,于是杀羿。孟子曰:"是亦羿有罪焉。"

公明仪曰:"宜若无罪焉。"

曰:"薄乎云尔,恶得无罪?郑人使子濯孺子侵卫,卫使庾公之斯追之。子濯孺子曰:'今日我疾作,不可以执弓,吾死矣夫!'问其仆曰:'追我者谁也?'其仆曰:'庾公之斯也。'曰:'吾生矣。'其仆曰:'庾公之斯,卫之善射者也。夫子曰吾生,何谓也?'曰:'庾公之斯学射于尹公之他,尹公之他学射于我。夫尹公之他,端人也,其取友必端矣。'庾公之斯至,曰:'夫子何为不执弓?'曰:'今日我疾作,不可以执弓。'曰:'小人学射于尹公之他,尹公之他学射于夫子。我不忍以夫子之道反害夫子。虽然，今日之事，君事也，我不敢废。'抽矢，扣轮，去其金，发乘矢而后反。"

**8.25** 孟子曰："西子蒙不洁，则人皆掩鼻而过之；虽有恶人，斋戒沐浴，则可以祀上帝。"

**8.26** 孟子曰："天下之言性也，则故而已矣。故者以利为本。所恶于智者，为其凿也。如智者若禹之行水也，则无恶于智矣。禹之行水也，行其所无事也。如智者亦行其所无事，则智亦大矣。天之高也，星辰之远也，苟求其故，千岁之日至，可坐而致也。"

**8.27** 公行子有子之丧，右师往吊。入门，有进而与右师言者，有就右师之位而与右师言者。孟子不与右师言，右师不悦曰："诸君子皆与驩言，孟子独不与驩言，是简驩也。"

孟子闻之，曰："礼，朝廷不历位而相与言，不逾阶而相揖也。我欲行礼，子敖以我为简，不亦异乎？"

**8.28** 孟子曰："君子所以异于人者，以其存心也。君子以仁存心，以礼存心。仁者爱人，有礼者敬人。爱人者，人恒爱之；敬人者，人恒敬之。有人于此，其待我以横逆，则君子必自反也：'我必不仁也，必无礼也，此物奚宜至哉？'其自反而仁矣，自反而有礼矣，其横逆由是也，君子必自反也，我必不忠。

自反而忠矣,其横逆由是也,君子曰:'此亦妄人也已矣。如此则与禽兽奚择哉?于禽兽又何难焉?'是故君子有终身之忧,无一朝之患也。乃若所忧则有之:舜,人也;我,亦人也。舜为法于天下,可传于后世,我由未免为乡人也,是则可忧也。忧之如何?如舜而已矣。若夫君子所患则亡矣。非仁无为也,非礼无行也。如有一朝之患,则君子不患矣。"

**8.29** 禹、稷当平世,三过其门而不入,孔子贤之。颜子当乱世,居于陋巷,一箪食,一瓢饮,人不堪其忧,颜子不改其乐,孔子贤之。孟子曰:"禹、稷、颜回同道。禹思天下有溺者,由己溺之也;稷思天下有饥者,由己饥之也,是以如是其急也。禹、稷、颜子易地则皆然。今有同室之人斗者,救之,虽被发缨冠而救之,可也。乡邻有斗者,被发缨冠而往救之,则惑也,虽闭户可也。"

**8.30** 公都子曰:"匡章,通国皆称不孝焉,夫子与之游,又从而礼貌之,敢问何也?"

孟子曰:"世俗所谓有不孝者五:惰其四支,不顾父母之养,一不孝也;博弈好饮酒,不顾父母之养,二不孝也;好货财,私妻子,不顾父母之养,三不孝也;从耳目之欲,以为父母戮,四不孝也;好勇斗很,以危父母,五不孝也。章子有一于是乎?夫章子,子父责善而不相遇也。责善,朋友之道也。父子责善,贼恩之大者。夫章子岂不欲有夫妻子母之属哉?为得罪于父,不得近,出妻屏子,终身不养焉。其设心以为不若是,是则罪之大者,是则章子而已矣。"

**8.31** 曾子居武城,有越寇。或曰:"寇至,盍去诸?"曰:"无寓人于我室,毁伤其薪木。"寇退,则曰:"修我墙屋,我将反。"寇退,曾子反。左右曰:"待先生如此其忠且敬也,寇至,则先去以为民望;寇退,则反,殆于不可。"沈犹行曰:"是非汝所知也。昔沈犹有负刍之祸,从先生者七十人,未有与焉。"

子思居于卫,有齐寇。或曰:"寇至,盍去诸?"子思曰:"如伋去,君谁与守?"

孟子曰:"曾子、子思同道。曾子,师也,父兄也;子思,臣也,微也。曾子、子思易地则皆然。"

**8.32** 储子曰:"王使人瞷夫子,果有以异于人乎?"

孟子曰:"何以异于人哉?尧舜与人同耳。"

**8.33** 齐人有一妻一妾而处室者,其良人出,则必餍酒肉而后反。其妻问所与饮食者,则尽富贵也。其妻告其妾曰:"良人出,则必餍酒肉而后反。问其与饮食者,尽富贵也,而未尝有显者来,吾将瞷良人之所之也。"

蚤起,施从良人之所之,遍国中无与立谈者。卒之东郭墦间,之祭者,乞其余;不足,又顾而之他,此其为餍足之道也。

其妻归,告其妾,曰:"良人者,所仰望而终身也。今若此。"与其妾讪其良人,而相泣于中庭。而良人未之知也,施施从外来,骄其妻妾。

由君子观之,则人之所以求富贵利达者,其妻妾不羞也,而不相泣者,几希矣。

## 卷九 万章上
### 凡九章

**9.1** 万章问曰:"舜往于田,号泣于旻天,何为其号泣也?"

孟子曰:"怨慕也。"

万章曰:"'父母爱之,喜而不忘;父母恶之,劳而不怨。'然则舜怨乎?"

曰:"长息问于公明高曰:'舜往于田,则吾既得闻命矣;号泣于旻天,于父母,则吾不知也。'公明高曰:'是非尔所知也。'夫公明高以孝子之心,为不若是恝。我竭力耕田,共为子职而已矣,父母之不我爱,于我何哉?帝使其子九男二女,百官牛羊仓廪备,以事舜于畎亩之中。天下之士多就之者,帝将胥天下而迁之焉。为不顺于父母,如穷人无所归。天下之士悦之,人之所欲也,而不足以解忧;好色,人之所欲,妻帝之二女,而不足以解忧;富,人之所欲,富有天下,而不足以解忧;贵,人之所欲,贵为天子,而不足以解忧。人悦之、好色、富贵,无足以解忧者,惟顺于父母可以解忧。人少,则慕父母;知好色,则慕少艾;有妻子,则慕妻子;仕则慕君,不得于君则热中。大孝终身慕父母。五十而慕者,予于大舜见之矣。"

**9.2** 万章问曰:"《诗》云:'娶妻如之何?必告父母。'信斯言也,宜莫如舜。舜之不告而娶,何也?"

孟子曰:"告则不得娶。男女居室,人之大伦也。如告,则废人之大伦,以怼父母,是以不告也?"

万章曰:"舜之不告而娶,则吾既得闻命矣。帝之妻舜而不告,何也?"

曰:"帝亦知告焉则不得妻也。"

万章曰:"父母使舜完廪,捐阶,瞽瞍焚廪。使浚井,出,从而揜之。象曰:'谟盖都君咸我绩。牛羊父母,仓廪父母,干戈朕,琴朕,弤朕,二嫂使治朕栖。'象往入舜宫,舜在床琴。象曰:'郁陶思君尔。'忸怩。舜曰:'惟兹臣庶,汝其于予治。'不识舜不知象之将杀己与?"

曰:"奚而不知也?象忧亦忧,象喜亦喜。"

曰:"然则舜伪喜者与?"

曰:"否;昔者有馈生鱼于郑子产,子产使校人畜之池。校人烹之,反命曰:'始舍之,圉圉焉;少则洋洋焉,攸然而逝。'子产曰:'得其所哉!得其所哉!'校人出,曰:'孰谓子产智?予既烹而食之,曰:"得其所哉,得其所哉。"'故君子可欺以其方,难罔以非其道。彼以爱兄之道来,故诚信而喜之,奚伪焉?"

**9.3** 万章问曰:"象日以杀舜为事,立为天子,则放之,何也?"

孟子曰:"封之也,或曰放焉。"

万章曰:"舜流共工于幽州,放驩兜于崇山,杀三苗于三危,殛鲧于羽山,四罪而天下咸服,诛不仁也。象至不仁,封之有庳。有庳之人奚罪焉? 仁人固如是乎? 在他人则诛之,在弟则封之?"

曰:"仁人之于弟也,不藏怒焉,不宿怨焉,亲爱之而已矣。亲之欲其贵也;爱之欲其富也。封之有庳,富贵之也。身为天子,弟为匹夫,可谓亲爱之乎?"

"敢问或曰放者,何谓也?"

曰:"象不得有为于其国,天子使吏治其国,而纳其贡税焉,故谓之放。岂得暴彼民哉? 虽然,欲常常而见之,故源源而来,'不及贡,以政接于有庳。'此之谓也。"

9.4 咸丘蒙问曰:"语云,'盛德之士,君不得而臣,父不得而子。'舜南面而立,尧帅诸侯北面而朝之,瞽瞍亦北面而朝之。舜见瞽瞍,其容有蹙。孔子曰:'于斯时也,天下殆哉,岌岌乎!'不识此语诚然乎哉?"

孟子曰:"否。此非君子之言,齐东野人之语也。尧老而舜摄也。《尧典》曰:'二十有八载,放勋乃徂落,百姓如丧考妣,三年,四海遏密八音。'孔子曰:'天无二日,民无二王。'舜既为天子矣,又帅天下诸侯以为尧三年丧,是二天子矣。"

咸丘蒙曰:"舜之不臣尧,则吾既得闻命矣。《诗》云:'普天之下,莫非王土;率土之滨,莫非王臣。'而舜既为天子矣,敢问瞽瞍之非臣,如何?"

曰:"是诗也,非是之谓也;劳于王事,而不得养父母也。

曰：'此莫非王事，我独贤劳也。'故说诗者，不以文害辞，不以辞害志。以意逆志，是为得之。如以辞而已矣，《云汉》之诗曰：'周余黎民，靡有孑遗。'信斯言也，是周无遗民也。孝子之至，莫大乎尊亲；尊亲之至，莫大乎以天下养。为天子父，尊之至也；以天下养，养之至也。诗曰：'永言孝思，孝思维则。'此之谓也。《书》曰：'祗载见瞽瞍，夔夔齐栗，瞽瞍亦允若。'是为父不得而子也？"

**9.5** 万章曰："尧以天下与舜，有诸？"

孟子曰："否。天子不能以天下与人。"

"然则舜有天下也，孰与之？"

曰："天与之。"

"天与之者，谆谆然命之乎？"

曰："否。天不言，以行与事示之而已矣。"

曰："以行与事示之者，如之何？"

曰："天子能荐人于天，不能使天与之天下；诸侯能荐人于天子，不能使天子与之诸侯；大夫能荐人于诸侯，不能使诸侯与之大夫。昔者尧荐舜于天而天受之，暴之于民而民受之。故曰，天不言，以行与事示之而已矣。"

曰："敢问荐之于天而天受之，暴之于民而民受之，如何？"

曰："使之主祭而百神享之，是天受之；使之主事而事治，百姓安之，是民受之也。天与之，人与之，故曰，天子不能以天下与人。舜相尧二十有八载，非人之所能为也，天也。尧崩，三年之丧毕,舜避尧之子于南河之南,天下诸侯朝觐者,不之尧之子而之舜;讼狱者,不之尧之子而之舜;讴歌者,不讴歌尧之子而讴歌舜,故曰天也。夫然后之中国,践天子位焉。而居尧之宫,逼尧之子,是篡也,非天与也。《太誓》曰,'天视自我民视,天听自我民听',此之谓也。"

9.6 万章问曰:"人有言:'至于禹而德衰,不传于贤而传于子。'有诸?"

孟子曰:"否,不然也;天与贤,则与贤;天与子,则与子。昔者舜荐禹于天,十有七年,舜崩,三年之丧毕,禹避舜之子于阳城,天下之民从之,若尧崩之后,不从尧之子而从舜也。禹荐益于天,七年,禹崩。三年之丧毕,益避禹之子于箕山之阴。朝觐讼狱者不之益而之启,曰:'吾君之子也。'讴歌者不讴歌益而讴歌启,曰:'吾君之子也。'丹朱之不肖,舜之子亦不肖。舜之相尧、禹之相舜也,历年多,施泽于民久。启贤,能够承继禹之道。益之相禹也,历年少,施泽于民未久。舜、禹、益相去久远,其子之贤不肖,皆天也,非人之所能为也。莫之为而为者,天也;莫之致而至者,命也。匹夫而有天下者,德必若舜禹,而又有天子荐之者,故仲尼不有天下。继世以有天下,天之所废,必若桀纣者也,故益、伊尹、周公不有天下。伊尹相汤以王于天下。汤崩,太丁未立,外丙二年,仲壬四年。太甲颠覆汤之典刑,伊尹放之于桐。三年,太甲悔过,自怨自艾,于桐处仁迁义。三年,以听伊尹之训己也,复归于亳。周公之不有天下,犹益之于夏、伊尹之于殷也。孔子曰:'唐、虞禅,夏后、殷、周继,其义一也。'"

**9.7** 万章问曰:"人有言'伊尹以割烹要汤',有诸?"

孟子曰:"否,不然。伊尹耕于有莘之野,而乐尧舜之道焉。非其义也,非其道也,禄之以天下,弗顾也;系马千驷,弗视也。非其义也,非其道也,一介不以与人,一介不以取诸人。汤使人以币聘之,嚣嚣然曰:'我何以汤之聘币为哉?我岂若处畎亩之中,由是以乐尧舜之道哉?'汤三使往聘之,既而幡然改曰:'与我处畎亩之中,由是以乐尧舜之道,吾岂若使是君为尧舜之君哉?吾岂若使是民为尧舜之民哉?吾岂若于吾身亲见之哉?天之生此民也,使先知觉后知,使先觉觉后觉也。予,天民之先觉者也。予将以斯道觉斯民也。非予觉之,而谁也?'思天下之民匹夫匹妇有不被尧舜之泽者,若己推而内之沟中。其自任天下之重如此,故就汤而说之以伐夏救民。吾未闻枉己而正人者也,况辱己以正天下者乎?圣人之行不同也,或远或近;或去或不去,归洁其身而已矣。吾闻其以尧舜之道要汤,未闻以割烹也。《伊训》曰:'天诛造攻自牧宫,朕载自亳。'"

**9.8** 万章问曰:"或谓孔子于卫主痈疽,于齐主侍人瘠环,有诸乎?"

孟子曰:"否,不然也。好事者为之也。于卫主颜仇由。

弥子之妻与子路之妻,兄弟也。弥子谓子路曰:'孔子主我,卫卿可得也。'子路以告。孔子曰:'有命。'孔子进以礼,退以义,得之不得曰'有命'。而主痈疽与侍人瘠环,是无义无命也。孔子不悦于鲁、卫,遭宋桓司马将要而杀之,微服而过宋。是时孔子当厄,主司城贞子,为陈侯周臣。吾闻观近臣,以其所为主;观远臣,以其所主。若孔子主痈疽与侍人瘠环,何以为孔子?"

9.9 万章问曰:"或曰:'百里奚自鬻于秦养牲者五羊之皮,食牛,以要秦缪公。'信乎?"

孟子曰:"否,不然。好事者为之也。百里奚,虞人也。晋人以垂棘之璧与屈产之乘,假道于虞以伐虢。宫之奇谏,百里奚不谏。知虞公之不可谏而去。之秦,年已七十矣,曾不知以食牛干秦穆公之为污也,可谓智乎?不可谏而不谏,可谓不智乎?知虞公之将亡而先去之,不可谓不智也。时举于秦,知穆公之可与有行也而相之,可谓不智乎?相秦而显其君于天下,可传于后世,不贤而能之乎?自鬻以成其君,乡党自好者不为,而谓贤者为之乎?"

## 卷十　万章下
### 凡九章

**10.1** 孟子曰:"伯夷,目不视恶色,耳不听恶声。非其君不事;非其民不使。治则进,乱则退。横政之所出,横民之所止,不忍居也。思与乡人处,如以朝衣朝冠坐于涂炭也。当纣之时,居北海之滨,以待天下之清也。故闻伯夷之风者,顽夫廉,懦夫有立志。

"伊尹曰:'何事非君?何使非民?'治亦进,乱亦进,曰:'天之生斯民也,使先知觉后知,使先觉觉后觉。予,天民之先觉者也。予将以此道觉此民也。'思天下之民匹夫匹妇有不与被尧舜之泽者,若己推而内之沟中,其自任以天下之重也。

"柳下惠不羞污君,不辞小官。进不隐贤,必以其道。遗佚而不怨,厄穷而不悯。与乡人处,由由然不忍去也。'尔为尔,我为我,虽袒裼裸裎于我侧,尔焉能浼我哉?'故闻柳下惠之风者,鄙夫宽,薄夫敦。

"孔子之去齐,接淅而行。去鲁,曰:'迟迟吾行也!'去父母国之道也。可以速而速,可以久而久,可以处而处,可以仕而仕,孔子也。"

孟子曰:"伯夷,圣之清者也;伊尹,圣之任者也;柳下惠,圣之和者也;孔子,圣之时者也。孔子之谓集大成。集大成也者,金声而玉振之也。金声也者,始条理也;玉振之也者,终条理也。始条理者,智之事也;终条理者,圣之事也。智,譬则巧也;圣,譬则力也。由射于百步之外也,其至,尔力也;其中,非尔力也。"

**10.2** 北宫锜问曰:"周室班爵禄也,如之何?"

孟子曰:"其详不可得闻也,诸侯恶其害己也,而皆去其籍。然而轲也尝闻其略也。天子一位,公一位,侯一位,伯一位,子、男同一位,凡五等也。君一位,卿一位,大夫一位,上士一位,中士一位,下士一位,凡六等。天子之制,地方千里,公侯皆方百里,伯七十里,子、男五十里,凡四等。不能五十里,不达于天子,附于诸侯,曰附庸。天子之卿受地视侯,大夫受地视伯,元士受地视子、男。大国地方百里,君十卿禄,卿禄四大夫,大夫倍上士,上士倍中士,中士倍下士,下士与庶人在官者同禄,禄足以代其耕也。次国地方七十里,君十卿禄,卿禄三大夫,大夫倍上士,上士倍中士,中士倍下士,下士与庶人在官者同禄,禄足以代其耕也。小国地方五十里,君十卿禄,卿禄二大夫,大夫倍上士,上士倍中士,中士倍下士,下士与庶人在官者同禄,禄足以代其耕也。耕者之所获,一夫百亩。百亩之粪,上农夫食九人,上次食八人,中食七人,中次食六人,下食五人。庶人在官者,其禄以是为差。"

**10.3** 万章问曰:"敢问友。"

孟子曰:"不挟长,不挟贵,不挟兄弟而友。友也者,友其德也,不可以有挟也。孟献子,百乘之家也,有友五人焉:乐正裘,牧仲,其三人,则予忘之矣。献子之与此五人者友也,无献子之家者也。此五人者,亦有献子之家,则不与之友矣。非惟百乘之家为然也,虽小国之君亦有之。费惠公曰:'吾于子思,则师之矣;吾于颜般,则友之矣;王顺、长息则事我者也。'非惟小国之君为然也,虽大国之君亦有之。晋平公之于亥唐也,入云则入,坐云则坐,食云则食。虽蔬食菜羹,未尝不饱,盖不敢不饱也。然终于此而已矣。弗与共天位也,弗与治天职也,弗与食天禄也,士之尊贤者也,非王公之尊贤也。舜尚见帝,帝馆甥于贰室,亦飨舜,迭为宾主,是天子而友匹夫也。用下敬上,谓之贵贵;用上敬下,谓之尊贤。贵贵尊贤,其义一也。"

**10.4** 万章问曰:"敢问交际何心也?"

孟子曰:"恭也。"

曰:"'却之却之为不恭',何哉?"

曰:"尊者赐之,曰:'其所取之者,义乎,不义乎?'而后受之,以是为不恭,故弗却也。"

曰:"请无以辞却之,以心却之。曰'其取诸民之不义也'而以他辞无受,不可乎?"

曰:"其交也以道,其接也以礼,斯孔子受之矣。"

万章曰:"今有御人于国门之外者,其交也以道,其馈也以礼,斯可受御与?"

曰:"不可。《康诰》曰:'杀越人于货,闵不畏死,凡民罔不谆。'是不待教而诛者也。殷受夏,周受殷,所不辞也。于今为烈,如之何其受之?"

曰:"今之诸侯取之于民也,犹御也。苟善其礼际矣,斯君子受之,敢问何说也?"

曰:"子以为有王者作,将比今之诸侯而诛之乎?其教之不改而后诛之乎?夫谓非其有而取之者盗也,充类至义之尽也。孔子之仕于鲁也,鲁人猎较,孔子亦猎较。猎较犹可,而况受其赐乎?"

曰:"然则孔子之仕也,非事道与?"

曰:"事道也。"

"事道奚猎较也?"

曰:"孔子先簿正祭器,不以四方之食供簿正。"

曰:"奚不去也?"

曰:"为之兆也。兆足以行矣,而不行,而后去,是以未尝有所终三年淹也。孔子有见行可之仕,有际可之仕,有公养之仕。于季桓子,见行可之仕也;于卫灵公,际可之仕也;于卫孝公,公养之仕也。"

**10.5** 孟子曰:"仕非为贫也,而有时乎为贫;娶妻非为养也,而有时乎为养。为贫者,辞尊居卑,辞富居贫。辞尊居卑,辞富居贫,恶乎宜乎?抱关击柝。孔子尝为委吏矣,曰:'会计当而已矣。'尝为乘田矣,曰:'牛羊茁壮长而已矣。'位卑而言高,罪也;立乎人之本朝,而道不行,耻也。"

**10.6** 万章曰:"士之不托诸侯,何也?"

孟子曰:"不敢也。诸侯失国,而后托于诸侯,礼也;士之托于诸侯,非礼也。"

万章曰:"君馈之粟,则受之乎?"

曰:"受之。"

"受之何义也?"

曰:"君之于氓也,固周之。"

曰:"周之则受,赐之则不受,何也?"

曰:"不敢也。"

曰:"敢问其不敢何也?"

曰:"抱关击柝者,皆有常职以食于上。无常职而赐于上者,以为不恭也。"

曰:"君馈之,则受之,不识可常继乎?"

曰:"缪公之于子思也,亟问,亟馈鼎肉。子思不悦。于卒也,摽使者出诸大门之外,北面稽首再拜而不受,曰:'今而后知君之犬马畜伋。'盖自是台无馈也。悦贤不能举,又不能养也,可谓悦贤乎?"

曰:"敢问国君欲养君子,如何斯可谓养矣?"

曰:"以君命将之,再拜稽首而受。其后廪人继粟,庖人继肉,不以君命将之。子思以为鼎肉使己仆仆尔亟拜也,非养君子之道也。尧之于舜也,使其子九男事之,二女女焉,百官牛羊仓廪备,以养舜于畎亩之中,后举而加诸上位。故曰,王公之尊贤者也。"

**10.7** 万章曰:"敢问不见诸侯,何义也?"

孟子曰:"在国曰市井之臣,在野曰草莽之臣,皆谓庶人。庶人不传质为臣,不敢见于诸侯,礼也。"

万章曰:"庶人,召之役,则往役;君欲见之,召之,则不往见之,何也?"

曰:"往役,义也;往见,不义也。且君之欲见之也,何为也哉?"

曰:"为其多闻也,为其贤也。"

曰:"为其多闻也,则天子不召师,而况诸侯乎?为其贤也,则吾未闻欲见贤而召之也。缪公亟见于子思,曰:'古千乘之国以友士,何如?'子思不悦,曰:'古之人有言,曰:"事之云乎,岂曰友之云乎?"'子思之不悦也,岂不曰:'以位,则子君也;我臣也,何敢与君友也?以德,则子事我者也,奚可以与我友?'千乘之君求与之友而不可得也,而况可召与?齐景公田,招虞人以旌,不至,将杀之。志士不忘在沟壑,勇士不忘丧其元。孔子奚取焉?取非其招不往也。"

曰:"敢问招虞人何以?"

曰:"以皮冠。庶人以旃,士以旂,大夫以旌。以大夫之招招虞人,虞人死不敢往。以士之招招庶人,庶人岂敢往哉?况乎以不贤人之招招贤人乎?欲见贤人而不以其道,犹欲其入而闭之门也。夫义,路也;礼,门也。惟君子能由是路,出入是门也。《诗》云:'周道如底,其直如矢;君子所履,小人所视。'"

万章曰:"孔子,君命召,不俟驾而行。然则孔子非与?"
曰:"孔子当仕有官职,而以其官召之也。"

**10.8** 孟子谓万章曰:"一乡之善士,斯友一乡之善士。一国之善士,斯友一国之善士。天下之善士,斯友天下之善士。以友天下之善士为未足,又尚论古之人。颂其诗,读其书,不知其人,可乎?是以论其世也。是尚友也。"

**10.9** 齐宣王问卿。孟子曰:"王何卿之问也?"
王曰:"卿不同乎?"
曰:"不同。有贵戚之卿,有异姓之卿。"
王曰:"请问贵戚之卿。"
曰:"君有大过则谏,反覆之而不听,则易位。"
王勃然变乎色。
曰:"王勿异也。王问臣,臣不敢不以正对。"
王色定,然后请问异姓之卿。
曰:"君有过则谏,反覆之而不听,则去。"

孟 子

## 卷十一　告子上
### 凡二十章

**11.1** 告子曰："性犹杞柳也，义犹桮棬也。以人性为仁义，犹以杞柳为桮棬。"

孟子曰："子能顺杞柳之性而以为桮棬乎？将戕贼杞柳而后以为桮棬也？如将戕贼杞柳而以为桮棬，则亦将戕贼人以为仁义与？率天下之人而祸仁义者，必子之言夫！"

**11.2** 告子曰："性犹湍水也，决诸东方则东流，决诸西方则西流。人性之无分于善不善也，犹水之无分于东西也。"

孟子曰："水信无分于东西，无分于上下乎？人性之善也，犹水之就下也。人无有不善，水无有不下。今夫水，搏而跃之，可使过颡；激而行之，可使在山。是岂水之性哉？其势则然也。人之可使为不善，其性亦犹是也。"

**11.3** 告子曰："生之谓性。"

孟子曰："生之谓性也，犹白之谓白与？"

曰："然。"

"白羽之白也，犹白雪之白；白雪之白，犹白玉之白与？"

曰："然。"

"然则犬之性，犹牛之性，牛之性，犹人之性与？"

**11.4** 告子曰:"食色,性也。仁,内也,非外也;义,外也,非内也。"

孟子曰:"何以谓仁内义外也?"

曰:"彼长而我长之,非有长于我也;犹彼白而我白之,从其白于外也,故谓之外也。"

曰:"异于白马之白也,无以异于白人之白也;不识长马之长也,无以异于长人之长与? 且谓长者义乎? 长之者义乎?"

曰:"吾弟则爱之,秦人之弟则不爱也,是以我为悦者也,故谓之内。长楚人之长,亦长吾之长,是以长为悦者也,故谓之外也。"

曰:"耆秦人之炙,无以异于耆吾炙。夫物则亦有然者也,然则耆炙亦有外与?"

**11.5** 孟季子问公都子曰:"何以谓义内也?"

曰:"行吾敬,故谓之内也。"

"乡人长于伯兄一岁,则谁敬?"

曰:"敬兄。"

"酌则谁先?"

曰:"先酌乡人。"

"所敬在此,所长在彼,果在外,非由内也。"

公都子不能答,以告孟子。

孟子曰:"敬叔父乎? 敬弟乎? 彼将曰:'敬叔父。'曰:'弟为尸,则谁敬?'彼将曰:'敬弟。'子曰:'恶在其敬叔父也?'彼将曰:'在位故也。'子亦曰:'在位故也。庸敬在兄,斯须之敬在乡人。'"

季子闻之,曰:"敬叔父则敬,敬弟则敬,果在外,非由内也。"

公都子曰:"冬日则饮汤,夏日则饮水,然则饮食亦在外也?"

11.6 公都子曰:"告子曰:'性无善无不善也。'或曰:'性可以为善,可以为不善;是故文武兴,则民好善;幽厉兴,则民好暴。'或曰:'有性善,有性不善;是故以尧为君而有象;以瞽瞍为父而有舜;以纣为兄之子且以为君,而有微子启、王子比干。'今曰'性善',然则彼皆非与?"

孟子曰:"乃若其情,则可以为善矣,乃所谓善也。若夫为不善,非才之罪也。恻隐之心,人皆有之;羞恶之心,人皆有之;恭敬之心,人皆有之;是非之心,人皆有之。恻隐之心,仁也;羞恶之心,义也;恭敬之心,礼也;是非之心,智也。仁义礼智,非由外铄我也,我固有之也,弗思耳矣。故曰:'求则得之,舍则失之。'或相倍蓰而无算者,不能尽其才者也。《诗》曰:'天生蒸民,有物有则。民之秉彝,好是懿德。'孔子曰:'为此诗者,其知道乎!故有物必有则;民之秉彝也,故好是懿德。'"

11.7 孟子曰:"富岁,子弟多赖;凶岁,子弟多暴,非天之降才尔殊也,其所以陷溺其心者然也。今夫麰麦,播种而耰之，其地同，树之时又同，浡然而生，至于日至之时，皆孰矣。虽有不同，则地有肥硗、雨露之养，人事之不齐也。故凡同类者，举相似也，何独至于人而疑之？圣人，与我同类者。故龙子曰：'不知足而为屦，我知其不为蒉也。'屦之相似，天下之足同也。口之于味，有同耆也。易牙先得我口之所耆者也。如使口之于味也，其性与人殊，若犬马之与我不同类也，则天下何耆皆从易牙之于味也？至于味，天下期于易牙，是天下之口相似也。惟耳亦然。至于声，天下期于师旷，是天下之耳相似也。惟目亦然。至于子都，天下莫不知其姣也。不知子都之姣者，无目者也。故曰：口之于味也，有同耆焉；耳之于声也，有同听焉；目之于色也，有同美焉。至于心，独无所同然乎？心之所同然者何也？谓理也，义也。圣人先得我心之所同然耳。故理义之悦我心，犹刍豢之悦我口。"

**11.8** 孟子曰："牛山之木尝美矣，以其郊于大国也，斧斤伐之，可以为美乎？是其日夜之所息，雨露之所润，非无萌蘖之生焉，牛羊又从而牧之，是以若彼濯濯也。人见其濯濯也，以为未尝有材焉，此岂山之性也哉？虽存乎人者，岂无仁义之心哉？其所以放其良心者，亦犹斧斤之于木也，旦旦而伐之，可以为美乎？其日夜之所息，平旦之气，其好恶与人相近也者几希，则其旦昼之所为，有梏亡之矣。梏之反复，则其夜气不足以存；夜气不足以存，则其违禽兽不远矣。人见其禽兽也，而以为未尝有才焉者，是岂人之情也哉？故苟得其养，无物不长;苟失其养,无物不消。孔子曰:'操则存,舍则亡;出入无时,莫知其乡。'惟心之谓与?"

**11.9** 孟子曰:"无或乎王之不智也。虽有天下易生之物也,一日暴之,十日寒之,未有能生者也。吾见亦罕矣,吾退而寒之者至矣,吾如有萌焉何哉？今夫弈之为数,小数也;不专心致志,则不得也。弈秋,通国之善弈者也。使弈秋诲二人弈,其一人专心致志,惟弈秋之为听。一人虽听之,一心以为有鸿鹄将至,思援弓缴而射之,虽与之俱学,弗若之矣。为是其智弗若与？曰:非然也。"

**11.10** 孟子曰:"鱼,我所欲也;熊掌,亦我所欲也。二者不可得兼,舍鱼而取熊掌者也。生,亦我所欲也;义,亦我所欲也。二者不可得兼,舍生而取义者也。生亦我所欲,所欲有甚于生者,故不为苟得也;死亦我所恶,所恶有甚于死者,故患有所不辟也。如使人之所欲莫甚于生,则凡可以得生者,何不用也？使人之所恶莫甚于死者,则凡可以辟患者,何不为也？由是则生而有不用也,由是则可以辟患而有不为也。是故所欲有甚于生者,所恶有甚于死者。非独贤才有是心也,人皆有之,贤者能勿丧耳。一箪食,一豆羹,得之则生,弗得则死,嘑尔而与之,行道之人弗受;蹴尔而与之,乞人不屑也。万钟则不辨礼义而受之,万钟于我何加焉？为宫室之美、妻妾之奉、所识穷乏者得我与？乡为身死而不受,今为宫室之美为之;乡为身死而不受,今为妻妾之奉为之;乡为身死而不受,今为所识穷乏者得我而为之,是亦不可以已乎？此之谓失其本心。"

**11.11** 孟子曰:"仁,人心也;义,人路也。舍其路而弗由,放其心而不知求,哀哉！人有鸡犬放,则知求之;有放心而不知求。学问之道无他,求其放心而已矣。"

**11.12** 孟子曰:"今有无名之指,屈而不信,非疾痛害事也,如有能信之者,则不远秦楚之路,为指之不若人也。指不若人,则知恶之;心不若人,则不知恶,此之谓不知类也。"

**11.13** 孟子曰:"拱把之桐梓,人苟欲生之,皆知所以养之者。至于身,而不知所以养之者,岂爱身不若桐梓哉？弗思甚也。"

**11.14** 孟子曰:"人之于身也,兼所爱。兼所爱,则兼所养也。无尺寸之肤不爱焉,则无尽寸之肤不养也。所以考其善不善者,岂有他哉？于己取之而已矣。体有贵贱,有小大。无以小害大,无以贱害贵。养其小者为小人,养其大者为大人。今有场师,舍其梧槚,状其樲棘,则为贱场师焉。养其一指而失其肩背,而不知也,则为狼疾人也。饮食之人,则人贱之矣,为其养小以失大也。饮食之人无有失也,则口腹岂适为尺寸之肤哉？"

**11.15** 公都子问曰:"钧是人也,或为大人,或为小人,何也?"

孟子曰:"从其大体为大人,从其小体为小人。"

曰:"钧是人也,或从其大体,或从其小体,何也?"

曰:"耳目之官不思,而蔽于物。物交物,则引之而已矣。心之官则思,思则得之,不思则不得也。此天之所与我者,先立乎其大者,则其小者不能夺也。此为大人而已矣。"

**11.16** 孟子曰:"有天爵者,有人爵者。仁义忠信,乐善不倦,此天爵也;公卿大夫,此人爵也。古之人修其天爵,而人爵从之。今之人修其天爵,以要人爵;即得人爵,而弃其天爵,则惑之甚者也,终亦必亡而已矣。"

**11.17** 孟子曰:"欲贵者,人之同心也。人人有贵于己者,弗思耳。人之所贵者,非良贵也。赵孟之所贵,赵孟能贱之。《诗》云:'既醉以酒,既饱以德。'言饱乎仁义也,所以不愿人之膏粱之味也;令闻广誉施于身,所以不愿人之文绣也。"

**11.18** 孟子曰:"仁之胜不仁也,犹水胜火。今之为仁者,犹以一杯水救一车薪之火也;不熄,则谓之水不胜火,此又与于不仁之甚者也。亦终必亡而已矣。"

**11.19** 孟子曰:"五谷者,种之美者也;苟为不熟,不如荑稗。夫仁,亦在乎熟之而已矣。"

11.20 孟子曰:"羿之教人射,必志于彀;学者亦必志于彀。大匠诲人必以规矩,学者亦必以规矩。"

孟 子

## 卷十二　告子下
### 凡十六章

**12.1** 任人有问屋庐子曰:"礼与食孰重?"

曰:"礼重。"

"色与礼孰重?"

曰:"礼重。"

曰:"以礼食,则饥而死;不以礼食,则得食,必以礼乎？亲迎,则不得妻;不亲迎,则得妻,必亲迎乎?"

屋庐子不能对,明日之邹以告孟子。

孟子曰:"于,答是也何有？不揣其本而齐其末,方寸之木可使高于岑楼。金重于羽者,岂谓一钩金与一舆羽之谓哉？取食之重者与礼之轻者而比之,奚翅食重？取色之重者与礼之轻者而比之,奚翅色重？往应之曰:'紾兄之臂而夺之食,则得食;不紾,则不得食,则将紾之乎？逾东家墙而搂其处子,则得妻;不搂,则不得妻,则将搂之乎？'"

**12.2** 曹交问曰:"人皆可以为尧舜,有诸?"

孟子曰:"然。"

"交闻文王十尺,汤九尺,今交九尺四寸以长,食粟而已,如何则可?"

曰:"奚有于是？亦为之而已矣。有人于此,力不能胜一匹雏,则为无力人矣;今日举百钧,则为有力人矣。然则举乌获之任,是亦为乌获而已矣。夫人岂以不胜为患哉?弗为耳。徐行后长者谓之弟,疾行先长者谓之不弟。夫徐行者,岂人所不能哉?所不为也。尧舜之道,孝弟而已矣。子服尧之服,诵尧之言,行尧之行,是尧而已矣。子服桀之服,诵桀之言,行桀之行,是桀而已矣。"

曰:"交得见于邹君,可以假馆,愿留而受业于门。"

曰:"夫道,若大路然,岂难知哉?人病不求耳。子归而求之,有余师。"

**12.3** 公孙丑问曰:"高子曰:《小弁》,小人之诗也。"

孟子曰:"何以言之?"

曰:"怨。"

曰:"固哉,高叟之为诗也!有人于此,越人关弓而射之,则己谈笑而道之;无他,疏之也。其兄关弓而射之,则己垂涕泣而道之;无他,戚之也。《小弁》之怨,亲亲也。亲亲,仁也。固矣夫,高叟之为诗也!"

曰:"《凯风》何以不怨?"

曰:"《凯风》,亲之过小者也;《小弁》,亲之过大者也。亲之过大而不怨,是愈疏也;亲之过小而怨,是不可矶也。愈疏,不孝也;不可矶,亦不孝也。孔子曰:'舜其至孝矣,五十而慕。'"

**12.4** 宋牼将之楚,孟子遇于石丘,曰:"先生将何之?"

曰:"吾闻秦楚构兵,我将见楚王说而罢之。楚王不悦,我将见秦王说而罢之。二王我将有所遇焉。"

曰:"轲也请无问其详,愿闻其指。说之将何如?"

曰:"我将言其不利也。"

曰:"先生之志则大矣,先生之号则不可。先生以利说秦、楚之王,秦、楚之王悦于利,以罢三军之师,是三军之士乐罢而悦于利也。为人臣者怀利以事其君,为人子者怀利以事其父,为人弟者怀利以事其兄,是君臣、父子、兄弟终去仁义,怀利以相接,然而不亡者,未之有也。先生以仁义说秦、楚之王,秦、楚之王悦于仁义,而罢三军之师,是三军之士乐罢而悦于仁义也。为人臣者怀仁义以事其君,为人子者怀仁义以事其父,为人弟者怀仁义以事其兄,是君臣、父子、兄弟去利,怀仁义以相接也,然而不王者,未之有也。何必曰利?"


**12.5** 孟子居邹,季任为任处守,以币交,受之而不报。处于平陆,储子为相,以币交,受之而不报。他日由邹之任,见季子;由平陆之齐,不见储子。屋庐子喜曰:"连得间矣。"问曰:"夫人之任见季子,之齐不见储子,为其为相与?"

曰:"非也;《书》曰:'享多仪,仪不及物曰不享,惟不役志于享。'为其不成享也。"

屋庐子悦。或问之,屋庐子曰:"季子不得之邹,储子得之平陆。"

12.6 淳于髡曰:"先名实者,为人也;后名实者,自为也。夫子在三卿之中,名实未加于上下而去之,仁者固如此乎?"

孟子曰:"居下位,不以贤事不肖者,伯夷也;五就汤,五就桀者,伊尹也;不恶污君,不辞小官者,柳下惠也。三子者不同道,其趋一也。一者何也?曰:仁也。君子亦仁而已矣,何必同?"

曰:"鲁缪公之时,公仪子为政,子柳、子思为臣,鲁之削也滋甚。若是乎贤者之无益于国也!"

曰:"虞不用百里奚而亡,秦穆公用之而霸。不用贤则亡,削何可得与?"

曰:"昔者王豹处于淇,而河西善讴;绵驹处于高唐,而齐右善歌;华周、杞梁之妻善哭其夫,而变国俗。有诸内必形诸外。为其事而无其功者,髡未尝睹之也。是故无贤者也,有则髡必识之。"

曰:"孔子为鲁司寇,不用,从而祭,燔肉不至,不税冕而行。不知者以为为肉也,其知者以为为无礼也。乃孔子则欲以微罪行,不欲为苟去。君子之所为,众人固不识也。"

12.7 孟子曰:"五霸者,三王之罪人也;今之诸侯,五霸之罪人也;今之大夫,今之诸侯之罪人也。天子适诸侯曰巡狩,诸侯朝于天子曰述职。春省耕而补不足,秋省敛而助不给。入其疆,土地辟,田野治,养老尊贤,俊杰在位,则有庆,庆以地。入其疆,土地荒芜,遗老失贤,掊克在位,则有让。一不朝,则贬其爵;再不朝,则削其地;三不朝,则六师移之。是故天子讨而不伐,诸侯伐而不讨。五霸者,搂诸侯以伐诸侯者也,故曰:五霸者,三王之罪人也。五霸,桓公为盛。葵丘之会诸侯,束牲、载书而不歃血。初命曰:'诛不孝,无易树子,无以妾为妻。'再命曰:'尊贤育才,以彰有德。'三命曰:'敬老慈幼,无忘宾旅。'四命曰:'士无世官,官事无摄,取士必得,无专杀大夫。'五命曰:'无曲防,无遏籴,无有封而不告。'曰:'凡我同盟之人,既盟之后,言归于好。'今之诸侯皆犯此五禁,故曰:今之诸侯,五霸之罪人也。长君之恶其罪小,逢君之恶其罪大。今之大夫皆逢君之恶,故曰:今之大夫,今之诸侯之罪人也。"

12.8 鲁欲使慎子为将军。孟子曰:"不教民而用之,谓之殃民。殃民者,不容于尧舜之世。一战胜齐,遂有南阳,然且不可。"

慎子勃然不悦曰:"此则滑厘所不识也。"

曰:"吾明告子。天子之地方千里;不千里,不足以待诸侯。诸侯之地方百里;不百里,不足以守宗庙之典籍。周公之封于鲁,为方百里也;地非不足,而俭于百里。太公之封于齐也,亦为方百里也;地非不足也,而俭于百里。今鲁方百里者五,子以为有王者作,则鲁在所损乎?在所益乎?徒取诸彼以与此,然且仁者不为,况于杀人以求之乎?君子之事君也,务引其君以当道,志于仁而已。"

**12.9** 孟子曰:"今之事君者皆曰:'我能为君辟土地,充府库。'今之所谓良臣,古之所谓民贼也。君不乡道,不志于仁,而求富之,是富桀也。'我能为君约与国,战必克。'今之所谓良臣,古之所谓民贼也。君不乡道,不志于仁,而求为之强战,是辅桀也。由今之道,无变今之俗,虽与之天下,不能一朝居也。"

**12.10** 白圭曰:"吾欲二十而取一,何如?"

孟子曰:"子之道,貉道也。万室之国,一人陶,则可乎?"

曰:"不可,器不足用也。"

曰:"夫貉,五谷不生,惟黍生之。无城郭、宫室、宗庙、祭祀之礼,无诸侯币帛饔飧,无百官有司,故二十取一而足也。今居中国,去人伦,无君子,如之何其可也? 陶以寡,且不可以为国,况无君子乎? 欲轻之于尧舜之道者,大貉、小貉也;欲重之于尧舜之道者,大桀、小桀也。"

**12.11** 白圭曰:"丹之治水也愈于禹。"

孟子曰:"子过矣。禹之治水,水之道也,是故禹以四海为壑。今吾子以邻国为壑。水逆行,谓之洚水。洚水者,洪水也,仁人之所恶也。吾子过矣。"

**12.12** 孟子曰:"君子不亮,恶乎执?"

**12.13** 鲁欲使乐正子为政。孟子曰:"吾闻之,喜而不寐。"

公孙丑曰:"乐正子强乎?"

曰:"否。"

"有知虑乎?"

曰:"否。"

"多闻识乎?"

曰:"否。"

"然则奚为喜而不寐?"

曰:"其为人也好善。"

"好善足乎?"

曰:"好善优于天下,而况鲁国乎?夫苟好善,则四海之内皆将轻千里而来告之以善。夫苟不好善,则人将曰:'訑訑,予既已知之矣。'訑訑之声音颜色,距人于千里之外。士止于千里之外,则谗谄面谀之人至矣。与谗谄面谀之人居,国欲治,可得乎?"

**12.14** 陈子曰:"古之君子何如则仕?"

孟子曰:"所就三,所去三。迎之致敬以有礼,言将行其言也,则就之;礼貌未衰,言弗行也,则去之。其次,虽未行其言也,迎之致敬以有礼,则就之;礼貌衰,则去之。其下,朝不食,夕不食,饥饿不能出门户。君闻之,曰:'吾大者不能行其道,又不能从其言也,使饥饿于我土地,吾耻之。'周之,亦可受也,免死而已矣。"

**12.15** 孟子曰:"舜发于畎亩之中,傅说举于版筑之间,胶鬲举于鱼盐之中,管夷吾举于士,孙叔敖举于海,百里奚举于市。故天将降大任于是人也,必先苦其心志,劳其筋骨,饿其体肤,空乏其身,行拂乱其所为,所以动心忍性,曾益其所不能。人恒过,然后能改;困于心,衡于虑,而后作;征于色,发于声,而后喻。入则无法家拂士,出则无敌国外患者,国恒亡。然后知生于忧患而死于安乐也。"

**12.16** 孟子曰:"教亦多术矣,予不屑之教诲也者,是亦教诲之而已矣。"

## 卷十三　尽心上
### 凡四十六章

**13.1** 孟子曰:"尽其心者,知其性也。知其性,则知天矣。存其心,养其性,所以事天也。殀寿不贰,修身以俟之,所以立命也。"

**13.2** 孟子曰:"莫非命也,顺受其正,是故知命者不立乎岩墙之下。尽其道而死者,正命也。桎梏死者,非正命也。"

**13.3** 孟子曰:"求则得之,舍则失之,是求有益于得也,求在我者也。求之有道,得之有命,是求无益于得也,求在外者也。"

**13.4** 孟子曰:"万物皆备于我矣。反身而诚,乐莫大焉。强恕而行,求仁莫近焉。"

**13.5** 孟子曰:"行之而不著焉,习矣而不察焉,终身由之而不知其道者,众也。"

**13.6** 孟子曰:"人不可以无耻,无耻之耻,无耻矣。"

**13.7** 孟子曰:"耻之于人大矣。为机变之巧者,无所用耻焉。不耻不若人,何若人有?"

**13.8** 孟子曰:"古之贤王好善而忘势,古之贤士何独不然?乐其道而忘人之势,故王公不致敬尽礼,则不得亟见之。见且由不得亟,而况得而臣之乎!"

**13.9** 孟子谓宋勾践曰:"子好游乎?吾语子游。人知之,亦嚣嚣;人不知,亦嚣嚣。"

曰:"何如斯可以嚣嚣矣?"

曰:"尊德乐义,则可以嚣嚣矣。故士穷不失义,达不离道。穷不失义,故士得己焉;达不离道,故民不失望焉。古之人,得志,泽加于民;不得志,修身见于世。穷则独善其身,达则兼善天下。"

**13.10** 孟子曰:"待文王而后兴者,凡民也。若夫豪杰之士,虽无文王犹兴。"

**13.11** 孟子曰:"附之以韩魏之家,如其自视欿然,则过人远矣。"

**13.12** 孟子曰:"以佚道使民,虽劳不怨。以生道杀民,虽死不怨杀者。"

**13.13** 孟子曰:"霸者之民,欢虞如也。王者之民,皞皞如也。杀之而不怨,利之而不庸,民日迁善而不知为之者。夫君子所过者化,所存者神,上下与天地同流,岂曰小补之哉?"

**13.14** 孟子曰:"仁言,不如仁声之入人深也,善政,不如善教之得民也。善政民畏之;善教民爱之。善政得民财,善教得民心。"

**13.15** 孟子曰:"人之所不学而能者,其良能也;所不虑而知者,其良知也。孩提之童无不知爱其亲者,及其长也,无不知敬其兄也。亲亲,仁也;敬长,义也。无他,达之天下也。"

**13.16** 孟子曰:"舜之居深山之中,与木石居,与鹿豕游,其所以异于深山之野人者几希。及其闻一善言,见一善行,若决江河,沛然莫之能御也。"

**13.17** 孟子曰:"无为其所不为,无欲其所不欲,如此而已矣。"

**13.18** 孟子曰:"人之有德慧术知者,恒存乎疢疾。独孤臣孽子,其操心也危,其虑患也深,故达。"

**13.19** 孟子曰:"有事君人者,事是君则为容悦者也。有安社稷臣者,以安社稷为悦者也。有天民者,达可行于天下而后行之者也。有大人者,正己而物正者也。"

13.20 孟子曰:"君子有三乐,而王天下不与存焉。父母俱存,兄弟无故,一乐也。仰不愧于天,俯不怍于人,二乐也。得天下英才而教育之,三乐也。君子有三乐,而王天下不与存焉。"

13.21 孟子曰:"广土众民,君子欲之,所乐不存焉。中天下而立,定四海之民,君子乐之,所性不存焉。君子所性,虽大行不加焉,虽穷居不损焉,分定故也。君子所性,仁义礼智根于心,其生色也,睟然见于面,盎于背,施于四体,四体不言而喻。"

13.22 孟子曰:"伯夷辟纣,居北海之滨,闻文王作兴,曰:'盍归乎来!吾闻西伯善养老者。'太公辟纣,居东海之滨,闻文王作兴,曰:'盍归乎来!吾闻西伯善养老者。'天下有善养老,则仁人以为己归矣。五亩之宅,树墙下以桑,匹妇蚕之,则老者足以衣帛矣。五母鸡,二母彘,无失其时,老者足以无失肉矣。百亩之田,匹夫耕之,八口之家足以无饥矣。所谓西伯善养老者,制其田里,教之树畜,导其妻子,使养其老。五十非帛不暖,七十非肉不饱。不暖不饱,谓之冻馁。文王之民,无冻馁之老者,此之谓也。"

**13.23** 孟子曰:"易其田畴,薄其税敛,民可使富也。食之以时,用之以礼,财不可胜用也。民非水火不生活,昏暮叩人之门户,求水火,无弗与者,至足矣。圣人治天下,使有菽粟如水火。菽粟如水火,而民焉有不仁者乎?"

**13.24** 孟子曰:"孔子登东山而小鲁,登泰山而小天下。故观于海者难为水,游于圣人之门者难为言。观水有术,必观其澜。日月有明,容光必照焉。流水之为物也,不盈科不行;君子之志于道也,不成章不达。"

**13.25** 孟子曰:"鸡鸣而起,孳孳为善者,舜之徒也;鸡鸣而起,孳孳为利者,跖之徒也。欲知舜与跖之分,无他,利与善之间也。"

**13.26** 孟子曰:"杨子取为我,拔一毛而利天下,不为也。墨子兼爱,摩顶放踵利天下,为之。子莫执中,执中为近之。执中无权,犹执一也。所恶执一者,为其贼道也,举一而废百也。"

**13.27** 孟子曰:"饥者甘食,渴者甘饮,是未得饮食之正也,饥渴害之也。岂惟口腹有饥渴之害?人心亦皆有害。人能无以饥渴之害为心害,则不及人不为忧矣。"

**13.28** 孟子曰:"柳下惠不以三公易其介。"

**13.29** 孟子曰:"有为者辟若掘井,掘井九轫而不及泉,犹为弃井也。"

**13.30** 孟子曰:"尧舜,性之也;汤武,身之也;五霸,假之也。久假而不归,恶知其非有也。"

**13.31** 公孙丑曰:"伊尹曰:'予不狎于不顺。'放太甲于桐,民大悦。太甲贤,又反之,民大悦。贤者之为人臣也,其君不贤,则固可放与?"

孟子曰:"有伊尹之志,则可;无伊尹之志,则篡也。"

**13.32** 公孙丑曰:"《诗》曰:'不素餐兮。'君子之不耕而食,何也?"

孟子曰:"君子居是国也,其君用之,则安富尊荣;其子弟从之,则孝弟忠信。'不素餐兮',孰大于是?"

**13.33** 王子垫问曰:"士何事?"

孟子曰:"尚志。"

曰:"何谓尚志?"

曰:"仁义而已矣。杀一无罪,非仁也,非其有而取之,非义也。居恶在? 仁是也;路恶在? 义是也。居仁由义,大人之事备矣。"

**13.34** 孟子曰:"仲子,不义与之齐国而弗受,人皆信之,是舍箪食豆羹之义也。人莫大焉亡亲戚、君臣、上下。以其小者信其大者,奚可哉?"

**13.35** 桃应问曰:"舜为天子,皋陶为士,瞽瞍杀人,则如之何。"

孟子曰:"执之而已矣。"

"然则舜不禁与?"

曰:"夫舜恶得而禁之?夫有所受之也。"

"然则舜如之何?"

曰:"舜视弃天下,犹弃敝蹝也。窃负而逃,遵海滨而处,终身䜣然,乐而忘天下。"

**13.36** 孟子自范之齐,望见齐王之子,喟然叹曰:"居移气,养移体,大哉居乎!夫非尽人之子与?"

孟子曰:"王子宫室、车马、衣服多与人同,而王子若彼者,其居使之然也;况居天下之广居者乎?鲁君之宋,呼于垤泽之门。守者曰:'此非吾君也,何其声之似我君也?'此无他,居相似也。"

**13.37** 孟子曰:"食而弗爱,豕交之也;爱而不敬,兽畜之也。恭敬者,币之未将者也。恭敬而无实,君子不可虚拘。"

**13.38** 孟子曰:"形色,天性也。惟圣人然后可以践形。"

**13.39** 齐宣王欲短丧。公孙丑曰:"为期之丧,犹愈于已乎?"

孟子曰:"是犹或紾其兄之臂,子谓之姑徐徐云尔,亦教之孝弟而已矣。"

王子有其母死者,其傅为之请数月之丧。公孙丑曰:"若此者,何如也?"

曰:"是欲终之而不可得也。虽加一日愈于已,谓夫莫之禁而弗为者也。"

**13.40** 孟子曰:"君子之所以教者五:有如时雨化之者,有成德者,有达财者,有答问者,有私淑艾者。此五者,君子之所以教也。"

**13.41** 公孙丑曰:"道则高矣,美矣,宜若登天然,似不可及也。何不使彼为可几及而日孳孳也?"

孟子曰:"大匠不为拙工改废绳墨,羿不为拙射变其彀率。君子引而不发,跃如也。中道而立,能者从之。"

**13.42** 孟子曰:"天下有道,以道殉身;天下无道,以身殉道。未闻以道殉乎人者也。"

**13.43** 公都子曰:"滕更之在门也,若在所礼。而不答,何也?"

孟子曰:"挟贵而问,挟贤而问,挟长而问,挟有勋劳而问,挟故而问,皆所不答也。滕更有二焉。"

**13.44** 孟子曰:"于不可已而已者,无所不已。于所厚者薄,无所不薄也。其进锐者,其退速。"

**13.45** 孟子曰:"君子之于物也,爱之而弗仁;于民也,仁之而弗亲。亲亲而仁民,仁民而爱物。"

**13.46** 孟子曰:"知者无不知也,当务之为急;仁者无不爱也,急亲贤之为务。尧舜之知而不遍物,急先务也;尧舜之仁不遍爱人,急亲贤也。不能三年之丧,而缌、小功之察;放饭流歠,而问无齿决,是之谓不知务。"

## 卷十四　尽心下
### 凡三十八章

**14.1** 孟子曰:"不仁哉,梁惠王也!仁者以其所爱及其所不爱,不仁者以其所不爱及其所爱。"

公孙丑问曰:"何谓也?"

"梁惠王以土地之故,糜烂其民而战之,大败,将复之,恐不能胜,故驱其所爱子弟以殉之,是之谓以其所不爱及其所爱也。"

**14.2** 孟子曰:"春秋无义战。彼善于此,则有之矣。征者上伐下也。敌国不相征也。"

**14.3** 孟子曰:"尽信《书》,则不如无《书》。吾于《武成》,取二三策而已矣。仁人无敌于天下,以至仁伐至不仁,而何其血之流杵也?"

**14.4** 孟子曰:"有人曰:'我善为陈,我善为战。'大罪也。国君好仁,天下无敌焉。南面而征北狄怨,东面而征西夷怨,曰:'奚为后我?'武王之伐殷也,革车三百两,虎贲三千人。王曰:'无畏!宁尔也,非敌百姓也。'若崩厥角稽首。征之为言正也,各欲正己也,焉用战?"

**14.5** 孟子曰:"梓匠轮舆能与人规矩,不能使人巧。"

**14.6** 孟子曰:"舜之饭糗茹草也,若将终身焉;及其为天子也,被袗衣,鼓琴,二女果,若固有之。"

**14.7** 孟子曰:"吾今而后知杀人亲之重也:杀人之父,人亦杀其父;杀人之兄,人亦杀其兄。然则非自杀之也,一间耳。"

**14.8** 孟子曰:"古之为关也,将以御暴。今之为关也,将以为暴。"

**14.9** 孟子曰:"身不行道,不行于妻子;使人不以道,不能行于妻子。"

**14.10** 孟子曰:"周于利者,凶年不能杀;周于德者,邪世不能乱。"

**14.11** 孟子曰:"好名之人,能让千乘之国;苟非其人,箪食豆羹见于色。"

**14.12** 孟子曰:"不信仁贤,则国空虚。无礼义,则上下乱。无政事,则财用不足。"

**14.13** 孟子曰:"不仁而得国者,有之矣;不仁而得天下者,未之有也。"

**14.14** 孟子曰:"民为贵,社稷次之,君为轻。是故得乎丘民而为天子,得乎天子为诸侯,得乎诸侯为大夫。诸侯危社稷,则变置。牺牲既成,粢盛既絜,祭祀以时,然而旱干水溢,则变置社稷。"

**14.15** 孟子曰:"圣人,百世之师也,伯夷、柳下惠是也。故闻伯夷之风者,顽夫廉,懦夫有立志;闻柳下惠之风者,薄夫敦,鄙夫宽。奋乎百世之上。百世之下,闻者莫不兴起也。非圣人而能若是乎?而况于亲炙之者乎?"

**14.16** 孟子曰:"仁也者,人也。合而言之,道也。"

**14.17** 孟子曰:"孔子之去鲁,曰:'迟迟吾行也。'去父母国之道也。去齐,接淅而行——去他国之道也。"

**14.18** 孟子曰:"君子之厄于陈、蔡之间,无上下之交也。"

**14.19** 貉稽曰:"稽大不理于口。"

孟子曰:"无伤也。士憎兹多口。《诗》云:'忧心悄悄,愠于群小。'孔子也。'肆不殄厥愠,亦不殒厥问。'文王也。"

**14.20** 孟子曰:"贤者以其昭昭使人昭昭;今以其昏昏使人昭昭。"

**14.21** 孟子谓高子曰:"山径之蹊间,介然用之而成路。为间不用,则茅塞之矣。今茅塞子之心矣。"

**14.22** 高子曰:"禹之声尚文王之声。"

孟子曰:"何以言之?"

曰:"以追蠡。"

曰:"是奚足哉?城门之轨,两马之力与?"

**14.23** 齐饥。陈臻曰:"国人皆以夫子将复为发棠,殆不可复。"

孟子曰:"是为冯妇也。晋人有冯妇者,善搏虎,卒为善士。则之野,有众逐虎。虎负嵎,莫之敢撄。望见冯妇,趋而迎之。冯妇攘臂下车。众皆悦之,其为士者笑之。"

**14.24** 孟子曰:"口之于味也,目之于色也,耳之于声也,鼻之于臭也,四肢之于安佚也,性也,有命焉,君子不谓性也。仁之于父子也,义之于君臣也,礼之于宾主也,知之于贤者也,圣人之于天道也,命也,有性焉,君子不谓命也。"

**14.25** 浩生不害问曰:"乐正子何人也?"

孟子曰:"善人也,信人也。"

"何谓善?何谓信?"

曰:"可欲之谓善,有诸己之谓信,充实之谓美,充实而有光辉之谓大,大而化之之谓圣,圣而不可知之之谓神。乐正子,二之中,四之下也。"

14.26 孟子曰:"逃墨必归于杨,逃杨必归于儒。归,斯受之而已矣。今之与杨、墨辩者,如追放豚,既入其苙,又从而招之。"

14.27 孟子曰:"有布缕之征,粟米之征,力役之征。君子用其一,缓其二。用其二而民有殍,用其三而父子离。"

14.28 孟子曰:"诸侯之宝三:土地、人民、政事。宝珠玉者,殃必及身。"

14.29 盆成括仕于齐。孟子曰:"死矣,盆成括!"

盆成括见杀,门人问曰:"夫子何以知其将见杀?"

曰:"其为人也小有才,未闻君子之大道也,则足以杀其躯而已矣。"

14.30 孟子之滕,馆于上宫。有业屦于牖上,馆人求之弗得。或问之曰:"若是乎从者之廋也?"

曰:"子以是为窃屦来与?"

曰:"殆非也。夫子之设科也,往者不追,来者不拒。苟以是心至,斯受之而已矣。"

**14.31** 孟子曰:"人皆有所不忍,达之于其所忍,仁也;人皆有所不为,达之于其所为,义也。人能充无欲害人之心,而仁不可胜用也;人能充无穿逾之心,而义不可胜用也;人能充无受尔汝之实,无所往而不为义也。士未可以言而言,是以言餂之也;可以言而不言,是以不言餂之也,是皆穿逾之类也。"

**14.32** 孟子曰:"言近而指远者,善言也;守约而施博者,善道也。君子之言也,不下带而道存焉。君子之守,修其身而天下平。人病舍其田而芸人之田,所求于人者重,而所以自任者轻。"

**14.33** 孟子曰:"尧舜,性者也;汤武,反之也。动容周旋中礼者,盛德之至也。哭死而哀,非为生者也。经德不回,非以干禄也。言语必信,非以正行也。君子行法,以俟命而已矣。"

**14.34** 孟子曰:"说大人,则藐之,勿视其巍巍然。堂高数仞,榱题数尺,我得志,弗为也;食前方丈,侍妾数百人,我得志,弗为也;般乐饮酒,驱骋田猎,后车千乘,我得志,弗为也。

在彼者,皆我所不为也;在我者,皆古之制也。吾何畏彼哉?"

**14.35** 孟子曰:"养心莫善于寡欲。其为人也寡欲,虽有不存焉者,寡矣;其为人也多欲,虽有存焉者,寡矣。"

**14.36** 曾晳嗜羊枣,而曾子不忍食羊枣。公孙丑问曰:"脍炙与羊枣孰美?"

孟子曰:"脍炙哉!"

公孙丑曰:"然则曾子何为食脍炙而不食羊枣?"

曰:"脍炙所同也,羊枣所独也。讳名不讳姓,姓所同也,名所独也。"

**14.37** 万章问曰:"孔子在陈曰:'盍归乎来!吾党之士狂简,进取,不忘其初。'孔子在陈,何思鲁之狂士?"

孟子曰:"孔子'不得中道而与之,必也狂狷乎!狂者进取,狷者有所不为也'。孔子岂不欲中道哉?不可必得,故思其次也"。

"敢问何如斯可谓狂矣?"

曰:"如琴张、曾晳、牧皮者,孔子之所谓狂矣。"

"何以谓之狂也?"

曰:"其志嘐嘐然,曰:'古之人,古之人。'夷考其行,而不掩焉者也。狂者又不可得,欲得不屑不絜之士而与之,是狷也,是又其次也。孔子曰:'过我门而不入我室,我不憾焉者,其惟乡原乎！乡原，德之贼也。'"

曰："何如斯可谓之乡原矣？"

曰："'何以是嘐嘐也？言不顾行，行不顾言，则曰：古之人，古之人。行何为踽踽凉凉？生斯世也，为斯世也，善斯可矣。'阉然媚于世也者，是乡原也。"

万子曰："一乡皆称原人焉，无所往而不为原人，孔子以为德之贼，何哉？"

曰："非之无举也，刺之无刺也。同乎流俗，合乎污世。居之似忠信，行之似廉洁，众皆悦之，自以为是。而不可与入尧舜之道，故曰'德之贼'也。孔子曰：'恶似而非者：恶莠，恐其乱苗也；恶佞，恐其乱义也；恶利口，恐其乱信也；恶郑声，恐其乱乐也；恶紫，恐其乱朱也；恶乡原，恐其乱德也。'君子反经而已矣。经正，则庶民兴；庶民兴，斯无邪慝矣。"

14.38 孟子曰："由尧舜至于汤，五百有余岁。若禹、皋陶，则见而知之；若汤，则闻而知之。由汤至于文王，五百有余岁。若伊尹、莱朱，则见而知之；若文王，则闻而知之。由文王至于孔子，五百有余岁。若太公望、散宜生，则见而知之；若孔子，则闻而知之。由孔子而来至于今，百有余岁。去圣人之世，若此其未远也，近圣人之居，若此其甚也，然而无有乎尔，则亦无有乎尔。"

# 孟子公开课主讲人简介

**颜世安**,南京大学历史学系教授,博士生导师。哈佛大学燕京学社访问学者,台湾大学高等人文社会科学研究院客座研究员,政府特殊津贴专家,中组部全国干部教育培训师资库聘请教师。多次被南京大学的学生评为"我最喜爱的十大教师"。曾在中央电视台《读书时间》栏目讲《庄子》,《百家讲坛》栏目讲老子。主要从事中国思想史的研究与教学工作。

**郭齐勇**,1947年生,湖北武汉人,哲学博士,武汉大学哲学学院暨国学院教授、博士生导师、国学院院长,国家级教学名师,曾任国际中国哲学会(ISCP)会长。社会兼职:国务院学位委员会哲学学科评议组成员,教育部高等学校哲学教学指导委员会副主任,国家社科基金评委,国际中国哲学会副执行会长,中国哲学史学会副会长,中华孔子学会副会长。主要从事中国哲学的教学与研究。

**李景林**，1954年11月生，河南南阳人。哲学学士、硕士，历史学博士，曾任吉林大学哲学与社会学院教授、博士生导师，中国哲学史教研室主任。现任北京师范大学哲学与社会学学院教授、博士生导师。兼任国际儒学联合会学术委员会委员、中国哲学史学会理事等。主要研究方向：儒学、道家哲学、中国传统文化。

**王钧林**，山东师范大学齐鲁文化研究中心教授、博导，享受"政府特殊津贴"，国际儒联理事，中国孔子基金会理事、学术委员，山东周易研究会副会长、山东孙子研究会副会长、山东大舜文化研究会副会长。主要研究儒学与中国历史文化。

**梁涛**，1965年6月生，陕西西安人。现任中国人民大学国学院教授、博士生导师、副院长。山东大学儒学研究中心、复旦大学儒学研究中心、中国人民大学孔子研究院兼职教授，中国孔子研究院高级研究员，文化部"孔子文化奖"推选委员会委员，邯郸学院"荀子与赵文化研究中心"学术委员会主任。主要研究中国思想史、儒学思想史、经学思想史、出土简帛等。

## 孟子公开课主讲人简介

**颜炳罡**，1960年生，山东临沂人。山东大学儒学高等研究院副院长、教授、博士生导师。主要社会兼职：国际儒学联合会理事、国际儒学联合会学术委员会委员、中国哲学史学会理事、山东周易研究会常务副会长、山东孔子学会副会长等。长期致力于中国哲学尤其是儒家哲学的教学与研究工作。

**王中江**，北京大学哲学博士。先后任河南省社会科学院研究员、哲学研究所所长、中国社会科学院历史研究所研究员、清华大学哲学系教授，现任北京大学哲学系教授、博士生导师，兼任华东师范大学中国现代思想文化研究所研究员、中国政治大学国际儒学院教授。主持多项国家社科基金课题，承担国家社科基金重大招标课题一项，担任首席专家。

**徐洪兴**，1954年生，上海市人。历史学学士，思想史硕士，中国哲学博士。现任复旦大学哲学学院教授、中国哲学专业博士生导师，中国哲学史学会理事，中国朱子学会常务理事，上海哲学学会中国哲学史专业委员会主任委员，复旦大学儒学文化研究中心主任等职。主要研究方向：中国哲学史、中国经学史、中国思想史、宋明理学等。

**王杰**，1963年生，山东淄博人，曾用笔名叶舟。先后毕业于山东大学哲学系、中国人民大学哲学系，获哲学学士、硕士、博士学位；2002年在北京师范大学历史系博士后流动站从事研究工作。现为中共中央党校哲学部教授、博士生导师，中外哲学教研室副主任。兼任中国实学研究会常务理事兼常务副会长，中华炎黄文化研究会常务理事兼副秘书长，国际儒学联合会理事兼宣传出版委员会副主任等职务。

**林安梧**，台湾大学首位哲学博士、慈济大学宗教与人文研究所教授暨所长、元亨书院创院导师、美国傅尔布莱德学者、尼山圣源书院副院长，武汉大学、中南大学、厦门大学、同济大学、四川大学、山东大学、华中科大等校客座教授。曾任台湾师范大学国文系所教授、清华大学教授暨通识教育中心主任、南华大学哲学所创所所长、《鹅湖》学刊主编暨社长、《思与言》人文社会学刊主编、国际儒学联合会理事。研究领域涉及儒、道、佛三教，兼及文化哲学、宗教哲学、教育哲学、社会哲学、哲学人性论等，主要关注人的异化与存有的克服之道。

# 后记:站在新起点

张胜明

2013年初,孟子公开课在邹城正式开讲,12位儒学大家走进孟子故里,用老百姓听得懂的话讲述儒学,这些儒学"科学家"的"科普"讲座,让我们对孟子和孟子思想有了一个整体而深入的理解。把这些讲稿结集出版,既是对这次活动的总结,更为孟子思想在全社会的传播提供了支持。

邹城是孟子的诞生地,作为"邹鲁文化"的发源地,自古文脉兴盛、圣贤辈出,孔子诞生于邹后定居于鲁,子思子在邹讲学著《中庸》。孔孟之后,这里相继诞生了韦贤、匡衡、王粲、王叔和等一大批思想家、政治家、经学家。在这片底蕴深厚的文化沃土上,儒家文化尤其是孟子思想源远流长、光耀千秋。孟子思想中的"民为贵,社稷次之,君为轻",被称为"中国古代思想中的民主性因素";"老吾老,以及人之老;幼吾幼,以及人之幼"和"天时不如地利,地利不如人和"等,蕴含着丰富的和谐社会建设思想;仁者无敌、得道多助、失道寡助,成为后世外交、军事的指导原则;"我善养吾浩然之气"和"富贵不能淫,贫贱不能移,威武不能屈"的大丈夫品格,被众多的仁人志士所景仰,等等。时至今日,孟子仍活在人们心中,他的言行风貌仍然颇具魅力,激励着当代有识之士向善向上向前,具有极大的现实意义和借鉴价值。

作为儒家文化的发源地,我们致力于让孟子思想回归故里、发扬光大,大力实施"文化突围"战略,努力提升邹城文化软实力,打造文化发展新优势,兴起文化发展新热潮。继去年孟子思想系列讲座后,孟子公开课又有系列讲座与市民分享,周末在邹城听孟子公开课,已经成为特色文化品牌。不仅于此,我们还成立了孟子研究院,凝聚国内外人文学者力量,提升孟子思想学术研究的思想深度和理论高度,加大孟子思想研究成果的转化应用力度,全面提升传统文化的引领力、竞争力和创新力。我们坚持历史文化遗产保护与内涵挖掘提升并重,更大力度研究传统儒家文化,更大力度推动历史文化名城复兴,更大力度加强文化遗产保护,更大力度构建公共文化服务体系,努力打造儒家文化保护传承的创新区和弘扬传统文化的首善之区。

邹城孟子庙棂星门两侧各有一坊,东侧题写"继往圣",西侧题写"开来学",是对孟子一生功绩的高度浓缩与概括。从孔子到孟子,儒学不仅被继承,更是另一座高峰。两千多年来,以孔孟思想为核心的儒家思想根植邹鲁、泽润四海。如今,站在新的历史起点上,由孔子到孟子,儒学在源头重新焕发生机,孟子思想在故里发扬光大,儒学从此再次出发……